D1574241

Klartext

Das Titelbild zeigt ein Klassenfoto mit der Lehrerin Else Hirsch. Das Foto mit den Namen der Kinder (soweit bekannt) ist auf S. 162 noch einmal abgebildet. Die Lehrerin Else Hirsch und mindestens vier der 24 Kinder kamen in Konzentrationslagern ums Leben. 11 Kinder konnten nicht identifiziert werden. Ihr Schicksal ist nicht bekannt.

Die Lehrerin Else Hirsch, geb. 29. Juli 1889, begleitete in den Jahren 1938/39 insgesamt zehn Kindertransporte nach England und kam immer wieder nach Bochum zurück. 1942 wurde sie nach Theresenstadt und anschließend nach Auschwitz deportiert. Hier kam sie 1944 ums Leben.

Die Schülerin Ilse Meyer, geb. 23. Februar 1922, wurde nach Riga deportiert und ist dort verschollen.

Die Schülerin Netti Weißglas, geb. 20. Mai 1922, kam ums Leben. Ihr genaues Schicksal ist ungeklärt.

Die Schülerin Ellen Simons, geb. 15. November 1921, wurde nach Zamosc (Polen) deportiert. Ihr genaues Schicksal ist ungeklärt.

Die Schülerin Gusty Schmerler, geb. 1. Juni 1922, wurde nach Polen deportiert und später für tot erklärt. Ihr genaues Schicksal ist nicht bekannt.

Stadtarchiv Bochum (Hg.)

Vom Boykott bis zur Vernichtung

Leben, Verfolgung, Vertreibung
und Vernichtung der Juden
in Bochum und Wattenscheid
1933–1945

Ein Quellen- und Arbeitsbuch
(nicht nur) für Schulen

Konzeption und Redaktion: Ingrid Wölk

Mit einen Vorwort von Paul Spiegel

bearbeitet von:
Rainer Adams, Andreas Halwer,
Eberhard Heupel und Ingrid Wölk

CIP-Einheitsaufnahme – Die Deutsche Bibliothek

Vom Boykott bis zur Vernichtung : Leben, Verfolgung, Vertreibung und Vernichtung der Juden in Bochum und Wattenscheid 1933–1945; ein Quellen- und Arbeitsbuch (nicht nur) für Schulen / Stadtarchiv Bochum (Hg.). Konzeption und Red.: Ingrid Wölk. Mit einem Vorw. von Paul Spiegel. Bearb. von: Rainer Adams .... - 1. Aufl. – Essen : Klartext, 2002
ISBN 3-89861-047-0

1. Auflage, Januar 2002
Satz und Gestaltung: Klartext Verlag
Druck: Fuldaer Verlagsagentur, Fulda
© Klartext Verlag, Essen
ISBN 3-89861-047-0
Alle Rechte vorbehalten

Inhalt

Paul Spiegel

Vorwort

Über den nationalsozialistischen Mord an den Juden, also die Shoa, hat es in den vergangenen 50 Jahren eine ganze Reihe von Veröffentlichungen gegeben. Trotz all dieser Werke ist es nur unzureichend gelungen, umfassend Licht in das Dunkel dieses grausamsten Abschnitts der jüdischen und deutschen Geschichte zu bringen. Sechs Millionen jüdische Frauen, Männer und Kinder wurden durch fabrikmäßig betriebene Tötung von Deutschen ermordet.

Viele der Bemühungen, Licht in dieses Kapitel zu bringen, scheitern schon deshalb, weil sie nicht erkennen lassen, dass sie die Komplexität der fabrikmäßigen Vernichtung erkannt haben, die schon mit den ersten Schritten der Ausgrenzung bis zur eigentlichen Ermordung in Auschwitz begann. Der Titel des vorliegenden Buches „Vom Boykott bis zur Vernichtung …" zeigt, dass sich die Autoren und Herausgeber zumindest im Klaren darüber sind, dass es gilt, einen umfassenden Bogen zu spannen, um das Ergebnis, nämlich die Ermordung von Millionen Menschen und damit die fast völlige Vernichtung des Judentums in Deutschland und in Europa, zu verstehen.

Erinnern wir uns: Am 1. April 1933 riefen die neuen NS-Machthaber zu einem umfassenden Boykott jüdischer Geschäfte, Ärzte und Rechtsanwälte auf. Das Schlagwort lautete: „Deutsche, wehrt Euch! Kauft nicht bei Juden". Tausende von Juden wurden gedemütigt, geschlagen und ermordet. Am 15. September 1935 verabschiedete der Reichstag während des Nürnberger Reichsparteitags zwei berüchtigte Gesetze, die den deutschen Juden ihr Staatsbürgerrecht aberkannten und die Eheschließung oder außereheliche Beziehungen zwischen Juden und „Ariern" unter Zuchthausstrafe stellten. Am 9./10. November 1938 brannten in Deutschland die Synagogen, die Enteignung jüdischer Geschäftsleute wurde beschleunigt vorangetrieben, Juden mit polnischen Pässen in einer brutalen Nacht- und Nebelaktion über die Grenze in den Osten getrieben. Am 31. Juli 1941 wurde der „Führerbefehl" zur „Endlösung der Judenfrage" erlassen, am 19. September das Tragen des Judensterns angeordnet und am 20. Januar 1942 fiel auf der Wannsee-Konferenz die Entscheidung über die Organisation des Holocausts.

Es gab mit Sicherheit kein teuflisches Drehbuch des NS-Regimes. „Kollektive Indiffererenz", so der Historiker Richard Grunberger, „bildete den kräftigsten Strang der Schlinge, die sich unerbittlich um den Hals von Hunderttausenden zog. Die von den Deutschen gern eingenommene Haltung des verlegenen Beiseitestehens während des Prologs zum Holocaust sollte letztendlich den Weg zur Radikalisierung antijüdischer Politik des Machtapparates ermöglichen."

Privilegieren und Diskriminieren, Helfen und Vernichten waren in der nationalsozialistischen Gesellschaftspolitik zwei Seiten ein und derselben Medaille, und die Korrumpierung der deutschen Bevölkerung durch die braunen Machthaber tat durchaus ihre Wirkung, wie Wolfgang Mönninghoff in seinem Buch die „Enteignung der Juden" deutlich macht. Das Wegsehen und das Nichtwahrhabenwollen wurden dadurch wesentlich erleichtert, ebenso wie es die hochgradige Arbeitsteiligkeit der Verfolgung den meisten Tätern erlaubte, sich lediglich als „Rädchen im Getriebe" der Vernichtungsmaschinerie zu sehen und sich damit letztlich von der Verantwortung für das Geschehen freizusprechen.

Wie untauglich dieser Versuch und vor allem die weit verbreitete Behauptung ist, man habe nichts gewusst, zeigt sich noch an einem anderen Beispiel. Die Rede ist von der staatlichen „Arisierung und Zwangsenteignung jüdischen Vermögens". An keinem anderen Verbrechen im Rahmen der Judenverfolgung beteiligten und bereicherten sich auch nur annähernd so viele Deutsche wie an der wirtschaftlichen Ausplünderung ihrer jüdischen Nachbarn. Privatleute, Parteigenossen und mittelständische Betriebe nahmen daran ebenso teil wie Großfirmen, Industriekonzerne, Versicherungen und Banken – allen voran die Dresdner Bank, die – Ironie der Geschichte – 1872 vornehmlich von jüdischen Kaufleuten und Bankiers gegründet worden war.

Die unverhüllte staatliche Ausplünderung der deutschen Juden während und nach der „Reichskristallnacht" stellt aber nur eine Vorstufe der bis zur Vernichtung betriebenen Ausbeutung jüdischer und nichtjüdischer Menschen dar und blieb auch nicht ohne Folgen auf das Verhalten der in Deutschland lebenden Bevölkerung. Während in vielen Ländern Europas ein mörderischer Angriffs- und Vernichtungskrieg im Namen Deutschlands tobte, fielen die in der Heimat verbliebenen Deutschen raffgierig und schamlos über die Wohnungen und Häuser ihrer deportierten Nachbarn her. Deren ehemaliges Mobiliar wurde in vielen Städten von den zuständigen Finanzämtern öffentlich versteigert, die nach 1945, häufig in gleicher personeller Besetzung, den heimkehrenden Überlebenden aus Konzentrations- und Vernichtungslagern mit allen Mitteln ihre Entschädigungsansprüche zurückzuweisen versuchten. Es war ein offenes Geheimnis, wem das aus ganz Europa in ungeheuren Mengen herantransportierte „Juden-Mobiliar" gehörte. Sämtliche Käufer wussten, dass die deportierten Besitzer nicht zurückkehren würden, um ihr geraubtes Eigentum zu beanspruchen. Das Verhalten der „Ariseure", Profiteure und Schnäppchenjäger in der Heimat und die Ausbeutung, Verwertung und Vernichtung jüdischer und nichtjüdischer Menschen in Europa durch Wehrmachtsangehörige, Einsatzgruppen, Polizei-Bataillone und SS folgte stets dem gleichen Legitimationsmuster. Danach war alles Vermögen in Deutschland und in den von Deutschen besetzten Gebieten „Volksvermögen" zum Nutzen der deutschen Volksgemeinschaft. Juden, die durch Gesetz nicht zur Volksgemeinschaft gehörten, hatten keinen Anspruch darauf. Im Gegenteil: Es war kein Vergehen, sondern ein Verdienst, zum Wohle des deutschen Volkes jüdischen Besitz zu enteignen, der nach nationalsozialistischer Doktrin durch Wucher und Betrug erwirtschaftet worden war. In letzter Konsequenz durfte man „Volksausbeuter und Volksschädlinge" selbst bis zur „Liquidation" ausbeuten.

Zudem forderte der „totale Krieg" die Verwertung aller Ressourcen – auch der „menschlichen". Vernichtung durch Arbeit war nur eine Vorstufe der Degradierung des Menschen zum Objekt materieller Verwertung. Am Ende wartete der Tod in der Gaskammer. Nicht nur Kleider, Decken, Schuhe, Koffer, Spielsachen, Schmuck, Wertgegenstände und Devisen der zu Millionen ermordeten Menschen wurden dem „heimatlichen Markt" zugeführt, sondern auch Goldzähne, Prothesen, ja Haut und Haar. Was zunächst mit Arisierung auf privater Ebene begonnen und nach dem 9. November 1938 auf staatlicher Ebene mit Zwangsenteignungen fortgesetzt wurde, endete mit der kühl kalkulierten Verwertung und Vernichtung von Menschen. Es endete in der „Zerstörung des menschlichen Antlitzes", wie es Salomon Korn anlässlich des 60. Jahrestages des 9. November1938 bei seiner Ansprache in der Westend-Synagoge im Jahre 1989 nannte.

Eine zentrale Rolle bei der Ausgrenzung der Juden spielten von Anfang an antisemitische Klischees, wie etwa das vom „reichen Juden" oder der „jüdischen Macht", die bedroht, daher die herrschende Ordnung in Frage stellt und die folglich in letzter Konsequenz zerstört werden muss. Diese Denkmodelle wurden im 18. und 19. Jahrhundert formuliert. Darin enthalten sind oft ältere, in der christlichen Theologie begründete Vorstellungen vom Antijudaismus. Aus der antisemitischen Perspektive sind Juden „Christusmörder und zudem Weltverschwörer"; dazu sind sie reich und beherrschen die Medien: Es ist diese Macht, die – aus der antisemitischen Perspektive – zerstört werden muss. Ein weiteres antisemitisches Klischee, das sich an die bedrohliche Macht „der Juden" anschließt, ist die Verknüpfung von „Juden und Geld". Diese Verknüpfung hat eine komplexe Geschichte, in die antimoderne und antikapitalistische Motive einfließen. Oft auch sehr widersprüchliche, so werden Juden oftmals sowohl als Kommunisten wie auch als Kapitalisten verteufelt. Viele dieser antisemitischen Klischees und Stereotypen sind nicht nur Jahrhunderte alt, sondern haben die Shoa und Befreiung vom Nationalsozialismus bis in die heutige Zeit überlebt.

Von den rund 600.000 vor 1933 in Deutschland lebenden Juden konnten sich viele – in der Regel ihres gesamten Besitzes beraubt – durch Flucht retten. Wem dies nicht gelang, wurde in den Vernichtungslagern gemeinsam mit polnischen und russischen Juden aus Frankreich, Griechenland, Holland, Ungarn, der Tschechoslowakei und zahlreichen anderen Staaten ermordet.

Der Traum von der jüdischen Emanzipation in der deutschen Gesellschaft ging in einer in der Geschichte beispiellosen Mordorgie unter. Im 19. Jahrhundert waren nach der rechtlichen Gleichstellung der „jüdischen Staatsbürger", die zur Auflösung ihres Ghetto-Daseins führte, in vielen Teilen Deutschlands blühende Jüdische Gemeinden entstanden. Die moderne deutsche Kulturgeschichte erlebte durch das Wirken jüdischer Intellektueller – Künstler, Ärzte, Juristen, Naturwissenschaftler, Journalisten – eine große Bereicherung. Die deutschen Juden identifizierten sich mit ihrem Land, sie kämpften als Soldaten im Ersten Weltkrieg, waren überwiegend nationalbewusst, und die sich seit der Jahrhundertwende ausbreitende zionistische Bewegung fand bei ihnen – im Gegensatz zu den Gemeinden in Polen und Russland – keine allzu begeisterte Zustimmung. In den Jahren der Weimarer Republik, als der rassenbiologische Antisemitismus der „Völkischen" und vieler konservativer Deutscher das Land zu vergiften begann, wählten und kämpften nicht nur die jüdischen Intellektuellen, sondern die große Mehrheit unter den deutschen Juden für die Erhaltung von Demokratie und Rechtsstaat. Welches Schicksal mit dem Untergang der Republik auf sie wartete, ahnten wohl nur wenige. Es war ihnen unvorstellbar, dass eine der herausragenden Kulturnationen der Welt, in deren Grenzen ihre Familien seit Generationen gelebt hatten und die sie als Heimat empfanden, zu Taten fähig sein sollte, die alle Verfolgung und Demütigungen der vergangenen Jahrhunderte in den Schatten stellten.

Nach 1945 schwiegen Täter und Opfer. Erstere verleugneten und verdrängten das in ihrem Namen und unter vielfacher Mitwirkung Geschehene, letztere ließ das Entsetzen verstummen. Es lebten nur noch wenige Menschen jüdischen Glaubens in Deutschland, ihre einst so aktiven Gemeinden waren zerstört und vernichtet. Erst Ende der fünfziger Jahre begann eine neue Generation Fragen zu stellen, sich mit den Ungeheuerlichkeiten des Dritten Reiches auseinander zu setzen. Die meisten der in

Deutschland lebenden Juden blieben misstrauisch und isoliert. Nahezu jeder hatte in seiner Familie Opfer des Holocaust zu betrauern. Sie sahen, wie die vor Gericht gestellten Täter in den Genuss juristischer Spitzfindigkeiten kamen und ihre eigenen Augenzeugenberichte bezweifelt und diffamiert wurden, erlebten in so genannten „Wiedergutmachungsverfahren" eine kalte, unberührte Bürokratie, verfolgten peinvolle Debatten der Historiker und mussten erkennen, dass Rassismus und Antisemitismus auch in der Nach-Hitler-Zeit keineswegs verschwunden waren.

Heute leben wieder rund 90.000 Juden in Deutschland. Mehr als Zweidrittel dieser Menschen sind Zuwanderer aus den Staaten der ehemaligen Sowjetunion, die nach der deutschen Vereinigung 1989 in verstärktem Maße eingewandert sind. Synagogen wurden aufgebaut, die Jüdischen Gemeinden entwickelten ein eigenes Kulturleben. Überlebende des Holocaust gehen in Schulen und Universitäten und erzählen nach langem, qualvollem Schweigen von Verfolgung und KZ-Haft. Mahnmale und Gedenkstätten werden, teilweise begleitet von heftigen Diskussionen, errichtet. Die Erinnerung kann und darf nicht ausgelöscht werden. Gleichwohl darf Geschichte nicht als Belastung, sondern muss als Herausforderung für die schuldlosen Generationen begriffen werden, damit sich aus der daraus erwachsenden Verantwortung zukünftig Gleiches niemals wiederholt – gleichgültig, wer das nächste Opfer sein könnte.

Die einst so euphorisch betrachtete deutsch-jüdische Symbiose wird durch die traumatische Überlagerung des Holocausts noch für viele Generationen eine Vision bleiben, wenn sie überhaupt jemals Realität wird. Ob allerdings in der Zwischenzeit die viel beschworene „Normalität" im Umgang zwischen Juden und Nichtjuden eintreten kann, hängt zum überwiegenden Teil von der Bereitschaft dazu in der nichtjüdischen deutschen Gesellschaft ab.

Paul Spiegel
Präsident des Zentralrats der Juden in Deutschland

Ingrid Wölk

Einleitung

Jüdisches Leben ist in Bochum und Wattenscheid seit dem 17. Jahrhundert nachweisbar. Zunächst waren es nur wenige Familien, die sich hier niederließen. Während der Industrialisierung stieg die Mitgliederzahl der jüdischen Gemeinde Bochums – parallel zur Entwicklung der Gesamtbevölkerung – sprunghaft an: von 370 im Jahr 1871 auf mehr als das doppelte (803) 1895. Danach folgte ein stetiges, aber nicht mehr sprunghaftes Wachstum. Ihre höchste Mitgliederzahl (1.244) erreichte die Bochumer jüdische Gemeinde 1930 und war damit die drittgrößte in Westfalen.[1] Wattenscheid beherbergte eine kleine jüdische Gemeinde. 1932, ein Jahr vor dem Machtantritt der Nationalsozialisten, hatte sie 154 Mitglieder.

In den vergangenen Jahren erschienene Veröffentlichungen zur jüdischen Geschichte Bochums[2] betonen die gelungene Integration der Bochumer Juden. Die Aufsätze von Andreas Halwer und Rainer Adams (Kapitel 1 und 2) bestätigen dies und belegen das hohe Maß an Akzeptanz und an Wertschätzung, das die jüdischen Bürger in ihrem nichtjüdischen Umfeld in Bochum und Wattenscheid genossen. Sie waren beliebte Kollegen, bewunderte Fachleute auf ihren Gebieten, geachtete Nachbarn, geschätzte Mitglieder in einer Vielzahl von Vereinen, anerkannte Mitstreiter in Interessen- und Berufsverbänden und vieles mehr. Mit Oberbürgermeister Dr. Ruer stellten die Bochumer Juden sogar den höchsten Repräsentanten ihrer Stadt.

Dies änderte sich seit Januar 1933, nicht ‚über Nacht‘, sondern Schritt für Schritt. Wohin die Entwicklung steuern würde, war den meisten Zeitgenossen – und damit auch den deutschen Juden – nicht klar und ist erst in der Rückschau in seiner ganzen Dimension erkennbar, wenn auch nicht begreifbar. Zwischen 1930 und 1933 hatte Deutschland mehrere Regierungswechsel erlebt, und viele hegten die Erwartung, auch Hitler und die NSDAP würden sich nicht lange halten. Von den antijüdischen Maßnahmen waren in der ersten Phase auch ‚nur‘ bestimmte Gruppen und Bereiche betroffen. Andere mögen gehofft haben, nicht behelligt zu werden. Dies trifft besonders auf die ehemaligen Frontkämpfer zu, die jüdischen Soldaten, die im Ersten Weltkrieg waren und die sich zunächst nicht vorstellen konnten, dass auch sie und ihre Familien zu Opfern der antijüdischen Politik werden sollten. Die Selbstzeugnisse in diesem Buch (Kapitel 4, 9 und 12) enthalten eindrucksvolle Beispiele dieser – dann bitter enttäuschten – Erwartungshaltung.

Der Prozess, der mit der Entrechtung der jüdischen Bürger begann und mit ihrer physischen Vernichtung endete, verlief nicht geradlinig, sondern auf Umwegen. Zunächst nahm der NS-Staat noch Rücksicht auf außenpolitische Belange und musste

---

1 Zahlen nach Gisela Wilbertz, Geschichte der jüdischen Gemeinde in Bochum, in: Manfred Keller und Gisela Wilbertz (Hg.), Spuren im Stein. Ein Bochumer Friedhof als Spiegel jüdischer Geschichte, Essen 1997, S. 260.

2 Hier ist besonders zu verweisen auf Keller, Wilbertz, Spuren im Stein sowie auf verschiedene Aufsätze und Vorträge von Hubert Schneider. Zu erwähnen ist auch die sehr gute, im Oktober 2000 bei der Ruhr-Universität Bochum vorgelegte Magisterarbeit von Jens Brockschmidt, Hoffnung und Resignation im Selbstzeugnis. Jüdisches Leben in Bochum unter den Bedingungen der nationalsozialistischen Politik.

zudem auch ausloten, wie weit die nichtjüdischen Deutschen ‚mitziehen' würden. Übereifrige Anhänger des neuen Regimes wurden immer wieder zurückbeordert. Die Aktionen gegen die jüdischen Bürger sollten ‚legal' und ‚geordnet' ablaufen. Gesetze und Verordnungen bildeten die Grundlage für die antijüdischen Maßnahmen.

Der Boykott der jüdischen Geschäfte, Ärzte und Anwälte am 1. April 1933 wurde nach nur einem Tag auf dem Verordnungsweg beendet. Das heißt: Die ‚Wachen' vor den Geschäften, die mögliche Kunden am Betreten hindern sollten, wurden zurückgezogen; die Aufforderung, nicht ‚bei Juden' zu kaufen, blieb natürlich bestehen. Die Herausdrängung aus dem Berufs- und Wirtschaftsleben vollzog sich schrittweise. Die „Arisierung" jüdischer Unternehmen und jüdischen Haus- und Grundbesitzes verlief zu Beginn auf scheinbar ‚freiwilliger' Basis und wurde vom nationalsozialistischen Staat erst nach dem Pogrom im November 1938 forciert und reglementiert. Am Ende stand die vollkommene Enteignung der Juden. Die Nürnberger „Rassegesetze" von 1935, die die jüdischen Deutschen endgültig aus der „Volksgemeinschaft" ausstießen, ließen bei vielen Betroffenen neben der zutiefst empfundenen Demütigung auch die Hoffnung aufkeimen, damit seien nun ‚klare' Verhältnisse geschaffen und das Ende der staatlich verordneten Diskriminierungen sei erreicht.

Spätestens nach der Reichspogromnacht am 9./10.11.1938, der Zerstörung der Synagogen, der Zerstörung und Plünderung jüdischer Geschäfte und Wohnungen, der Verhaftung tausender jüdischer Männer und ihrer Deportation in verschiedene Konzentrationslager (Kapitel 10) konnte niemand mehr glauben, die Entwicklung sei umkehrbar. Der Novemberpogrom bildete den Höhe- und Wendepunkt der bis dahin verfolgten antijüdischen Politik. Was nun folgte, war die brutale Phase der Verfolgung der Juden in Deutschland: von der äußeren Kennzeichnung (besondere Kennkarte, aufgezwungener zusätzlicher Vorname und „Judenstern") über die Ghettoisierung in bestimmten Häusern und die Einschränkung der Bewegungsfreiheit bis hin zur Deportation in die Konzentrations- und Vernichtungslager im Osten.

Wer konnte, bereitete die Emigration vor. Auch viele Bochumer und Wattenscheider Juden forcierten ihre Bemühungen um Einreisepapiere für ein anderes Land. Die Mitgliederzahl der jüdischen Gemeinde in Bochum sank von 1.069 am 1.4.1933 über 644 im Oktober 1938 auf 253 am 19.2.1941.[3] Die Zahl der jüdischen Einwohner Wattenscheids ging von 130 im Jahr 1933 über 101 im Jahr 1936 auf 44 im November 1939 zurück. Wer jetzt noch in Bochum oder in Wattenscheid lebte, konnte sich den im Januar 1942 einsetzenden Deportationen kaum noch entziehen. Das im Oktober 2000 herausgegebene Gedenkbuch Opfer der Shoa aus Bochum und Wattenscheid[4] nennt die bisher ermittelten Namen von 500 Bochumer und 77 Wattenscheider Juden. Dass diese Zahlen höher sind als die der im Februar 1941 noch gemeldeten Bochumer und im November 1939 erfassten Wattenscheider Juden, liegt daran, dass im Gedenkbuch nicht nur die Menschen genannt sind, die ihren letzten Wohnsitz in Bochum oder Wattenscheid hatten, sondern auch diejenigen, deren Geburtsort eine der beiden Städte war und die ihren Wohnsitz zwischenzeitlich gewechselt hatten. Unter den namentlich genannten Opfern der Shoa befinden sich auch viele, denen die Emigration oder die Flucht aus Bochum oder Wattenscheid nicht gelungen war, die in den von Deutschland

---

3   Vgl. Gisela Wilbertz, in: Spuren im Stein, S. 279.
4   Manfred Keller, Hubert Schneider, Johannes Volker Wagner (Hg.), Gedenkbuch Opfer der Shoa aus Bochum und Wattenscheid, Bochum 2000.

im Zweiten Weltkrieg besetzten Gebieten eingeholt und von ihren vermeintlichen Zufluchtsorten aus in die Vernichtungslager deportiert worden waren.

Nur ganz wenige Mitglieder der bis in die dreißiger Jahre hinein großen jüdischen Gemeinde Bochums sind nach Kriegsende zurückgekehrt. Die nichtjüdischen Bochumer mögen sich gefragt haben, was aus ihren jüdischen Nachbarn geworden war. Wie sie ihre eigene Rolle während der NS-Zeit definierten, ist bisher kaum untersucht worden.

Die Verfolgung der Juden wurde von vielen mitgetragen. Neben den unmittelbaren Tätern in der NSDAP und ihren Untergliederungen, neben den handelnden und über das Schicksal der Juden entscheidenden oder mitentscheidenden Personen in den Ministerien und der gesamten öffentlichen Verwaltung haben auch viele Privatleute sich beteiligt – und profitiert. Als Beispiele sind in diesem Buch – neben anderen – die Haus- und Grundbesitzervereine genannt, die die „Entjudung des Grundeigentums" begrüßten und weitere Maßnahmen forderten (Kapitel 11) oder auch die dem „Kampfbund des gewerblichen Mittelstandes" angehörenden Metzger und Viehhändler, die über ihren Verband den Ausschluss ihrer jüdischen Kollegen vom Bochumer Schlacht- und Viehhof verlangten (Kapitel 5). Viele profitierten von der „Arisierung" jüdischen Eigentums. Auch bisher gute Nachbarn oder Bekannte kamen auf ihre Kosten, indem sie wertvolle Wohnungseinrichtungen, Hausrat, Kleidung und Wertgegenstände aus jüdischem Eigentum zu einem Schleuderpreis übernahmen und so die Not derer ausnutzten, die emigrieren mussten. Sogar die letzte Habe der jüdischen Menschen, die deportiert wurden, fand noch Interessenten. Sie verfiel dem Reich und wurde anschließend in der Regel versteigert. Die jüdischen Eigentümer mussten vor ihrer Deporation eine „Vermögenserklärung" abgeben (wie Alfred Salomon, Kapitel 12). Mit der Begründung, dass es sich um „Reichsfeinde" handle, wurde das ihnen bis dahin noch verbliebene Eigentum beschlagnahmt.

Viele schauten zu, als am 9. November 1938 die Synagogen brannten. Auch in Bochum. Der Vorgarten und die breite Straße vor der brennenden Synagoge seien „schwarz vor Menschen" gewesen, hieß es, als in der Nachkriegszeit vor dem Landgericht Bochum gegen die der Brandstiftung an der Synagoge Verdächtigen verhandelt wurde. Aus ihren Wohnungen und aus Gaststätten waren die Menschen zusammengeströmt, von anderen darüber informiert, „dass in der Stadt etwas los sei". Was sie beim Anblick der brennenden Synagoge empfanden, ist nicht bekannt. Auch nicht, wie viele sich hinreißen ließen und die Täter anfeuerten oder sich gar selbst bei den folgenden Zerstörungen und Plünderungen jüdischer Geschäfte und Wohnungen beteiligten.

Wie hatte dies alles geschehen können? Was waren die Ursachen für eine Entwicklung, die schon vor dem Siegeszug der NSDAP am 30. Januar 1933 begonnen hatte und mit dem Massenmord an den europäischen Juden endete? Diese Fragen sind häufig gestellt und bisher nicht befriedigend beantwortet worden.

Auch dieses Buch maßt sich nicht an, nun endgültige Antworten und Erklärungen liefern zu wollen. Die hier präsentierten Texte und Quellen sollen den Ausgrenzungsprozess nachzeichnen. Dabei wird auch der ideologische Hintergrund in den Blick genommen, der rassistische Antisemitismus, der mit großem Aufwand in die Bevölkerung hinein transportiert und in den Schulen vermittelt wurde. Es dürfte klar werden, dass das System nicht allein durch Unterdrückungsmechanismen funktionierte. Eine Mischung aus attraktiven Angeboten (der HJ und ihrer Untergliederungen, der DAF-Organisation „Kraft durch Freude" u.a.), aus Belohnungen und Disziplinierungen, aus Bestrafungen und Terrormaßnahmen kam zusammen. Eine wesentliche Rolle zur Stabilisierung des NS-Staates spielte die durch Propaganda vermittelte NS-Ideologie. Vielleicht kann das Buch dabei helfen, deren Funktion zu durchschauen, dabei den Blick für fragwürdige Ideologien und deren Gefährdungspotential auch in der Gegenwart zu schärfen und – nicht zuletzt – ein gesteigertes Bewusstsein für die Nöte von Minderheiten zu entwickeln.

Ein besonderes Anliegen der Autoren war es, die Juden nicht auf die Opferrolle zu beschränken, sondern sie als Handelnde zu zeigen, als Menschen, die auf die Bedrohung reagierten und sich wehrten, solange das noch möglich war – wenn auch auf ganz unterschiedliche Weise.

Das Buch enthält eine Vielzahl von Hinweisen auf ehemals blühendes jüdisches Leben in Bochum und Wattenscheid. Weitere Forschungen zur jüdischen Geschichte Bochums werden nötig sein, um hier zu einem aussagekräftigen Gesamtbild zu kommen. Eines aber ist jetzt schon offenkundig: der unersetzliche Verlust, der durch das Verschwinden jüdischer Kultur und die Vernichtung jüdischen Lebens entstanden ist.

Eberhard Heupel

Didaktische Einführung

Die Verfasser dieses Arbeitsbuches vertreten das Konzept der problemorientierten Geschichtsdidaktik. Danach dient die Beschäftigung mit Geschichte nicht allein dem Ziel herauszufinden, wie es eigentlich gewesen ist. Im Mittelpunkt stehen vielmehr Fragen, die aus gegenwärtiger Sicht bei der Erarbeitung eines bestimmten Themas bedeutsam sind. Diese Fragen und Problemstellungen leiten die Untersuchung eines historischen Gegenstandes. Unter Beachtung historischer Methoden werden Sachverhalte erarbeitet, die Antworten auf die entwickelten Problemfragen geben. Die gewonnenen historischen Kenntnisse und Erkenntnisse sollen das Problembewusstsein der Schülerinnen und Schüler historisch fundieren und zur Handlungsorientierung in der Gegenwart beitragen. In diesem Sinne versteht sich Handlungsorientierung in erster Linie als historisch reflektierte politische Stellungnahme.

Wie können nun die Fragen und Probleme ermittelt werden, die als Grundlage der historischen Untersuchung dienen? Das Thema dieses Buches bezieht sich - wie der Untertitel umschreibt - auf Leben, Verfolgung, Vertreibung und Vernichtung der Juden in Bochum und Wattenscheid. Damit ist die Frage nach dem Verhältnis jüdischer Bürger zu ihren nichtjüdischen Mitbürgern und Nachbarn gestellt, die Frage nach der Eingliederung in die deutsche Gesellschaft vor 1933. Waren Juden in der Gesellschaft der Weimarer Republik nur gleichberechtigt oder auch tatsächlich gleichgestellt? Die Antwort bezieht sich auf das Selbstverständnis jüdischer Menschen und das Verhalten ihrer nichtjüdischen Umgebung, das insbesondere in der Zeit der beginnenden Ausgrenzung und Diskriminierung wichtig wurde. Die nationalsozialistische Judenverfolgung war - auch wenn die Latenz antisemitischer Einstellungen in Teilen der Bevölkerung nicht geleugnet werden darf - staatlich verordnet. Die Schritte der Ausgrenzung und ihre Auswirkungen an einzelnen Beispielen nachzuvollziehen, ist daher unerlässlich, um den Prozesscharakter der Verfolgung begreifen zu können. Begleitet wurde diese Entwicklung von einer intensiven antisemitischen Propaganda. Die Erziehung zum Antisemitismus in den Schulen ist deshalb ein wesentlicher Teil der Untersuchung. Wie wurde der Antisemitismus begründet, in welcher Weise ließen sich die Schulen instrumentalisieren, welche Aussagen können über die Wirkung antisemitischer Propaganda gemacht werden?

Einen großen Raum nehmen die Erinnerungen ehemaliger jüdischer Bürger aus Bochum und Wattenscheid ein. Die Dokumentation ihrer Reaktion auf Diskriminierung, Ausgrenzung und Verfolgung soll nicht nur die späteren Opfer aus ihrer Anonymität holen, sondern auch ihr Denken und Verhalten unter Bezug auf die konkrete historische Situation verdeutlichen und verständlich machen. Problemorientierte Geschichtsbetrachtung schließt die Frage ein, wie in verschiedenen Epochen über historische Ereignisse berichtet wurde und wie sie interpretiert worden sind. Daher lag es nahe, Äußerungen über den Nationalsozialismus und die Judenverfolgung zur Analyse vorzulegen. Dass dafür Schulfestschriften gewählt worden sind, ergibt sich zum einen aus dem Adressatenkreis dieses Buches, zum anderen aus der Frage, ob und wie sich diese Institutionen mit ihrer Vergangenheit im Nationalsozialismus auseinandergesetzt haben - auch im Licht des Kapitels über die nationalsozialistische Erziehung. Dabei soll die breite zeitliche Streuung den Wandel von Interpretationsansätzen zeigen.

Neben der Problemorientierung ist der lokalhistorische Bezug der zweite wesentliche Ansatz für die historische Auseinandersetzung mit dem Thema. Geschichte hat ja nicht nur eine zeitliche, sondern auch eine räumliche Dimension. Die Lokalgeschichte, die sich in einem den historisch Interessierten vertrauten Raum abspielt, vermag unter Umständen durch die größere räumliche Nähe das Interesse an geschichtlichen Themen eher zu wecken. Sie verdeutlicht, dass Ereignisse von historischer Dimension sich auch in der eigenen Region abspielen und kann auf diese Weise das Eingebundensein der Region und ihrer Menschen in historische Prozesse von nationaler oder gar internationaler Bedeutung anschaulich machen. Gleichzeitig wirft Lokalgeschichte die Frage nach der Verantwortung und den Einflussmöglichkeiten der Menschen „vor Ort" auf. So können die formulierten Probleme auch im lokalen Rahmen behandelt werden. Die Frage nach der gesellschaftlichen Integration der jüdischen Minderheit lässt sich etwa am Beispiel des Vereinslebens oder des Ansehens jüdischer Persönlichkeiten in Kultur, Gesellschaft und Politik erörtern. Für das Verhalten der nichtjüdischen Bevölkerung gibt es in Bochum und Wattenscheid konkrete Beispiele ebenso wie für die Umsetzung und die Auswirkungen antijüdischer Verordnungen und Gesetze. Das trifft ebenso für die weiteren, oben angesprochenen Probleme zu. Freilich sollten auch Einschränkungen einer lokalhistorischen Zugriffsweise mit bedacht werden: Antworten auf gestellte Fragen können nicht in jedem Fall verallgemeinert werden. Außerdem müssen zur Erklärung historischer Sachverhalte auch Informationen allgemeiner Art herangezogen werden, so etwa über das nationalsozialistische Herrschafts- und Erziehungssystem.

Im Folgenden werden Bearbeitungsvorschläge zu einzelnen Problemstellungen gemacht. Selbstverständlich steht es den Pädagoginnen und Pädagogen, die das Buch als Arbeitsgrundlage nutzen wollen, frei, einen eigenen inhaltlichen Schwerpunkt und einen besonderen für ihre Lerngruppe geeigneten methodischen Zugang zu wählen. Da unterschiedliche Zielgruppen in- und außerhalb der Schule angesprochen sind, wird darauf verzichtet, unterrichtsmethodische Aspekte zu behandeln.

A. Das Verhältnis von nichtjüdischer Mehrheit und jüdischer Minderheit

Bei der Untersuchung dieser Problemstellung sollten die Schülerinnen und Schüler die rechtliche Ebene und die soziale Seite unterscheiden. Einige Hinweise auf die rechtliche Stellung der Juden finden sich in den beiden ersten Kapiteln über die Entwicklung der jüdischen Gemeinden in Bochum und Wattenscheid, die freilich durch Informationen über einschlägige Reichsgesetze zu ergänzen sind. Erlangte Gleichberechtigung einer Minderheit bedeutet aber nicht zwangsläufig auch soziale Gleichrangigkeit und Akzeptanz durch die Mehrheit. Als Quellen kommen hier in erster Linie jüdische Selbstzeugnisse in Betracht. Materialien finden sich im 4. Kapitel „Jüdisches Selbstverständnis und Gegenwehr", in den Selbstzeugnissen im 9. Kapitel über die jüdische Jugend in Bochum sowie im 12. Kapitel „Alfred Salomon - Ein Bochumer Auschwitz-Überlebender berichtet". Diese Quellen können darüber Auskunft geben, wie Juden selbst ihr Verhältnis zu ihrer nichtjüdischen Umwelt gesehen und welche Erfahrungen sie in Schule und Freizeit gesammelt haben. Bedeutsam für die Frage nach jüdischem Selbstverständnis und gesellschaftlicher Integration ist auch das jüdische Vereinsleben. War es ein Mittel, bewusst unter sich zu bleiben oder war es Teil des vielfältigen kulturellen und sportlichen Lebens, das sich in der Weimarer Republik häufig in konfessionellen Gruppen abspielte? Sozialer und beruflicher Aufstieg lassen Rückschlüsse über die soziale Integration zu. Hinweise auf das Ansehen prominenter jüdischer Persönlichkeiten können durch die Bemerkungen über die berufliche Situation der Juden in Bochum und Wattenscheid ergänzt werden. Informationen hierzu finden sich in den beiden ersten Kapiteln und im Anfangsteil des 5. Kapitels. Mit Hilfe der vorgelegten Materialien kann die in diesem Abschnitt gestellte Frage nicht abschließend beantwortet werden, auch nicht für Bochum und Wattenscheid. Doch können die Schülerinnen und Schüler einen Eindruck davon gewinnen, dass die Frage nach der Integration wohl nicht mit einem bloßen „Ja" oder „Nein" zu beantworten ist.

B. Die Haltung nichtjüdischer Deutscher zu Ausgrenzung, Diskriminierung und Verfolgung der Juden

Dass dieses Problem eine wesentliche Rolle bei der Behandlung der Geschichte des Holocaust spielt, bedarf keiner weiteren Begründung. Material findet sich in diesem Buch vor allem in Kapitel 5 („Herausdrängung der Juden aus Beruf, Wirtschaft und Gesellschaft"), Kapitel 7 („Aspekte der ‚Arisierung' in Bochum"), Kapitel 10 („9.11.1938: Die Pogromnacht in Bochum und Wattenscheid") und in Kapitel 11 („Bochumer und Wattenscheider Opfer der Shoa"). In diesen Kapiteln werden an einigen Beispielen zum Teil sehr unterschiedliche Verhaltensweisen deutlich. Bei der Quellenanalyse sollte auf die jeweils unterschiedliche historische Situation eingegangen werden. Zu beachten ist u.a., in welchem Stadium sich die nationalsozialistische Judenpolitik befand, inwieweit der Macht- und Herrschaftsapparat der Partei und ihrer Nebenorganisationen ausgebaut war, die NSDAP und v.a. Hitler in der Bevölkerung akzeptiert wurden und die antisemitische Propaganda wirksam wurde. Darüber hinaus muss aber auch nach den Ursachen des beschriebenen Verhaltens gefragt werden. In diesem Zusammenhang ist insbesondere auf die jedes Kapitel abschließenden Aufgabenvorschläge hinzuweisen, die die Schülerinnen und Schüler veranlassen sollen, die Quellen kritisch zu reflektieren und die Möglichkeit alternativen Handelns zu diskutieren. Dabei sollte es um ein historisch-kritisches Urteil gehen, das die damaligen Verhältnisse berücksichtigt, ohne auf die Frage nach individuellem Handlungsspielraum und persönlicher Verantwortung zu verzichten.

Die Frage nach dem Verhalten nichtjüdischer Deutscher lässt sich zum einen an der Zeit bis zu den Nürnberger Gesetzen untersuchen, die die rechtliche Diskriminierung der Juden für die deutsche und die internationale Öffentlichkeit sinnfällig machte. Im Mittelpunkt der Untersuchung könnten die Reaktionen von Geschäftsleuten auf den Boykott der jüdischen Geschäfte am 1. April 1933 stehen sowie die Quellen, die sich mit der Herausdrängung der Juden aus der Wirtschaft und dem öffentlichen Dienst beschäftigen. Das Thema „Arisierung" ist für das Verhältnis von Juden und Nichtjuden sehr aufschlussreich. Diese stellt insofern eine Steigerung der Ausgrenzung gegenüber dem bloßen Wegsehen oder der stillschweigenden Duldung antijüdischer Maßnahmen dar, als sich hierbei Privatpersonen, aber auch Parteigliederungen und die öffentliche Hand auf Kosten der jüdischen Deutschen bereicherten. Als weiteres Beispiel kann die Reichspogromnacht 1938 herangezogen werden, obwohl oder gerade weil die Mehrheit der Bevölkerung dabei nur eine eher passive Rolle spielte, denn die Hauptakteure stellten die Organisationen der NSDAP. Deren Aktionen genau zu rekonstruieren, ist an Hand des vorgefundenen Materials nicht einfach, da die zur Verfügung stehenden Quellen einen sehr unterschiedlichen Aussagewert besitzen. Neben zeitgenössischen Aussagen, die aber die Ereignisse aus nationalsozialistischer Sicht schildern und damit verfälschen, finden wir Stellungnahmen von Tätern und Opfern und Urteile aus Prozessen gegen Beteiligte, die selbstverständlich erst viel später, nämlich nach dem Kriege, entstanden sind. Die Arbeit an den Materialien zur Reichpogromnacht kann daher Schülerinnen und Schülern die Schwierigkeit und Notwendigkeit einer methodisch reflektierten, quellenkritischen Auseinandersetzung mit historischem Material bewusst machen.

In Bezug auf die Gegenwart lassen sich Fragen nach den Bedingungen und Möglichkeiten von Zivilcourage des Einzelnen stellen. Dabei kann und muss die sorgfältige historische Analyse den gravierenden Unterschied zwischen demokratischen und totalitären Systemen aufzeigen.

C. Die Bürokratisierung der Verfolgung

Anhand der Materialien zum „Gesetz zur Wiederherstellung des Berufsbeamtentums" von 1933 (Kapitel 5) und zu den Nürnberger Gesetzen von 1935 (Kapitel 6) sowie der Errichtung von „Judenhäusern" (Kapitel 11) können Schülerinnen und Schüler herausarbeiten, wie die Gesetze umgesetzt wurden und welche Konsequenzen sie für den Einzelnen hatten. Hier stellt sich auch das Problem der Unterscheidung zwischen Legalität und Legitimität staatlichen Handelns, das für den Unterschied zwischen demokratischen und undemokratischen Regierungsformen wesentlich ist. Die Nürnberger Gesetze, die die jüdischen Deutschen zu Bürgern zweiter Klasse machten, waren in einem formalen, rechtspositivistischen Sinne legal. Als legitim können sie jedoch nicht bezeichnet werden, denn sie widersprechen in eklatanter Weise den Menschenrechten.

D. Die Steuerung der Verfolgung durch die Nationalsozialisten

Die Rolle der Partei und anderer nationalsozialistischer Organisationen bei der Judenverfolgung kann exemplarisch am Beispiel des Boykotts jüdischer Geschäfte und der Reichspogromnacht untersucht werden. Die vorliegenden Quellen können die zentrale Planung der Judenverfolgung belegen. So kann die Beschäftigung mit diesen Quellen durchaus als Einstieg in eine allgemeine Analyse des nationalsozialistischen Herrschaftssystems dienen.

E. Die Auseinandersetzung mit der nationalsozialistischen Erziehung

Anhand der vorgelegten ausführlichen Quellen können Schülerinnen und Schüler allgemeine nationalsozialistische Erziehungsziele und die Erziehung zum Antisemitismus selbstständig erarbeiten. In dem Kapitel über „Bochumer Schulen im Nationalsozialismus: Erziehung zu Rassismus und Antisemitismus" finden sich Äußerungen Hitlers, regierungsamtliche Erlasse, Auszüge aus Schulbüchern für unterschiedliche Altersstufen und Schulformen und kleinere Auszüge aus den Arbeiten einer Schülerin. Diese Vielfalt an Quellengattungen erfordert von Schülerinnen und Schülern ein quellenkritisches Arbeiten. Sie sollten den unterschiedlichen Aussagewert der verschiedenen Quellenarten berücksichtigen lernen. Ein weiteres Ziel ist die ideologiekritische Analyse der Aussagen, insbesondere über die Juden und ihre Geschichte. Dazu ist es unerlässlich, sich eigenständig über die angeschnittenen Themen zu informieren. Eine sachliche Darstellung hierzu können Schüler selbst erarbeiten. Einen Beitrag zu dieser ideologiekritischen Arbeit können die Arbeitsfragen liefern. Sie sollen Schülerinnen und Schülern helfen, Distanz zu den Quellen zu gewinnen und deren ‚Argumentation' durch den Vergleich mit historischen Fakten als rassistisch zu durchschauen. Durch diesen Lernprozess können sie rassistische Vorurteile in der Gegenwart leichter erkennen und ihnen entgegentreten. Um die Prägekraft nationalsozialistischer Ideologie einschätzen zu können, muss darüber hinaus noch auf die Rolle der nationalsozialistischen Jugendorganisationen (v.a. HJ und BdM) eingegangen werden, und zwar in zweifacher Hinsicht: Zum einen ist deren Funktion für das nationalsozialistische Herrschaftssystem deutlich zu machen und zum anderen sollte an ausgewählten Beispielen die Rolle dieser Organisationen im Leben der damaligen Kinder und Jugendlichen erarbeitet werden. Dabei dürfen die subjektiv als attraktiv empfundenen Seiten nicht verschwiegen werden. Denn nur so lässt sich die Verführung von Kindern und Jugendlichen verständlich machen. Bei der Bearbeitung dieser Aspekte müssten Schülerinnen und Schüler andere Materialien hinzuziehen, da die Informationen in diesem Buch für diesen Untersuchungsaspekt nicht ausreichend sein können. Eine intensive Beschäftigung mit dem nationalsozialistischen Erziehungssystem eröffnet Schülerinnen und Schülern auch einen Weg, sich den totalitären Charakter des Nationalsozialismus an leicht nachvollziehbaren Beispielen bewusst zu machen. In den Texten finden sich häufig Hinweise zu einzelnen Fächern, insbesondere zum Geschichts- und Biologieunterricht. Daran kann sich die Frage anschließen, ob einzelne Fächer besonders für die nationalsozialistische Indoktrination anfällig waren und gegebenenfalls warum dies der Fall gewesen sein könnte. Diese Analyse kann zumindest im Oberstufenunterricht oder in der Erwachsenenbildung vorgenommen werden.

F. Die Reaktion von Juden auf Diskriminierung und Verfolgung

Zu diesem Problem finden sich in vielen Kapiteln Hinweise. Zu thematisieren wäre etwa, wie Juden die Tatsache der Diskriminierung interpretiert, welche Schlussfolgerungen sie daraus für ihre persönlichen Perspektiven gezogen haben, z. B. hinsichtlich einer weiteren Existenz in Deutschland oder einer eventuellen Auswanderung. Gab es (unterschiedliche) neue politische Optionen angesichts zunehmender Verfolgung? Welche Auswirkungen hatte die Verfolgung für den Zusammenhalt der Juden untereinander? In diesem Zusammenhang kann auch nach dem Vorhandensein unterschiedlicher Lebenseinstellungen und Lebensperspektiven zwischen den Generationen gefragt werden. Bei dem Versuch, diese Fragen zu klären, sollten persönliche Erfahrungen und die individuelle Lebensgeschichte - soweit möglich - berücksichtigt werden. Auch die psychische Dimension von Diskriminierung und Verfolgung kann thematisiert werden. Die Auseinandersetzung mit dieser Problematik muss nicht auf die affektive Ebene beschränkt bleiben, sie kann auch weitergeführt werden zu einer allgemeinen Diskussion über die Notwendigkeit und Möglichkeit zum Widerstand gegen Verfolgung heute oder zur Frage der Gewährung von Asyl für Verfolgte aus anderen Ländern.

Die Bewertung der Quellenaussagen muss die Ereignisse in die jeweilige historische Situation einbetten. Dabei ist insbesondere zu berücksichtigen, dass die Stellungnahmen und Einschätzungen zumeist erst viel später und in Kenntnis der Geschichte des Holocaust abgefasst worden sind. So sollte auch danach gefragt werden, ob und gegebenenfalls inwiefern dies die getroffene Einschätzung beeinflusst haben könnte.

G. Zeitgebundenheit von Erinnern und Verdrängen

Das Kapitel über die Darstellung des Nationalsozialismus in Schulfestschriften fällt insofern etwas aus dem Rahmen, als es nicht um die Darstellung des Nationalsozialismus als historischem Gegenstand geht, sondern um dessen Deutung nach 1945. Warum Schulfestschriften als Quelle ausgewählt wurden, wurde oben schon erläutert. In einem ersten Arbeitsschritt sollten Schülerinnen und Schüler die Aussagen über den Nationalsozialismus und - soweit sie überhaupt formuliert werden - über den Holocaust erarbeiten. Es ist nicht nur interessant zu untersuchen, was in den Festschriften für berichtenswert gehalten wird, sondern auch, mit welcher Begrifflichkeit dies geschieht. Außerdem sollte ein Vergleich mit den wichtigsten Ereignissen der Lokalgeschichte von 1933 bis 1945 verdeutlichen, was die jeweiligen Festschriften verschweigen. Schülerinnen und Schüler werden feststellen, dass sich die Urteile über den Nationalsozialismus im Laufe der Zeit wandeln. Sie können sich so die Zeitgebundenheit historischer Aussagen vor Augen führen. Offizielle politische Stellungnahmen oder künstlerisch-literarische Aussagen aus der jeweiligen Zeit können diese Erkenntnis noch vertiefen. Damit ist freilich die Frage nach den Ursachen dieser Unterschiede nicht geklärt. Die Schülerinnen und Schüler müssten vielmehr zu der Erkenntnis kommen, dass Geschichte sich nicht in einem bloßen Sammeln und Verknüpfen von Fakten erschöpft, sondern eine Erinnerung an Vergangenheit darstellt, die von Menschen gestaltet und damit abhängig ist von deren Fragen und Interessen. Ein Bezug zur zeitgenössischen, politischen und gesellschaftlichen Diskussion des Themas ist daher unerlässlich. Was wurde jeweils über den Nationalsozialismus und seine Verbrechen berichtet, wie wurden die historischen Fakten gedeutet, welche Rolle spielten dabei Partei, NS-Massenorganisationen, ‚einfache' Parteimitglieder und die übrigen Deutschen? Dabei ist auch die persönliche Situation der Verfasser der Festschriften und ihrer Adressaten zu berücksichtigen, die insbesondere in den fünfziger Jahren noch eine wichtige Rolle bei der Auseinandersetzung mit dem Nationalsozialismus gespielt hatte. Außerdem ist auf die allgemeine politische Lage hinzuweisen, z.B. das Entstehen der Ost-West-Konfrontation mit ihren gesellschaftlichen und politischen Folgen. Die Quellenanalyse sollte natürlich den späteren Wandel der politischen und gesellschaftlichen Bedingungen in den folgenden Jahrzehnten in gleicher Weise in die Analyse mit einbeziehen. Da Festschriften einen spezifischen Quellenwert haben, ist es auch zu empfehlen, die Schülerinnen und Schüler im jeweiligen Schularchiv nach anderen zeitgenössischen Quellen forschen zu lassen. Es lassen sich vielleicht ja noch Akten, alte Schulbücher oder Schülerarbeiten finden, die Auskunft über die Behandlung des Nationalsozialismus und der Judenverfolgung geben könnten.

Neben der aufgezeigten Verknüpfung verschiedener Kapitel unter einer Problemstellung können umgekehrt auch einzelne Kapitel als Ganzes behandelt und unter verschiedenen Problemstellungen bearbeitet werden. Als Orientierungshilfe für diese Zugangsweise soll die folgende Tabelle dienen.

Kapitel	Problemstellung	Kapitel	Problemstellung
1	A	8	E
2	A	9	A, F
3	A	10	B, D, F
4	A, F	11	B, C
5	A, B,C, D, F	12	A, F
6	C	13	G
7	B, F		

I. KAPITEL

Andreas Halwer

Die Wattenscheider Juden vor 1933

Einwohnerzahl und Sozialstruktur

Bereits vor dem großen Stadtbrand von 1635 wohnten Juden in Wattenscheid. Sie lassen sich in Geleitbriefen des damaligen Landesherrn nachweisen. Für die Genehmigung, sich in einem Ort seines Machtbereichs niederzulassen, mussten sie eine bedeutende Summe bezahlen.

Die in Deutschland lebenden Juden durften zunächst kein Eigentum an Grund und Boden erwerben. Jahrhundertelang waren sie gravierenden rechtlichen und sozialen Beschränkungen unterworfen. Strenge Vorschriften regelten ihre Arbeits- und Lebensbedingungen. Ihren Unterhalt durften sie nur in ganz bestimmten, streng definierten Tätigkeitsfeldern verdienen, andere blieben ihnen verschlossen. Sie waren in der Regel Geldverleiher, Schlächter und Händler. In Wattenscheid wird in den Rechnungen der Wattenscheider Pfarrkirche auch ein jüdischer Glaser genannt.

Nach und nach verbesserte sich die Rechtslage für die Juden in Deutschland. Durch die Besetzung deutscher Territorien durch französische Truppen nach der französischen Revolution gelangten preußische Gebiete unter französischen Einfluss. Neue Rechtsgrundlagen wurden etabliert und viele der bis dahin gültigen Beschränkungen für Juden beseitigt. Die Grafschaft Mark, zu der Bochum und Wattenscheid gehörten, kam zum Großherzogtum Berg, das den Juden mehr Rechte einräumte als dies beispielsweise in Preußen der Fall war. In Preußen wurden die Rechte der Juden 1812 neu geregelt. Nach dem Abzug der Franzosen und der Wiedereinrichtung der preußischen Verwaltung in der Grafschaft Mark wurden auch die hier lebenden Juden wieder stärker reglementiert. Die rechtlichen Diskriminierungen fielen für Preußen und den Norddeutschen Bund erst 1869 – durch das „Gesetz betreffend die Gleichbehandlung der Konfessionen in bürgerlicher und staatsbürgerlicher Beziehung". Dieses Gesetz wurde 1871 auch in die neue Reichsverfassung aufgenommen. Letzte Einschränkungen verschwanden mit dem Beginn der Weimarer Republik und der von der Nationalversammlung im August 1919 beschlossenen Weimarer Verfassung. Nun war den jüdischen Deutschen beispielsweise auch in Preußen der Zugang zu hohen Beamtenstellen im Staatsdienst möglich.

Zu Beginn des 19. Jahrhunderts hatte die preußische Obrigkeit die Juden noch streng in ihrem Blick. Neben dem kontrollierten Zu- und Wegzug wurden auch die ortsansässigen Juden überwacht. Viele von ihnen besaßen in der ersten Hälfte des 19. Jahrhunderts noch keinen eigenen Familiennamen, 1846 mussten sie einen Familiennamen annehmen. Die Liste, die zu diesem Zweck von der Regierung in Arnsberg nach der Namensannahme veröffentlicht wurde,[1] enthält die Namen von 25 Juden, die

---

1 Vgl. Amtsblatt Regierung Arnsberg 1846, Beiblatt zum 41. Stück des Amtsblatts vom 10.10.1846, S. 6 ff.

zu diesem Zeitpunkt in der Stadt Wattenscheid lebten.[2] Die Wattenscheider Gesamtbevölkerung betrug damals 1.232 Personen.

In Wattenscheid wohnten absolut und im Verhältnis zur Einwohnerzahl erheblich weniger Juden als in Bochum. Vor Ausbruch des Ersten Weltkrieges hatte die Stadt Wattenscheid 30.278 Einwohner, darunter 213 Bürger jüdischen Glaubens. Die folgende Tabelle macht die Bevölkerungsentwicklung deutlich:

Jahr	Einwohner	davon Juden[3]	Anteil an der Bevölkerung
1903	22.336	196	0,88 %
1913	29.490	190	0,64 %
1918	29.528	177	0,60 %
1925	30.824	177	0,57 %
1929[4]	64.156	167	0,26 %
1932	62.760	154	0,25 %
1933	61.722	130	0,21 %
1934	61.644	126	0,20 %
1935	61.876	110	0,18 %
1936	61.855	101	0,16 %
1939	61.449	48	0,07 %

Betrachtet man die Berufe der jüdischen Wattenscheider, so dominieren eindeutig die kaufmännischen und bestimmte Handwerksberufe. In den Wahllisten für die Repräsentanten der Synagogengemeinde sind auch die Berufe aufgeführt.[5] Von 57 Wahlberechtigten der Kultusgemeinde arbeiteten im Jahre 1905 28 Gemeindemitglieder im kaufmännischen Bereich, sieben Mitglieder der Synagogengemeinde waren handwerklich als Metzger, Klempner, Dekorateur und Schneider tätig. Daneben gab es einen Arzt, mehrere Arbeiter, Rentner und einen Arbeitslosen, einen Geschäftsführer sowie einen Lehrer. Bis in die 20er Jahre des vergangenen Jahrhunderts änderten sich die Berufsstruktur und das prozentuale Verhältnis der Wattenscheider Juden zur Gesamtbevölkerung nicht wesentlich.

Die Wattenscheider Synagoge wurde bereits 1829 fertiggestellt. Sie befand sich an der Oststraße, jedoch nicht an der Straßenfront, sondern im Hinterhof. Damit folgte man einer Anordnung des preußischen Königs, der in seiner Konzession, dem Zeitgeist und den Verordnungen entsprechend so entschieden hatte.[6] Im Jahre 1875 wurde die Synagogengemeinde in Wattenscheid selbständig. Bis zu diesem Jahr hatte sie zur Hattinger Gemeinde gehört.

---

2   In der Liste stehen lediglich die Familienoberhäupter und ihre vor Ort lebenden selbständigen Kinder. Die Zahl der Juden war aber höher, weil Frauen nur als Witwen oder ledige Selbständige genannt sind und im Haushalt lebende Kinder nicht genannt wurden. Im Landkreis Bochum nahmen insgesamt 143 Familien einen festen Namen an, davon 39 in der Stadt Bochum.

3   Verwaltungsberichte der Stadt Wattenscheid, verschiedene Jahrgänge; für 1939: „Volljuden" nach der Volkszählung 1939.

4   In den Jahren 1926 und 1929 wurden verschiedene Ortsteile nach Wattenscheid eingemeindet. Da die Juden fast ausschließlich in der Innenstadt wohnten, blieb ihre Zahl konstant, während die absolute Einwohnerzahl durch die Eingemeindungen sich annähernd verdoppelte.

5   Vgl. Stadtarchiv Bochum-Wattenscheid, Bestand Stadt Wattenscheid (WAT) 1173.

6   Vgl. Stadtarchiv Bochum-Wattenscheid, Bestand Amt Wattenscheid (A WAT) 395.

Abb. 1: Die jüdische Synagoge in: Wattenscheid. Innenansicht um 1930.

1876 erlangte Wattenscheid die Stadtrechte. Im ersten Gemeinderat waren von 24 Abgeordneten bereits zwei jüdischer Konfession,[7] Ende der 1880er und Anfang der 1890er Jahre waren sogar drei Juden im Stadtrat.[8] Bis 1929 war fast ununterbrochen mindestens ein Jude im Stadtrat vertreten, zuletzt Robert Samuelsdorff für die „Kommunalwirtschaftliche Vereinigung".[9]

7   Vgl. Allgemeine Wattenscheider Zeitung (AWZ), 7.10.1876.
8   Stadtarchiv Bochum-Wattenscheid, Verwaltungsberichte der Stadt Wattenscheid, verschiedene Jahrgänge.
9   AWZ, 1.6.1926.

Daneben gab es eine Reihe jüdischer Vereine in Wattenscheid. Der israelitische Frauenverein, der israelitische Männerverein, der jüdische Jugendverein und der Verein für jüdische Literatur und Geschichte der Gemeinden Gelsenkirchen und Wattenscheid traten regelmäßig zusammen. Aber auch Feste wie Karneval oder Kaisers Geburtstag wurden durch die jüdische Gemeinde begangen. Als 1888 Kaiser Wilhelm I. verstarb, berichtete die „Wattenscheider Zeitung" über die Trauergottesdienste der verschiedenen Konfessionen, so auch über den Gottesdienst in der Synagoge: „Am Samstag wurde in hiesiger Synagogen ein Trauergottesdienst für den hochseeligen Kaiser Wilhelm gehalten. Nach dem liturgischen Theil hielt der Kultusbeamte, Herr Plaut, die von patriotischer Begeisterung getragene Gedachtnißrede, in welcher er den in Gott ruhenden Monarchen schilderte als edlen Menschen, als hervorragenden Helden und als weisen Regenten. Redner hob hervor, daß das reine Menschliche das Hervorragende in dem Charakter des großen Todten war und daß er durch sein edles, humanes Wesen nicht minder Großes gewirkt hat, als durch seinen Heldenmut. Unserer Dankespflicht können wir niemals ganz genügen, wohl aber können wir uns der Güter, welche wir dem erhabenen Monarchen verdanken, würdig zeigen, durch das Bestreben, brave Menschen, gemeinnützige Bürger und treue Unterthanen unseres Kaisers und Königs Friedrich III zu werden. Mit einem Gebet für die Genesung unseres erhabenen Herrschers [Friedrich III.] schloß die Feier."[10] Die Kaisertreue dokumentiert, wie assimiliert die Wattenscheider Juden am Ende des 19. Jahrhunderts waren.

Juden traten auch bei künstlerischen Veranstaltungen, beispielsweise auf Musikabenden des Vaterländischen Frauenvereins, als Solisten auf. Else Röttgen, deren Musikdarbietungen über Wattenscheid hinaus bekannt waren, organisierte 1914 ein Wohltätigkeitskonzert: „Das am vergangenen Freitag im Kaiserhof von Frl. Else Röttgen und Dr. Schwermann veranstaltete Wohltätigkeitskonzert hatte nicht nur einen vollen künstlerischen Erfolg, sondern auch ein schönes finanzielles Ergebnis zu verzeichnen. Dem Vaterländischen Frauenverein konnte als Ueberschuß der Betrag von 225 M[ark] überwiesen werden, der für die Kriegsliebestätigkeit Verwendung findet. Den Veranstaltern nochmals im Namen der Allgemeinheit besten Dank."[11] Jenny Bonnin, Gattin des Stadtverordneten und Arztes Dr. Leopold Bonnin, war jahrelang Vorstandsmitglied des „Vaterländischen Frauenvereins". Auch im traditionellen Wattenscheider Schützenverein, dem „AllBüSchü", waren die meisten jüdischen Kaufleute aktiv und der jüdische Rechtsanwalt Dr. Felix Röttgen war Ende der 20er Jahre der Schriftführer des Vereins.[12]

Wie beliebt die jüdischen Bürger in verantwortlicher Position waren, machen Nachrufe in der Tagespresse deutlich. Beim Tod des Stadtverordneten David Röttgen wurde dieser im Nachruf als „ehrenwerter Mitbürger und Alt-Wattenscheider Kind" bezeichnet.[13] Auch der 1924 in hohem Alter verstorbene ehemalige Stadtverordnete Dr. Leopold Bonnin erhielt einen ehrenden Nachruf.[14] Der letzte Wattenscheider Stadtverordnete jüdischen Glaubens, Robert Samuelsdorff, erhielt diesen nicht. Er kam am 17. September 1942 im KZ Mauthausen um.

---

10   AWZ, 19.3.1888.
11   AWZ, 8.10.1914.
12   Vgl. Protokollbuch des Allgemeinen Bürger-Schützen-Vereins der Stadt Wattenscheid (AllBüSchü), Depositum im Stadtarchiv Bochum.
13   AWZ, 24.9.1908.
14   Vgl. AWZ, 4.3.1924.

Abb. 2: Der Grabstein der Familie Samuelsdorff auf dem Propsteifriedhof in Wattenscheid.

Die Familie Spiero – Geschichte und Schicksal einer jüdischen Familie aus Wattenscheid

Der Vorschrift aus dem Jahre 1846, einen eigenen Familiennamen anzunehmen (s.o.), verdanken wir eine genaue Übersicht über die Familienverhältnisse der jüdischen Bürger in Wattenscheid.[15]

Die Familie des Wattenscheider Tagelöhners Philipp Israel umfasste 1846 die Kinder Sophia, 23 Jahre alt, Sara, 19, Raphael, 18, Israel, 15, Jette, 12, Hanna, 10, David, 7 Jahre alt und den 4-jährigen Simon. Da der ältere Bruder von Philipp Israel in Holland lebte und dort den Namen Spiero trug, benannte sich sein in Preußen lebender Bruder nach diesem Namen und hieß fortan Philipp Spiero.

Der älteste Sohn Philipp Spieros, Raphael Spiero, baute im Laufe der Jahre ein kleines Tuchwarengeschäft in der Nordstraße in Wattenscheid auf. Als er 1904 im Alter von 76 Jahren starb, hinterließ er Kinder in Wattenscheid, Gelsenkirchen, Aerzen, Heinsberg, Schwerte und Detmold.[16] Sein Sohn Israel betätigte sich als Viehhändler in Wattenscheid. Er starb 1921 in Wattenscheid und hinterließ seine 1871 geborene Frau Johanna und die zwischen 1895 und 1902 geborenen Töchter Grete, Martha und Hilde.[17]

Über die Beerdigung von Israel Spiero berichtete die Wattenscheider Zeitung: „Beisetzungsfeier. Unter ungewöhnlich zahlreicher Teilnahme fand Sonntag nachmittag

---

15 Vgl. Stadtarchiv Bochum-Wattenscheid, A WAT 8.
16 Vgl. AWZ, 1.10.1904.
17 Todesanzeige in AWZ, 29.4.1921.

Abb. 3: Israel und Johanna Spiero. Israel Spiero starb 1921 als angesehener Wattenscheider Bürger. Johanna Spiero wurde 1938 in ein sogenanntes „Judenhaus" in der Voedestrraße 19 eingewiesen. Von dort aus wurde sie deportiert. Sie starb im KZ Sobibor.

die Beerdigung des Kaufmanns Israel Spiero statt. Kaum je zuvor sah der israelitische Friedhof eine so ansehnliche Trauergemeinde. Der Wattenscheider Kriegerverband eröffnete den ausgedehnten Trauerkondukt mit der Schlotterhos'schen Kapelle an der Spitze, die auf dem Wege zum Friedhof Trauerchoräle vortrug. Der Synagogenvorstand und das Repräsentantenkollegium erwiesen dem Verblichenen die letzte Ehre, dem sich das übrige Trauergefolge in langen Reihen anschloß. Lehrer Oppenheim vollzog die Grablegung und widmete dem Entschlafenen einen ehrenvollen Nachruf und der schwer geprüften Familie herzliche Worte der Teilnahme und des Trostes. Möge dem Heimgegangenen die Erde leicht sein!"[18]

18   AWZ, 3.5.1921.

Abb. 4: Die drei Töchter von Johanna und Israel Spiero: Martha (geboren 1898), Grete (geboren 1896) und Hilde (geboren 1902).

Abb. 5: Die Familie Liebreich im Garten ihres Hauses in der Westenfelder Straße. In der Mitte der Vater, Julius Liebreich, links neben ihm stehend seine Ehefrau Grete, unten (in Lederhosen) die beiden Söhne Hans und Bernd und der Kleinste, Rudi Liebreich.

Abb. 6:
Martha und
Hugo Groß.

Abb. 7: Hilde Spiero
als junges Mädchen.

Abb. 8: Hilde und Erich Neuwahl.

Die älteste Tochter, Grete, heiratete 1919 Julius Liebreich. Julius Liebreich war lange Jahre Prokurist der Beleuchtungskörperfabrik von Sally Habermann. Nach dem Niedergang der Firma Habermann im Zuge des Boykotts jüdischer Geschäfte 1933 verzog die Familie Liebreich aus der Westenfelder Straße in Wattenscheid nach Essen. Dort schlug sich der Familienvater als Handelsvertreter durch. Die Familie hatte drei Söhne: Bernd, Jahrgang 1920, Hans, Jahrgang 1921 und das Nesthäkchen Rudi, geboren 1926.

Während der NS-Zeit änderte sich die Situation der Familie Spiero fundamental: Aus geachteten Bürgern wurden Verfolgte.

Bernd und Hans Liebreich konnten nach England fliehen und kämpften im Zweiten Weltkrieg als Soldaten auf Seiten der Alliierten.[19] Die in Deutschland gebliebenen Familienangehörigen wurden in Essen-Steele in das Lager Holbeckshof gebracht. Vater Julius Liebreich und Sohn Rudi mussten als Bauarbeiter Zwangsarbeit verrichten. Am

19   Vgl. Interview mit Bernard Lewis, ehemals Bernd Liebreich, am 24.4.1998.

1. März 1943 wurde die verbleibende Familie in das KZ Auschwitz deportiert. Von dort kehrte sie nicht zurück.[20]

Die Schwester Martha heiratete 1924 den Kaufmann Hugo Groß aus Wattenscheid. In der Oststraße betrieb die Familie Groß seit 1894 ein kleines Schuhwarengeschäft. Martha und Hugo bekamen 1929 und 1931 die Kinder Inge und Heinz.

Im Februar 1939 gelang es der Familie Groß, Inge nach Enschede in die vermeintliche Sicherheit zu bringen. Die deutschen Eroberungen machten dieser Sicherheit ein schnelles Ende: Inge wurde im November 1940 wieder nach Wattenscheid gebracht. In der Voedestraße 19, dem so genannten „Judenhaus", musste sie mit ihrer Familie das Leben fristen. Gemeinsam wurde die Familie Groß in ein KZ deportiert und kam dort um.

Hilde Spiero machte zunächst am Konservatorium in Dortmund eine Ausbildung als Klavierlehrerin, die sie 1921 mit der Note „gut" abschloss. 1925 heiratete sie den Kaufmann Erich Neuwahl aus Gelsenkirchen. Das Ehepaar nahm dort auch seinen Wohnsitz. 1936 gelang dem Ehepaar und seinem 1926 geborenen Sohn Gerd-Josef die Emigration nach Bogota in Kolumbien. Von dort wanderte die Familie 1953 nach San Francisco aus. Gerd-Josef (heute: Gerry Newall) war in Kalifornien bis zu seiner Pensionierung als Deutschlehrer an einer High-School tätig.[21]

---

20 Vgl. Hermann Schröter, Geschichte und Schicksal der Essener Juden: Gedenkbuch für die jüdischen Mitbürger der Stadt Essen, Essen 1980.
21 Vgl. Schreiben von Gerry Newall vom 31.7.1997.

2. KAPITEL

Rainer Adams

Die Bochumer Juden[1] vor 1933

Bis 1922 stieg die Mitgliederzahl der Synagogengemeinde in Bochum auf 1.173 an. Dies waren 0,74 % der Bochumer Gesamtbevölkerung.[2] Wie die Volkszählung von 1925 ergab, lebten in jenem Jahr in Deutschland 564.379 Juden (= 0,9 % der Gesamtbevölkerung)[3] und in Westfalen 21.600 (= 0,5 % der Gesamtbevölkerung)[4]. Die Bochumer Synagogengemeinde zählte 1925 1.115 Mitglieder.[5] 1932 verringerte sich diese Zahl auf 1.015.[6]

Zur Bochumer Synagogengemeinde[7] gehörten mehrheitlich Angehörige des Mittelstandes, die weitgehend im kaufmännischen Sektor tätig waren. Noch 1935 – also nach der Weltwirtschaftskrise und zwei Jahren nationalsozialistischer Herrschaft – führte ein von der Gauleitung Westfalen-Süd herausgegebenes „Verzeichnis der jüdischen Geschäfte, Warenhäuser und Einheitspreisgeschäfte des Kreises Bochum" 149 Kaufleute (zum großen Teil Geschäftsinhaber), 7 Handwerker und 2 Wirte auf; in jenem Jahr hatte die Synagogengemeinde 789 Mitglieder (= 0,29 % der Gesamtbevölkerung).[8] Die Auswertung des Bochumer Adressbuches von 1932 ergibt, dass in Bochum 12 jüdische Rechtsanwälte und ein jüdischer Patentanwalt tätig waren; die Gesamtzahl der Anwälte belief sich auf 65.[9] Nach der „Bekanntmachung" der NSDAP-Zeitung „Rote Erde" vom 10. April 1933 praktizierten in Bochum neben jeweils einem jüdischen Zahnarzt, Tierarzt und Apotheker acht jüdische Humanmediziner.

Jüdische Schülerinnen und Schüler besuchten überproportional höhere Schulen, weil traditionell ihre Familien der schulischen Bildung der Kinder großen Wert zumaßen. Für das Jahr 1922 können für Bochum folgende Zahlen angeführt werden: Staatliches Gymnasium: 7 jüdische Schüler (von insgesamt 593); Oberrealschule I: 18 (von 712); Oberrealschule II: 15 (von 583); Hildegardis-Lyzeum: 4 jüdische Schülerinnen (von 573); Lyzeum I: 43 (von 813) und Lyzeum II: 2 (von 489).[10]

---

1   Die folgenden Ausführungen und besonders die Zahlen beziehen sich auf das Gebiet der Synagogengemeinde Bochum; sie berücksichtigen nicht die 1929 eingemeindeten Stadtteile Langendreer/Werne (gehörten zur Synagogengemeinde Witten) und Dahlhausen/Linden (gehörten zur Synagogengemeinde Hattingen).

2   Vgl. Verwaltungsbericht der Stadt Bochum 1913–1924, S. 14.

3   Vgl. Esra Bennathan, Die demographische und wirtschaftliche Struktur der Juden, in: Werner Mosse (Hg.), Entscheidungsjahr 1932. Zur Judenfrage in der Endphase der Weimarer Republik, Tübingen ²1966, S. 87.

4   Vgl. ebd., S. 90.

5   Vgl. Verwaltungsbericht der Stadt Bochum 1925/26, S. 12.

6   Vgl. Verwaltungsbericht der Stadt Bochum 1929–32, S. 13.

7   Zur Geschichte der Bochumer Synagogengemeinde vgl. Gisela Wilbertz, Geschichte der jüdischen Gemeinde in Bochum, in: Manfred Keller und Gisela Wilbertz (Hg.), Spuren im Stein. Ein Bochumer Friedhof als Spiegel jüdischer Geschichte, Essen 1997, S. 255–286.

8   Vgl. Verwaltungsbericht der Stadt Bochum 1935, S. 7.

9   Vgl. Adressbuch der Stadt Bochum 1932, S. 28 f.

10 Vgl. Verwaltungsberichte der Stadt Bochum 1913–1924, S. 222–227.

Abb. 9: Die Bochumer Synagoge um 1920.

Das Zentrum des Gemeindelebens war die 1863 eingeweihte Synagoge in der Wilhelmstraße; in dieser amtierte als Rabbiner von 1901 bis 1934 Dr. Moritz David. Bochum war eine Reformgemeinde, denn die traditionellen Formen des jüdischen Gottesdienstes waren denen des evangelischen angeglichen worden: So wurde z.B. eine längere Predigt auf Deutsch gehalten; eine Orgel begleitete den gemischten Chor.[11] Die seit der Jahrhundertwende aus Polen nach Bochum gekommenen Juden waren dagegen in der Regel orthodox. Sie hatten einen eigenen Gebetsraum in der

11   Zur Synagoge und zum Rabbiner Dr. Moritz David vgl. Gisela Wilbertz, Synagoge und jüdische Volksschule in Bochum und Wattenscheid. Ein Quellen- und Lesebuch, Bochum 1988, S. 8–13, S. 30–35 sowie Keller, Die Bochumer Rabbiner Moritz David und Josef Kliersfeld, in: Spuren im Stein, S. 316–326.

Abb. 10: Dr. Moritz David, Rabbiner der jüdischen Gemeinde Bochum von 1901–1934.

jüdischen Schule in der Wilhelmstraße, weil sie die Gottesdienste nach traditionellem Ritus abhielten.

Die Bochumer Synagogengemeinde war 1932 mit 1.015 Mitgliedern die drittgrößte in Westfalen nach Dortmund (3.820 Mitglieder) und Gelsenkirchen (1.440 Mitglieder).[12]

Sie gehörte zum 1922 gegründeten „Preußischen Landesverband jüdischer Gemeinden". Außerdem trug sie entscheidend zum Weiterbestehen des 1901 gegründeten „Hilfsvereins der deutschen Juden" und des seit 1905 bestehenden „Israelitischen Altersheims" in Unna bei. 1920 wurde in Bochum eine „Arbeiterfürsorgestelle für Ostjuden" eingerichtet, wo die spätere Sekretärin der jüdischen Gemeinde Erna Philipp beschäftigt war.[13]

---

12 Vgl. Hans Ch. Meyer, Aus Geschichte und Leben der Juden in Westfalen. Ein Sammelschrift, Frankfurt/M. 1962, S. 174 und S. 162.
13 Zusammen mit der Lehrerin Else Hirsch organisierte Erna Philipp zwischen Dezember 1938 und August 1939 mehrere Kindertransporte über Holland nach England.

Innerhalb der Gemeinde existierte ein reges Vereinsleben. Sozial-karitativen Aufgaben widmeten sich mehrere mitgliederstarke Vereine. So sah der 1873 gegründete „Israelitische Männerverein" als seine Hauptaufgaben die Unterstützung Hilfsbedürftiger und die Bestattung verstorbener Gemeindeangehöriger an; er hatte 1932 215 Mitglieder. Der 1875 begründete „Israelitische Frauenverein" betätigte sich in der Krankenpflege und Armenunterstützung; er wies 1932 200 Mitglieder auf. Seit 1905 bestand der „Verein Ferienkolonie für jüdische Kinder"; 1932 trugen seine 120 Mitglieder dazu bei, dass erholungsbedürftige Kinder die Schulferien in Erholungsheimen und Heilstätten verbringen konnten. Der 1920 gegründete „Verein für jüdische Krankenpflegerinnen" hatte 1932 190 Mitglieder und widmete sich der häuslichen Krankenpflege. 1932 unterstützten die 100 Mitglieder der „Rabbiner Dr. David-Stiftung" Existenzgründungen, finanzierten armen Frauen die Brautausstattung und gewährten jungen Familien zinslose Darlehen.[14]

Zu dem seit 1886 bestehenden „Verein für jüdische Literatur", der auch eine Theater- und Tanzgruppe hatte, gehörte als Gründungs- und Vorstandmitglied Moritz Hähnlein. In den 20er Jahren wurde der Sportverein „Hakoah" gegründet; seine Fußballabteilung wurde 1929 Westdeutscher Meister.

Daneben bestanden Ortsgruppen überregionaler jüdischer Vereinigungen und Verbände. So hatten der 1893 gegründete „Central-Verein deutscher Staatsbürger jüdischen Glaubens" und der „Reichsbund jüdischer Frontsoldaten" zahlreiche Mitglieder. Zudem gab es in Bochum auch eine Ortsgruppe des „Jüdischen Frauenbundes".

Als Beleg für die gelungene Assimilation und Integration der Bochumer Juden kann angeführt werden, dass sie in zahlreichen nicht spezifisch jüdischen Vereinen, geselligen Zusammenschlüssen und berufsständischen Vereinigungen und Verbänden Mitglieder waren: vom „Kaufmännischen Verein" und der „Vereinigten Kaufmannschaft" bis zum „Verein der Bochumer Immobilien- und Hypothekenmakler" und dem „Haus- und Grundbesitzerverein", vom „Handwerker-Hilfsverein" bis zum „Verein der Bochumer Fleischergesellen", vom „Verein für die Evangelische höhere Töchterschule" bis zum „Bochumer Anwaltsverein" und dem „Verein der Ärzte von Bochum und Umgebung", von der „Gesellschaft Bürgerverein" und dem „Instrumental-Verein" bis zum „Bochumer Schach-Club" und „Kegelklub Geselligkeit".

Salomon Simon erhielt für jahrzehntelange Mitgliedschaft das „Allgemeine Ehrenzeichen in Silber" der „Freiwilligen Feuerwehr". Benjamin Sass, der 1923 bereits mit 29 Jahren verstarb, leitete die Geschäftsstelle des „Kraftsportvereins deutsche Eiche 1898". 1927 nahm eine Abordnung des 1844 gegründeten „Bochumer Krieger- und Landwehrvereins" an der Beerdigung des Weltkriegssoldaten Jean Meyer (1880–1927) teil. 1929 wurde Alex Würzburger für seine fünfzigjährige Vereinszugehörigkeit zum „Turnverein von 1848" mit der Ehrenmitgliedschaft ausgezeichnet.

Zur Bochumer Gemeinde gehörte an exponierter Stelle der Bankier, Vorstandsvorsitzende der Synagogengemeinde und zeitweilige Stadtverordnete Hermann Schüler (1840–1926), „Königlicher Kommerzienrat, Ritter des Roten Adlerordens, Schriftführer des Flottenvereins, Inhaber des Verdienstkreuzes für Kriegshilfe und sonstiger Auszeichnungen sowie Ehrenbürger seiner Heimatstadt Balve".[15]

---

14   Vgl. Hans Ch. Meyer, Aus Geschichte und Leben …, S. 173.
15   Bochumer Anzeiger vom 10.6.1926. Sein Sohn Paul (geb. 1876) wurde 1942 nach Riga deportiert und gilt als verschollen .

Eindrucksvolle Beispiele für das politische Engagement Bochumer Juden können bereits in der zweiten Hälfte des 19. Jahrhunderts nachgewiesen werden. So hatten 1882 zu den 18 Gründungsmitgliedern des „Fortschrittlichen Wahlvereins für den Stadt- und Landkreis Bochum“ fünf Juden gehört. Betty Mosbacher, Ehefrau eines Arztes, war 1. Vorsitzende der Bochumer Ortsgruppe des „Preußischen Landesvereins für Frauenstimmrecht“ gewesen.

Statt jeder besonderen Anzeige.

Am 8. Juni 1926 starb plötzlich und unerwartet auf einer Erholungsreise in Wiesbaden unser lieber, guter Vater, Schwiegervater, Bruder, Großvater und Schwager, der

Königliche Kommerzienrat

Hermann Schüler

Ritter des roten Adlerordens IV. Klasse, des Verdienstkreuzes für Kriegshilfe und sonstige Auszeichnungen im 86. Lebensjahre.

Um stille Teilnahme bitten die trauernden Hinterbliebenen:

Dr. med. Leo Schüler
Hedwig Schüler geb. Anschel
Paul Schüler
Tilly Schüler geb. Lazard
Oskar Schüler
Martha Schüler geb. Liebhold
Frau Julius Würzburger geb. Schüler
Werner Schüler
Lore Schüler
Heinz Schüler
Irmgard Schüler
Gerda Schüler
Fritz Schüler
} als Enkelkinder
Geheimer Sanitätsrat Dr. med. Friedr. Wolf
Elisabeth Schüler.

Bochum, Essen, Köln, Berlin, 9. 6. 1926.

Die Beerdigung findet am Freitag, den 11. Juni, nachmittags 3½ Uhr vom Trauerhause Bochum, Brückstraße 44 aus, statt.

Es wird gebeten, von Beileidsbesuchen Abstand zu nehmen.

Der allgütige Gott, der den Senior unserer Gemeinde im Leben begnadet hat, und unsere Gemeinde durch ihn, hat ihn plötzlich zu sich gerufen.

So geben wir denn Kunde von dem herben Verlust des Ehrenvorsitzenden unserer Gemeinde, des

Herrn Kommerzienrat Hermann Schüler.

Beinahe ein halbes Jahrhundert war er Vorsitzender des Vorstandes unserer Gemeinde, deren Stolz und Zierde er allezeit war. Sein aus tiefer Menschenliebe quellender versöhnlicher Geist gab unserer Gemeinde jenen Einklang der Herzen, der die gedeihliche Grundlage unseres Gemeindeleben bildet. Mit ganzer Seele hing er an unseres Glaubens erhabener Lehre, deren Wesen ihm Ehrfurcht vor Gott und den Menschen war. Aus dieser Glaubenstreue heraus gab er sich mit Gewissenhaftigkeit der Verwaltung unserer Gemeinde hin, die durch seine würdevolle Persönlichkeit nach innen und nach außen vortrefflich vertreten wurde.

An seiner Bahre geloben wir in seinem Geist unsere Gemeinde weiterzuführen. So wird er weiterleben in unserer Mitte, das sei das schönste Zeichen des Dankes, zu dem wir uns ihm über das Grab hinaus verpflichtet fühlen.

Bochum, den 10. Juni 1926.

Der Vorstand und das Repräsentantenkollegium der Synagogengemeinde Bochum.

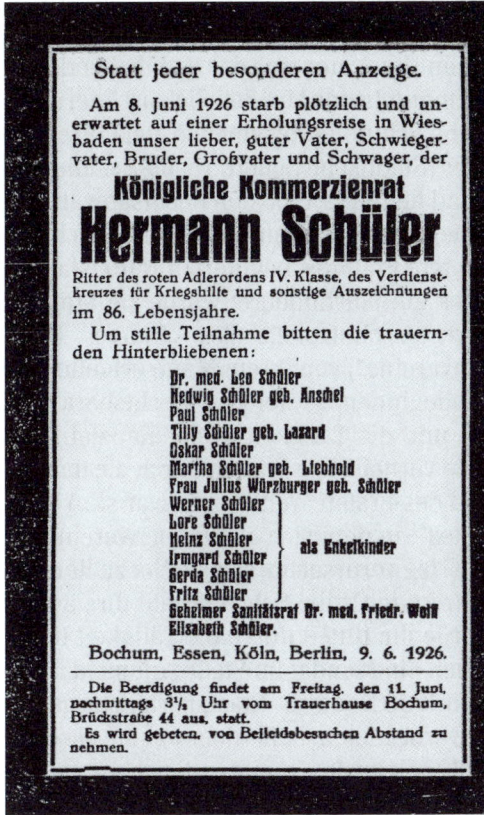

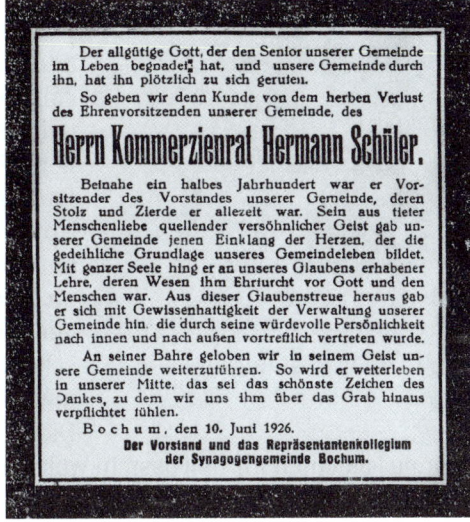

links:
Abb. 11: Todesanzeige Hermann Schüler (1840–1926).
oben:
Abb 12: Nachruf der Bochumer Synagogengemeinde auf Hermann Schüler.

Hermann Schüler, Bankgeschäft,

Bochum i. W.

Gegründet 1872.

Fernsprech-Anschlüsse:
Für Bochum: 278, 279, 280, 281, 863, 364, 365, 366.
Für die Börse Düsseldorf: 8980, 8981, 8982.

Reichsbank-Giro-Conto.

Telegramm-Adresse: Schüler, Bankgeschäft.

Besorgung aller bankgeschäftlichen Transaktionen.

Scheck-Verkehr. Postkarten-Schecks.

Annahme von Spargeldern, deren Verzinsung nach jeweiliger Vereinbarung erfolgt.
Vermietung diebes- und feuersicherer Tresorkammern.
Ausführung von Börsen-Aufträgen an allen deutschen und den massgebendsten ausländischen Börsen unter günstigsten Bedingungen.

Besondere Abteilungen für den An- und Verkauf von
Kuxen, Aktien, Bohranteilen und Obligationen
der Kohlen-, Kali-, Oel- und Erz-Industrie.

An- und Verkauf von Aktien ohne Börsennotiz.
Ständige Vertretung an den Industrie-Börsen zu Essen und Düsseldorf.

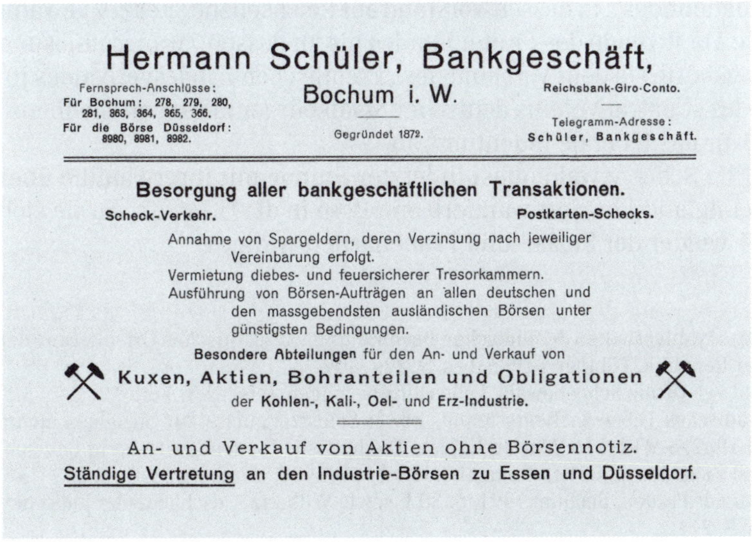

Abb. 13: Das Bankhaus Schüler bot die „Besorgung aller bankgeschäftlichen Transaktionen“ an. Seit 1908 publizierte seine Effektenabteilung Informationen über Anlagewerte.

Abb. 14: Ottilie Schoenewald (1883-1961).

Ab 1919 wählte sehr wahrscheinlich auch die Mehrheit der Bochumer jüdischen Bevölkerung die liberale Deutsche Demokratische Partei (DDP).[16] So wird es wohl eher eine Ausnahme gewesen sein, dass 1924 Jakob Goldstaub (1862-1927) für die SPD bei der Stadtverordnetenwahl kandidierte.

In Bochum und über die Stadtgrenzen weit hinaus war Ottilie Schoenewald (1883-1961)[17] sehr bekannt und angesehen. Ihr Vater war der wohlhabende Bochumer Kaufmann Isidor Mendel. Sie absolvierte die damals übliche Schulbildung einer so genannten höheren Tochter (Städtische höhere Töchterschule und Pensionat) und heiratete 1905 den Rechtsanwalt und Notar Dr. Siegmund Schoenewald. Untypisch für eine verheiratete Frau des begüterten Mittelstandes zu Beginn des 20. Jahrhunderts wurde sie Mitglied der Frauenrechtsschutzstelle des „Bundes Deutscher Frauenvereine"; von ihrem Mann erhielten sie und ihre Kolleginnen kostenlose Rechtsberatung. Diese Arbeit und die Tätigkeit in der Kanzlei ihres Mannes machten ihr bewusst, in welchem Maße verheiratete Frauen durch die damalige Gesetzgebung benachteiligt waren.Während des Ersten Weltkrieges war sie Vorsitzende des Bochumer „Nationalen Frauendienstes", in dem sich alle Frauenvereine zusammengeschlossen hatten, um die durch den Krieg verursachte soziale Not zu lindern. Auch nach der Adoption der Tochter Doris schränkte Ottilie Schoenewald ihre außerhäuslichen Tätigkeiten nicht ein. Vielmehr wurde ihr 1919 – durch die Tätigkeit in Bochum populär geworden – von mehreren Parteien ein Mandat im Stadtparlament angeboten: Sie entschied sich für die liberale DDP (ab 1930 Deutsche Staatspartei). So gehörte sie zu den ersten weiblichen Bochumer Stadtverordneten; außerdem war sie die erste Frau, die im Stadtparlament das Wort ergriff. 1926 wurde sie in den Reichsparteiausschuss der DDP in Berlin delegiert. Im selben Jahr gründete sie die Bochumer Ortsgruppe des „Jüdischen Frauenbundes", in dessen Vorstand auf Reichsebene sie 1929 gewählt wurde. 1934 wurde sie Vorsitzende des Frauenbundes bis zu dessen Zwangsauflösung 1938. Darüber hinaus gehörte sie dem Vorstand des „Preußischen Landesverbandes jüdischer Gemeinden", des „Central-Vereins deutscher Staatsbürger jüdischen Glaubens" und der „Vereinigung für das Liberale Judentum" an.

1939 emigrierte Ottilie Schoenewald quasi in letzter Stunde mit ihrer Familie über die Niederlande nach England.Von dort wanderte sie 1946 in die USA aus, wo sie sich bis zu ihrem Tod 1961 wieder der Sozial- und Frauenarbeit widmete.

16   Vgl. Martin Liepach, Das Wahlverhalten der jüdischen Bevölkerung. Zur politischen Orientierung der Juden in der Weimarer Republik, Tübingen 1996, bes. S. 299-309.
17   Zu Ottilie Schoenewald vgl. Ottilie Schoenewald, Lebenserinnerungen, (Ms.) New York 1961, in: Monika Richarz (Hg.), Jüdisches Leben in Deutschland, Bd. 3: Selbstzeugnisse zur Sozialgeschichte 1918-1945, Stuttgart 1982, S. 212-216; Marion Kaplan, Die jüdische Frauenbewegung in Deutschland. Organisation und Ziele des jüdischen Frauenbundes 1904-1938, Hamburg 1981, S. 145-148; Gisela Wilbertz, Bochumer Frauen, Bochum 1991, S. 30 f. sowie Wilbertz, Geschichte der jüdischen Gemeinde in Bochum, S. 274.

3. Kapitel

Ingrid Wölk

Antisemitismus, Rassismus und Propaganda

Die beiden ersten Kapitel dieses Bandes verweisen auf die hohe Wertschätzung, die Bochumer und Wattenscheider Juden vor 1933 in ihren Heimatstädten genossen. Dies bedeutet aber nicht, dass das Verhältnis zwischen der jüdischen Minderheit und der nichtjüdischen Mehrheit vor dem Machtantritt der NSDAP immer spannungsfrei war. Antisemitische Tendenzen in Deutschland haben eine lange Tradition. Sie reichen zurück bis ins frühe Mittelalter, führten zur Ghettoisierung der jüdischen Bevölkerung, eskalierten zeitweise in Pogromen gegen die Juden mit anschließender Vertreibung aus ihren jeweiligen Heimatstädten und waren mit der weitgehenden rechtlichen Gleichstellung aller Konfessionen („Emanzipation") noch lange nicht verschwunden. Dies gilt auch für Bochum und Wattenscheid.

So war Bochum Ende des 19. Jahrhunderts Schauplatz verschiedener antisemitischer Veranstaltungen. Die Gründung einer antisemitischen Partei durch den Wittener Arzt Dr. König stieß auch hier auf Resonanz. Im Juni 1889 fand in Bochum der „1. deutsche Antisemitentag" statt, der u.a. mit folgenden Vorträgen aufwartete: „Die volksvergiftende Judenpresse", „Der Wucher auf dem Lande", „Kapital, Arbeit, Börse", „Der jüdische Volkscharakter", „Der Antisemitismus und die politischen Parteien". Die zunächst auf die regionale Ebene beschränkte antisemitische Partei benannte sich während des Bochumer Antisemitentages um in „Antisemitische deutsch-soziale Partei"[1] und meldete damit ihren Anspruch an, auch überregional tätig zu werden.

Von antisemitischen Bestrebungen blieb auch Wattenscheid nicht verschont. So machte ein „Antisemitischer Verein" auf sich aufmerksam, der Ende des 19. Jahrhunderts offenbar recht rege war und die Wattenscheider zu diversen antisemitischen Veranstaltungen einlud.[2]

Selbst die Erfahrungen des Ersten Weltkrieges, in dem etwa 100.000 jüdische Soldaten auf deutscher Seite kämpften, führten nicht zum Verschwinden des Antisemitismus. Und als kurze Zeit darauf – mit der Errichtung des ersten demokratischen Staatswesens auf deutschem Boden, der Weimarer Republik – die jüdischen Deutschen endlich rechtlich gleichgestellt waren, konnte auch dies ihre Situation nicht dauerhaft verbessern. Die antijüdischen Vorbehalte schwelten weiter fort und nahmen sogar noch zu. Auch in Bochum tauchten nach dem Ersten Weltkrieg Flugblätter mit antisemitischer Hetze auf. Dass zumindest ein Teil von ihnen anonym erschien, wertete Moritz David, der Rabbiner der Bochumer jüdischen Gemeinde, als ein „Restchen von Scham", das den Verfassern dieser Blätter geblieben sei.[3] Besonders eifrig bei der Ver-

---

1 Vgl. die Berichterstattung im Märkischen Sprecher. Rheinisch-Westfälisches Tageblatt. Amtliches Kreisblatt für den Stadt- und Landkreis Bochum. Vgl. besonders den Märkischen Sprecher vom 7.6.1889.

2 Vgl. die Berichterstattung in der AWZ 1894 und 1895.

3 Offener Brief Moritz David an einen evangelischen Pfarrer in Bochum vom 21.1.1919 im 4. Kapitel dieses Bandes.

breitung antisemitischer Vorurteile zeigten sich die völkischen und deutschnationalen Gruppierungen, unter ihnen die 1920 gegründete, 1923 verbotene und 1925 von Adolf Hitler neu gegründete NSDAP.[4] Die Bochumer Ortsgruppe dieser Partei entstand 1925 zunächst mit 40 Mitgliedern, die Wattenscheider NSDAP wurde mit 26 Mann wieder gegründet, „während im benachbarten Hattingen, das zu einem frühen Zentrum der NSDAP im Revier geworden war, bereits 300 Mitglieder ein Parteibuch hatten."[5]

Wie weit antisemitisches Denken verbreitet und wie tief es in der Bevölkerung verankert war, muss aus der folgenden Darstellung ebenso ausgeklammert bleiben wie die Frage nach dem Grad der Ausprägung des Antisemitismus bei (demokratischen) Parteien, Verbänden und den beiden christlichen Konfessionen. Schwerpunkt ist der Antisemitismus der rasch an Bedeutung und Zulauf gewinnenden NSDAP vor und nach 1933. Mit großem Propagandaaufwand wurde er in die Bevölkerung hinein transportiert und mündete nach der „Machtergreifung" in rücksichtsloses staatliches Handeln gegen die Juden. Das Spezifische für den Antisemitismus der NSDAP war seine ausschließlich rassistische Begründung und die Entwicklung einer „Rassenkunde", deren prägendes Merkmal die Einteilung in „höherwertige" und „minderwertige" Menschengruppen war. Zur Begründung ihres rassistischen Ansatzes standen den Parteiideologen Wissenschaftler zur Seite: Biologen, Mediziner und andere, die angeblich objektive Techniken zur Vermessung menschlicher Körper entwickelten, endlose Untersuchungsreihen durchführten und vor allem in der letzten Phase der NS-Herrschaft auch vor brutalen Menschenversuchen nicht zurückschreckten.

„Die Juden sind an allem schuld" –
Antisemitische Kampagnen vor dem Machtantritt der NSDAP

Der Antisemitismus war zentraler Bestandteil des Parteiprogramms der NSDAP und seit der Parteigründung ein Grundpfeiler im Selbstverständnis ihrer Mitglieder. Aus ihrer antijüdischen Haltung hatten die Nationalsozialisten niemals einen Hehl gemacht. Vielmehr sahen sie in den jüdischen Deutschen eine willkommene Zielscheibe für ihre Attacken gegen alle möglichen Missstände, tatsächliche und solche, die die Nationalsozialisten dafür ausgaben: den verlorenen ersten Weltkrieg und den „Schandvertrag von Versailles", Wirtschaftskrise, Inflation und Arbeitslosigkeit, kommunistische Bestrebungen ebenso wie einen hemmungslosen Kapitalismus. An allem sollten die Juden schuld sein, sogar am Zustandekommen und Fortbestehen der verhassten Weimarer Republik. Die Nationalsozialisten nutzten die Verunsicherung der Bevölkerung. Sie schürten vorhandene existenzielle Ängste, lenkten diese von den tatsächlichen Ursachen ab und in die von ihnen gewünschte Richtung. In ihren Hetzschriften, auf Plakaten und in dämagogischen Ansprachen wurde eine Bedrohung Deutschlands durch die Juden suggeriert, die Juden wurden als „Verderber" des deutschen Volkes dämonisiert. Gleichzeitig aber fand sich die jüdische Bevölkerung der Lächerlichkeit preisgegeben. Durch Überzeichnungen angeblich typisch jüdischer

---

4   Vgl. z.B. Hilde Kammer, Elisabeth Bartsch, Jugendlexikon Nationalsozialismus. Begriffe aus der Zeit der Gewaltherrschaft 1933-1945, Reinbek b. Hamburg 1982, S. 135.
5   Johannes Volker Wagner, Hakenkreuz über Bochum, Bochum 1983, S. 102.

Eigenschaften in Schrift und Bild erschienen Juden kaum noch als Menschen mit eigener Individualität. Stattdessen entstanden diverse Typen ‚des' Juden quasi als Kunstfiguren und mit allen nur denkbaren negativen Merkmalen versehen: mit krummer Nase, Plattfüßen und gebückter Haltung, als feige, unsportliche Wesen, dabei kriecherisch, verschlagen und stets auf den eigenen Vorteil bedacht.

Den von ihnen präsentierten ‚Übeln' versprachen die Nationalsozialisten zu Leibe zu rücken. Indem sie die jüdischen Bürger ins Visier nahmen, zielten sie gleichzeitig auf die demokratischen Errungenschaften der Weimarer Republik.

M 1

„Es ist nicht das Ziel unseres heutigen demokratischen Parlamentarismus, etwa eine Versammlung von Weisen zu bilden, als vielmehr eine Schar geistig abhängiger Nullen zusammenzustellen […] Nur so kann Parteipolitik im heutigen üblen Sinne gemacht werden. Nur so aber ist es auch möglich, dass der eigentliche Drahtzieher immer vorsichtig im Hintergrunde zu bleiben vermag, ohne jemals persönlich zur Verantwortung gezogen werden zu können. Denn nun wird jede der Nation auch noch so schädliche Entscheidung ja nicht auf das Konto eines allen sichtbaren Lumpen kommen, sondern auf die Schultern einer ganzen Fraktion abgeladen werden. Damit aber fällt jede praktische Verantwortung weg, denn diese kann nur in der Verpflichtung einer einzelnen Person liegen und nicht in einer parlamentarischen Schwätzervereinigung. Diese Einrichtung kann nur den allerverlogensten und zugleich besonders das Tageslicht scheuenden Schliefern lieb und wert sein. […] Daher ist diese Art von Demokratie auch das Instrument derjenigen Rasse geworden, die ihren inneren Zielen nach die Sonne zu scheuen hat, jetzt und in allen Zeiten der Zukunft. Nur der Jude kann eine Einrichtung preisen, die schmutzig und unwahr ist wie er selber. Dem steht gegenüber die wahrhaftige germanische Demokratie der freien Wahl des Führers mit dessen Verpflichtung zur vollen Übernahme aller Verantwortung für sein Tun und Lassen. In ihr gibt es keine Abstimmung einer Majorität zu einzelnen Fragen, sondern nur die Bestimmung eines einzigen, der dann mit Vermögen und Leben für seine Entscheidung einzutreten hat. […]"

„Die jüdische Demokratie" – Adolf Hitlers Demokratieverständnis

Abb. 15: Widmung in einem für „treue Mitarbeit" überreichten Exemplar von Hitlers „Mein Kampf".

Adolf Hitler, Mein Kampf, München 1923, 405.-409. Aufl. 1939, S. 98 f.

M 2

Antisemitische
Karikaturen für
das NS-Hetzblatt
„Der Stürmer"

Das antisemitische Typenrepertoire von Philipp Rupprecht („Fips") im „Stürmer", Stadtarchiv Nürnberg. Entnommen aus: Gerhard Paul, Aufstand der Bilder. Die NS-Propaganda
vor 1933, Bonn 1990, Abb. 36 und 37

Hinweis: Das Bild der „Stürmer"-Juden wurde im ganzen Land verbreitet.
Geprägt wurde es von Philipp Rupprecht, einem Zeichner und
Dekorateur, der sich „Fips" nannte und seit 1925 für den „Stürmer" arbeitete. Nach dem Zweiten Weltkrieg wurde er angeklagt
und zu sechs Jahren Arbeitslager verurteilt.[6]

6   Hermann Froschauer, Renate Geyer, Quellen des Hasses – Aus dem Archiv des „Stürmer", 1931–
1945. Eine Ausstellung des Stadtarchivs Nürnberg, Oktober 1988 – Februar 1989, Nürnberg 1988,
S. 30.

M 3

**„Die ‚anständige'
Presse" – Hitler und
die Pressefreiheit**

„Gerade für unsere geistige Halbwelt aber schreibt der Jude seine sogenannte Intelligenzpresse. Für sie sind die ‚Frankurter Zeitung' und das
‚Berliner Tageblatt' gemacht. […] sobald man versucht, gegen eine dieser Schandzeitungen vorzugehen, werden sofort alle anderen deren
Partei ergreifen […] – nur um das Prinzip der Pressefreiheit und der
Freiheit der öffentlichen Meinung dreht es sich; allein dieses soll verteidigt werden. Vor diesem Geschrei aber werden die stärksten Männer
schwach, kommt es doch aus dem Munde von lauter ‚anständigen' Blättern. So konnte dieses Gift ungehindert in den Blutlauf unseres Volkes
eindringen und wirken, ohne dass der Staat die Kraft besaß, der Krankheit Herr zu werden. […] Sicher wird auch in kommender Zeit der Jude
in seinen Zeitungen ein gewaltiges Geschrei erheben, wenn sich erst
einmal die Hand auf sein Lieblingsnest legt, dem Presseunfug ein Ende
macht, auch dieses Erziehungsmittel in den Dienst des Staates stellt
und nicht mehr in der Hand von Volksfremden und Volksfeinden be-
läßt. Allein ich glaube, daß dies uns Jüngere weniger belästigen wird
als einstens unsere Väter. Eine Dreißig-Zentimeter-Granate zischte immer noch mehr als tausend jüdische Zeitungsvipern – also laßt sie denn
nur zischen! […]"

Hitler, Mein Kampf, S. 268 f.

M 4

**Adolf Hitler zur
angeblichen
„Drückebergerei"
der Juden im
Ersten Weltkrieg**

„[…] die Drückebergerei galt schon fast als Zeichen höherer Klugheit,
das treue Ausharren aber als Merkmal innerer Schwäche und Borniert-
heit. Die Kanzleien waren mit Juden besetzt. Fast jeder Schreiber ein
Jude und jeder Jude ein Schreiber. Ich staunte über die Fülle von Kämp-
fern des auserwählten Volkes und konnte nichts anderes, als sie mit
den spärlichen Vertretern an der Front zu vergleichen. […]"

Hitler, Mein Kampf, S. 211

M 5

**Joseph Goebbels:
Grundsätze für die
„judengegnerische
Bewegung" (1929)**

- „Man kann den Juden nicht positiv bekämpfen. Er ist ein Negativum,
  und dieses Negativum muß ausradiert werden aus der deutschen
  Rechnung, oder es wird ewig die Rechnung verderben.
- Man kann sich mit dem Juden nicht über die Judenfrage auseinander-
  setzen. Man kann ja doch niemandem nachweisen, daß man das
  Recht und die Pflicht habe, ihn unschädlich zu machen.
- Man darf dem Juden im Kampf nicht die Mittel zubilligen, die man ei-
  nem ehrlichen Gegner zubilligt; denn er ist kein ehrlicher Gegner […]
- Der Jude hat in deutschen Fragen nicht mitzureden. Er ist Ausländer,
  Volksfremder, der nur Gastrecht unter uns genießt, und zwar aus-
  nahmslos in mißbräuchlicher Weise. […]
- Der Wert eines deutschen Menschen oder einer deutschen Bewegung
  steigt mit der Gegnerschaft des Juden. […]
- Man muß zum Antisemitismus ja oder nein sagen. Wer den Juden
  schont, der versündigt sich am eigenen Volk. Man kann nur Juden-

knecht oder Judengegner sein. Die Judengegnerschaft ist eine Sache
der persönlichen Sauberkeit."

Joseph Goebbels, Der Angriff. Aufsätze aus der Kampfzeit, München 1935, S. 322 f.

Hinweis: Die 1935 veröffentlichten Aufsätze Goebbels' stammen aus der
Zeit von Sommer 1927 bis Herbst 1930. Nach dem Machtantritt
der NSDAP wurde Goebbels Propagandaminister.

Aufgabenvorschläge zu M 1 bis M 5:

1. Beschreibe Adolf Hitlers Demokratieverständnis (M 1). Welches Gegenbild setzt er
   der parlamentarischen Demokratie entgegen?
2. Welche Meinung über Juden sollen die Betrachter der Karikaturen (M 2) gewinnen? Welche Wirkung haben bildliche Darstellungen deiner Meinung nach? Meinst
   du, dass mit einem Text das gleiche Ergebnis zu erzielen wäre?
3. Analysiere Hitlers Meinung zur Pressefreiheit und zur Freiheit der öffentlichen
   Meinung (M 3). Welche Aufgabe weist er dem Staat zu?
4. In welcher Rolle sieht Hitler die Juden im System der parlamentarischen Demokratie der Weimarer Republik und bei der liberalen Presse? Beschreibe die Stilmittel,
   die Hitler benutzt, um seine Positionen zu untermauern.
5. Wie beschreibt Hitler die Rolle der Juden im Ersten Weltkrieg (M 4)?
6. Welchen Umgang mit der jüdischen Bevölkerung schlägt Joseph Goebbels in der
   Spätphase der Weimarer Republik vor? Wie begründet er seine Meinung? Welche
   Belege führt er an? (M 5)

Die Macht der Propaganda

Wollten die Nationalsozialisten ihre ideologischen Vorstellungen in praktisches Handeln münden lassen, so waren sie auf die Unterstützung, zumindest aber die still-
schweigende Duldung, der nichtjüdischen Bevölkerung angewiesen. Um sich diese zu
sichern, setzten sie auch nach der Ernennung Hitlers zum Reichskanzler im Januar
1933 weiter und verstärkt auf die schon vorher erprobten Mittel. Zur Verankerung
und Verbreitung ihrer Ideologie betrieben sie großen propagandistischen Aufwand.
Die Propaganda war ein Mittel in der politischen Auseinandersetzung, das die Nationalsozialisten zwar nicht erfunden hatten, das sie aber zu perfektionieren und mit großem Erfolg für ihre Zwecke zu nutzen wussten. Um die Propaganda noch erfolgreicher
nutzen, um sie planvoll einsetzen und zentral steuern zu können, wurde 1933 eigens
ein Reichsministerium „für Volksaufklärung und Propaganda" ins Leben gerufen mit
Joseph Goebbels als Leiter. Alle Propagandamaßnahmen, so unterschiedlich sie auch
sein mochten, sollten letztlich für die Durchdringung des gesamten öffentlichen und
privaten Lebens mit der nationalsozialistischen Ideologie sorgen. Hitler hatte dies in
„Mein Kampf" bereits 1923 ausführlich dargelegt.[7] Reden und Veranstaltungen, Aufmärsche mit gebrüllten Parolen, Flugblatt- und Plakataktionen, Rundfunk, Film, Bücher und Presse dienten der permanenten Meinungsmanipulation. Vor allem den
Massenveranstaltungen der Nationalsozialisten kam zudem auch eine kaum zu über-

7   Vgl. z.B.Hitlers Ausführungen zu „Propaganda und Organsation", in: Mein Kampf, S. 650 ff.

Abb. 16: Kreisparteitag der NSDAP Kreis Bochum im Juni 1937 – Parade der NS-Gliederungen.

schätzende gemeinschaftsstiftende Wirkung zu: Die so genannte „Volksgemein-schaft" galt es fest zusammenzuschweißen, ihren angeblichen äußeren und inneren ‚Feinden' den Kampf anzusagen. Auch die Symbole der Partei – Hakenkreuz auf Fahnen, Standarten usw. – hatten ihren festen Platz im System der organisierten Massenbeeinflussung. Manche erlangten sogar Kultstatus.

Abb. 17: Ein Fahnenmeer zum „Tag der nationalen Solidarität" am 8. Dezember 1934 in Bochum.

Die von Hitler schon 1923 attackierte Pressefreiheit wurde 1933 beseitigt. Die Nationalsozialisten sicherten sich das Meinungsmonopol und wussten es geschickt zu nutzen. Neben die Parteipresse – dem in Berlin herausgegebenen Zentralorgan der NSDAP, dem „Völkischen Beobachter" und einer Vielzahl regionaler Tages-, Wochenoder Monatszeitungen der Partei – traten somit die bis dahin unabhängigen Medien. „Gleichgeschaltet" hatten sie nun ebenfalls die Hauptfunktion, nationalsozialistisches Gedankengut zu transportieren. Die Steuerung für alle übernahm das Propagandaministerium. Die Zeitungen wurden regelmäßig mit Informationen und Anweisungen aus Berlin beliefert, ihr Inhalt wurde täglich streng kontrolliert. Eine von den neuen Herrschern unabhängige, offene und kritische Berichterstattung konnte damit kaum noch stattfinden. Gegenpropaganda auf ‚legalem' Wege war nicht mehr möglich.

Abb. 18: Blick auf einen „Stürmer"-Kasten.

Für die Parteizeitungen der NSDAP gab es kein einheitliches Konzept. Während die einen sich den Anschein einer eher ‚sachlichen' Berichterstattung gaben und durch ‚Beweise' für angebliche jüdische Schurkereien Einfluss auf ihre Leser zu gewinnen versuchten, machten andere durch übelste Hetztiraden auf sich aufmerksam. Als Beispiel für die so genannte „Kampfpresse" ist vor allem der „Stürmer" zu nennen. Vom fränkischen Gauleiter Julius Streicher in Nürnberg herausgegeben, fand er Verbreitung im ganzen Reich. Ausgewählte antijüdische Hetzartikel hingen in so genannten „Stürmer"-Kästen aus, die auch in Bochum und Wattenscheid über das ganze Stadtgebiet verteilt waren. Hieran erinnern sich vertriebene jüdische Bochumer noch heute sehr deutlich und mit Schrecken.

Die NSDAP im Gau Westfalen-Süd, dessen Gauhauptstadt Bochum war, verfügte über eine eigene Tageszeitung: die „Rote Erde". Sie wurde vom Gauleiter herausgegeben und fand außer in Bochum auch in Dortmund, Hagen und dem Sauerland Verbreitung.

Antijüdische Kampagnen vor dem Boykott am 1.4.1933

Am Samstag, den 1. April 1933, wurden jüdische Geschäfte, Arztpraxen und Anwalts-kanzleien in ganz Deutschland und auch in Bochum und Wattenscheid boykottiert. Nichtjüdische Deutsche wurden von nationalsozialistischen „Aktionskomitees" am Betreten der Geschäfte und Praxen gehindert, Plakate und Schmierereien an den Schaufenstern befahlen den Boykott.[8] Damit sah sich die jüdische Bevölkerung einem massiven Angriff ausgesetzt, der sorgfältig vorbereitet worden war, reichsweit zur selben Zeit stattfinden sollte und sich in aller Öffentlichkeit abspielte. Dem Boykott gingen geschickt arrangierte antijüdische Pressemeldungen und Kampagnen voraus. Ausländische Zeitungsartikel über die Lage der Juden in Deutschland und die Andro-hung des Boykotts deutscher Waren im Ausland dienten als Vorwand, um eine gegen Deutschland gerichtete Verschwörung des „Weltjudentums" zu konstruieren. Ziel der Kampagne war es, die gegen die Juden gerichteten Aktionen am 1. April 1933 als „Ab-wehrkampf" und damit berechtigt erscheinen zu lassen. In dieser frühen Phase der NS-Herrschaft konnten die Propagandamaßnahmen sich in großem Stil bewähren. Ihre Wirkung auf die nichtjüdische Bevölkerung werden die Nationalsozialisten ge-nau beobachtet haben.

M 6	
„Juda erklärt Deutschland den Krieg" – Blick der NS-Presse nach England	„London, 28. März. Im Schaufenster eines jüdischen Ladens im Londo-ner Osten wurde ein Boykottplakat mit den Worten: ‚Kauft nicht von den brutalen Hunnen!' ausgehängt. […] Ueberall standen Juden mit großen Plakaten, auf denen es heißt: ‚Boykottiert die deutsche Juden-hetze!' 200 Kraftwagen fuhren durch die Straßen mit der Aufschrift: ‚Juda erklärt Deutschland den Krieg!', ‚Boykottiert deutsche Waren!' Die Veranstalter dieser Kraftwagen-Propaganda erklärten in der Pres-se, dass innerhalb einer Woche 10000 Autos mit solchen Plakaten durch ganz England fahren würden. […] In einigen Lichtspieltheatern im Londoner Osten wurden die Bilder über deutsche Ereignisse aus der Wochenschau ausgeschnitten. In einem Lichtspieltheater im Zentrum Londons verließen die jüdischen Besucher ostentativ den Raum, als ein Bildbericht über eine Einweihung einer schwarz-weiß-roten Flagge ge-zeigt wurde." Rote Erde. Bochumer Nationalzeitung. Beobachter für Hagen und das Sauerland. Dort-munder Nationalanzeiger. Herausgeber: Josef Wagner, 28.3.1933

---

8   Vgl. die Darstellung in Kapitel 5 in diesem Band und zu den jüdischen Reaktionen auf den Boykott am 1.4.1933 auch Kapitel 4.

M 7

„Die schlimmsten Ausschreitungen ereigneten sich hier in Berlin am 9. März. […] Viele Juden wurden von den Braunhemden geschlagen, bis ihnen das Blut über Kopf und Gesicht strömte, Rücken und Schultern zerschlagen waren. Viele brachen ohnmächtig zusammen und wurden in den Straßen liegen gelassen, bis sie von Freunden oder Passanten aufgehoben und ins Krankenhaus gebracht wurden. […] Die Braunhemden arbeiteten in Trupps von fünf bis dreißig Mann, und oft stürzte sich der ganze Trupp auf eine einzige Person. Viele von ihnen trugen die Armbinden, wie sie von Nazimitgliedern der Hilfspolizei getragen werden. […] Hunderte von Juden sind geschlagen worden, aber kein einziger darf es wagen, öffentlich darüber zu sprechen oder sich zu beklagen, ohne Gefahr zu laufen, von neuem mißhandelt zu werden."

Bericht eines in Deutschland tätigen Korrespondenten des „Manchester Guardian" vom 27.3.1933

Die Lage der Juden in Deutschland 1933. Das Schwarzbuch – Tatsachen und Dokumente. Hrsg. vom Comité des Délégations Juives, Paris 1934. Wiederaufgelegt bei Ullstein, Frankfurt/M., Berlin, Wien 1983, S. 497 f.

M 8

„Der kommissarische preußische Innenminister Göring empfing Samstag die gesamte ausländische Presse, soweit sie durch offizielle Korrespondenten in Berlin vertreten ist, um ihnen bedeutsame Erklärungen über die Vorgänge in Deutschland abzugeben, die zugleich dazu dienen sollten, die Greuelnachrichten im Ausland über Pogrome in Deutschland zu widerlegen. Göring erklärte einleitend, die Regierung sei erschrocken, empört und schließlich fassungslos gewesen über das, was im Auslande über die Zustände in Deutschland geschrieben werde. In Wirklichkeit habe Deutschland seine nationale Wiederauferstehung gefeiert und ein Volk habe sich endlich zusammengefunden. Seit dem 30. Januar habe sich eine Revolution in Disziplin vollzogen und, abgesehen von einigen bedauerlichen Ausnahmen, sei in Deutschland niemandem etwas zuleide getan worden […]. Es gebe in Deutschland nicht einen Menschen, dem ein Fingernagel abgehackt oder ein Ohrläppchen abgezwickt worden sei, und das Augenlicht hätten alle behalten. […] Wo etwas geschehen sei, habe die Regierung durchgegriffen. Der beste Beweis dafür sei die Tatsache, daß seit einer Woche jegliche Übergriffe aufgehört hätten. […] ‚Die Regierung und ich selber dulden niemals, daß jemand einer Verfolgung ausgesetzt ist nur deshalb weil er Jude ist. Wenn die Regierung Maßnahmen gegen eine Überwucherung des jüdischen Elements ergreift, dann ist das ihre Sache. Man darf nicht vergessen, daß im Volke eine starke antisemitische Stimmung vorhanden ist. […]‘ Alle die völlig entstellten Gerüchte hätten ihren Ursprung in den internationalen Beziehungen marxistischer Kreise. Aber auch vom Judentum selbst sei im Ausland eine Hetze gegen Deutschland inszeniert worden. […] Wenn er, Göring, die sozialdemokratischen Zeitungen in Preußen verboten habe, dann nur deshalb, weil die Presse der marxistischen Internationale im Ausland hetze. […] Wenn der jüdische Staatsbürger sich in gewissen Grenzen halte, werde ihm auch unter der neuen Regierung nichts passieren. […]"

Görings Rechtfertigung vor der ausländischen Presse

Rote Erde, 27.3.1933

M 9

„Juda der Welt-feind!" – Antisemitische Propaganda in der „Roten Erde"

„Kaum eine der großen Weltrevolutionen ist so gründlich, aber dabei auch so diszipliniert und unblutig verlaufen wie die nationalsozialistische Revolution von 1933. Als Antwort hierauf erleben wir nun in der ganzen Welt eine Lügen- und Greuelhetze gegen das erwachte Deutschland [...] Man hat auf bürgerlich-liberaler Seite unsere exakten Feststellungen über das Vorhandensein einer jüdischen Weltorganisation und einer internationalen jüdischen Weltpresse immer als Utopien hinzustellen versucht. Aber das schlagartige Einsetzen und ausgezeichnete Funktionieren der internationalen Greuelhetze beweist die tatsächliche Richtigkeit unserer Behauptung, dass das Judentum [...] einem einheitlichen Weltkommando untersteht. Diese Greuelhetze zeigt auch dem Verblendetsten, dass Juda der Weltfeind ist, und dass Juda immer die Weltgefahr bleiben wird, ehe nicht alle Völker in gleicher Weise wie die deutsche Nation unter Hitlers Führung die Axt an den Giftbann des Weltparasiten legen.

Abb. 19: Antisemitische Hetze in der NSDAP-Zeitung für den Gau Westfalen-Süd, „Rote Erde".

[...] Was heißt überhaupt schließlich blutig und unblutig? Die vom Judentum planmäßig erdachte und durchgeführte deutsche Inflation schien äußerlich auch als eine ‚unblutige' Aktion und war doch das fluchwürdigste und blutigste Massenverbrechen der Weltgeschichte, das tausende von Existenzen zertrümmerte, Männer, Frauen und Kinder mordete und Ströme von Blut und Tränen fließen ließ. Haben die jüdischen Enteignungen, Schiebungen, Steuerdiebstähle und Kapitalverschiebungen seit 1924 nicht tausende von braven deutschen Volksgenossen an den Gashahn und ins Wasser getrieben? [...] Und nichts beweist besser als diese Tatsache der erlogenen Welt-Greuelhetze, dass der deutsche Mensch als Typ vornehmer und heroischer ist, und dass die jüdische Rasse eine Rasse der Verlogenheit und Minderwertigkeit darstellt. [...] Wer heute noch in den jüdischen Warenhäusern kauft, jenen Zwingburgen des Geldes [...], muß öffentlich angeprangert werden als Mittäter der Greuelhetze. Wer jetzt noch die jüdische und jüdischversippte ‚Geistigkeit' jener Literaten vom Schlage der Feuchtwanger, Heinrich Mann, Emil Ludwig Cohn, Zweig usw. durch Kauf ihrer Bücher unterstützt, ist ein Feind des deutschen Volkes und steht auf gleicher Stufe mit den internationalen Hetz-Talmudisten!

Deutschland wird sich die Machenschaften des internationalen Judentums nicht mehr gefallen lassen! Wir werden die blutsmäßigen Gesetze der deutschen Revolution vollenden und gegen alle Tücken des jüdischen Weltfeindes unserem Volke die rassisch-völkisch-organische Weltanschauung sichern. Der Blutsgedanke wird und muß siegen!"

Rote Erde, 28.3.1933

M 10

„In den letzten Tagen hat die deutsche Bevölkerung mit aller Deutlichkeit das wirkliche Wesen des Judentums erkannt, das mit teuflischer Geschäftigkeit in aller Welt den Namen des deutschen Volkes und die Ehre unserer Bewegung beschmutzt. Wir erhalten täglich Zuschriften deutscher Volksgenossen, in denen sie schildern, wie sie durch die Machenschaften jüdischer Händler, denen sie ihr Vertrauen schenkten, betrogen wurden. […]

„Warnung" vor jüdischen Rechtsanwälten in Bochum

Ein Leser schreibt uns: Vor Jahresfrist wurde ein hiesiger Bürger wegen einer Hypothekenschuld von einem Dritten, der durch die hiesigen jüdischen Rechtsanwälte Dr. Marienthal & Ferse vertreten war, eingeklagt. Nach Erlangung des Urteils wollte man die Mieteinkünfte des Schuldners pfänden. Ein weiterer Gläubiger des Schuldners legte jedoch den oben genannten Anwälten eine Urkunde vor, inhaltlich deren bereits die Miete an diesen Gläubiger schon lange vorher abgetreten war. […] Trotz dieser Urkunde bewirkten die Rechtsanwälte Marienthal & Ferse nach geraumer Zeit eine gerichtliche Pfändung und Überweisung der Mieteinkünfte. Durch diese Machenschaften erlangten diese Juden zunächst ihren Gebührenanspruch, um den es ihnen zweifellos zu tun war und außerdem verursachten sie dem Schuldner durch die Zustellung des Pfändungs- und Überweisungsbeschlusses durch einen Gerichtsvollzieher eine Unsumme von Unkosten […]. Die jüdischen Rechtsanwälte pfändeten dem Schuldner, der schwer kriegsbeschädigt ist, sämtliche vorhandenen Gegenstände. […] Dieses kleine Kapitel zeigt nur zu deutlich, daß jüdische Habgier keine Grenzen kennt. Es kann nicht dringend genug vor der Inanspruchnahme jüdischer Rechtsanwälte gewarnt werden."

Groß-Bochumer Nachrichten der Zeitung Rote Erde, 31.3.1933

Hinweis: Im September 1995 berichtete Frau Judith Broude, geb. Ferse, die Tochter eines der beiden im o.g. Artikel diffamierten Rechtsanwälte, in einem Interview über das Schicksal der Familie Ferse: „Mein Vater hat hier in Bochum praktiziert, seitdem er sein Examen bestanden hatte. Er hat meine Mutter geheiratet, die eine geborene Jansen aus Gelsenkirchen war. Also die ganze Familie hat schon seit Jahrzehnten in dieser Gegend gewohnt. Die kamen aus Bochum, Gelsenkirchen, Recklinghausen, Paderborn – das waren die Namen, die ich als Kind hörte. Das sind die Gegenden, aus denen sie stammten. Es waren alle richtige Westfalen. Ich glaube, mein Vater und seine Geschwister und auch die Geschwister meiner Mutter, die waren die ersten Akademiker, die erste Generation der Akademiker. An einer Universität studiert und das

Doktorat erreicht zu haben, das war anscheinend etwas sehr Angesehenes. Das ist jedenfalls das Gefühl, das ich von meiner Mutter bekommen habe. Ich weiß, dass mein Vater an der Universität
Heidelberg war und von dort als Dr. jur. zurückgekommen ist."
1933 wurde Max Ferse verhaftet. Die danach erfolgten beruflichen
Beschneidungen hatten eine drastische Verkleinerung der An-
waltspraxis zur Folge. Die Praxisräume in der Kortumstraße
mussten aufgegeben werden. 1937 konnte die Familie nach Palästina emigrieren, nachdem – wie Frau Broude sich erinnert – der
Haushalt ,abgewickelt' worden war und die Sachen, die man nicht
mehr gebrauchen konnte, verkauft worden waren. "Wenn man
das verkaufen nennen kann. Man hat so ziemlich alles für einen
Apfel und ein Ei weggegeben." In Palästina verdiente sich die Familie ihren Lebensunterhalt zunächst mit landwirtschaftlicher Arbeit, was „eine große, eine fast unmögliche Umstellung" war.
Interview Johannes Volker Wagner und Ingrid Wölk mit Frau Judith Broude,
geb. Ferse, am 6.9.1995 im Stadtarchiv Bochum

M 11

**Jüdische Rechts-
anwälte. Antisemiti-
sche Karikatur aus
einem Kinderbuch**

„Na, Herr Kollege Morgenthau, da haben wir beide wieder gemacht
ein gutes Geschäft."
„Großartig, Herr Kollege Silberstein! Nun haben wir die beiden Gojas gebracht um
ihr schönes Geld, und wir können es stecken in unseren Sack."

„Der Giftpilz. Ein Stürmerbuch für Jung und Alt. Bilder von Fips. Verlag der Stürmer",
Nürnberg o.J., S. 43

Aufgabenvorschläge zu M 6 bis M 11:

1. Erarbeite M 6 und M 7 und mache dir ein Bild von der Situation Ende März 1933.
2. Überlege, welche Wirkung auf die Leser mit Artikel M 6 beabsichtigt war.
3. Welche Zielsetzung hat deiner Meinung nach Göring mit seinem Auftritt vor der ausländischen Presse verfolgt? (M 8)
4. Welches Bild vom Judentum wollte der Artikelschreiber von M 9 seinen Lesern vermitteln? Wie könnte ein damaliger Leser den letzten Absatz interpretiert haben?
5. Vorschlag für Gruppenarbeit oder ein Rollenspiel: Lest noch einmal M 8 und M 9 und interpretiert den letzten Satz von M 8. Versetzt euch in die Lage jüdischer Bürger Ende März 1933 in Deutschland. Wie hättet ihr reagiert?
6. Beschreibe die Zielsetzung des Artikels M 10.
7. Schäle die Sachinformationen aus M 10 heraus und beschreibe in nüchternen Worten, was vorgefallen ist. Was glaubst du, was ein nichtjüdischer Anwalt unternommen hätte oder wie in ähnlicher Situation ein Anwalt heute vorgehen würde?
8. Welches Bild von jüdischen Anwälten will die Karikatur M 11 und die dazu gehörige Bildunterschrift vermitteln? Beziehe nochmals M 10 in deine Überlegungen mit ein. Lies nun den Hinweis zu M 10 und entwickle eine Vorstellung von der Person des Anwalts Max Ferse. Stimmt diese Vorstellung mit dem Bild jüdischer Anwälte überein, das die Nationalsozialisten propagierten?
9. Diskutiere in der Klasse, wie die NS-Propaganda insgesamt aufgebaut war.

Rassistischer Antisemitismus

In der Geschichte gibt es zahlreiche Beispiele dafür, dass Minderheiten die Schuld an sozialen Problemen, an Krisen und Naturkatastrophen zugeschoben wurde. Berechtigte Proteste wurden in ihre Richtung gelenkt, die wirklichen Ursachen blieben im Dunkeln. Diese Funktion erfüllte auch und immer wieder der Antisemitismus. Auch die Nationalsozialisten wussten ihn als politisches Manipulationsinstrument zu nutzen. Das Besondere an ihrem Antisemitismus war, dass er zutiefst rassistisch motiviert war.

Die den Juden angedichteten negativen Eigenschaften hielten sie für erblich und unveränderlich. Jede „Rasse"[9] verfüge über körperliche Merkmale und seelische

---

9   Der Terminus „Rasse" ist keine Sprachschöpfung der Nationalsozialisten. Er reicht weit in die Vergangenheit zurück und diente schon in der Renaissance der Kategorisierung von Gruppen (Menschen und Tiere!) mit gemeinsamen Merkmalen. Heute jedoch erscheint das Festhalten an so genannten Rassekonzepten in der Biologie und verwandten Fächern als problematisch. Vgl. z.B. die Ergebnisse einer wissenschaftlichen Arbeitstagung im Vorfeld der Unesco-Konferenz „Gegen Rassismus, Gewalt und Diskriminierung" im Juni 1995. In der hier verabschiedeten Stellungnahme heißt es u.a., dass „rassische' Verschiedenheiten [...], die unabhängig von kulturellen Faktoren sind", nicht zu belegen seien. Es bestehe daher kein wissenschaftlicher Grund, „den Begriff ‚Rasse' weiter zu verwenden." Berliner Institut für Lehrerfort- und -weiterbildung und Schulentwicklung (Hg.): „... die vielen Morde ..." Dem Gedenken an die Opfer des Nationalsozialismus, Berlin 1999, S. 13 f. Allerdings heißt es hier auch: Aus der Stellungnahme folge nicht, dass das Wort „Rasse" künftig in jedem Fall zu vermeiden sei. „Über Rassen zu sprechen, ist allemal besser, als über Rassismus zu schweigen." Das Behandeln der Thematik im Unterricht solle das Ziel haben, „die Lernenden an der Annäherung an die Erkenntnis der tatsächlichen Vielfalt der Menschen teilhaben zu lassen."

Eigenschaften, die sie von jeder anderen Menschengruppe unterscheide und die sie weitervererbe. Träger der für jede „Rasse" spezifischen Eigenschaften sei das Blut.[10]

Die „Rassenlehre" oder „Rassenkunde", auf die die Nationalsozialisten sich beriefen, entstand nicht erst nach Hitlers „Machtergreifung". „Rassen"-Forscher hatte es auch vorher schon gegeben.[11] Sie konnten nun aber ungehindert, gut ausgestattet, hemmungslos und in staatlichem Auftrag weiterarbeiten. Ihr Arbeitsgebiet erhielt einen Stellenwert, den es vor 1933 nicht gehabt hatte. „Rassenforschung" im NS-Staat wurde immer wichtiger und war auch als Arbeitsgebiet im Reichssicherheitshauptamt und dort im Amt „weltanschauliche Forschungen" fest verankert. Oberster Chef des Reichssicherheitshauptamtes war Heinrich Himmler, dem auch die Konzentrations- und Vernichtungslager unterstanden. Dem Rassismus sollte ‚Objektivität' und ein wissenschaftlicher Anstrich verliehen werden. Zu diesem Zweck waren die Fachleute für „Rassenkunde" eifrig darum bemüht, nachvollziehbare Kriterien zur Klassifikation der unterschiedlichen „Rassen" zu entwickeln. Allerdings ergaben sich Schwierigkeiten bei der gewünschten eindeutigen Definition biogenetischer Merkmale. Auch ein jüdisches Mädchen konnte schließlich lange blonde Zöpfe und eine gerade Nase haben. Dieses Problem glaubten sie dadurch bewältigen zu können, dass sie außer den körperlichen Merkmalen auch Charaktereigenschaften und soziales Verhalten in ihre Untersuchungen mit einbezogen. Auf der obersten Stufe ihrer menschlichen (oder unmenschlichen) Werteskala sahen die Nationalsozialisten und ihre Fachleute für „Rassenkunde" die „Arier", eine Mischung verschiedener miteinander verwandter „Rassen", deren wertvollste die „nordische" sei. Die frühen Germanen seien Menschen „nordischer Rasse" gewesen. Das Germanentum galt als „Grund-

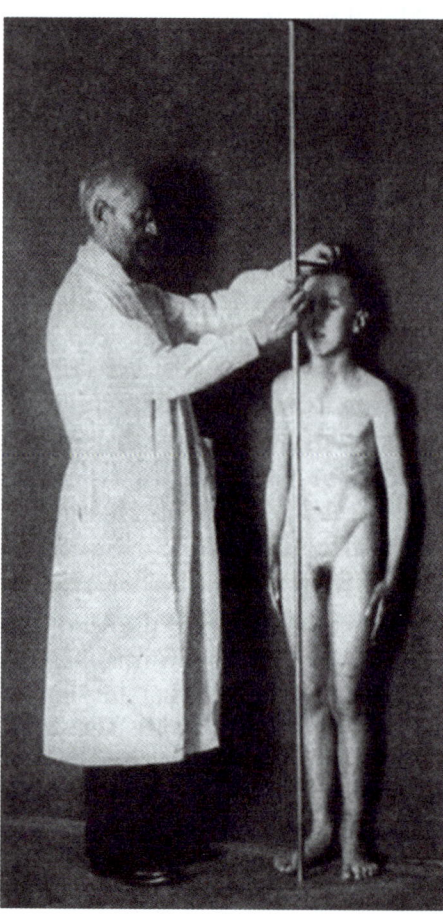

Abb. 20: Die Vermessung menschlicher Körper diente dem Ziel, den einzelnen „Rassen" ganz bestimmte, unveränderliche Körpermerkmale zuordnen zu können.

10 So hieß es in dem von Dr. Wilhelm Stuckart und Dr. Hans Globke verfassten Kommentar zu den „Nürnberger Gesetzen" von 1935. Stuckart, Globke, Kommentare zur Rassengesetzgebung Band 1, München und Berlin 1936. Dr. Wilhelm Stuckart war Staatssekretär, Dr. Hans Globke Oberregierungsrat im Reichs- und Preußischen Ministerium des Innern. Globke konnte seine Karriere nach 1945 fortsetzen. 1953 wurde er von Bundeskanzler Adenauer zum Staatssekretär im Bundeskanzleramt berufen. Zu den „Nürnberger Gesetzen" vgl. Kapitel 6: Die antisemitische Gesetzgebung von 1935.

11 So entstand beispielsweise das „Standardwerk" zur „Rassenkunde des deutschen Volkes" von Hans F.K. Günther bereits 1922 und wurde nach 1933 immer wieder neu aufgelegt.

stoff" der deutschen Kultur und Geschichte.[12] Den Germanen gelte es nachzueifern. Von ihnen könne man lernen, denn sie hätten bereits „vor Tausenden von Jahren die erbliche Ungleichheit der Menschen und der Rassen erkannt" und ihre Folgerungen daraus gezogen.[13] Dass die Beschäftigung mit der deutschen Frühgeschichte und mit „nordischen" Mythen verstärkt in die Schulen Einzug hielt, ist deshalb kein Zufall.[14] Auf der untersten Stufe der NS-Werteskala standen die Juden. Aber auch andere im damaligen Sprachgebrauch als „fremdvölkisch" definierte Menschengruppen und Nationen galten als minderwertig: Sinti und Roma, Schwarze sowie die Angehörigen osteuropäischer Staaten. Die „Rassenkunde" und ihre Verfechter begnügten sich nicht mit der Theorie. Da sie durch „Rassemischungen" und durch die angebliche Verbreitung von Erbkrankheiten eine Gefährdung der „Blutreinheit" und den „Niedergang" des deutschen

Abb. 21: Knieende Statue eines Germanen, abgebildet in der „Rassenkunde des deutschen Volkes".

Volkes meinten ausgemacht zu haben, wollten sie hier gegensteuern und nannten als wichtigste Aufgabe des Staates die Besinnung auf die „Art- und Rassenerhaltung". Dies glaubten sie, durch die „Verhinderung erbkranken Nachwuchses" und vor allem die gezielte Erhöhung des „nordischen" Anteils am deutschen „Volkskörper" erreichen zu können. Die Schlagworte von der „Aufartung" und der „Aufnordung" machten die Runde. Als Instrument für die „Aufartung" diente die vom nationalsozialistischen Staat betriebene „Rassenhygiene" als Teil der so genannten „Erbgesundheitspolitik". Ihr Ziel war die „Auslese" „wertvollen" und die Vernichtung „wertlosen" Erbgutes.[15] Für die betroffenen Menschen bedeutete die von einem NS-Arzt diagnostizierte „Erbkrankheit" (meist körperliche oder geistige Behinderung) schweres Leid. Sie wurden mit Zwangssterilisation bestraft oder im Rahmen der „Euthanasie" sogar getötet. Die „Aufnordung" sollte durch ein Kontakt- und „Vermischungs"-Verbot mit „minderwertigen" „Rassen", v.a. also mit Juden, erreicht werden. Damit begnügten sich besonders fanatische Nationalsozialisten aber nicht. Heinrich Himmler zum Beispiel, dem die SS

---

12 Vgl. z.B. Kammer, Bartsch, Jugendlexikon Nationalsozialismus, S. 133.

13 Arthur Gütt, Bevölkerungs- und Rassenpolitik, Berlin 1935, S. 35.

14 Vgl. dazu Kapitel 8: Bochumer Schulen im Nationalsozialismus – Erziehung zu Rassismus und Antisemitismus.

15 Neben den „Erbkranken" fielen auch andere Gruppen durchs Raster der „Erbgesundheitspolitik": Homosexuelle, als „Asoziale" stigmatisierte gesellschaftliche Außenseiter und sogar Jugendliche, die sich aus unterschiedlichen Gründen der „Volksgemeinschaft" entzogen hatten. Für sie alle hatten die Nationalsozialisten den Begriff der „Gemeinschaftsfremden" geprägt.

unterstand, erteilte seinen Leuten im Oktober 1939 einen „Fortpflanzungsbefehl". In jeder SS-Familie sollten mindestens vier Kinder aufwachsen! Und deutsche Frauen und Mädchen „guten Blutes" forderte er auf, von deutschen Soldaten Kinder zu empfangen, bevor diese in den Krieg zögen.[16] Wenn sie dann keinen Vater für ihre Kinder hatten, konnten sie sich an den Verein „Lebensborn" wenden. In dessen Heimen sollten „rassisch und erbbiologisch wertvolle werdende Mütter" Unterkunft und Betreuung finden.[17]

M 12

Adolf Hitler: Staatliche Auslese der Tüchtigen.

„[…] Von Zeit zu Zeit wird in illustrierten Blättern dem heutigen Spießer vor Augen geführt, dass da und dort zum ersten Mal ein Neger Advokat, Lehrer, gar Pastor, ja Heldentenor oder dergleichen geworden ist. Während das blödsinnige Bürgertum eine solche Wunderdressur staunend zur Kenntnis nimmt, voll von Respekt für dieses fabelhafte Resultat heutiger Erziehungskunst, versteht der Jude sehr genau, daraus einen neuen Beweis für die Richtigkeit seiner den Völkern einzutrichternden Theorie von der Gleichheit der Menschen zu konstruieren. Es dämmert dieser verkommenen bürgerlichen Welt nicht auf, dass es sich hier wahrhaftig um eine Sünde an jeder Vernunft handelt; dass es ein verbrecherischer Wahnwitz ist, einen geborenen Halbaffen so lange zu dressieren, bis man glaubt, aus ihm einen Advokaten gemacht zu haben, während Millionen Angehörige der höchsten Kulturrasse in vollkommen unwürdigen Stellungen verbleiben müssen; dass es eine Versündigung am Willen des ewigen Schöpfers ist, wenn man Hunderttausende seiner begabtesten Wesen im heutigen proletarischen Sumpf verkommen läßt, während man Hottentotten und Zulukaffern zu geistigen Berufen hinaufdressiert. […]"

Hitler, Mein Kampf, S. 478 f

M 13

Körperliche „Rassenmerkmale" – Auszüge aus einer Veröffentlichung des Bochumer Lehrers Richard Eichenauer

„Die wichtigsten körperlichen Rassenmerkmale sind die Größenverhältnisse und die Farben des Körpers. Von den ersteren sollen hier die Kopfmessungen betrachtet werden. Abb. 8 zeigt links einen Langkopf, rechts einen Kurzkopf. Bei beiden bezeichnet OG die Kopflänge, PP die Kopfbreite, er hat die Formel:

$$\text{Kopfindex} = \frac{\text{Kopfbreite x 100}}{\text{Kopflänge}}$$

Die Gesichtshöhe ist die Entfernung der Nasenwurzel vom untersten Punkte des Kinns, die Gesichtsbreite der größte äußere Abstand der Jochbogen voneinander. Das Verhältnis der Gesichtshöhe zur Gesichtsbreite ist der Gesichtsindex […].
Es ist also vor allem zu merken: Je höher der Kopfindex, desto kürzer der Kopf; je höher der Gesichtsindex, desto schmaler das Gesicht. […]"

---

16   Vgl. z.B. Robert Wistrich, Wer war wer im Dritten Reich, München 1983, S. 126 ff.
17   Kammer, Bartsch, Jugendlexikon Nationalsozialismus, S. 117.

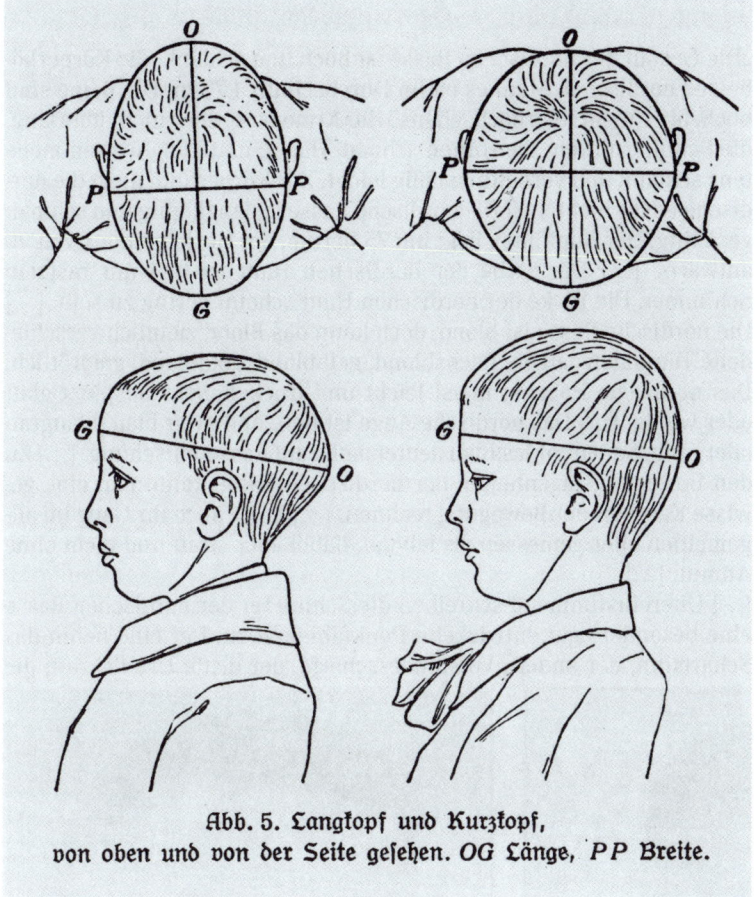

Abb. 5. Langkopf und Kurzkopf,
von oben und von der Seite gesehen. OG Länge, PP Breite.

Abb. 22: „Langkopf" und „Kurzkopf" – Abbildung in einer „rassenkundlichen" Schrift des Bochumer Lehrers Richard Eichenauer.

Richard Eichenauer, Die Rasse als Lebensgesetz in Geschichte und Gesittung, Leipzig und Berlin 1934, S. 6 f

Hinweis: Richard Eichenauer war Studienrat an der städtischen Oberrealschule, der heutigen Graf-Engelbert-Schule in Bochum. Er unterrichtete die Fächer Deutsch, Französisch, Musik und Sport und leitete den Schülerchor und später auch das Schulorchester. Im Vorwort der Veröffentlichung „Die Rasse als Lebensgesetz" schrieb Eichenauer, er habe bewusst „ein weltanschauliches Bekenntnis abgeben" und sich an alle diejenigen Lehrer wenden wollen, die gewillt seien, „für die weltanschauliche Grundlegung des Dritten Reiches im kommenden Geschlechte zu kämpfen." Sein aktives Eintreten für den Nationalsozialismus bewies er u.a. auch während der Schulfeier am 30.1.1935. Eichenauer hielt eine Rede zum Gedenken an den vor zwei Jahren erfolgten Machtantritt. Im September 1935 wurde er beurlaubt und mit der Leitung der Bauernhochschule in Goslar betraut. Am 1.1.1938 schied Eichenauer endgültig aus dem Kollegium der Oberrealschule (seit Dezember 1937 „Bismarckschule, städtische Oberschule für Jungen") aus.

M 14

Richard Eichenauer:
„Die nordische
Rasse"

„Die Gestalt der nordischen Rasse ist hoch und schlank, die Körperhöhe des nordischen Mannes ist im Durchschnitt 1,75 m. Die Beine sind hoch, aber nicht überhoch, ebenso die Arme lang, aber nicht überlang, die Schultern breit, die Hüften schmal. Hände und Füße wirken meistens schlank und verhältnismäßig leicht. Zur Körperfülle neigt die nordische Rasse nicht. [...] Die nordische Rasse ist langköpfig und schmalgesichtig. Der Kopfindex liegt um 75 herum, der Gesichtsindex von 90 aufwärts. [...] Die Farbe der nordischen Haut ist hell mit rosigem Schimmer. Die Dicke der nordischen Haut scheint gering zu sein. [...] Die nordische Rasse ist blond, doch kann das Blond ziemlich verschiedene Tönungen zeigen: flachsblond, gelbblond, goldblond, goldrötlich. Das nordische Haar ist meist leicht und trocken, sein Gespinst glatt oder wellig. [...] Das nordische Auge ist hell, und zwar blau, blaugrau oder grau. Sein dunkles Blau deutet meist auf Rassenmischung. [...] Zu den Bewegungseigenheiten der nordischen Rasse kann man eine gewisse Kargheit der Bewegung rechnen. [...] So ist auch ihr Gang im allgemeinen eher gemessen als lebhaft, dabei aber straff und nicht ohne Anmut. [...]

[...] Übereinstimmend schreiben die Schilderer der nordischen Rasse eine besonders gut entwickelte Denkfähigkeit zu. Der eine nennt das Scharfsinn, der andere Verstandesschärfe, der dritte Urteilskraft; die

Abb. 23: „Nordische" Menschen – Preisträger eines Wettbewerbs für „nordische Köpfe".

letzte Bezeichnung ist wohl die beste. Sie drückt am klarsten jene beobachtend-kühle, zurückhaltend-vorsichtige, abwägend-prüfende Geisteshaltung aus, die häufig dem nordischen Wissenschaftler oder Staatsmann eigen ist, die aber als Geistesart auch deutlich beim nordischen Arbeiter oder Bauern hervortritt. Ein Mensch dieser Artung wird bei sich und anderen weniger Wert auf glänzenden Schwung als auf nüchterne Redlichkeit und Wahrhaftigkeit des Denkens legen […] Clauß hat den nordischen Menschen den ‚Leistungsmenschen‘ genannt. […] Aus diesem Leistenmüssen erklärt sich die Härte gegen sich selbst (und gegen andere), die ein bezeichnender Zug nordischen Handelns ist; ein Begriff wie Kants ‚kategorischer Imperativ‘ konnte nur in einer nordischen Seele reifen.[…] Das Weitausgreifende solchen Tatendrangs führt notwendig dazu, daß der nordische Mensch der geborene ‚Organisator‘ ist. […] Der Begriff des ‚Führers‘, der in unserem heutigen Denken eine so große Rolle spielt, ist also ein echt nordischer. Organisator – Führer – Held: darin möchte man die Stufenleiter nordischer Tatmenschen erblicken; im Helden gipfeln die Möglichkeiten nordischer Vorbildlichkeit. […]“

Eichenauer, Rasse als Lebensgesetz, S. 7 ff. und S. 21 ff.

M 15

„[…] Nun ist es aber Tatsache, daß im Judentum Menschen so verschiedenen Aussehens vorkommen, daß selbst ihre Volksgenossen sie nicht erkennen. […] Es müssen also im Judentum Menschen verschiedener Rassen stecken. […]

Richard Eichenauer: „Das Judentum“

Die vorderasiatische Rasse.
[…] Sie ist mittelgroß und untersetzt. Die Schädelform ähnelt derjenigen der dinarischen Rasse: Kurzschädel mit steilem Hinterhaupt. In der Gesichtsbildung ist die Nase der auffallendste Teil: Sie ist sehr groß, fleischig, meist stark gekrümmt und läßt, von der Seite gesehen, sehr viel von der Nasenscheidewand sehen. Man hat sie in der neben-

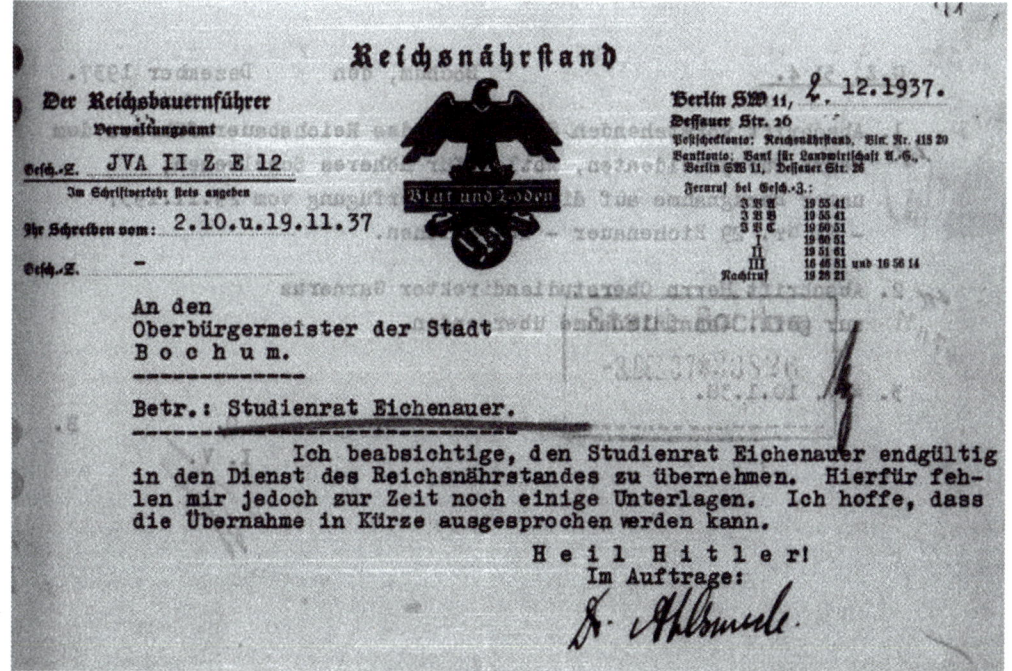

Abb. 24: Der Bochumer Lehrer Richard Eichenauer wurde später Direktor der Bauernhochschule in Goslar.

stehenden Weise in Form einer Sechs dargestellt. […] Haar und Augen sind dunkel, die Haut bräunlich.

Die besten Schilderungen der seelischen Eigenheiten der vorderasiatischen Rasse verdanken wir Günther und Clauß. Jener zählt auf: händlerische Fähigkeiten, geschmeidigen Verstand, Gabe zur Einfühlung in fremdes Seelenleben; gegenüber einem Mangel an Fähigkeit zum Staatsaufbau eine besonders große Begabung zur Bildung von Glaubensgemeinschaften; innerhalb dieser und anderer, auch politischer Bildungen eine Neigung zum Sichhineinsteigern in ‚ekstatische‘ Stimmungen; schließlich die Betonung eines Zwiespaltes zwischen Sinnlichem und Übersinnlichem, zwischen materiellem Genuss und Askese, zwischen ‚Fleisch‘ und ‚Geist‘, und das – einzelmenschlich bedingte – Hinneigen zu einem von beiden. Dieses Zwiespältige hebt Clauß in seiner Schilderung als das den vorderasiatischen Menschen wesentlich Bestimmende hervor […] Ersichtlich ist an dieser Schilderung das Bemühen, den artrechten Wert auch dieses Menschentums zu erfassen […] Aber auch Clauß übersieht nicht, daß der vorderasiatische Mensch einer bestimmten Form der seelischen Verzerrung besonders leicht ausgesetzt ist; er bezeichnet sie mit der Formel: ‚der Erlösungsmensch als Weltmensch‘. Dieser wählt von den beiden Wegen, dem des Geistes und dem des Fleisches, den letzteren, und Clauß beschreibt ihn also: ‚So entstehen Menschen, bei denen eine rücksichtslose Gier nach Stoff und stofflicher Macht sich durchsetzt: desto rücksichtsloser und herzloser eben darum, weil sie die Stimme ihres Erlösungsgewissens ein Leben lang überschreien müssen. Sie wissen sich als Geknechtete des Fleisches und wollen darum nur Knechte um sich sehen. […]‘"

Eichenauer, Rasse als Lebensgesetz, S. 74 f.

M 16	
Launige Betrachtung der „deutschen Stämme" – Adolf Hitler im Bochumer Parkhaus	„Am 26. April 1927 erscheint der Führer überraschend bei seinen nächsten Anhängern in Bochum. Nur wenige sind damals mit ihm zusammengewesen. Das Treffen fand im Parkhaus statt. Man saß in dem kleinen Zimmer links neben dem Empfangsraum. Von den etwa 20 Parteigenossen können wir heute noch nennen: Wagner, Riemenschneider, Wiegemann, Dr. Piclum, Ernst und August Stein, Adams, Adamek, Leipert mit Frau und Tochter und Ludwig. […] Ernst Riemenschneider weiß sich heute noch zu entsinnen, wie der Führer in feinsinniger und humorvoller Art […] über die Verschiedenheit der deutschen Stämme sprach und dabei unter anderem sagte, daß man den Westfalen an dem festen Händedruck erkennen könne, während der Sachse dem anderen weich und patschig die Hand gäbe – worauf dann unser Parteigenosse Leipert, der von Geburt Sachse ist, aufstand, um dem Führer, indem er ihm die Hand derb und fest gab, das Gegenteil von den Sachsen zu beweisen. […]"

Friedrich Alfred Beck, Kampf und Sieg. Geschichte der Nationalsozialistischen Deutschen Arbeiterpartei im Gau Westfalen-Süd, Dortmund 1938, S. 198

M 17

„[…] Da das Judentum seinem Blute und innersten Wesen nach dem Deutschtum artfremd ist, sind Spannungen zwischen beiden Völkern die notwendige Folge. Die jedes Rassengefühls ermangelnden vergangenen Jahrzehnte glaubten, diese Spannungen durch eine wahllose Vermischung und geistige Annäherung beseitigen zu können. In Wirklichkeit bewirkte die Blutmischung zwischen Juden und Deutschen nur eine Uebertragung der Spannungen auch in den Mischling und gefährdete zugleich die Reinheit des deutschen Blutes und die Instinktsicherheit des Volkes. Damit schuf sie eine zwischen Deutschtum und Judentum stehende Mischlingsrasse, die in ihrer Struktur eine gefährliche Mischung arteigener deutscher und jüdischer Anlagen darstellt. Die beiden Nürnberger Gesetze mit ihren Ausführungsbestimmungen enthalten die grundlegende Lösung dieses Rassenproblems. Sie bringen die blutmäßig bedingte klare Scheidung zwischen Deutschtum und Judentum […]"

Stuckart-Globke: „Das Juden- und Mischlingsproblem"

Stuckart-Globke, Kommentare zur deutschen Reichsgesetzgebung Bd. 1, München und Berlin 1936, S. 14 f.[18]

Hinweis: Dr. Wilhelm Stuckart war Staatssekretär, Dr. Hans Globke Oberregierungsrat im Reichs- und Preußischen Ministerium des Innern. Globke konnte seine Karriere nach 1945 fortsetzen. 1953 wurde er von Adenauer zum Staatssekretär im Bundeskanzleramt berufen.

M 18

„[…] Deutsche Frauen und Männer sind in großer Zahl sich heute der Verantwortung nicht bewusst, die sie ihrer Familie, Volk und Staat gegenüber zu erfüllen haben […] Gerade die deutsche Frau und Mutter wird es wieder lernen müssen, die Verwahrerin der Gebräuche unserer Vorfahren und die Hüterin der Sippe, der Sippengesetze und der Sitte zu werden. […] Wenn wir so ,Dienst an der Rasse' treiben wollen, müssen wir uns zurückfinden zu der Lebensanschauung unserer Vorfahren, die vor Tausenden von Jahren die erbliche Ungleichheit der Menschen und Rassen erkannt haben. Sie haben ihre Folgerungen daraus gezogen und den Volksstamm je nach Erbwert und Blutlinien gegliedert und so die vortreffliche Führerauslese verbürgt. Dieser Jahrtausende wirksam gewesenen Zuchtauswahl in der sittlich rein erhaltenen Einehe verdanken alle germanischen und germanisch durchsetzten Völker der Erde letzten Endes ihre so erstaunlich fortgeschrittene Kultur und Zivilisation. […] Sittliches Ziel muß es wieder werden, aus Verantwortung den kommenden Geschlechtern gegenüber das Erbgut genau so rein weiterzugeben, wie wir es von unseren Vorfahren erhalten haben. […]"

Arthur Gütt: „Bevölkerungs- und Rassenpolitik"

Arthur Gütt, Bevölkerungs- und Rassen-politik, Berlin 1935, S. 35

Hinweis: Dr. med. Arthur Gütt war Ministerialdirektor im Reichsministerium des Innern.

18 Zu den „Nürnberger Gesetzen" vgl. Kapitel 6 in diesem Band: „Die antisemitische Gesetzgebung von 1935: Wer darf Deutscher sein?".

M 19

„Entartung"

„[…] Während wir die Beschränkung der Kinderzahl gerade bei den körperlich und geistig gesunden Familien der wertvollen Schichten heute schon in allen Berufsständen wahrnehmen können, sehen wir gar zu oft eine erschreckende Zunahme bei Menschen mit geistig oder körperlich krankhaften Erbanlagen, bei Asozialen oder gar Verbrechern. […] Je mehr jedem Menschen, gerade als einzelnem, ohne Rücksicht auf seinen Wert und seine biologische Leistung auf Kosten der erbgesunden und kinderreichen Familie ein behagliches und auskömmliches Leben durch unsere bisher betriebene Steuer- und Sozialpolitik ermöglicht wird, um so eher wird unser Volk ausgelöscht und rassisch verdorben sein. […] Hinzu kommt, daß mit dieser Entwicklung Hand in Hand in einem solchen Volk das Rassebewußtsein und das Gefühl für die Notwendigkeit einer Rassenreinheit immer mehr verloren gehen. Die Folge davon sind dann die zunehmende Rassenmischung, Entartung der Kultur, der Sitte und der Kunst. Wie stark die Rassenmischung zwischen Juden und Deutschblütigen schon voranschritt, ersehen wir aus der Zahl der jüdischen Mischehen, die von 658 im Jahre 1901 auf 1693 im Jahre 1933 angestiegen war. […]"

Arthur Gütt, Herbert Linden, Franz Maßfeller, Blutschutz- und Ehegesundheitsgesetz. Gesetze und Erläuterungen, München 1936, S. 4 f.

Hinweis: Dr. med. Herbert Linden war Ministerialrat im Reichsministerium des Innern; Franz Maßfeller war Amtsgerichtsrat im Reichsjustizministerium; zu Gütt s. oben.

Aufgabenvorschläge zu M 12 bis M 19:

1. Beschreibe den Rassismus Adolf Hitlers am Beispiel von M 12. Welche stilistischen Mittel benutzt er hier zur Verbreitung seiner Meinung?
2. Interpretiere M 13.
3. Welches Bild der unterschiedlichen „Rassen" wollen die Texte M 14 und M 15 vermitteln? Arbeite die stilistischen Unterschiede zu M 12 heraus. Welches Publikum wollen gerade die Texte M 13 bis M 15 ansprechen?
4. Passt Text M 16 zu den „rassenkundlichen" Überlegungen der Nationalsozialisten? Begründe deine Einschätzung.
5. Können die den einzelnen „Rassen" angeblich angehörenden Menschen nach der NS-Ideologie sich ändern, sich entwickeln?
6. Fasse die Kernaussagen von M 17 bis M 18 in wenigen Sätzen zusammen. Welche ,Lösung' sahen die Nazis für das von ihnen ausgemachte ,Rassenproblem'? Wie würdest du reagieren, wenn ein Politiker oder Wissenschaftler heute ähnliche Analysen vornehmen, ähnliche Forderungen stellen würde?

4. KAPITEL

Ingrid Wölk

Jüdisches Selbstverständnis und Gegenwehr

Die letzten rechtlichen Beschränkungen für jüdische Deutsche entfielen zu Beginn der Weimarer Republik. Gleichzeitig setzte eine verschärfte antisemitische Propaganda ein, besonders – aber nicht nur – durch die NSDAP und andere „völkische" und nationalistische Gruppen. Neben generellen Angriffen auf das Judentum überhaupt gab sie den deutschen Juden die Schuld am verlorenen Ersten Weltkrieg und an der verhassten Novemberrevolution samt ihren Folgen. Jüdische Bürger wehrten sich. Als Einzelne traten sie den antisemitischen Angriffen entgegen. Als Mitglieder politischer Parteien – vor allem der SPD und der KPD – beteiligten sie sich am Widerstand gegen die NSDAP. Aber auch jüdische Organisationen starteten Gegenoffensiven. Auf den zunehmenden Antisemitismus reagierten sie auf unterschiedliche Weise: mit Eingaben und Beschwerden bei Behörden, mit politischen und publizistischen Mitteln, mit vermehrten Integrationsbestrebungen auf der einen Seite und der Stärkung eines spezifischen jüdischen Nationalbewusstseins auf der anderen. Die Ernennung Adolf Hitlers zum Reichskanzler am 30. Januar 1933 bereitete ihren Bemühungen ein bitteres Ende.

Jüdische Soldaten im Ersten Weltkrieg: Vergebliche Opfer fürs Vaterland

Etwa 100.000 jüdische Männer waren als Sodaten in den Ersten Weltkrieg gezogen – viele von ihnen froh darüber, einen unwiderlegbaren Beweis für ihre tiefe Verbundenheit mit dem Kaiser und ihrem deutschen Vaterland erbringen zu können. Tausende von ihnen verloren ihr Leben in diesem Krieg, darunter 30 jüdische Soldaten aus Bochum. Der Dank des Vaterlandes allerdings blieb aus. Stattdessen hatten sich auch die ehemaligen jüdischen Frontsoldaten vermehrter antisemitischer Angriffe zu erwehren, waren empört darüber, dass den Juden Drückebergerei und ‚unsoldatisches' Verhalten unterstellt wurde. Eine Reaktion darauf war die Gründung des Reichsbundes jüdischer Frontsoldaten (RjF) im Februar 1919 in Berlin.[1] Mitglied konnte nur werden, wer als jüdischer Soldat im Ersten Weltkrieg gewesen war und zur kämpfenden Truppe gehört hatte. Die Bochumer Ortsgruppe des RjF entstand am 10. Juni 1924.[2] Ging es dem Reichsbund zunächst um die Pflege „guter Kameradschaft" und den Schutz der Ehre der jüdischen Soldaten, so verstand er sich schon bald als Abwehrverein gegen

---

1   Zum RjF vgl. z.B. Ulrich Dunker, Der Reichsbund jüdischer Frontsoldaten 1919–1938. Geschichte ei nes jüdischen Abwehrvereins, Düsseldorf 1977.
2   Vgl. Der Schild. Zeitschrift des Reichsbundes jüdischer Frontsoldaten e.V., 6.7.1934.

antisemitische Angriffe generell. Ein Schwerpunkt der Arbeit des RjF war und blieb die Interessenvertretung der ehemaligen jüdischen Frontsoldaten und ihrer Familien, sein Hauptargument zur Begründung der Forderung nach Anerkennung und Gleichbehandlung war der Verweis auf die im Ersten Weltkrieg bestandene „Blutprobe" der jüdischen Soldaten.

M 1

Erinnerungen des Bochumer Juden Leo Baer an den Beginn des Ersten Weltkrieges

„Am 1. August 1914 mußte ich mich bei der Mobilmachung des 1. Weltkrieges als Reservist zur Verfügung stellen zusammen mit anderen 1000 Bochumern. Unter diesen befanden sich viele alte Freunde, mit denen ich aufgewachsen bin. […] Als wir in den Viehwagen mit Bänken untergebracht waren, sang alles mit Begeisterung ‚Siegreich wollen wir Frankreich schlagen' und ‚Lieb Vaterland magst ruhig sein' […] Am 19.8. marschierten wir über die belgische Grenze, wo uns eine feindselig eingestellte Zivilbevölkerung empfing. Sie weigerte sich, uns Quartier zu geben, Trinkwasser auf die Straße zu stellen, wonach die durstende Truppe verlangte und scheute sich nicht, Petroleum in die Brunnen zu gießen. So kam es in der Nacht zum 22.8. zum Zusammenstoß der feindlichen Armeen. […] Wir standen einer starken Übermacht gegenüber und wir konnten von Glück sagen, dass wir den Feind zurückschlagen konnten. […] Was uns Soldaten an diesem Tage besonders beeindruckte, war die Besichtigung des Kriegsschauplatzes durch unseren Kaiser in Begleitung des Kronprinzen und seines Gefolges. Er sprach uns seine

Abb. 25: Mit 1.000 anderen Bochumern zog Leo Baer in den Ersten Weltkrieg. Das Foto zeigt ihn in Uniform und dekoriert mit dem „Eisernen Kreuz".

Anerkennung für unser tapferes Verhalten aus und sagte, dass der Krieg bald zu Ende sei und wir zu dem bevorstehenden Weihnachtsfest wieder alle zusammen mit unserer Familie vereint seien. […]"

Leo Baer, Erinnerungssplitter eines deutschen Juden an zwei Weltkriege. Unveröffentlichtes Manuskript, Toronto 1979

Hinweis: Leo Baer, geb. 1889 in Bochum, führte gemeinsam mit seinem Schwager Hugo Hirschfeld einen bekannten Bochumer Gewerbebetrieb. Nach dem Ersten Weltkrieg schloss er sich dem Reichsbund jüdischer Frontsoldaten an, daneben aber auch dem „154er Verein", einem überkonfessionellen Zusammenschluss Bochumer Soldaten des Ersten Weltkrieges. Im November 1938 wurde Baer verhaftet und ins Konzentrationslager Oranienburg-Sachsenhausen deportiert. Im Februar 1939 konnte er mit seiner Familie nach Frankreich emigrieren und überlebte dort unter schwierigen Bedingungen. Seine biographische Niederschrift entstand im Exil in Frankreich und später in Kanada. 1984 starb Leo Baer in Toronto.

M 2

„Ich mache morgen früh eine etwas gefährliche Patrouille. Erhaltet Ihr diesen Brief, bin ich in englischer Gefangenschaft oder verwundet. Wäre ich heil zurückgekommen, hätte ich Weihnachten auf Urlaub davon erzählen können. Die Sache ist gut vorbereitet und muß gelingen. Näheres kann ich leider nicht schreiben. Es gehen verheiratete Männer und einzige Söhne, auf die die Eltern angewiesen sind, mit. Bleibt von denen einer dabei, ist der Verlust noch viel größer wie in meinem Fall. Ihr habt 5 Kinder, ein gesichertes Auskommen und sorgenfreies Alter. […] Mein Freund Ahlefeld hat Eure Adresse und wird gleich schreiben, wenn ich nicht zurückkomme. Auf alle Fälle will ich Euch für alles danken, was Ihr Gutes an mir getan habt.

Die vielleicht letzten Grüße von Eurem dankbaren Sohn.

NB. Alle eigenen Sachen habe ich extra gepackt und werden sie unverzüglich an Euch abgeschickt, bin ich am 26.11. nicht bei meiner Kompanie."

Kriegsbrief Gustav Katzensteins aus Wattenscheid an seine Eltern vom 25.11.1916

Kriegsbriefe gefallener deutscher Juden, hrsg. vom Reichsbund jüdischer Frontsoldaten, Berlin 1935, Neuauflage Stuttgart 1961, S. 64 f.

Abb. 26: Trauernde Mutter. Diese Steinzeichnung von Max Liebermann zierte die 1935 erschienenen „Kriegsbriefe gefallener Deutscher Juden".

M 3

Ehrung der Bochumer jüdischen Gefallenen des Ersten Weltkrieges – Ein Bericht im „Märkischen Sprecher", dem amtlichen Kreisblatt für den Stadt- und Landkreis Bochum

„[…] Wie sind die Helden gefallen. Schneller als Adler waren sie, stärker als Löwen […]' An diese Worte aus der Klage Davids um die Toten auf dem Gebirge Gilboa erinnern der Adler und der Löwe, die als schlichter Schmuck auf dem schwarzen Marmorrahmen angebracht sind, der die Gedenktafel umfaßt, die von der Synagogengemeinde in Bochum in ihrem Gotteshause dem Andenken ihrer im Weltkriege gebliebenen Mitglieder gewidmet wurde. Die Namen der dreißig Gefallenen sind auf drei Bronzeplatten verzeichnet, die in rotem Marmor eingelassen sind. Ueber dem Ganzen leuchten in goldener Schrift die Worte: ‚Mit seinem Fittiche bedeckt er Dich und unter seinen Flügeln bist Du geborgen, Schild und Schirm ist seine Treue' (Ps. 91, 4), darunter hebräisch: ‚Das Andenken der Gerechten ist zum Segen.' Unten sind die Worte angebracht: ‚Den im Weltkriege gefallenen Söhnen unserer Gemeinde zum Gedächtnis.' Die Mittel für das wertvolle Kunstwerk, das dieses Gedenkzeichen darstellt, sind gespendet worden; hauptsächlich waren es aus dem Feldzuge glücklich heimgekehrte Mitglieder der Synagogengemeinde, die die Kosten bestritten. Der Entwurf stammt von den Architekten Robert und Kirchmeyer, Bochum, die Ausführung lag in Händen des Bildhauers Thelen, Essen.

Zu einer weihevollen Stunde gestaltete sich jüngst ein feierlicher Akt in der Synagoge aus Anlaß der Fertigstellung des Ehrenmales. Dabei ging Rabbiner Dr. David in seiner Festrede von den oben erwähnten Worten aus der Totenklage Davids aus, erinnerte an den Auszug der Krieger und gab der Trauer um diejenigen Ausdruck, die des Weltkrieges Opfer wurden. ‚Aber es wäre dennoch nicht in eurem Geist, ihr heimgegange-

Abb. 27: Im Mai 1921 ehrte die Bochumer jüdische Gemeinde ihre im Ersten Weltkrieg gefallenen Mitglieder mit einer in der Synagoge angebrachten Gedenktafel. Auf drei Bronzeplatten waren die Namen der gefallenen jüdischen Soldaten aus Bochum verzeichnet.

nen Brüder', so führte er weiter aus, ‚wenn Tränen und Klagen das einzige wären, was euer Tod gewirkt hat […] Ihr selber […] glaubtet, daß aus eurem Blute des deutschen Vaterlandes Sieg und Gedeihen erblühe […]. Allein des Vaterlandes Sieg ward nicht errungen, vergeblich war der vierjährige Heldenkampf unseres Volkes, vergeblich alle Opfer, die es gebracht, und gerade in diesen Tagen erfährt es aufs Neue, was das heißt: Wehe dem Besiegten. […] Die Namen der Gefallenen sollten sprechen von unentwegter Treue zum deutschen Vaterland, sprechen so eindringlich und gewinnend wie nur Blutzeugen der Treue sprechen können, und sie sollten wirken und wecken, was echte Liebe und Treue immer wecken wird: gleiche Liebe, gleiche Treue und Hingebung ans Vaterland, das heute in seiner Not erst recht Menschen nötig hat, die nicht verbittert, nicht zweifelnd und schwankend sind, sondern stark und mutig und hoffnungsfreudig aufbauend und vor allem treu.' ,Wer weiß', so führte der Redner u.a. noch aus, ,ob der Tod so vieler nicht kommen mußte und die Not der Menschheit so lange anhält, bis die kranke Menschheit erkennt, daß Vergewaltigung und Unterdrückung anderer Völker ein Fieberwahn ist […] alle großen Ziele werden durch große Opfer erreicht, das scheint ein Gesetz der Weltordnung.' Der Redner erinnerte an die Worte des Propheten ,Sie werden ihre Schwerter umwandeln zu Pflugscharen, ihre Lanzen zu Rebmessern' und schloß seine gedankenreiche, bei der Zuhörerschaft tiefen Eindruck hinterlassende Rede mit Gebet."

Märkischer Sprecher, 25.3.1921

Abb. 28: Moritz und Lotte David konnten 1939 nach England emigrieren. Das Foto zeigt sie im April 1950 in Manchester.

M 4

„Bochum, 20. Mai. Die isrealitische Gemeinde Bochum hat im Weltkriege 30 ihrer Söhne verloren, davon sind 26 gefallen, vier werden vermißt seit der ersten Kriegszeit, sie sind den Toten zuzuzählen. Zum Andenken an diese Helden ist im Eingang der Synagoge an der Westseite eine Tafel eingelassen worden, die ihre Namen der Nachwelt erhalten soll. Nach den Plänen der Architekten Robert und Kirchmeyer hat der Bildhauer Tehlen in Essen ein Kunstwerk geschaffen, das in seiner schlichten Schönheit eine stumme und doch beredte Sprache redet. Die Weihe des schönen Gedenkzeichens fand am 8. d. M. in überaus eindrucksvoller Weise statt. Nach einem in die rechte Stimmung versetzenden Orgelpräludium und einem von Herrn H. Busch meisterhaft vorgetragenen ergreifenden Cellosolo mit Orgelbegleitung richtete der Vorsitzende des Synagogenvorstandes, Kommerzienrat Schüler, an alle Gäste, insbesondere an die Vertreter des Kreiskriegerverbandes, dessen Fahnen im Halbkreis den Lorbeerhain umgaben, aus dem die goldenen Lettern hervorleuchteten, ein herrliches Begrüßungswort. Den Anregern des schönen Gedankens, den Stiftern und Förderern entbot er tiefgefühlten Dank. Nach einem abermaligen Solo des Herrn Busch sang der wohlgeschulte Synagogenchor die wehmutvoll-trostreiche Weise: ,Wie sie so sanft ruhn.' Die nun folgende Weiherede des Rabbiners Dr. David, ein rhetorisches Meisterstück, knüpfte an an das Klagelied Davids um

Ehrung der Bochumer jüdischen Gefallenen des Ersten Weltkrieges – Bericht in einer jüdischen Zeitung

Jonathan: ‚Wie sind die Helden so gefallen im Streite', […] Stimmungsvollen Nachhall fand die Rede durch den vom Synagogenchor vorgetragenen ‚Chor zur Seelenfeier'. Mit dem Kaddischgebet, dem Chor ‚Lo-
chen somach libbi' und einem wundervollen Postludium fand die er-
greifende Feier einen feierlichen, trostreichen Ausklang."

Der Gemeindebote. Beilage zur Allgemeinen Zeitung des Judentums, 27.5.1921

M 5

**Gedenkbuch für die jüdischen Gefalle-
nen des Ersten Weltkrieges – Vorwort des Bundes-
vorsitzenden des Reichsbundes jüdischer Frontsolda-
ten, Dr. Leo Löwen-
stein, Hauptmann d.R.**

„Das edelste deutsche Blut ist das, welches von deutschen Soldaten für
Deutschland vergossen wurde. Zu diesen gehören auch die 12.000 Gefallenen der deutschen Judenheit, die damit wiederum ihre allein ernst-
hafte und achtunggebietende Blutprobe im deutschen Sinne bestanden
hat. So weit ihre Namen heute noch festzustellen waren, sind sie ver-
ewigt in diesem Buche, das ihre heimgekehrten Kameraden ihnen in
treuem und ehrfürchtigem Gedenken widmen."

*Abb. 29: Richard Wittgen-
stein aus Bochum, geb.
1899, war ein Onkel von
Hannah Deutsch, geb.
Kronheim. (Vgl. Kapitel
„Jüdische Jugend in
Bochum".) Er fiel im
Ersten Weltkrieg.*

Bochum

Block, Max	18. 8. 77	Bochum	30. 3. 18	9/Felda. R. 70	1147
Cahn, Albert	29. 4. 93	Bochum	21. 10. 14	7/I. R. 158	159
Cahn, Gustav	7. 12. 95	Bochum	31. 7. 17	9/I. R. 41	916
Cohen, Otto	23. 8. 76	Burgstein-furt	15. 7. 18	2/Felda. R. 288 Vz. Wachtm.	1285
Eichberg, Louis	4. 4. 86	Bochum	22. 2. 16	1/R. I. R. 16 Gftr.	482
Emanuel, Emil	25. 11. 79	Höxter	10. 11. 14	6/R. I. R. 6 Offz. St.	276
Goldenberg, Heinr.	17. 7. 96	Dümpten	16. 9. 16	7/R. I. R. 3	653
Herz, Alexander	7. 9. 84	Bochum	5. 9. 14	4/R. I. R. 16	66
Herz, Hermann	22. 8. 85	Werden/Ruhr	23. 3. 18	1/I. R. 14 Gftr.	1140
Jacobsohn, Erich	16. 4. 97	Peine	20. 9. 17	11/I. R. 185	1724
Kann, Julius	4. 8. 89	Dörrebach	12. 3. 16	8/I. R. 132	502
Levy, Leopold	6. 4. 80	Langerwehe	2. 9. 18	3/I. R. 95	1275
Levy, Willy Jakob	1. 3. 90	Kassel	26. 4. 15	2/Arm. Btl. 63	219
Lewin, Paul Max	24. 11. 91	Labischin	17. 9. 15	6/R. I. R. 30	343
Meyer, Alfred	31. 12. 92	Bochum	5. 6. 15 i. Gfgsch.	8/I. R. 15 Gftr.	304
Meyer, Paul	27. 11. 81	Bochum	28. 6. 15	4/R. I. R. 46	297
Mosbacher, Hans	26. 6. 94	Bochum	6. 11. 15	2. Ers. M. G. K. Lüttich	387
Rosenthal, Fritz	24. 9. 90	Elberfeld	5. 5. 15	4/I. R. 154 Utffz.	1726
Rosenthal, Paul	7. 2. 92	Elberfeld	28. 10. 14	10/I. R. 74	83
Simons, Robert	17. 11. 77	Bochum	11. 8. 17	Prov. Kol. 12 Gftr.	945
Steinhart, Alfred	19. 1. 88	Witzenhausen	15. 9. 14	3/R. I. R. 16	66
Talmann, Eugen	17. 4. 80	Bochum	verm. 26. 9. 14	9/I. R. 69 Gftr.	65
Wittgenstein, Rich.	8. 10. 99	Ruhrort	2. 11. 18	2/Felda. R. 81	1357

Abb. 30: Auszug aus dem Gedenkbuch für die jüdischen Gefallenen des Ersten Weltkriegs.

Die jüdischen Gefallenen des deutschen Heeres, der deutschen Marine und der deutschen Schutztruppen 1914–1918. Ein Gedenkbuch. Hrsg. vom Reichsbund jüdischer Frontsoldaten (RjF), Hamburg 1932

Hinweis: Das Gedenkbuch erinnert an 12.000 jüdische Gefallene des Ersten Weltkrieges, darunter auch die jüdischen Gefallenen aus Bochum und Wattenscheid. Reichspräsident von Hindenburg bedankte sich im Oktober 1932 beim Vorsitzenden des RjF mit den Worten: „In ehrfurchtsvoller Erinnerung an die auch aus Ihren Reihen für das Vaterland gefallenen Kameraden nehme ich das Buch entgegen und werde es meiner Kriegsbücherei einverleiben."

Aufgabenvorschläge zu M 1 bis M 5:

1. Welche Einstellung zu Deutschland zeigt sich in den Texten M 1 bis M 5? Vergleiche die aus diesen Texten gewonnenen Erkenntnisse mit Goebbels' Grundsätzen für die „judengegnerische Bewegung" (M 5, 3. Kap.), besonders Punkt 4.
2. Vergleiche die Texte M 1, M 2 und M 5 mit Hitlers Polemik gegen die Juden im Ersten Weltkrieg (M 3, 3. Kap.).
3. Ermittle, wann das Gedenkbuch für die jüdischen Gefallenen des Ersten Weltkrieges (M 5) und wann die Kriegsbriefe gefallener deutscher Juden (M 2) herausgegeben wurden. Welche Zielsetzung könnte der Herausgeber, der Reichsbund jüdischer Frontsoldaten, mit der Publikation dieser beiden Schriften verbunden haben?

Jüdische Verbände im Abwehrkampf

Die jüdische Reaktion auf den Antisemitismus war entsprechend den verschiedenen ideologischen Richtungen im Judentum unterschiedlich.[3] Während die eine Gruppe, der beispielsweise auch der Reichsbund jüdischer Frontsoldaten (RjF) angehörte, auf ihre deutsch-nationale Gesinnung pochte, sich um Anpassung bemühte und Anerkennung forderte, tat die andere, die zionistisch ausgerichteten Juden, genau das Gegenteil. Sie verwiesen auf den „Diaspora"-Status der Juden in Deutschland, blieben skeptisch in Bezug auf wirkliche Gleichberechtigung und das Verschwinden antisemitischer Tendenzen und lenkten ihre Hoffnungen auf den Aufbau eines eigenen jüdischen Staates in Palästina. Durch die Verschärfung des Antisemitismus nach dem Ersten Weltkrieg sahen die Zionisten sich in ihren Prognosen bestätigt. Sie verstärkten ihre Bemühungen um die Herausbildung eines auf Palästina bezogenen jüdischen Nationalbewusstseins. Dabei setzten sie vor allem auf das Mittel der politischen Erziehung ihrer Jugendlichen. Vom Programm der Zionisten fühlten sich aber auch viele erwachsene Juden angezogen, die sich ursprünglich vor allem als Deutsche gefühlt hatten und sich nun erst – aus Enttäuschung über den wiederauflebenden Antisemitismus – auf ihr Judentum besannen.

Erziehung nach innen und Aufklärung nach außen waren Haupttätigkeitsfelder auch des Reichsbundes jüdischer Frontsoldaten. Antisemitische Vorurteile wurden aufgegriffen, um sie zu widerlegen. Dem Klischee vom feigen, unsportlichen und körperliche Arbeit scheuenden Juden wurde heftig widersprochen. Gleichzeitig entwickelte der RjF Programme für die eigene Klientel, deren Ziel eine nahezu vollständige Anpassung der jüdischen Deutschen an ihr nichtjüdisches Umfeld war. Damit meinte der RjF, dem Antisemitismus den Wind aus den Segeln nehmen zu können. Das besondere Augenmerk des Reichsbundes galt der jüdischen Jugend, auf deren Ausbildung sowohl in geistiger als auch in körperlicher Hinsicht er Einfluss nehmen wollte. Um die körperliche Erziehung jüdischer Jugendlicher zu forcieren, entstanden ab 1924 Turn- und Sportgruppen des RjF, die ab 1925 unter dem Namen „Schild" geführt wurden. In der Einschätzung der Bedeutung des Sports überschnitten sich die sonst so unterschiedlichen Konzepte der Zionisten auf der einen und des RjF auf der anderen Seite. Unter dem Schlagwort der Schaffung eines „Muskeljudentums"[4] zielten beide auf die körperliche Ertüchtigung jüdischer Jugendlicher. Dabei konnte die bereits Ende des 19. Jahrhunderts entstandene zionistische Sportbewegung auf eine deutlich längere Tradition zurückblicken als die des Reichsbundes jüdischer Frontsoldaten.[5] Die zionistischen Sportvereine waren im Deutschen Makkabi-Kreis zusammengeschlossen. Beide Sportbewegungen verfolgten auch das Ziel, bei antisemitisch moti-

---

3   Zu den jüdischen Organisationen vgl. z.B. Avraham Barkai, Die Organisation der jüdischen Gemeinschaft, in: Avraham Barkai, Paul Mendes-Flohr und Steven M. Lowenstein, Deutsch-jüdische Geschichte in der Neuzeit, 4. Bd., München 1997, S. 74–98.

4   Zum „Muskeljudentum" vgl. z.B. Pasquale Boeti, „Muskeljudentum". Der Turn- und Sportklub „Hakoah" Essen – ein jüdischer Sportverein im Ruhrgebiet, in: Jan-Pieter Barbian u.a., Juden im Ruhrgebiet, Essen 1999, S. 601 ff. Zur jüdischen Sportbewegung insgesamt vgl. z.B. Eric Friedler, Makkabi lebt. Die jüdische Sportbewegung in Deutschland 1898–1998, Wien-München o.J.

5   Unter dem Namen „Bar Kochba" entstand am 22.10.1898 in Berlin der erste jüdische Turnverein in Deutschland. Vgl. Eric Friedler, Makkabi lebt, S. 15.

AN DIE DEUTSCHEN MÜTTER!

72000 jüdische Soldaten sind für das Vaterland auf dem Felde der Ehre gefallen.

Christliche und jüdische Helden haben gemeinsam gekämpft und ruhen gemeinsam in fremder Erde.

12000 Juden fielen im Kampf!

Blindwütiger Parteihaß macht vor den Gräbern der Toten nicht Halt.

Deutsche Frauen,

duldet nicht, daß die jüdische Mutter in ihrem Schmerz verhöhnt wird.

Reichsbund jüdischer Frontsoldaten E. V.

Abb. 31: Der RjF wehrt sich gegen die Diffamierung der jüdischen Soldaten im Ersten Weltkrieg. Flugblatt vom 4. Mai 1924.

vierten körperlichen Angriffen besser gerüstet zu sein und damit die Chancen einer erfolgreichen Selbstverteidigung zu erhöhen.

Bei der aktiven Abwehr antisemitischer Angriffe tat sich besonders der Centralverein deutscher Staatsbürger jüdischen Glaubens (CV) hervor. Der CV war Ende des 19. Jahrhunderts gegründet worden, verstand sich zunächst als politisch und religiös neutral und war ideologisch, wie die deutschen Juden in ihrer Mehrheit, etwa in der Mitte zwischen den beiden Extrempositionen – Zionisten auf der einen und deutschnationale Juden auf der anderen Seite – angesiedelt. Auf den zunehmenden Antisemitismus reagierte der Centralverein mit Interventionen bei Parlamenten und Regierungen, mit Eingaben und Beschwerden bei Behörden, mit gerichtlichen Klagen etwa bei der Schändung jüdischer Friedhöfe und Synagogen und anderen antisemitischen Exzessen sowie mit den Mitteln der politischen Aufklärung. Die Zeitung des CV wurde kostenlos an nichtjüdische Lehrer, Geistliche und andere versandt, die geeignet erschienen, meinungsbildend im Interesse des Judentums zu wirken. In Büchern, Zeitungen, Flugblättern usw. wurden antisemitische Behauptungen aufgegriffen und widerlegt. So genannte „Aufklärungsversammlungen" wurden durchgeführt, häufig gemeinsam mit anderen Organisationen. Allein zu den Reichstagswahlen 1924 verbreitete der Centralverein weit über 100 Flugblätter, Flugschriften und Klebezettel in ca. 8 Millionen Exemplaren.[6] Seit Ende der 20er Jahre richtete sich seine Gegenpropaganda noch stärker als bisher gegen Hitler und die NSDAP. Neben den jüdischen Verbänden setzten sich auch Einzelpersonen, besonders solche, die im öffentlichen Leben standen, tapfer zur Wehr, reagierten auf antisemitische Angriffe dort, wo sie ihnen begegneten. Eine gemeinsame Abwehrfront der jüdischen Deutschen gegen den Antisemitismus im Allgemeinen und gegen Hitler und die NSDAP im Besonderen aber kam nicht zustande. Bis 1933 arbeiteten die jüdischen Verbände und Organisationen nebeneinanderher, sich teils unterstützend, teils die Positionen der anderen heftig bekämpfend. Als Mittel im Abwehrkampf und als „Sprachrohr" in der ideologischen Auseinandersetzung untereinander nutzten sie neben anderen publizistischen Mitteln vor allem auch ihre verbandseigenen Zeitungen und Zeitschriften. Jüdische Zeitungen und Zeitschriften gab es in Deutschland seit Ende des 19. Jahrhunderts. Die höchste Auflage hatte die vom Centralverein deutscher Staatsbürger jüdischen Glaubens herausgegebene „CV-Zeitung", dicht gefolgt vom „Berliner Gemeindeblatt". Den dritten Rang unter den auflagenstärksten jüdischen Blättern nahm die „Jüdische Rundschau" ein, das Organ der Zionistischen Vereinigung für Deutschland, den fünften „Der Schild", die Zeitung des Reichsbundes jüdischer Frontsoldaten.[7]

M 6

Offener Brief des Rabbiners der jüdischen Gemeinde Bochums, Dr. Moritz David, an den evangelischen Pfarrer und Jugendpfarrer Zauleck in Bochum vom 21. Januar 1919	„Es ist gerade ein Jahr her, daß Sie mich zum ersten Male nötigten, eine antisemitische Äußerung in Ihrer für die evangelische Jugend bestimmten ‚Wartburgzeitung' in einem Briefe an Sie zu bekämpfen. Damals wählte ich nicht den Weg der Öffentlichkeit, weil in einer Zeit, da eine feindliche Welt unser deutsches Volk hart bedrängte, ich nicht dazu beitragen wollte, daß innerer Hader sich öffentlich breit machte […] Inzwischen ist der Krieg zu Ende gegangen, nicht siegreich, wie wir alle gehofft, und neben der Niederlage unseres Vaterlandes, die uns tief zu Herzen geht, hat die Revolution innere Gegensätze in unserem Volke ans Licht gebracht, die uns mit nicht geringerer Sorge erfüllen als das, was uns die Feinde auferlegen. In solcher Zeit, so glaube ich, ist es erst recht die Aufgabe der Geistlichen aller Bekenntnisse, versöhnend und ausgleichend zu wirken […] Aber für eine reine Sache kämpft man nur mit reinen Waffen. Ich frage Sie nun: Kämpft man mit reiner Waffe, wenn man, um die Angehörigen der eigenen Kirche zu festigen, in einem den Zwecken der Kirche dienenden Blatte eine andere Glaubensgemeinschaft herabsetzt? Herr Pfarrer Zauleck, das haben Sie wiederum getan im evangelischen Gemeindeblatt, kirchlicher Anzeiger der evangelischen Gemeinde Bochum-Altstadt vom 19. Januar 1919. […] auf

---

6   Vgl. Arnold Paucker, Der jüdische Abwehrkampf gegen Antisemitismus und Nationalsozialismus in den letzten Jahren der Weimarer Republik, Hamburg 1969, S. 53.
7   1934 hatte die CV-Zeitung eine Auflage von 50.000, das Berliner Gemeindeblatt 46.000, die Jüdische Rundschau 37.000, das Hamburger Israelische Familienblatt 36.500 und Der Schild 19.350. Vgl. Herbert Freeden, Die jüdische Presse im Dritten Reich, Frankfurt/Main 1987, S. 36.

Abb. 32: Gedenktafel für Rabbiner Dr. Moritz David an der Trauerhalle auf dem jüdischen Friedhof in Bochum, Wiemelhauser Straße.

der letzten Seite kommt ein kurzer Aufsatz […], in welchem Sie schreiben: ‚Was unsere Kirche jetzt mobil macht, – es ist die Angst um das, was für unser ganzes Volk auf dem Spiele steht, wenn statt des Christentums jetzt das Judentum die beherrschende Macht im öffentlichen Leben würde oder das moderne Heidentum, das doch schließlich von dem Judentum und seiner Presse geistig gespeist wird'. […] Auch wir deutschen Juden brauchen vor unseren Glaubenshelden in der Vergangenheit nicht zu erröten, denn wir haben zumal in den letzten Monaten und Wochen ein seelisches Märtyrertum erduldet, von dessen Bitterkeit Sie vielleicht keine Vorstellung haben. Sie und alle Nichtjuden mußten es ja noch nicht erleben, daß Sie in reinstem, heiligstem Wollen Ihr Blut oder das Ihrer Kinder fürs Vaterland eingesetzt und hingegeben haben, und daß Sie, noch während Sie es taten, und erst recht hinterher mit Ihren Glaubensgenossen geschmäht wurden in einer Weise, die ich nicht kennzeichnen will […] Nachdem die jüdische Jugend in edelster Weise ins Feld gezogen, nachdem von 100 000 deutschen Juden, die den Waffenrock getragen, 20 000 gefallen sind, nachdem in der Heimat die Männer und besonders die Frauen in selbstlosester Weise dem Dienste der Gesamtheit sich hingegeben, treibt man durch Flugblätter und Reden eine antisemitische Hetze, die zu Pogromen führen würde, wenn unsere Arbeiter so dumm wären, wie jene sie gerne hätten, die hinter diesem Treiben stehen und das Geld dafür hergeben. Auch in Bochum hat man solche Blätter verbreitet, die jedem, der von deutschem Wesen eine höhere Auffassung hat als diejenigen, die durch diese Blätter ihr besseres Deutschtum beweisen wollen, Ekel und Scham erregen. Ein Restchen von Scham scheint allerdings den Verbreitern selbst geblieben zu sein, denn sie verhüllen schamhaft die Herkunft der von ihnen verbreiteten Blätter […] Denn daß es ein Mangel an Mut ist, darf man doch von jenen nicht annehmen, die in demselben Flugblatt den Juden unter anderem auch den Vorwurf der Feigheit

Abb. 33: 1998 wurden drei Straßen in Bochum-Wiemelhausen nach Persönlichkeiten aus der Bochumer jüdischen Gemeinde umbenannt.

machen. Dies erleben zu müssen, tut bitter weh. Trotzdem hätte es mich nicht aus meiner im politischen Wahlkampf bewußt beobachteten Zurückhaltung herausgerissen. Einen Augiasstall zu reinigen, fühle ich mich nicht berufen. Aber wenn ein evangelischer Pfarrer in einem dem Dienste seiner Kirche gewidmeten Blatt zum Kampf aufruft gegen das Judentum, von dem das moderne Heidentum geistig gespeist werden soll, dann gebieten mir Pflicht und Gewissen, dagegen Front zu machen. […]"

StadtA Bochum, ZGS – I A 3

Hinweis: Pfarrer Zauleck reagierte am 21.1.1919 auf den offenen Brief Dr. Moritz Davids und behauptete, kein Antisemit zu sein. In seiner Entgegnung führte er aber eine ganze Reihe antisemitischer Behauptungen auf und berief sich dabei auf Gustav Freytag, auf Goethe, Bismarck, Treitschke und andere. Als seine Auffassung vom Judentum hob er besonders hervor: Es sei „nicht die jüdische Religion, nicht die jüdische Geldsucht, auch nicht die jüdische Herrschsucht, sondern jener Geist der sittlichen Skrupellosigkeit, wie er von der jüdischen Presse und dem jüdischen Theater- und Lebeweltwesen ausgehend, unser ganzes christliches Volk völlig zu zersetzen droht." Ebd.

M 7

„Die Juden sollen an Allem schuld sein, so tönt es heute aus hinterhältig verbreiteten Flugblättern, so reden es verhetzte Leute auf der Straße nach. Wir Juden sollen schuld sein, daß der Krieg kam, aber in der Regierung und Diplomatie, in der Rüstungsindustrie und im Generalstab saßen keine Juden. Wir sollen auch schuld sein, daß der Krieg vorzeitig abgebrochen wurde. Wir sollen schuld sein an allen Uebeln des Kapitalismus und zugleich an den Leiden der Revolution, die diese Uebel beseitigen will. Was ein paar Führer jüdischer Herkunft gewirkt haben zum Guten und zum Bösen, haben sie selbst zu verantworten, nicht die jüdische Gesamtheit. Wir lehnen es ab, die Sündenböcke abzugeben für alle Schlechtigkeit der Welt. Wir fordern unser Recht, wie bisher friedlich weiter zu arbeiten in unserem deutschen Vaterland, mit dessen Gedeihen in Zeiten der Macht wie der Niederlage auch unser Wohl unauflöslich verbunden ist."

Flugblatt des „Centralvereins deutscher Staatsbürger jüdischen Glaubens" (Ortsgruppe München), o.J.

Hessisches Hauptstaatsarchiv Wiesbaden, Fotosammlung

M 8

„Der Reichsbund jüdischer Frontsoldaten will die maßlosen Drohungen deutschvölkischer Gegner gegen Leben und Eigentum jüdischer Mitbürger nicht zur Tat werden lassen! Er will alles aufbieten, um zu verhindern, daß ruchlose Gesellen sich an jüdischem Leben vergreifen. Der Reichsbund jüdischer Frontsoldaten will die lebende Statistik der jüdischen Frontkämpfer sein. Jeden Angriff auf die Leistungen jüdischer Kämpfer im Weltkriege weist er in jeder tunlichen Form zurück. […] Der Reichsbund jüdischer Frontsoldaten tritt mit Wort und Tat dafür ein, daß Schlichtheit und Takt in Kleidung und Auftreten von jedem Juden zu wahren sind. Persönliches Eingreifen und Flugschriften haben bereits vielerorts erzieherisch gewirkt. Selbstzucht ist die Forderung des Reichsbundes jüdischer Frontsoldaten. Der Reichsbund jüdischer Frontsoldaten ist ein Freund der körperlichen Ertüchtigung. Er arbeitet darauf hin, daß alle deutschen Juden, vor allem die Jugend, durch sportliche Tätigkeit Körper und Geist stählen. Er steht in enger Verbindung mit Sport- und Turnvereinigungen. Er gehört zur Jugend und sie zu ihm. Der Reichsbund jüdischer Frontsoldaten hat satzungsgemäß in seinem Kreise jede Auseinandersetzung über parteipolitische und innerjüdische Streitfragen verboten. Seine Arbeit und deren Ziele sind so gestellt, daß sie die Tätigkeit keiner anderen jüdischen Organisation stören. […] Du jüdischer Kamerad von einst komm zu uns! […] Reihe Dich dem Reichsbund jüdischer Frontsoldaten ein, um zu verhüten, daß keinem deutschen Juden seines Judentums wegen ein Haar gekrümmt wird. […]"

Werbeflugblatt des RjF um 1924: „Was will der Reichsbund jüdischer Frontsoldaten?"

Zit. n. Dunker, Der Reichsbund jüdischer Frontsoldaten, S. 209

M 9

Aus einer Broschüre des Reichsbundes jüdischer Frontsoldaten um 1927: „Sport erhält gesund"

„Die Sozialhygiene […] hat im Judentum schon vor Jahrtausenden ihre stärkste Verankerung erfahren. Hygiene wird zur Sittlichkeit. Tätigkeit und Arbeit sind ebensolche Forderungen wie Ruhe und Erholung, Freude an Speis und Trank, Ablehnung der Unmäßigkeit, Reinheit des Körpers. Die Verachtung der physischen Leistung ist eine Ausgeburt des durch finsteres Mittelalter aufgezwungenen Ghettogeistes. […] Jeder hat die Pflicht sich für die Familie und die Gemeinschaft arbeitskräftig und gesund zu erhalten. ‚Auf daß du lange lebst', bedeutet nicht: im fortgeschrittenen Alter gegen Leiden mit Medikamenten, Kuren, Bädern, Heilanstalten anzukämpfen, sondern frühzeitig und immerwährend das alte Erbgut, die Gesundheit, Spannkraft und Leistungsfähigkeit zu erhalten. […] Der Arzt lehrt, daß Abhärtung und körperliche Ertüchtigung die Krankheitsgefahr mindern, die Hinfälligkeit verhüten und die normale physische Entwicklung fördern. Der Sozialpolitiker weiß, daß der Sport die Arbeitslust und die Arbeitskraft des Städters und das ökonomische Vermögen des Einzelnen und der Masse heben. Volksgesundheit bedeutet Volksreichtum. Der Ethiker empfiehlt den Sport, weil er die unheilvollen Folgen der Unmäßigkeiten auf den verschiedenen Gebieten (Alkoho-

Abb. 34: „Sport erhält gesund" – Werbeplakat des RjF, 1927.

lismus, Nicotingenuß, Sexualleben) bekämpft. [...] Nur wer Sport treibt, lebt richtig, lebt im Sinne unserer Zeit als vollwertiges Glied von Menschheit, Vaterland und Judentum. [...]"

Zit. n. Dunker, Der Reichsbund jüdischer Frontsoldaten, S. 215 f.

M 10

„Die Veranstaltung der Nationalsozialistischen deutschen Arbeiterpartei am Dienstag, den 1. April 1930 im Schützenhof zu Bochum gibt uns Veranlassung, dem Magistrat folgendes zu unterbreiten: Die N.S.D.A.P. pflegt die Veranstaltung derartiger Versammlungen mit dem Zusatz: ‚Juden haben keinen Zutritt' anzukündigen. Praktisch bedeutet das also, dass die Stadt Bochum ihre Säle zum Zwecke öffentlicher Versammlungen zur Verfügung stellt, zu denen ein Teil Bochumer Bürger keinen Zutritt hat. Da uns bekannt ist, daß die Stadt Düsseldorf es ablehnt, ihre Säle unter gleichen Umständen irgend welchen Parteien oder anderen Organisationen zu überlassen, fragen wir hiermit an, ob der Magistrat unsern Standpunkt billigt, dass die Vermietung städtischer Säle für die Folge unterbunden wird, wenn, wie im vorliegenden Fall, einem Teil der Bevölkerung der Besuch der in diesen Sälen abzuhaltenden öffentlichen Versammlungen untersagt ist."

Centralverein deutscher Staatsbürger jüdischen Glaubens, Ortsgruppe Bochum, an den Magistrat der Stadt Bochum, 14.4.1930

StadtA Bochum, OB R 83/1-5

Hinweis: Das Schreiben ist unterzeichnet vom damaligen Vorsitzenden der Bochumer Ortsgruppe des Centralvereins deutscher Staatsbürger jüdischen Glaubens, dem Rechtsanwalt Dr. Alfred Cohn. Am 22.9.1930 sah der Centralverein sich genötigt, erneut die Stadt Bochum anzuschreiben: Entgegen der gemachten Zusage, gemäß der Entscheidung der Verwaltungsleiterkonferenz der Städte, Landkreise und Gemeinden des rheinisch-westfälischen Industriegebiets zu verfahren und bei der Vermietung städtischer Säle zur Bedingung zu machen, dass der Ausschluss einer bestimmten Bevölkerungsschicht nicht erfolgen dürfe, werbe die NSDAP weiterhin für Veranstaltungen im städtischen Schützenhof mit dem Vermerk: „Juden haben keinen Zutritt". Dr. Cohn formulierte die Erwartung des Centralvereins, „dass sofort von dort aus alles Weitere veranlasst wird und dass für die Zukunft derartige Vorkommnisse ein für alle Mal unterbunden werden."

M 11

„[...] Die Juden mögen in höherem oder geringerem Maße assimiliert sein, immer bewahren sie jedoch gewisse charakterliche Eigenschaften und Merkmale, durch die sie sich von ihrer Umgebung unterscheiden und die um die jüdische Gemeinschaft eine Art unsichtbarer Ghettomauer ziehen. Dadurch sind die Juden leicht zu eruieren und da nun jede Art von Unzufriedenheit das Bedürfnis hat, nach der nächstbesten und mit besonderer Vorliebe nach der Ursache zu suchen, die sich am wenigsten zur Wehr zu setzen vermag, so wird stets die Möglichkeit zu neuen antijüdischen Bewegungen gegeben sein. Das aber ist die ewige Begleiterscheinung des Diaspora-Daseins. Es nutzt nichts, Ideologien zu schaffen,

„Zur Lage der Juden in Deutschland" – Eine Bestandsaufnahme aus zionistischer Sicht Anfang 1930

die mit der Fiktion arbeiten, daß es keine jüdische Diaspora gibt. Man wird stets vergeblich mit noch so geschickten Maßnahmen den Versuch wiederholen, die Quadratur des Galuth-Zirkels bewerkstelligen zu wollen. Sicherlich ist richtig, daß von jüdischer Seite nichts unterlassen werden soll, um sich gegen derartige Gefahren zu schützen. Man darf sich aber nicht der Täuschung hingeben, man werde durch noch so intelligente Aufklärungsarbeit die Natioalsozialisten überzeugen. Leider wird man ebenso wenig imstande sein, diejenigen Kreise der Bevölkerung, welche durch die allgemeine politische und wirtschaftliche Lage ein geeignetes Objekt für die nationalsozialistische Agitation darstellen, durch Belehrung gegen den Nationalsozialismus immun zu machen. Ablehnung gegen den Antisemitismus ist im heutigen Deutschland für keine einzige politische Partei eine Empfehlung, die ihr bei den großen Massen der Bevölkerung Sympathien wirbt. Aber einerlei, ob man bei der Aufklärungs- und Abwehrarbeit mit einem vollen Erfolg zu rechnen vermag – es ist eine natürliche Reaktion, wenn man alles unternimmt, um sich zu wehren. Hierbei soll man sich jedoch den Grundsatz vor Augen halten, daß man bei dieser Arbeit alles aufs Spiel setzen darf, nur nicht die menschliche und jüdische Würde. Voraussetzung für eine derartige Arbeit ist Kenntnis der Lage, genaues Studium der Verhältnisse, gründliche Erforschung der Struktur der jüdischen Gemeinschaft, Untersuchung der Gefahr und schließlich – S e l b s t h i l f e . Denn nur diese allein ist imstande, ein stabiler Faktor in unseren Berechnungen zu sein. Eine zureichende Lösung der Judenfrage in allen ihren Erscheinungsformen ist aber nur möglich durch Normalisierung des jüdischen Lebens als eines Volkslebens. Das erstrebt mit restloser Konsequenz von allen jüdischen Bewegungen nur der Zionismus und darum ist er die Lösung – wenn auch à la longue.‟

Jüdische Rundschau, 24.1.1930

M 12

Aufruf des Central-vereins deutscher Staatsbürger jüdischen Glaubens (C.V.) an die deutschen Juden, August/September 1930

„Deutsche Juden! Wollt Ihr ein Hitler-Deutschland? Wollt Ihr Eure wirtschaftliche Existenz durch Boykott-Hetzer gefährden lassen? Wollt Ihr Eure Kinder in eine haßerfüllte Zukunft hineinwachsen lassen? Muß man die ehrliebenden und verantwortungsbewußten jüdischen Deutschen erst anfeuern, daß sie sich helfen? Unser Abwehrkampf erfordert die gleichen ungeheuren Mittel, über die unsere erbitterten Feinde verfügen. Auf jeden Presseangriff, auf jedes Inserat, auf jede Wahlzeitung, auf jedes Plakat wollen wir die Antwort geben: auf jedes Flugblatt das Gegenflugblatt, auf jeden Versammlungsvorwurf die Entkräftung! Mit Pfennigen ist diese Arbeit nicht zu tun. Die Nationalsozialisten opfern erhebliche Teile ihres Einkommens. Wer 100 Mark verdient, gibt mindestens 8 für die Partei. Dort gibt man Geld, um Haß zu säen. Wir wollen entgiften, aufklären, uns wehren! […] C.V. die Notgemeinschaft der deutschen Juden. Jeder gebe für den Kampffonds so viel, wie ihm der Schutz seiner Existenz, die Wahrung seiner Ehre und die Zukunft seiner Kinder wert ist. Die deutsche Judenheit wird das Schicksal haben, das sie sich selbst schafft! […]‟

Zit. n. Paucker, Der jüdische Abwehrkampf, S. 185

M 13

„[…] Das Ergebnis der Reichstagswahlen ist viel schlechter als selbst Pessimisten angenommen hatten. […] Daß der nationalsozialistische Wahlerfolg eine furchtbare Drohung für die Judenheit in Deutschland darstellt, das empfinden zunächst und zentral nur wir Juden allein. Es ist eine bittere Erkenntnis, sich sagen zu müssen, daß man letzten Endes nur auf sich selbst angewiesen ist […] Man kommt zur traurigen Erkenntnis, daß der ungeheure Aufwand, der in der Bekämpfung des Nationalsozialismus, besonders von jüdischer Seite, aufgeboten wurde, gegenüber der durch die antisemitische Hetze erzeugten Grundstimmung großer Teile des deutschen Volkes nutzlos verpufft ist. […]"

Nach den Reichstagswahlen im September 1930: „6.400.000 nationalsozialistische Wähler. Niederlage der bürgerlichen Demokratie"

Jüdische Rundschau, 16.9.1930

Hinweis: Der Artikel bezieht sich auf das Ergebnis der Reichstagswahlen vom 14.9.1930. Nach einem aufwendig geführten Wahlkampf der NSDAP stieg die Zahl ihrer Mandate von 12 auf 107 an.

M 14

„Das Ergebnis der Reichstagswahl hat gezeigt, daß die besonnenen Elemente in Deutschland noch immer die Mehrheit bilden und die nationalsozialistische Sturmflut noch keineswegs das ganze Volk überschwemmt hat. […] Die Nationalsozialisten haben ihr Ziel nicht erreicht. Die Siegesfanfaren, mit denen sie in der letzten Woche das Volk zu betäuben versuchten, haben vergeblich geschmettert. Ein so schneller, so beispiellos steiler Aufstieg, wie ihn Hitler für sich erwartet hatte, ist ihm nicht gelungen. Dennoch können wir nicht der Meinung derer zustimmen, die glauben, daß der Nationalsozialismus jetzt aufs Haupt geschlagen ist und zusammen brechen muß. Man wird gut tun, die weitere Entwicklung abzuwarten. […] Das deutsche Judentum jedoch hat am 13. März wieder einmal den Spiegel seiner Lage vorgehalten bekommen. 11 Millionen Deutsche haben sich für eine Politik entschieden, die als einen ihrer markantesten Bestandteile die – auch formelle – Entrechtung der deutschen Juden enthält. Es braucht hier nicht wiederholt zu werden, mit welchen rassenkundlichen Versiegenheiten und antisemitischen Hetzereien die nationalsozialistische Propaganda seit zehn Jahren arbeitet. […] Manche Juden werden uns jetzt vorrechnen, daß es gar nicht so viele Antisemiten gibt, zumal ja auch in der NSDAP eine Anzahl von Wählern nicht in erster Linie der Judenpunkt interessiert. Solche Beschwichtigungsmanöver wären fehl am Ort. Man wird vielmehr nicht fehlgehen, wenn man behauptet, daß die Ziffer der mehr oder minder ausgesprochenen Antisemiten in Deutschland wahrscheinlich weit größer ist als die der nationalsozialistischen Stimmen. Man muß nicht gleich Pogromist sein, wenn man den Juden als fremd empfindet und nicht liebt. Nichts wäre verfehlter, als wenn die Juden […] jetzt auf die Idee verfallen würden, im Tone allzu intimer Vertraulichkeit sich mit den 18 Millionen Wählern, die für Hindenburg gestimmt haben, zu identifizieren. […] Herr von Hindenburg legt auf Schmeicheleien aus jüdischem Munde, die ihm seine Feldherrntugenden und seine deutsche Treue attestieren, sicherlich keinen Wert. Die deutschen Juden sollten auf andere Weise zeigen, daß sie Sinn für Wür-

Nach der Wahl des Reichspräsidenten im Frühjahr 1932: „Hindenburgs Sieg, Hitlers Niederlage und die Judenfrage"

de und Mannestugend haben. Sie werden gut tun, ihre Situation so zu sehen, wie sie ist. […] Es ist Sache der Juden, sich auf sich selbst zu besinnen und die Gestaltung ihres Schicksals selbst in die Hand zu nehmen, solange es noch Zeit ist. […]"

Jüdische Rundschau, 15.3.1932

M 15

Aufruf des C.V. an die deutsche Bevölkerung zu den Reichtagswahlen am 31.7.1932

„Mitbürger! 567 000 jüdische Deutsche leben unter 65 000 000 Einwohnern in Deutschland. Und gegen dieses knapp ein Prozent der Bevölkerung werden Beschuldigungen und Anklagen geschleudert, eine immer schlimmer als die andere. Weil selbstverständlich auch unter den Juden neben den anständigen Menschen Schädlinge vorhanden sind, sollen plötzlich alle Juden Schufte sein.
Und außerhalb des deutschen Judentums? Gibt es dort keine Sünder an Volk und Vaterland? Nur ein Irrsinniger würde es wagen, deshalb andere, nichtjüdische Gemeinschaften unterschiedslos als verbrecherisch zu bezeichnen. Den Juden gegenüber ist alles erlaubt. […] Mitbürger! 12 000 Gefallene haben die deutschen Juden in Heldengräber gelegt. […] Der ‚Dank des Vaterlandes' sind von 1923 bis heute 125 geschändete jüdische Friedhöfe und 42 besudelte Synagogen. Mitbürger! Die deutschen Juden leiden genau so schwer wie Ihr unter der Wirtschaftsnot. Tausende und aber Tausende, besonders ältere Leute, darben. Wißt Ihr nicht, daß die deutschen Juden vorwiegend dem Mittelstand angehören, der durch Inflation und Krise vernichtet worden ist oder langsam zugrunde geht? Mitbürger! Jetzt sollen alle Deutschen eine Lebensgemeinschaft bilden! Durch Haß und Hetze kann diese schwere Zeit nicht überwunden werden. Jetzt müßten alle Anständigen und Gerechten jedweder Partei und Religion im deutschen Volke endlich zusammenstehen, um gegen die Scheußlichkeiten des Kampfes um Dolch und Revolver zu protestieren. Mitbürger! Glaubt nicht den Verleumdungen und Beschimpfungen, die Ihr über das Judentum hört. Die deutschen Juden sind nicht besser und nicht schlechter als Ihr. Kämpft mit uns um den Frieden im Innern, der allein den Aufstieg des Vaterlandes gewährleisten kann."

Zit. n. Paucker, Der jüdische Abwehrkampf, S. 212

Aufgabenvorschläge zu M 6 bis M 15:

1. Wie begründet Rabbiner Dr. Moritz David seine Empörung über die antisemitischen Behauptungen des evangelischen Pfarrers (M 6)? Worin sah Moritz David die Aufgabe der Geistlichen aller Bekenntnisse?
2. Mit welchen Argumenten wehrt sich der Centralverein deutscher Staatsbürger jüdischen Glaubens (M 7) gegen antisemitische Behauptungen?
3. An wen wendet sich das Werbeflugblatt des Reichsbundes jüdischer Frontsoldaten (M 8)? Wie beschreibt der RjF seine Zielsetzung? Diskutiere mit deinen Mitschülern die aus dem Flugblatt ersichtliche Strategie im Kampf gegen den Antisemitismus.

4. Welche Bedeutung misst der RjF dem Sport bei (M 9)? Überlege, welche Rolle die Propagierung jüdischer sportlicher Betätigung zur Widerlegung antisemitischer Vorurteile gespielt haben könnte.
5. Beschreibe die Arbeit des Centralvereins deutscher Staatsbürger jüdischen Glaubens im Kampf gegen den Antisemitismus (M 10, M 12 und M 15).
6. Wie schätzen die Zionisten die Situation in Deutschland und besonders die Lage der Juden Anfang der 30er Jahre ein (M 11, M 13 und M 14)?
7. Beschreibe die unterschiedlichen Strategien des Reichsbundes jüdischer Frontsoldaten (RjF), des Centralvereins deutscher Staatsbürger jüdischen Glaubens (C.V.) und der Zionistischen Vereinigung für Deutschland (ZVfD) in der Auseinandersetzung mit dem Antisemitismus und besonders der NSDAP.
8. Welche Empfehlung gibt der C.V. den Lesern des Flugblatts M 15 bezüglich der Reichstagswahlen im Juli 1932?

Jüdische Zeitungen nach 1933

Nach der Ernennung Hitlers zum Reichskanzler am 30. Januar 1933 waren sich die jüdischen Organisationen und die jüdischen Deutschen insgesamt nicht einig in der Einschätzung der politischen Lage. Welche Richtung würde die weitere Entwicklung nehmen? Konnte das NS-System sich stabilisieren oder war es nur eine vorübergehende Erscheinung? Sollte man abwarten oder reagieren? Die Hauptfrage jetzt und in der Folgezeit lautete: Deutschland verlassen oder bleiben? Die Antwort darauf hing in der Regel weniger von grundsätzlichen Erwägungen ab als von existenziellen Gegebenheiten. Wer seine wirtschaftliche Grundlage verloren hatte, war eher und schneller zur Auswanderung in ein fremdes Land bereit als diejenigen, die zunächst noch Arbeit oder Einkünfte hatten. Auch die Frage, wo ein Neubeginn versucht werden sollte, wurde eher pragmatisch als ideologisch entschieden und war vor allem davon abhängig, welches Land zur Aufnahme von Emigranten bereit war. Für diejenigen, die vorerst in Deutschland blieben, waren die jüdischen Organisationen weiter da. Auch die jüdischen Zeitungen konnten weiter erscheinen. Sie wurden nicht

Abb. 35: Die NSDAP und ihre Anhänger feiern die Machtübernahme in Bochum: Demonstrationszug im Bereich des Rathauses.

„gleichgeschaltet", was ja auch paradox gewesen wäre, denn die Juden waren aus der neu definierten „Volksgemeinschaft" ausgeschlossen. Kein Jude durfte Nationalsozialist sein, und die jüdischen Zeitungen konnten und sollten nicht nationalsozialistisch sein. Aber selbstverständlich hatten sie ihre Schlagkraft eingebüßt, taugten kaum noch als Mittel in der Auseinandersetzung mit der NSDAP und dem nun zur Staatsdoktrin erhobenen Antisemitismus. Sie waren ausschließlich für jüdische Adressaten bestimmt, auch wenn sie in den ersten Jahren der NS-Zeit noch viele nichtjüdische Leser fanden.[8] Die jüdischen Zeitungen wurden zensiert, so wie die „gleichgeschalteten" deutschen Zeitungen auch. Allerdings erfolgte die Zensur nicht vor ihrem Erscheinen,

Abb. 36: Auf einem Vorbau des Bochumer Rathauses wird die Hakenkreuzfahne gehisst.

sondern danach. Dies bedeutet natürlich nicht, dass die jüdischen Zeitungsmacher frei gewesen wären in ihrer Entscheidung, was sie veröffentlichen wollten und was nicht. Anders aber als die anderen Redakteure, die regelmäßig mit Richtlinien und Vorgaben beliefert wurden und damit genau wussten, was am nächsten Tag in der Zeitung stehen sollte, mussten die jüdischen selbst ein Gespür dafür entwickeln. Sie mussten vorhersehen, was der Zensor würde durchgehen lassen und was er beanstanden würde. Eine falsche Entscheidung konnte schlimme Folgen haben: das Verbot der Zeitung und die Inhaftierung der Verantwortlichen.[9] Bei besonders schweren ‚Verfehlungen' drohte Haft in einem Konzentrationslager. Unter diesen Bedingungen arbeiteten die jüdischen Zeitungsmacher bis zur Reichspogromnacht im November 1938. Da-

---

8   Bis September 1935 konnten die jüdischen Zeitungen im freien Verkauf und damit auch von Nicht-Juden erworben werden. Danach erschien eine Anordnung, die das „öffentliche Anbieten und den Verkauf von Zeitungen und Zeitschriften, die sich ganz oder zum Teil […] an die jüdische Bevölkerung richten", verbot. Herbert Freeden, Die jüdische Presse im Dritten Reich, S. 25.
9   Vgl. Herbert Freeden, Die jüdische Presse im Dritten Reich, S. 20 f.

nach wurde die jüdische Presse verboten. Auch die jüdischen Organisationen konnten nach der Reichspogromnacht nicht mehr weiterarbeiten. Die meisten ihrer Funktionäre wurden verhaftet, ihre Büros wurden geschlossen. Die endgültige Auflösung erfolgte Anfang 1939.

Die folgenden Texte sind in den ersten Monaten nach dem Machtantritt Adolf Hitlers und der NSDAP erschienen und dienen als Beispiele für den gefährlichen Spagat zwischen Anpassung und dem Bedürfnis der Zeitungsmacher, ihr Publikum zu informieren und ihm eine Orientierung zu geben. Sie sind der „Jüdischen Rundschau" entnommen, der Zeitung der Zionistischen Vereinigung für Deutschland. Da die jüdischen Redakteure sich sicher sein konnten, dass ihre Zeitungen auch von den neuen Machthabern zur Kenntnis genommen wurden, dürfte mancher Artikel die eine oder andere versteckte Botschaft auch an diese Adresse enthalten haben.

M 16

„Die Ernennung Hitlers zum Reichskanzler und die Bildung einer Regierung, in welcher die Nationalsozialisten die wichtigsten Machtpositionen inne haben, beendet einen Zustand der Unklarheit und sich immer erneuernden Verwirrungen, der die letzte Epoche innerer deutscher Geschichte charakterisiert. Wir stehen als Juden vor der Tatsache, daß eine uns feindliche Macht die Regierungsgewalt in Deutschland übernommen hat. Wer ein Gefühl für Realität hatte und sich nicht durch die Beschwichtigungen der liberalen Presse, die immer wieder einen Zerfall der nationalsozialistischen Bewegung zu sehen glaubte, beirren ließ, konnte sich freilich keiner Täuschung darüber hingeben, daß die in den großen nationalsozialistischen Wahlerfolgen zutage getretene Umgruppierung und geistige Umstellung des deutschen Volkes früher oder später auch in der Zusammensetzung der Regierung ihr Widerspiel finden müsse. Der Nationalsozialismus ist eine judenfeindliche Bewegung, er ist programmatisch in einem Maße antisemitisch, wie es noch keine Partei war, er verdankt der skrupellosen Judenhetze einen großen Teil seiner agitatorischen Erfolge. Dies konnte uns aber niemals verhindern, die Tatsache anzuerkennen, daß der Nationalsozialismus eine entscheidende Kraft im deutschen Volke geworden ist, die geringzuschätzen irrig wäre. […] Während diese Zeilen in Druck gehen, sind die Grundlagen, auf denen das neue Kabinett gebildet wurde, noch nicht bekannt. Unklar ist vor allem, ob das Zentrum eine parlamentarische Lebensform des Kabinetts ermöglicht. […] Die ganze Welt blickt heute auf Deutschland, insbesondere das jüdische Volk. Trotz der numerischen Geringfügigkeit des deutschen Judentums steht für alle Juden der Welt das Schicksal der deutschen Juden im Mittelpunkt des Interesses. Wir sind überzeugt, daß auch im deutschen Volk die Kräfte noch wach sind, die sich gegen eine barbarische antijüdische Politik wenden würden. Darüber hinaus aber ist Deutschlands Stellung innerhalb der gesamten Kulturnationen abhängig von seinem Verhalten in der Judenfrage. Auch ein nationalsozialistisch regiertes Deutschland kann die Verschlungenheit der internationalen Beziehungen nicht ignorieren. Die deutschen Juden, denen die neue Wendung nicht unerwartet kommen kann, haben ihre innere Ruhe und Würde zu wahren.

Zur Situation der Juden in Deutschland nach der Ernennung Hitlers zum Reichskanzler

Es ist selbstverständlich, daß das deutsche Judentum sich gegen jeden Versuch der formalen und tatsächlichen Entrechtung und Depossedierung mit allen Mitteln und aller Energie zur Wehr setzen wird. Diesen Kampf kann nur ein Judentum führen, das von unbeugsamem Stolz auf sein Volkstum erfüllt ist. Mit Versuchen der Anpassung und Selbstverleugnung ist es vorbei. Die deutschen Juden, die den falschen Parolen ihrer Führer von gestern vertraut haben, und sich dem Glauben an fortschreitende Besserung durch ‚Aufklärung‘ hingaben, verlieren den Boden unter den Füßen. Angesichts der geschaffenen Bedingungen muß das deutsche Judentum mehr als bisher sich zur Selbsthilfe zuammenschließen. […]"

Jüdische Rundschau, 31.1.1933

M 17	
Antijüdische Übergriffe nach dem Machtantritt oder Provokationen zum Schaden der NSDAP?	„Die Reichspressestelle der NSDAP teilt mit: ‚Nach Zeitungsmeldungen sollen in Berlin Amerikaner und andere Ausländer von SA-Männern belästigt worden sein. Es handelt sich um kommunistische Spitzel oder Provokateure in SA-Uniform, die den Zweck verfolgen, das Ansehen der NSDAP im Auslande zu schädigen. […] Weiter wird berichtet, dass z.B. in Königsberg ein Feuerwerkskörper in die Synagoge gelegt worden sein soll, wobei man ebenfalls Nationalsozialisten der Täterschaft verdächtigte. Auch hier sind ganz offenbar gegnerische Subjekte an der Arbeit. […] In die gleiche Kategorie von Provokationsakten gehört möglicherweise auch das Hissen der Hakenkreuzfahne auf der Synagoge in Bochum, die, wie mitgeteilt wird, auf Veranlassung der Behörden mit Rücksicht auf den religiösen Charakter des Gebäudes wieder entfernt wurde. Wir erleben heute in Deutschland eine Revolution, und es ist damit zu rechnen, daß in solchen Tagen ungewöhnliche Akte vorkommen, daß die obersten Stellen nicht alle Untergruppen vollständig in der Hand haben und daß es daher zu lokalen Zwischenfällen kommt, die gewiß nicht die Billigung der Zentralregierung finden. Wir können nur der Meinung Ausdruck geben, daß es bei den Vorfällen, die aus Essen und anderen Städten des Ruhrgebietes gemeldet werden, sich um derartige Aktionen handelt, die ja auch teilweise schon von offizieller nationalsozialistischer Seite desavouiert worden sind. […] Die Polizei und Hilfspolizei sollte darüber wachen, daß in der Bevölkerung nicht Unruhe und das Gefühl verminderter Sicherheit entsteht.'"

Jüdische Rundschau, 10.3.1933

M 18

„Zu dem Mißbrauch, der im Ausland mit Nachrichten über die Lage der deutschen Juden zwecks deutschfeindlicher Propaganda getrieben wird, erklärt die Zionistische Vereinigung für Deutschland: Wir haben uns bereits am 17. März in einer durch die Jüdische Telegraphen-Agentur an die gesamte jüdische Presse der Welt weitergegebenen Erklärung gegen jede deutschfeindliche Propaganda mit großer Entschiedenheit gewandt. Wir haben gegen alle der Wahrheit nicht entsprechenden Greuelmeldungen und gewissenlosen Sensationsnachrichten Einspruch erhoben und wiederholen heute unseren Protest in aller Öffentlichkeit. Wir protestieren ferner gegen jeden Versuch, die jüdische Sache der Interessenpolitik anderer Staaten oder Gruppen dienstbar zu machen. Die Verteidigung der staatsbürgerlichen Rechte der Juden und die Wahrung ihrer wirtschaftlichen Position kann und darf nicht verknüpft werden mit politischen Aktionen, die sich gegen Deutschland und die außenpolitische Geltung des Deutschen Reiches richten. Die Abwehr der Greuelpropaganda ist in den letzten Tagen von der Regierung mit großer Energie in Angriff genommen worden. […] Viele Zeitungen, besonders nationalsozialistische Organe, bezeichnen in den großen Überschriften und auch im Text diese Propaganda als ‚jüdische Hetze'. Mit schärfsten Worten wird gegen die Juden der Vorwurf erhoben, Lügen zu verbreiten und deutsche Interessen zu schädigen. Soweit diese Vorwürfe sich gegen deutsche Juden wenden, ist zu erwidern, daß die deutschen Juden nicht die Urheber, sondern die Opfer solcher falschen Berichterstattung sind. […] Die deutschen Juden haben ebensowenig Macht über die Auslandspresse wie andere Gruppen oder Personen in Deutschland. Die Berichte, die die Aufregung im Ausland erzeugten, stammen von Nichtjuden. […] Es wäre sinnlos und zwecklos, die Juden zum Sündenbock einer auch ihnen unerwünschten Auslandsstimmung zu machen. […]"

Gegen „Greuelmeldungen" in der ausländischen Presse – Erklärung der Zionistischen Vereinigung für Deutschland

Jüdische Rundschau, 28.3.1933

M 19

„Die Abwehr der antideutschen Propaganda in der ganzen Welt steht noch immer im Vordergrunde der deutschen Politik und des deutschen Interesses. […] Die Juden in der ganzen Welt haben deutsche Waren stets besonders bevorzugt. […] Die gegenwärtige Erregung über den deutschen Antisemitismus, dessen Äußerungen überall verbreitet werden, schien den Konkurrenten Deutschlands wohl der richtige Augenblick, um der Beliebtheit der deutschen Waren und Firmen einen Hieb zu versetzen. Die deutschen Juden sind daran nicht interessiert, sie haben umgekehrt das größte Interesse daran, daß Deutschlands Rang in der Weltwirtschaft ebenso wie das außenpolitische Ansehen des Deutschen Reiches so schnell wie möglich wieder hergestellt wird. […] Es ist außerordentlich bedauerlich, daß die NSDAP auf eine falsche Aktion mit einer unzweckmäßigen Gegenaktion antwortet. Die wirtschaftliche Vernichtung der deutschen Juden ist kein Mittel, der Auslandshetze ein Ende zu bereiten und ihr die verdiente Antwort zu geben. […]"

Fortsetzung der Abwehr „antideutscher Propaganda" in der jüdischen Presse

Jüdische Rundschau, 31.3.1933

M 20

Nach dem 1.4.1933: Boykott der jüdischen Geschäfte, Anwälte und Ärzte „programmäßig" durchgeführt

„Die Durchführung des Boykotts der jüdischen Geschäfte, Rechtsanwälte und Ärzte ging am 1. April in ganz Deutschland programmäßig vonstatten. Die gesamte Presse stimmt darin überein, daß sich die Aktion in voller Disziplin vollzog. […] Es hat sich gezeigt, daß die nationalsozialistische Partei und die Regierung ihre Anhänger vollständig in der Hand haben. Wir zweifeln nicht, daß diese Tatsache einen umso größeren Eindruck im In- und Auslande machen wird, als immer noch da und dort Befürchtungen bestanden, daß einzelne Personen oder Gruppen Eigenmächtigkeiten begehen könnten. […] Den im Boykottaufruf verheißenen ‚gelben Fleck' sah man nur relativ selten. In den Nebenstraßen scheint die Aktion bei Aerzten usw. nicht restlos durchgeführt worden zu sein. Die Warenhäuser und die meisten anderen größeren Juden gehörenden Geschäfte waren geschlossen oder schlossen ihre Läden im Laufe des Tages. Die Plakate und Aufschriften blieben teilweise auch am Sonntag noch befestigt. Viele Ladeninhaber waren im Zweifel, ob sie sich nicht Unannehmlichkeiten aussetzen, wenn sie die Plakate entfernen. Am Montag früh wurde die offizielle Weisung des zentralen Boykottkomitees veröffentlicht, wonach sämtliche Zettel und Plakate zu beseitigen sind. […] In den Kundgebungen der Nationalsozialistischen Partei und des Boykottkomitees war erklärt worden, die Aktion bezwecke vor allem, den ausländischen Verbreitern von Greuelnachrichten über Deutschland zu zeigen, daß eine Fortsetzung dieser Kampagne an den deutschen Juden gerächt werden würde und daß die herrschende Partei dazu die Macht habe. Inzwischen hat […] diese Kampagne im Ausland bereits deutlich nachgelassen. […]"

Jüdische Rundschau, 4.4.1933

M 21

„Tragt ihn mit Stolz, den gelben Fleck" – Standortbestimmung der Juden in Deutschland nach dem reichsweiten Boykott

„Der 1. April 1933 wird ein wichtiger Tag in der Geschichte der deutschen Juden, ja in der Geschichte des ganzen jüdischen Volkes bleiben. Die Ereignisse dieses Tages haben nicht nur eine politische und eine wirtschaftliche, sondern auch eine moralische und seelische Seite. Über die politischen und wirtschaftlichen Zusammenhänge ist in den Zeitungen viel gesprochen worden, wobei freilich häufig agitatorische Bedürfnisse die sachliche Erkenntnis verdunkeln. Über die moralische Seite zu sprechen, ist unsere Sache. Denn so viel auch die Judenfrage jetzt erörtert wird, was in der Seele der deutschen Juden vorgeht, was vom jüdischen Standpunkt zu den Vorgängen zu sagen ist, kann niemand aussprechen als wir selbst. […] Das deutsche Judentum hat am 1. April eine Lehre empfangen, die viel tiefer geht, als selbst seine erbitterten und heute triumphierenden Gegner annehmen. Es ist nicht unsere Art, zu lamentieren. Auf Ereignisse von dieser Wucht mit sentimentalen Salbadereien zu reagieren, überlassen wir jenen Juden einer vergangenen Generation, die nichts gelernt und alles vergessen haben. […] Der 1. April 1933 kann ein Tag des jüdischen Erwachens und der jüdischen Wiedergeburt sein. Wenn die Juden wollen. Wenn die Juden reif sind und innere Größe besitzen. Wenn die Juden nicht so sind, wie sie von unseren Gegnern dargestellt werden. Das angegriffene Judentum muß sich zu sich selbst bekennen. […]"

Jüdische Rundschau, 4.4.1933

In diesen jüdischen Geschäften kauft kein anständiger Deutscher,

— aber die gesamte Bochumer „auch-nationale" Presse (Bochumer Anzeiger, Westfälische Volkszeitung, Bochumer Tageblatt) macht für die Juden-Firmen in ihrem Anzeigenteil Reklame.

Abb. 37: Beschwerde in der NSDAP-Zeitung „Rote Erde" am 20. Mai 1933: Nach dem Boykott jüdischer Geschäfte am 1. April 1933 erschienen immer noch Anzeigen jüdischer Geschäfte in den Bochumer Zeitungen. Die „Rote Erde" forderte zur Fortsetzung des Boykotts auf.

M 22

„Die Kinder erleben was geschieht und schweigen, aber nachts stöhnen sie aus dem Traum, erwachen, starren ins Dunkel: die Welt ist unzuverlässig geworden. Man hatte einen Freund, der Freund war selbstverständlich wie das Sonnenlicht, nun plötzlich sieht er einen fremd an, die Mundwinkel spotten: Hast du dir etwa gar eingebildet, ich machte mir wirklich was aus dir? Man hatte einen Lehrer, unter allen den einen; man wußte: es gibt diesen Menschen, also ist alles in Ordnung; nun hat er keine Stimme mehr, wenn er zu einem spricht; auf dem Hof ist der Raum zu ihm hin nicht mehr offen. Die gute Landschaft selber, in der man wanderte und spielte, ist unheimlich geworden. Was ist geschehen? Man weiß ja

„Die Kinder" – Ein Artikel von Martin Buber

so allerlei, aber man versteht dennoch nicht, wie das zusammenhängt. Um an der Seele dauern und wachsen zu können, braucht das Kind das Stetige, das Verläßliche. Da muß etwas sein, das nicht versagt. Das Haus genügt nicht, die Welt gehört dazu. Was ist mit der Welt geschehen? Aus dem vertrauten Lächeln ist eine Fratze geworden. Das Kind ängstigt sich, aber es kann seine Verängstigung keinem sagen, auch der Mutter nicht. Das ist nicht etwas, was sich sagen läßt. Es kann auch keinen fragen. Niemand weiß ja Bescheid, warum alles so ist wie es ist. Das Kind empört sich, aber für diese Empörung gibt es keinen Ausbruch, sie schlägt in die Tiefe zurück. Das ist eine Leidenschaft, die nicht auflodern darf; sie schwelt und verderbt. Die Seele mündet nicht mehr in die Welt, sie verstockt sich. So wird man schlecht. Eltern, Erzieher, was ist gegen das Schlechtwerden, gegen das ‚Ressentiment' zu tun? Ich weiß nichts anderes als dies: ein Unerschütterliches in der Welt des Kindes sichtbar zu machen. Etwas, was nicht versagen kann, weil es den Wechselfällen der geschehenen Geschichte, ihrer Labilität nicht unterworfen ist, nicht von der Stunde ist, sondern von urher. Etwas, das unser ist, unentreißbar unser. Wir müssen dem Kind in seiner Welt, als ein Vertrautes, Vertrauliches, ewigen Vertrauens Wertes, Israel erfahrbar machen. […]"

Jüdische Rundschau, 30.5.1933

Hinweis: Der Autor des Artikels, Martin Buber, geb. 1878 in Wien, gestorben 1965 in Israel, war ein exponierter Vertreter der zionistischen Bewegung und anerkannter Religionswissenschaftler. 1924-33 lehrte er jüdische Religionsphilosophie an der Universität Frankfurt/Main. In den ersten Jahren des „Dritten Reichs" blieb er in Deutschland und arbeitete am Aufbau einer jüdischen Erwachsenenbildung. 1938 emigrierte er nach Israel und wirkte als Professor an der Hebrew University in Jerusalem.

Aufgabenvorschläge zu M 16 bis M 22:

1. Wie schätzen die Artikelschreiber von M 16 die Situation der Juden nach der Ernennung Hitlers zum Reichskanzler ein? Welche Erwartungen (Hoffnungen, Befürchtungen) haben sie für die Folgezeit?
2. In welcher Form berichtet die „Jüdische Rundschau" über antijüdische Aktionen nach dem Machtantritt der Nationalsozialisten. Was meinst du, warum sie auf diese Art und Weise berichtet (M 17)?
3. Welche Position vertreten die Redakteure der „Jüdischen Rundschau" angesichts der Boykottandrohung gegen deutsche Waren im Ausland (M 18 – M 19)?
4. Was und auf welche Weise berichtet die „Jüdische Rundschau" über den am 1.4.1933 durchgeführten Boykott gegen jüdische Geschäfte, Praxen und Kanzleien in Deutschland (M 20)?
5. Welche Empfehlung geben die Redakteure der „Jüdischen Rundschau" ihren Lesern nach dem Boykott am 1.4.1933 (M 21)?
6. Interpretiere den Artikel von Martin Buber, „Die Kinder" (M 22).
7. Was meinst du, wie die Zensoren der NSDAP die hier gebrachten Beispiele der Berichterstattung in einer jüdischen Zeitung bewertet haben? Begründe deine Meinung.

5. KAPITEL

Rainer Adams

Herausdrängung der Juden aus Beruf, Wirtschaft und Gesellschaft

Scheinbare Normalität vor dem April-Boykott

In den ersten Monaten nach der „Machtergreifung" konzentrierten sich die Nationalsozialisten auf die Verfolgung und Ausschaltung ihrer politischen Gegner und auf die Etablierung ihrer Herrschaft.

Das Urteil Saul Friedländers: „Im großen ganzen gab es unter der überwältigenden Mehrheit der annähernd 525000 Juden, die im Januar 1933 in Deutschland lebten, kein erkennbares Gefühl von Panik"[1] trifft sicherlich auch für die jüdischen Einwohner Bochums zu. Zu dieser Einstellung trug bei, dass der Reichspräsident von Hindenburg und die Mehrheit konservativer Minister im ersten Kabinett Hitler als gewichtiger Gegenpol angesehen wurden. Auch erschien es vor den Märzwahlen wegen der Verluste der NSDAP bei den Wahlen am 6. November 1932 nicht sicher, dass sich die Nationalsozialisten an der Macht halten würden. Zunächst kam der Verfolgung jüdischer Bürger keine herausragende Rolle zu; wenn Juden Opfer nationalsozialistischer Gewalt wurden, dann als innenpolitische Gegner jüdischer Herkunft.

In Bochumer Tageszeitungen – z.B. im „Bochumer Anzeiger" – wurden weiterhin Werbungsanzeigen bekannter Geschäfte, die sich in jüdischem Besitz befanden, veröffentlicht; die Synagogengemeinde gab regelmäßig ihre Gottesdienste im „Bochumer Anzeiger" bekannt. Bei den Kommunalwahlen am 12. März kandidierte Ottilie Schoenewald auf der Liste der Deutschen Staatspartei.

M 1

„Moritz Hähnlein gestorben. Im gesegneten Alter von 78 Jahren verschied am Freitagabend infolge eines Herzschlages einer der bekannten Mitbürger, der Kaufmann Moritz Hähnlein. Sechs Jahrzehnte hat er in Bochum gewirkt, das ihm zur zweiten Heimat wurde und an dessen Aufwärtsentwicklung er tätigen Anteil genommen hat. Am 20. Januar 1854 zu Laubenthal in Württemberg geboren, kam er 1874 nach Bochum. Für alles, was geeignet war, die junge Industriestadt zu fördern, hatte er reges Interesse. So konnte es nicht fehlen, daß er im Kaufmännischen Verein bald eine führende Stellung einnahm; auf seine Anregung hin wurde der Gewerbliche Ausschuß gebildet, aus dem die Vereinigte Kaufmannschaft entstand, deren Vorsitz er dann viele Jahre innehatte. Als er wegen hohen Alters dieses Amt niederlegte, ernannte ihn die Vereinigte Kaufmannschaft zum Ehrenvorsitzenden. Seine geisti-

Tod eines angesehenen Bochumer Bürgers

---

1   Saul Friedländer, Das Dritte Reich und die Juden, Bd. I: Die Jahre der Verfolgung 1933–1939, München 1998, S. 27.

Abb. 38: Moritz Hähnlein, geb. 1854 in Württemberg, gest. 1933 in Bochum,

gen Interessen ließen ihn zum Gründer des ersten jüdischen Literaturvereins werden; viel verdankt ihm der Männer-Wohltätigkeitsverein der Synagogengemeinde. Die Gemeinde wie der Verein ernannten ihn zum Ehrenmitglied. Der Verstorbene, der bis in sein hohes Alter hin unermüdlich tätig war, nahm an allen Geschicken unserer Stadt innigsten Anteil. Die Lauterkeit seines Charakters, sein edles Menschentum schufen ihm viele Freunde und allgemeine Wertschätzung. Sein Andenken bleibt in Ehren."

Bochumer Anzeiger, 27.2.1933

Abb. 39: Else Hähnlein, die Tochter des hochgeachteten Bürgers Moritz Hähnlein. Sie wurde 1942 nach Riga deportiert und nach dem Zweiten Weltkrieg für tot erklärt.

M 2

Anzeigen der Vereinigten Kaufmannschaft und des Verkehrsvereins zum Tod Moritz Hähnleins

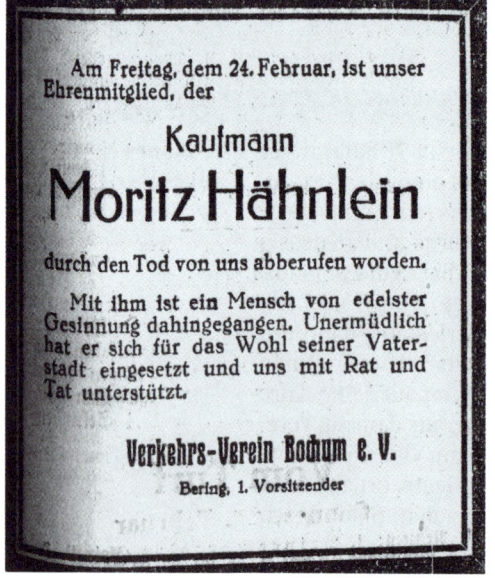

Bochumer Anzeiger, 27. und 28.2.1933

Aufgabenvorschläge zu M 1 und M 2:

1. Erarbeite aus dem Nachruf des „Bochumer Anzeigers" und den Anzeigen einen Lebenslauf von Moritz Hähnlein (M 1 und M 2).
2. Welche Einstellung gegenüber dem Verstorbenen wird aus dem Nachruf und aus den Anzeigen deutlich?
3. Diskutiere mit deinen Mitschülern über das Versprechen, dass sein Andenken in höchsten Ehren gehalten werde (M 2).
4. Informiere dich über Ottilie Schoenewald. (Vgl. 2. Kapitel: Die Bochumer Juden vor 1933). Wie schätzt du die Tatsache ein, dass Ottilie Schoenewald bei der Stadtverordnetenwahl am 12. März 1933 für die Deutsche Staatspartei kandidierte?

Der Boykott vom 1. April 1933

Unmittelbar nach den Reichstagswahlen vom 5. März waren fast überall in Deutschland jüdische Einwohner und ihre Einrichtungen verstärkten und systematisierten Angriffen der Nationalsozialisten ausgesetzt: Die Ausschreitungen richteten sich besonders gegen Geschäfte, die sich in jüdischem Besitz befanden, und gegen Juristen jüdischer Herkunft.[2]

In Bochum wurde am 11. März der seit 1925 amtierende Oberbürgermeister Dr. Otto Ruer gezwungen, sein Amt niederzulegen; am 24. März wurde der bisherige 34-jährige Chefredakteur der „Roten Erde", Dr. (jur.) Otto Leopold Piclum zum Staatskommissar für die Stadt Bochum und am 15. Mai 1933 zum kommissarischen Oberbürgermeister ernannt.[3] Auf einer Sondersitzung am 30. März 1933 schloss der Bochumer Anwaltsverein sein bisheriges Vorstandsmitglied Dr. Röttgen aus.

Angebliche „Greuelhetze" des Auslands gegenüber dem nationalsozialistischen Deutschland diente als offizielle Begründung für den am 1. April durchgeführten Boykott; dieser ging auf eine persönliche Entscheidung Hitlers am 29. März 1933 zurück.[4] Damit verstärkte sich der wirtschaftliche Druck auf die jüdischen Geschäfte und Praxen, an dem sich auch die öffentlichen Verwaltungen beteiligten. Am Ende dieses Prozesses stand die vollständige Herausdrängung der Juden aus der Wirtschaft.

M 3

„[…] 2. Die Aktionskomitees (deren Mitglieder keinerlei Bindung mit Juden haben dürfen) stellen sofort fest, welche Geschäfte, Warenhäuser, Kanzleien usw. sich in Judenhänden befinden.
3. Es handelt sich bei dieser Feststellung selbstverständlich um Geschäfte, die sich in den Händen von Angehörigen der jüdischen Rasse befinden. Die Religion spielt keine Rolle. Katholisch oder protestantisch getaufte Geschäftsleute oder Dissidenten jüdischer Rasse sind im Sinne dieser Anordnung ebenfalls Juden. […]

Boykottanordnung des „Leiters des Zentralkomitees zur Abwehr der jüdischen Greuel- und Boykotthetze" Julius Streicher vom 30. März 1933

2   Vgl. Friedländer, Das Dritte Reich und die Juden …, S. 26–31 und Peter Longerich, Politik der Vernichtung. Eine Gesamtdarstellung der nationalsozialistischen Judenverfolgung, München 1998, S. 26–41.
3   Vgl. Wagner, Hakenkreuz über Bochum …, S. 147–227, bes. S. 201–204.
4   Vgl. Friedländer, Das Dritte Reich und die Juden …, S. 32.

5. Ist der Ehegatte einer nichtjüdischen Geschäftsinhaberin Jude, so gilt das Geschäft als jüdisch. Das gleiche ist der Fall, wenn die Inhaberin Jüdin, der Ehegatte dagegen Nichtjude ist.

6. Einheitspreisgeschäfte, Warenhäuser, Großfilialbetriebe, die sich in deutschen Händen befinden, fallen nicht unter diese Boykottaktion. Ebenso fallen nicht darunter die ‚Woolworth‘-Einheitspreisgeschäfte. Diese Firma ist amerikanisch und außerdem nicht jüdisch. […]

7. Die Aktionskomitees übergeben das Verzeichnis der festgestellten jüdischen Geschäfte der SA und SS, damit diese am Samstag, dem 1. April 1933, vormittags Punkt 10 Uhr die Wachen abstellen können.

8. Die Wachen haben die Aufgaben, dem Publikum bekanntzugeben, daß das von ihnen überwachte Geschäft jüdisch ist. Sie haben vor dem Einkauf in diesem Geschäft zu warnen. Tätlich vorzugehen ist ihnen verboten. Verboten ist auch, die Geschäfte zu schließen, die Fensterscheiben zu zertrümmern oder sonstigen Sachschaden anzurichten.

9. Zur Kenntlichmachung jüdischer Geschäfte sind in deren Eingangstüren Plakate oder Tafeln mit gelbem Fleck auf schwarzem Grund anzubringen. […]

12. Am Samstagvormittag sind bis spätestens 10 Uhr die Plakate mit dem Boykottaufruf an allen Anschlagstellen in Städten und Dörfern anzubringen. Zu gleicher Zeit sind an Lastautos oder noch besser an Möbelwagen folgende Transparente hier angegebener Reihenfolge durch die Straßen zu fahren:

‚Zur Abwehr der jüdischen Greuel- und Boykotthetze‘, ‚Boykottiert alle jüdischen Geschäfte‘, ‚Kauft nicht in jüdischen Warenhäusern‘, ‚Geht nicht zu jüdischen Rechtsanwälten‘, ‚Meidet jüdische Ärzte‘, ‚Die Juden sind unser Unglück‘. […]“

Rote Erde, 31.3.1933

M 4

„Um unliebsamen Verwechslungen vorzubeugen ...“ – Anzeigen in Bochumer Tageszeitungen

Mache bekannt, daß meine ganze Familie

keine Juden

wie vielfach angenommen, auch **nicht jüdischer Abstammung** sind.

Artur Voss, Roßschlachterei

Hauptgeschäft Sedanstr. 1., Mitte Moltkemarkt, Zweiggeschäft Pariser Str. 10, Ecke Schützenbahn, Telephon 68577

Rote Erde, 30.3.1933

Bekanntmachung!

Um Irrtümern vorzubeugen, mache ich hiermit bekannt, daß ich weder Jude noch jüdischer Abstammung bin

Dr. Heinrich Poutot, Zahnarzt

Bochum, Alleestraße 36

Bekanntmachung

Zur Vermeidung von Irrtümern bringen wir hiermit zur allgemeinen Kenntnis, daß wir weder Juden noch jüdischer Abstammung sind.

Gebrüder Straßburger

Inhaber: Hermann und Ernst Straßburger
Bochum, Wielandstraße 22-24
(Nähe Brückstraße)

Bekanntmachung

Um unliebsame Verwechselungen zu vermeiden, mache ich hierdurch bekannt, daß ich weder ein Jude noch jüdischer Abstammung bin.

Heinz Löw

staatl. gepr. Dentist

Bochum, Diekampstr. 22, Ecke Humboldtstr.

Bochumer Anzeiger, 30.3., 31.3. und 1.4.1933

M 5

Gaubefehl!

Parteigenossen, SA- und SS-Männer!

Boykottiert das Judentum solange, bis die galizischen Lümmel im Ausland ihre Schmierereien einstellen

„Gaubefehl" für den Gau Westfalen-Süd vom 31.3.1933

Abb. 40: „Gaubefehl" zur Durchführung des Boykotts jüdischer Geschäfte, Kanzleien und Arztpraxen.

„Parteigenossen, SA- und SS-Männer!
[…] 1. Die Aktion beginnt pünktlich, wie vorgeschrieben, am Samstag, dem 1. April, vormittags 10 Uhr. Wenn bis zu diesem Tage seitens der Reichsleitung keine andere Anordnung erlassen ist, treten 9.45 Uhr die gebildeten Aktionsgruppen sofort in Erscheinung.
2. Am Freitag, dem 31. März, sind sämtliche Gliederungen der Organisation verpflichtet, alle organisatorischen Vorbereitungen zu treffen, um die Durchführung des Abwehrkampfes am 1. April gründlich und

einheitlich zu sichern. Die SA- und SS-Führer ihrerseits wollen im Benehmen mit den zuständigen politischen Leitungen alles tun und sichern, damit die Maßnahmen vollsten Erfolg erzielen.

3. Vor dem 1. April, vormittags 10 Uhr, sind Sonder-Aktionen in jeder Hinsicht strengstens untersagt.

Es ist schärfste Anordnung an sämtliche Leute zu erteilen, daß die Durchführung der Maßnahmen ohne irgend welche persönliche Behelligung von Juden und deren Helfer zu erfolgen hat. Schimpfworte und Drohungen dürfen unter keinen Umständen fallen!

In fester Haltung und vornehmer Entschlossenheit muß zum Ausdruck kommen, daß wir gewillt sind, der schamlosen Greuelhetze jüdischer Intellektueller im Ausland durch härtesten Gegenschlag im Land entgegentreten.

Ich erwarte als Gauleiter, daß die gesamte Bewegung des Gaues auch in diesem Augenblick beweise, daß sie wie ein Mann zu handeln und zu gehorchen versteht.

Boykottiert das Judentum solange, bis die galizischen Lümmel im Ausland ihre Schmierereien einstellen!

Wagner, Gauleiter"

Rote Erde, 31.3.1933

M 6

„Bochum im Abwehrkampf"

„Die Boykottierung der jüdischen Geschäfte in Bochum ist am Samstag in aller Ruhe vor sich gegangen. Dieser eine Tag wird genügt haben, die Bochumer Bevölkerung mit aller Deutlichkeit auf die jüdischen Geschäftsunternehmen aufmerksam zu machen. Durch die Boykottpropaganda sind endlich diejenigen Geschäfte bekannt geworden, die sich immer noch unter einem deutsch-christlichen Namen verborgen haben."

Rote Erde, 3.4.1933

M 7

Werner Blumenthal und Rudolf Fey, ehemalige Schüler der Goethe-Oberrealschule, erinnern sich:

„Vor dem Geschäft an der Kortumstraße, das damals ‚Heymann & Co.' hieß und bei dem mein Vater und Onkel zu den ‚Co.'s' gehörten, standen SA-Leute in ihren braunen Uniformen, beschmierten die Scheiben mit ihren Losungen, die sie auch riefen und mit denen sie die möglichen Kunden bedrohten: ‚Kauft nicht beim Juden! – Juda verrecke!'"

Werner Blumenthal, in: Günter Gleising, Klaus Kunold, Sabine Wehenkel, Susanne Willems und Irmtrud Wojak, Die Verfolgung der Juden in Bochum und Wattenscheid, Altenberge 1993, S. 5

„Ich hatte mittlerweile in meiner Vaterstadt ein paar Dinge mit der ‚neuen Ordnung' erlebt, die mir zu denken gaben. So wurde ich am 1. April 1933 Augenzeuge des faschistischen Terrors gegen jüdische Menschen. Frühmorgens auf dem Schulweg erlebten einige meiner Klassenkameraden und ich, wie der stadtbekannte Kinderarzt Dr. Fritz

Abb. 41: Am 1., April 1933 wurden jüdische Geschäfte in ganz Deutschland boykottiert. Plakate und „Wachen" vor der Ladentür schreckten die möglichen Kunden ab.

Weil von einer SA-Horde blutüberströmt aus seinem Haus in der Kaiser-Wilhelm-Straße 10 geschleift und in ein Auto gezerrt wurde. Meine Eltern, denen ich den Vorfall mit Dr. Weil erzählte, nahmen großen Anteil an dem Schicksal des Arztes. Während ich meiner Mutter tiefe Bestürzung ansah, ließ mein Vater seinem Zorn freien Lauf: ‚Ein feiges Lumpenpack. Mit mehreren über diesen feinen Menschen herzufallen! Ich muß Dr. Rothschild warnen, damit ihm nicht dasselbe passiert!‘ […]"

Rudolf Fey, Ein Totgesagter kehrt zurück, Berlin 1989, S. 142

Über das weitere Schicksal Dr. Rothschilds berichtet Rudolf Fey:
„Im April 1935, als ich nach meinen Beförderungen zu einem Wochenendurlaub zu Hause weilte, erschien unser Hausarzt, Dr. Leopold Rothschild, plötzlich bei uns. Seine Assistentin, die auf ihn scharf, aber auf keine Gegenliebe gestoßen war, hatte ihn aus Rache bei den Nazibehörden denunziert, er hätte sie vergewaltigt. Obwohl Dr. Rothschild als Hauptmann im ersten Weltkrieg mit dem EK I. und II. Klasse ausgezeichnet worden war, drohten ihm jetzt als Jude Verhaftung, möglicher-

weise der Tod. Für meine Eltern stand sofort fest: Wir müssen ihm helfen, und ich brachte den Arzt mit dem Auto nach Köln zum Bahnhof, wo er einen in die Schweiz fahrenden D-Zug erreichte. Für die Fahrt, um eventuellen Kontrollen vorzubeugen, hatte ich meine Extrauniform angelegt. – Nach einiger Zeit erhielten wir aus der Schweiz eine Ansichtskarte mit Gruß und fingierter Unterschrift. Nun wußten wir, daß Dr. Rothschild den braunen Häschern entkommen war."

Fey, Ein Totgesagter kehrt zurück, S. 189 f.

Aufgabenvorschläge zu M 3 bis M 7:;

1. Wie wurde der Boykott am 1. April 1933 organisiert (M 3 und M 5)?
2. Warum wurden die Anzeigen in den Bochumer Tageszeitungen seit dem 30. März 1933 veröffentlicht (M 4)?
3. Wer war von dem Boykott am 1. April 1933 betroffen (M 3)?
4. Vergleiche den Zeitungsbericht (M 6) mit den Schilderungen der Zeitzeugen (M 7); berücksichtige dabei, dass Wagner in seinem „Gaubefehl" jegliche „persönliche Behelligung von Juden" untersagte (M 5).
5. Überlege, welche Wirkung der Boykott vom 1. April auf die nichtjüdische und jüdische Bevölkerung gehabt haben könnte.

Maßnahmen gegen jüdische Beschäftigte des öffentlichen Dienstes

Am 31. März/1. April 1933 griff Hitler in die seit März stattfindenden Vorbereitungen für ein neues Beamtengesetz ein und verlangte in einem Gespräch mit dem preußischen Justizkommissar Frank das Ausscheiden aller jüdischen Beamten.[5] Die Atmosphäre, in der sich der Boykott am 1. April 1933 abspielte, trug wahrscheinlich zur schnellen Ausarbeitung des „Gesetzes zur Wiederherstellung des Berufsbeamtentums" bei, das bereits am 7. April 1933 in Kraft trat. Das Gesetz und seine Durchführungsbestimmungen schlossen neben den Beamten auch Angestellte und Arbeiter im öffentlichen Dienst ein.[6]

Bald wurde der „Arierparagraph" dieses Gesetzes auf berufsständische Vereinigungen, unter anderem Rechtsanwälte, Kassenärzte, Steuerberater und andere gesellschaftliche Organisationen übertragen.

Reichspräsident von Hindenburg hatte sich gegenüber Hitler dagegen ausgesprochen, dass die vorgesehenen Maßnahmen auch die jüdischen Frontkämpfer des Ersten Weltkrieges betreffen sollten.

---

5   Vgl. die detaillierte Abhandlung der Vorgeschichte des Gesetzes bei: Uwe Dietrich Adam, Judenpolitik im Dritten Reich, Düsseldorf 1972, S. 44–63.
6   Peter Longerich schätzt, dass ungefähr die Hälfte der ca. 5.000 jüdischen Beamten durch das „Gesetz zur Wiederherstellung des Berufsbeamtentums" ihre Stellung verlor. Longerich, Politik der Vernichtung …, S. 42 f.

M 8

„[…] In den letzten Tagen sind mir eine ganze Reihe von Fällen gemeldet worden, in denen kriegsbeschädigte Richter, Rechtsanwälte und Justizbeamte von untadeliger Amtsführung lediglich deshalb zwangsbeurlaubt wurden und später entlassen werden sollen, weil sie jüdischer Abstammung sind.

Für mich, der ich mit ausdrücklicher Zustimmung der Reichsregierung am Tage der nationalen Erhebung, am 21. März, eine Kundgebung an das Deutsche Volk erlassen habe, in der ich mich in Ehrfurcht vor den Gefallenen verneigte und dankbar der Kriegshinterbliebenen, der Kriegsbeschädigten und meiner alten Frontkameraden gedachte, ist eine solche Behandlung jüdischer kriegsbeschädigter Beamten persönlich ganz unerträglich. Ich bin überzeugt, daß Sie, Herr Reichskanzler, in diesem menschlichen Gefühl mit mir übereinstimmen und bitte Sie herzlichst und eindringlichst, sich dieser Frage persönlich anzunehmen und ihre einheitliche Regelung für alle Zweige des öffentlichen Dienstes im ganzen Reich zu veranlassen. Nach meinem Empfinden müssen Beamte, Richter, Lehrer und Rechtsanwälte, die kriegsbeschädigt oder Frontsoldaten oder Söhne von Kriegsgefallenen sind oder selbst Söhne im Feld verloren haben – soweit sie in ihrer Person keinen Grund zur Sonderbehandlung geben – im Dienste belassen werden: wenn sie wert waren, für Deutschland zu kämpfen und zu bluten, sollen sie auch als würdig angesehen zu werden, dem Vaterland in ihrem Beruf weiter zu dienen.

In dem Bewusstsein, daß ich nicht umsonst an Ihre kameradschaftliche Gesinnung appelliere,

bin ich mit freundlichen Grüßen

Ihr ergebener von Hindenburg."

Zit. n. Johannes Hohlfeld (Hg.), Dokumente der Deutschen Politik und Geschichte von 1848 bis zur Gegenwart, Bd. IV: Die Zeit der nationalsozialistischen Diktatur 1933-1945. Aufbau und Entwicklung 1933-1938, Berlin/München o. J., S. 45-47

Schreiben des Reichspräsidenten von Hindenburg an Hitler vom 4. April 1933

M 9

„§ 1 (1) Zur Wiederherstellung eines nationalen Berufsbeamtentums und zur Vereinfachung der Verwaltung können Beamte […] aus dem Amt entfernt werden. […]

§ 3 (1) Beamte, die nicht arischer Abstammung sind, sind in den Ruhestand (§§ 8 ff.) zu versetzen. […]

(2) Abs. 1 gilt nicht für Beamte, die bereits seit dem 1. August 1914 Beamte gewesen sind oder die im Weltkrieg an der Front für das Deutsche Reich oder für seine Verbündeten gekämpft haben oder deren Väter oder Söhne im Weltkrieg gefallen sind. […]

§ 4 Beamte, die nach ihrer bisherigen politischen Betätigung nicht die Gewähr dafür bieten, daß sie jederzeit rückhaltlos für den nationalsozialistischen Staat eintreten, können aus dem Dienst entlassen werden. […]

§ 8 Den nach §§ 3, 4 in den Ruhestand versetzten oder entlassenen Beamten wird ein Ruhegeld nicht gewährt, wenn sie nicht mindestens eine zehnjährige Dienstzeit vollendet haben. […]"

Reichsgesetzblatt, Jg. 1933, T. I, S. 175 ff.

„Gesetz zur Wiederherstellung des Berufsbeamtentums" vom 7. April 1933

M 10

„Erste Verordnung zur Durchführung des Gesetzes zur Wiederherstellung des Berufsbeamtentums" vom 11. April 1933

„Zu § 3 (1) Als nicht arisch gilt, wer von nicht arischen, insbesondere jüdischen Eltern oder Grosseltern abstammt. Es genügt, wenn ein Elternteil oder ein Grosselternteil nicht arisch ist. Dies ist insbesondere anzunehmen, wenn ein Elternteil oder ein Grosselternteil der jüdischen Religion angehört hat.

(2) Wenn ein Beamter nicht bereits am 1. August 1914 Beamter gewesen ist, hat er nachzuweisen, dass er arischer Abstammung oder Frontkämpfer, der Sohn oder Vater eines im Weltkriege Gefallenen ist. Der Nachweis ist durch Vorlegung von Urkunden (Geburtsurkunde oder Heiratsurkunde der Eltern, Militärpapiere) zu erbringen.

(3) Ist die arische Abstammung zweifelhaft, so ist ein Gutachten des beim Reichsministerium des Innern bestellten Sachverständigen für Rasseforschung einzuholen."

Reichsgesetzblatt, Jg. 1933, T. I, S. 195

Hinweis: Das „Gesetz zur Änderung von Vorschriften auf dem Gebiet des allgemeinen Beamten-, des Besoldung- und des Versorgungsrechts" vom 30. Juni 1933 bestimmte zusätzlich, dass auch „arische" Beamte, die „eine Person nicht arischer Abstammung heiraten", zu entlassen waren.

M 11

„Zeugnis" für einen städtischen Angestellten vom 6. April 1933

„v. Geldern ist hier als Lagerverwalter beschäftigt und hat die Verantwortung für die Lagerung und Ausgabe des grossen Pfänderbestandes. Ferner obliegt ihm der Verkauf der dem Leihamt durch die Versteigerungen verfallenen Pfänder. […] Es muss Herrn v. Geldern nachgesagt werden, dass er von einem besonderen Dienst- und Pflichteifer beseelt ist und ganz in seiner Arbeit aufgeht. Für den Verkauf der verfallenen Sachen ist er wie geschaffen, und vor allen Dingen, was für das Leihamt von besonderer Wichtigkeit ist, von erprobter Ehrlichkeit.

Falls v. Geldern nicht entlassen werden soll, wird gebeten, ihn hier zu belassen, er hat auch ohnehin das Alter, einer jüngeren Kraft Platz zu machen. […]"

StadtA Bochum, Bo 11/775

Hinweis: Der Oberbürgermeister entschied am 29. Juli 1933, den Angestellten v. Geldern vorerst im städtischen Leihamt zu belassen.

M 12

Der Leiter des städtischen Leihamtes an den Oberbürgermeister, 20. August 1935

„An der Haustür des Stadtleihamtes ist von unbekannter Hand eine mit der Schreibmaschine im Vervielfältigungsverfahren hergestellte Flugschrift gegen die Juden[7] angeheftet worden. Es handelt sich um eine Flugschrift, wie sie am vergangenen Sonntag bei dem Propagandamarsch gegen die Juden verteilt worden sind. Ich habe heute früh auf

---

7   Die Flugschrift ist in M 13 abgedruckt.

den Anschlag nicht so geachtet, heute nachmittag fand ich aber von unbefugter Hand einen Bleistiftvermerk am unteren Rande der Flugschrift, den ich beifüge und der folgenden Wortlaut hat: ,Einer von der Sorte ist hier im Bau beschäftigt.' Ob diese Flugschrift lediglich mit Rücksicht auf den hier beschäftigten und inzwischen gekündigten Lagerverwalter von Geldern, der bis zum 25. ds. Mts. in Urlaub und z. Zt. in Holland ist, angeheftet wurde, ist nicht bekannt. [...]"

StadtA Bochum, Bo 11/771

M 13

„Arbeiter der Stirn und der Faust! Du mußt denken lernen! Es gibt Dunkelmänner, welche nichts anderes im Auge haben, als die Vernichtung des Deutschen Volkes. Dunkelmänner, die einzelne Verbände, sei es konfessioneller oder politischer Art, als eine Aktiengesellschaft betrachten, woraus man möglichst viel Profit ziehen kann.
Wer ist die treibende Kraft ? Wer hetzt die Völker gegeneinander? Kein anderer als der Todfeind Deiner Rasse. Er hat jahrtausendelang immer und immer wieder alle Völker unter seine Herrschaft zwingen wollen. Kein anderer ist es, als der ewige Jude!
Willst Du diese jüdischen Propheten unterstützen? Willst Du ihnen noch mehr Geld in die Tasche leiten, damit einzelne Gesellen, Dein oder unser Geld verschieben und anderen Rassen zuführen können? Überlege! Müßten diese Gelder nicht zur Erhaltung des Deutschen Volkes dienen? Wir sind Deutsche. Und wenn es um Deutschland geht, gibt es keinen Unterschied der Konfessionen. Ob Protestant oder Katholik, alle haben nur einen Führer und der heißt Adolf Hitler. Er bestimmt in Deutschland, wie marschiert werden soll.
Glaubst Du wirklich daran, daß die Juden einzig und allein das auserwählte Volk auf Erden sein sollen? Haben wir nicht von unserem Gott unsere Sprache erhalten? Hat unser Gott uns nicht ein Vaterland gegeben? Verlangt dieser Gott nicht von uns, daß wir unsere Rasse und unser Vaterland erhalten sollen? Ist es nicht Sünde, wenn wir unser von Gott geschaffenes Deutsches Volk durch den Rassentod absterben lassen?
Höre zu, Deutscher Volksgenosse! Was der Jude glaubt ist einerlei, in der Rasse liegt die Schweinerei! Es gibt keinen anständigen Juden. Denn Jude ist Jude und was vom Juden kommt ist immer jüdisch! Schlange bleibt Schlange ! Jude bleibt Jude! Der Jude handelt stets nach seinem Talmudgesetz. Für ihn sind Nichtjuden Vieh.
Deutsche FRAUEN! Deutsche MÄDCHEN! Habt Ihr Euch schon einmal überlegt, was es heißt, einem Juden die Hand zu reichen? Habt Ihr Euch überlegt, was mit Eurem Körper und Eurer Seele wird, wenn Ihr Euch dem Juden hingebt? Er verspricht Euch den Himmel auf Erden und nachher, wenn er Euch geschändet hat, wirft er Euch wieder von sich. Gebrochen an Leib und Seele steht Ihr dann ausserhalb der Deutschen Volksgemeinschaft.
So will es dieser Todfeind unserer Rasse! Warum? Der Jude hat eben den Teufel zum Vater!
Der ,Stürmer' bringt Woche für Woche in erschütternder Weise, wie es deutschen Mädchen ergangen ist, die sich von dem Gemauschel und

Antisemitische Flugschrift vom August 1935

Getue der Juden einfangen und betören ließen.

Unsere jetzige Parole muß heißen: Kampf unserem Todfeind ! Reiß dem Juden die Maske von den Augen und Du wirst sein wahres Gesicht erkennen. Meide den Juden. Geh nur zu deutschen Ärzten und Rechtsanwälten ! Kauf nur in arischen Geschäften !

Du dienst hiermit Dir und Deinen Nachkommen.

Alles für den Führer und für Deutschland !"

StadtA Bochum, Bo 11/771

M 14

Auch ein Gärtnerlehrling musste Auskunft über seine Herkunft und Gesinnung geben[8]

8   Diesen Fragebogen musste jeder Angehörige des öffentlichen Dienstes ausfüllen.

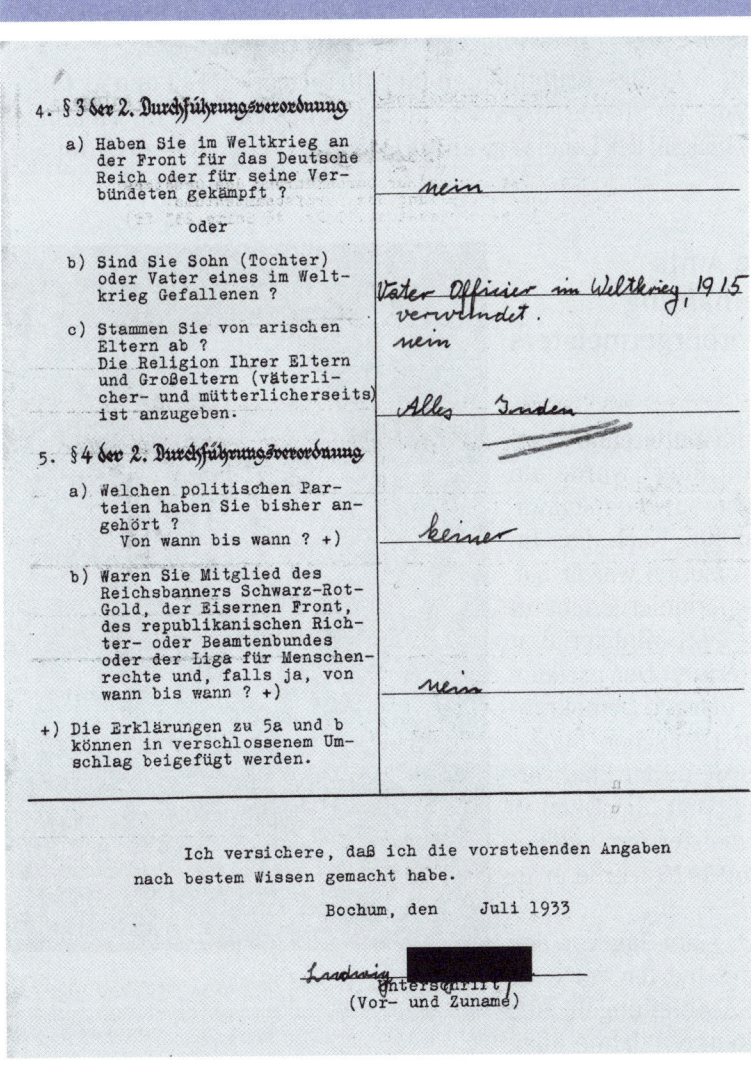

Hinweis: Im Falle des beim Garten- und Friedhofsamt beschäftigten Lehr-
lings Ludwig M. wurde vorererst nichts veranlasst.

Aufgabenvorschläge zu M 8 bis M 14:

1. Wer war von dem „Gesetz zur Wiederherstellung des Berufsbeamtentums" betroffen? Wer war davon nicht betroffen (M 9 und M 10)?
2. Inwiefern bildeten die Ausnahmebestimmungen (M 9, § 3. 2) einen Widerspruch zur nationalsozialistischen Rassenideologie? (Vgl. 3. Kapitel: Antisemitismus, Rassismus und Propaganda.)
3. Wie begründete der Reichspräsident von Hindenburg sein Eintreten für die Ausnahmebestimmungen (M 8)?
4. Wie beurteilte der Leiter des Bochumer Leihamtes den Angestellten Emil von Geldern (M 11)?
5. Beschreibe die Auswirkungen des Gesetzes für die Betroffenen in Bochum (M 11 und M 14).
6. Beurteile den Inhalt der Flugschrift und den Bleistiftvermerk (M 12 und M 13).
7. Versuche mit Hilfe der im Stadtarchiv vorhandenen Adressbücher, Informationen über das weitere Schicksal des Lagerverwalters Emil von Geldern herauszufinden.

Reaktionen auf die Amtsenthebung und Verhaftung des Bochumer Oberbürgermeisters Dr. Otto Ruer

Der seit 1925 in Bochum amtierende Oberbürgermeister Dr. Otto Ruer[9] wurde am 5.1.1879 in Münster geboren; er entstammte einer jüdischen Familie. Nach dem Jurastudium und der Promotion war er u.a. als Rechtsanwalt am Kammergericht in Berlin tätig und wurde 1921 Ministerialrat im Reichsinnenministerium. Der parteilose Dr. Ruer, der der Deutschen Demokratischen Partei bzw. der Deutschen Staatspartei nahe stand, wurde in der Stadtverordnetenversammlung vom 31. Oktober 1924 zum Oberbürgermeister der Stadt Bochum gewählt. Am 26.1.1925 wurde er in sein Amt eingeführt.

Am 11. März 1933 – am Tag vor der Kommunalwahl – marschierten vor dem Bochumer Rathaus SA-Abteilungen auf; diese hissten die Hakenkreuzfahne über dem Rathaus und besetzten die Eingänge.

Abb. 42: Dr. Otto Ruer, Oberbürgermeister der Stadt Bochum seit 1925, wurde von den Nationalsozialisten 1933 aus dem Amt gedrängt und in den Selbstmord getrieben.

---

9   Vgl. Wagner, Hakenkreuz über Bochum, S. 50–54 und S. 201–203 und „Wir Bochumer!", Veröffentlichung des Presse- und Informationsamtes der Stadt Bochum, 9/1987.

Auf dem Rathausvorplatz hatten die Nationalsozialisten eine große Menschenmenge mobilisiert, die laut die Absetzung des Oberbürgermeisters forderte. Die Rote Erde berichtete am 13. März 1933: ‚Kreisleiter Riemenschneider und Standartenführer Voß begaben sich in das Dienstzimmer des Oberbürgermeisters Ruer und verlangten von ihm die sofortige Niederlage seiner Amtsgeschäfte, andernfalls er im Interesse seiner persönlichen Sicherheit in Schutzhaft genommen werden müsse.‘

Dr. Ruer wich dem Druck und legte sein Amt nieder. Sein erzwungener Rücktritt reichte den neuen Machthabern aber nicht: Die gegen ihn erhobenen Vorwürfe unkorrekter Amtsführung, Verschwendung städtischer Finanzmittel zu Repräsentationszwecken und persönlicher Bereicherung sollten ihn persönlich diffamieren.[10] Der neue Staatskommissar für Bochum, Dr. Piclum,[11] erwirkte einen Haftbefehl gegen Dr. Ruer; unter demütigenden Umständen wurde er am 13. April in Berlin, wo er sich aufhielt, verhaftet und am 14. April in einem „Sammeltransport" in das Gefängnis des Bochumer Amtsgerichts gebracht. Am 11. Mai wurde er aus der Untersuchungshaft entlassen, da ihm keinerlei Dienstvergehen nachgewiesen werden konnten.

In Bochum war Dr. Ruer nur geringfügige Unterstützung zuteil geworden. Zutiefst gedemütigt und innerlich gebrochen hatte er noch die Kraft zu einer detaillierten Stellungnahme; Ende Juli beging er in Berlin Selbstmord.

M 15

„Hochgeehrter Herr!

Ich halte als deutschnationaler Mann für Pflicht, offen zu bekennen, daß die Zwangsbeurlaubung des Herrn Oberbürgermeisters Dr. Ruer ein Unrecht sein würde. Der Genannte hat während seiner ganzen Amtsführung niemals etwas Antinationales getan, ist vielmehr öfter der Sozialdemokratie und dem Zentrum in ihren Stadtverordneten scharf entgegengetreten. Er hat als Hauptmann an der Front mitgekämpft und ist Mitglied des von mir geleiteten Offiziersvereins, der die

Brief eines der drei Vorsitzenden des Offiziersvereins Bochum, Justizrat Mummenhoff, an Göring vom 15. März 1933

Abb. 43: An den ehemaligen Bochumer Oberbürgermeister erinnert heute ein Denkmal auf dem „Dr.-Ruer-Platz", der nach ihm benannt wurde.

10 Vgl. „Der Staatskommissar arbeitet" – Veröffentlichung für die Presse vom 2. April 1933 und 6. April 1933 – StadtA Bochum, Ob Pi 11.

11 Hermann Göring ernannte den 34-jährigen Chefredakteur der „Roten Erde", Dr. jur. Otto Piclum, am 24. März 1933 zum Staatskommissar für die Stadt Bochum und am 15. Mai 1933 zum kommissarischen Oberbürgermeister; im Juli 1933 wurde Piclum von der Stadtverordnetenversammlung in seinem Amt bestätigt.

Anschauungen und Gesinnungen des Offiziers der Friedenszeit pflegt und ausgesprochen schwarz-weiß-rot gerichtet ist."

Abgedruckt in: Rote Erde, 24.4.1933

M 16

„Verkalkte Reaktion"? – Stellungnahme der „Roten Erde" zum Engagement des Bochumer Offiziersvereins für Oberbürgermeister Ruer

„Ein ,nationales' Trio – Das ist die verkalkte Reaktion! Anstatt den für das Zuchthaus reifen Ruer auszuschließen stellt sich der Bochumer Offiziersverein schützend vor ihn [...] Jeder in Deutschland, der irgendwie Wert darauf legt, politische Einsicht zu haben, wird die nationalsozialistische Revolution als vollendete Tatsache hinnehmen müssen, selbst wenn er noch so sehr ein Gegner der neuen deut. Staatsidee ist. Es scheint aber trotzdem in Deutschland noch eine Anzahl Menschen vorhanden zu sein, deren Denkart so in alten überholten und ausgeleierten Gesellschaftsbegriffen vernebelt ist, daß sie trotz der gewaltigen revolutionären Umwälzung in Deutschland, trotz der radikalen Beseitigung des verbrecherischen korrupten Systems von 1918, von dem Geist der neuen Zeit nichts, aber auch gar nichts begriffen haben. Wenn diese Leute außerdem hohe akademische und militärische Titel führen, so genügt das vollkommen, eine gewisse verkalkte und unfähige Kaste zu kennzeichnen, die wir im Interesse der deutschen Erneuerung längst ausgestorben wissen möchten. Die drei Bochumer Bürger, die sich diese Auszeichnung mit Eichenlaub und Schwertern erworben haben, sind der Herr Justizrat Dr. Mummenhoff, Major der Landwehr a.D., der Herr von Mutius, Major a.D. und der Herr Professor Dr. Kukuk, Rittmeister der Reserve a.D. Diese drei Herren sind in der Bochumer ,besseren' Gesellschaft, zu der zu gehören, wir Nationalsozialisten nicht das geringste Interesse haben, erlauchte Größen. Sie stellen gewissermaßen sogar die Auslese der Bochumer bürgerlichen Gesellschaft dar. Sie haben eine Tat von solcher genialen Verständnislosigkeit und Naivität vollbracht, die den Zeitgenossen nicht vorenthalten werden darf.

In einem Schreiben wenden sich die Herren Dr. Mummenhoff, Dr. Kukuk und von Mutius an den Staatskommissar Pg. Dr. Piclum und legen im Namen des Offiziersvereins Verwahrung gegen die Behandlung Ruers ein, der Hauptmann gewesen sei. Es heißt weiter, die kameradschaftliche Verbundenheit mit Ruer veranlasse sie nachdrücklich zu verlangen, daß Ruer nicht im Rathaus vernommen werde, da mit Wahrscheinlichkeit damit gerechnet werden dürfe, daß Ruer tätlich angegriffen werde. Wörtlich heißt es: ,Herr Ruer ist zwar angeklagt, beleidigt und in aller Oeffentlichkeit besudelt worden, aber von einer Schuld ist noch nichts bewiesen.' Ruer sei im Weltkrieg Batteriechef gewesen und habe an der Front gestanden. Das Schreiben ist in einem durchaus anmaßenden Tone gehalten. Es unterzeichnen die oben Genannten mit allen Titeln. Es ist ohne weiteres klar, daß die Herren Mummenhoff, von Mutius und Kukuk, mit diesem Schreiben den Staatskommissar Dr. Piclum und den Untersuchungskommissar der Staatsanwaltschaft Pg. Staatsanwaltschaftsrat Freisewinkel, die lediglich im Auftrage des Staates sachliche und amtliche Untersuchungsfeststellungen der Presse übergaben, in unerhörter Weise beleidigt und angegriffen haben. [...]"

Rote Erde, 24.4.1933

M 17

„Folgendes Schreiben wurde uns vom Offiziersverein zugesandt: ‚Die außerordentliche Mitgliederversammlung des Offiziersvereins Bochum vom 27. 4. hat mit Bedauern von dem Inhalt eines auszugsweise veröffentlichten Schreibens des Offiziersvereins Bochum an den Herrn Staatskommissar Dr. Piclum Kenntnis genommen, in welchem eigenmächtigerweise von einigen Herren des Vereins zum Ausdruck gebracht wurde, als ob der Offiziersverein Bochum sich hinter den Oberbürgermeister Dr. Ruer stelle, der entsprechend dem Brauche der alten Armee, deren Tradition der Offiziersverein hochhält, schon seit seiner Verhaftung von seiner Mitgliedschaft als suspendiert zu betrachten war und inzwischen von sich aus seinen Austritt aus dem Offiziersverein erklärt hat. Der Brief des Offiziersvereins Bochum vom 22.4.33. – gez. Justizrat Dr. Mummenhoff, Professor Kukuk, Major a.D. von Mutius – der dem Herrn Staatskommissar zugegangen war, ist ohne Wissen und Willen der Mitglieder des Offiziersvereins herausgegangen. Ein Beschluß der Mitglieder hat diesem Schreiben nicht zu Grunde gelegen. Die außerordentliche Mitgliederversammlung vom 27. 4. erklärt einmütig, daß sie Art und Form des Vorgehens nicht billigt.‘ "

„Offiziersverein mißbilligt das Vorgehen seiner Vorsitzenden"

Rote Erde, 29.4.1933

Aufgabenvorschläge zu M 15 bis M 17:

1. Wie reagierten angesehene Bochumer Bürger auf die Verhaftung des abgesetzten Bürgermeisters Dr. Ruer (M 15 und M 16)?
2. Mit welchen Ausdrücken bezeichnete die „Rote Erde" das Eintreten der Bochumer Honoratioren für einen ehemaligen Offizierskameraden (M 16)?
3. Welche Veränderungen kannst du feststellen, wenn du das Verhalten beim Tod von Moritz Hähnlein Ende Februar 1933 und die Vorgänge im Bochumer Offiziersverein Ende April 1933 vergleichst (M 1 und M 2 sowie M 16 und M 17)?

Verdrängung jüdischer Viehhändler und Metzger vom städtischen Schlacht- und Viehhof am Beispiel der Gebrüder Cletsoway

Traditionell waren Juden überdurchschnittlich als Metzger und Viehhändler tätig. Zu Beginn des Jahres 1933 gingen 11 jüdische Viehhändler und Metzger am Bochumer Schlacht- und Viehhof ihrem Beruf nach. [12] Auf Initiative des der NSDAP nahe stehenden „Kampfbundes des gewerblichen Mittelstandes"[13] verbot der Direktor der Schlachthofverwaltung zehn jüdischen Viehhändlern und Metzgern die Ausübung des Fleischgroßhandels auf dem Schlacht- und Viehhof vom 17. bzw. 18. April 1933 an.[14]

Diese Ausgrenzung nahmen die in ihrer wirtschaftlichen Existenz Bedrohten nicht hin; sie wandten sich unter anderem an den Regierungspräsidenten in Arnsberg.

M 18

Der Bochumer Metzgermeister Siegfried Cletsoway bittet am 27. Mai 1933 Hitler persönlich um Hilfe

„Sehr geehrter Herr Reichskanzler!
Gestatten Sie mir, daß ich mit nachstehenden Zeilen Ihre kostbare Zeit in Anspruch nehme und Ihnen folgende Bitte zur gefl. Prüfung unterbreite:
Ich bin am 3. Dezember 1890 in Bochum geboren als ‚Deutsch-Holländer' jüdischen Glaubens. Mein Vater war Holländer, meine Mutter und Abstammung gehören zur uralten Bochumer Bürgerschaft. [...] Bei Ausbruch des Krieges diente ich meinem Vaterlande wie jeder übrige Deutsche. Ich kämpfte 2 Jahre an der Westfront und 2 Jahre an der Ostfront. Bei Ausbruch der Revolution 1918 lag unser Regiment in den Vogesen. [...] Auf Wunsch des Regiments-Kommandeurs, Herrn Major Exner, blieb ich mit noch zwei anderen Kameraden des Stabes bis zur endgültigen Demobilisation des Regimentes (13.12.18) in Jüteborg als Aufsicht, damit unser Material dem Vaterlande erhalten bliebe.
Nach meiner Entlassung führte ich meinen Beruf als Metzgermeister wieder aus. Durch die Inflation verlor ich mein gesamtes Vermögen bis auf mein elterliches Haus, das ich mit meinen Brüdern zu je 25 % geerbt habe. Der finanzielle Verlust durch den Krieg und seine Folgen war für mich ungeheuer. Den Glauben an Deutschland und seinen Wiederaufstieg mit einer besseren Zukunft habe ich nie verloren. Politisch gehörte ich nie einer Partei an. Meine privaten Interessen wandte ich der Jugenderziehung zu. Jeder heimische Sportler, ob für oder gegen mich, wird bestätigen müssen, daß ich im Punkte Jugenderziehung nur auf Reinheit und Charakterstärke mein Augenmerk legte. Ich war ca. 7 Jahre lang Vorsitzender des hiesigen ‚Box-Sport-Clubs Astoria' und bin in der Boxsportbewegung in Deutschland kein Unbekannter. Der Aus-

---

12 Die Gesamtzahl der am Bochumer Schlacht- und Viehhof tätigen Viehhändler und Metzger belief sich Anfang 1933 auf siebzehn. Vgl. das Schreiben der Bochumer Schlacht- und Viehhofverwaltung vom 3.2.1933 an die Verbindungsstelle der Preußischen Hauptlandwirtschaftskammer Essen – StadtA Bochum, Bo 11/17.

13 Vgl. Schreiben der Kampfbundführung am 12.4.1933 an Dr. Rogge, Direktor der Schlachthofverwaltung, StadtA Bochum, Bo 71/17, und Gerhard Kratzsch, Der Gauwirtschaftsapparat der NSDAP. Menschenführung – „Arisierung" – Wehrwirtschaft im Gau Westfalen-Süd, Münster 1989, S. 118.

14 Vgl. Mitteilungen der Stadtverwaltung vom 14.4.1933 an die jüdischen Viehhändler, StadtA Bochum, Bo 71/17.

bruch der geistigen Revolution in Deutschland kam für mich nicht überraschend, erhoffte ich doch stets im geordneten Deutschland wie in früheren Jahren mein Brot mit der Hände Fleiß verdienen zu können. Unter dem 18.4.1933 erhielt ich von der Städt. Schlacht- und Viehhofverwaltung Bochum folgendes Schreiben:
‚Wir geben Ihnen davon Kenntnis, daß auf Beschluß des Kampfbundes des gewerblichen Mittelstandes Kreiskampfbundleitung Bochum, Ihnen von Dienstag, den 18. April 1933 ab die Ausübung Ihres Gewerbes auf dem hiesigen Schlacht- und Viehhof und das Betreten desselben untersagt ist.' Es ist mir durch die vorstehenden Maßnahmen nicht mehr möglich, in Deutschland, das doch immer mein Vaterland ist, heute mein trockenes Brot zu verdienen. Die Hilfe der Städte werde ich nicht in Anspruch nehmen. Wenn ich auch durch die Ereignisse total niedergedrückt bin, so kann ich immerhin nicht glauben, daß der Führer des neuen Deutschlands die Zustände im hiesigen Bezirk weder billigt noch gut heißt. Ich kann es nicht glauben, daß ich als ehemaliger Deutsch-Holländer, der seinem Vaterland in Kriegs- und Friedenszeiten genau wie jeder andere Deutsche gedient hat, eine Behandlung in dieser Form zuteil wird.
Verzeihen Sie mir, wenn ich Ihre Hilfe, sehr geehrter Herr Reichskanzler, in Anspruch nehme und mein Schicksal als deutscher Jude in Ihre Hand lege. Ich bitte um Prüfung meiner Angaben und darf wohl erwarten, daß auch mir in meinem Vaterlande die Gelegenheit gebeten wird, mir mein Brot in ehrlicher Arbeit verdienen zu können. […]"

StadtA Bochum, OB Pi 15, S. 103 f.

M 19

„[…] Am heutigen Tage teilte dem Unterzeichneten ein Referent der Regierung in Arnsberg - ein Herr Landrat Herold - fernmündlich mit, dass daselbst die jüdischen Fleischhändler Strauss und Cletsoway beschwerdeführend vorstellig geworden sind, weil denselben der Handel auf dem Schlachthof verboten worden ist. Auf meinen Bescheid, dass das Verbot auf eine Anordnung der Kreiskampfbundführung des gewerbl. Mittelstandes erfolgt sei (Schreiben vom 12. und 14.4.33), äußerte sich der betr. Herr dem Sinne nach dahin, dass nach Verlautbarungen und Anordnungen der Reichsbehörden Sonderaktionen lokaler Organisationen unstatthaft wären und dort, wo sie erfolgt seien, wieder aufzuheben sind. Für die getroffenen Massnahmen seien die betr. lokalen Dienststellen bezw. deren Vorsteher verantwortlich.
Eine solche Ansicht verkennt wissentlich oder unwissentlich gänzlich die damalige Situation. Die Weigerung eines Beamten, den Anordnungen einer durch die Partei eingesetzten Organisation nicht Folge zu leisten, hätte damals für denselben ernsteste Folge nach sich gezogen. Z. B. drohte mir s. Zt. der Gauführer Plankermann des Kampfbundes des gewerbl. Mittelstandes mit sofortiger Abführung, wenn ich nicht innerhalb von 5 Minuten den Verkaufsstand einer jüdischen Firma in der Fleischmarkthalle schlösse. Unter solchem Druck und um mir nicht den Vorwurf der Begünstigung jüdischer Geschäftsleute zuzuziehen, war es doch ganz selbstverständlich, die Anordnungen des Kampfbun-

Schreiben des Direktors des Bochumer Schlacht- und Viehhofes an den kommissarischen Oberbürgermeister vom 30. Mai 1933

des zu befolgen. Das Gegenteil hätte ausser der persönlichen Bedrohung auch eine ernste Gefährdung für Erhaltung der Sicherheit und Ordnung des Betriebes bedeutet [...].

Auf Grund der Auslassungen der Reichsregierung verlangen nunmehr die jüdischen Händler von der Schlachthofverwaltung die Wiederzulassung zum Schlachthof zwecks Ausübung ihres Gewerbes. [...]

Die Stellungnahme der Regierung in Arnsberg scheint nach dem heutigen fernmündlichen Gespräch zu urteilen, eine völlig eindeutige und im günstigen Sinne zu sein. Im wirtschaftlichen Interesse ist Wiederzulassung der jüdischen Händler zur Ausübung ihres Gewerbes auf dem Schlachthof zu empfehlen, nach den Auslassungen der Reichsregierung ist dies zulässig. Gegen die einzelnen Personen liegen Bedenken unsererseits nicht vor. Ich bitte um Verhaltensanweisungen. [...]"

StadtA Bochum, Bo 71/17

M 20

Schreiben der Schlacht- und Viehhofverwaltung an den Bochumer Oberbürgermeister vom 16. Juni 1934

„Die Firma S. u. A. Cletsoway gehört zu den jüdischen Firmen, denen s. Zt. die Ausübung des Gewerbes (in diesem Falle Handel mit Fett und Innereien) auf dem Schlachthof untersagt wurde. Eine Wiederzulassung würde u. E. bei einem grossen Teil der am Schlachthof tätigen Gewerbetreibenden auf erheblichen Widerstand stossen, besonders weil ein Bedürfnis für die Anwesenheit der Firma Cletsoway auf dem Schlachthof nicht vorliegt und eine andere Fettaufkauffirma schon vorhanden ist. Nach dem Erlass des Ministers des Innern vom 29. 1. 1934 ist jedoch eine unterschiedliche Behandlung von arischen und nichtarischen Gewerbetreibenden nicht möglich; auch darf die Zulassung nicht von der Bedürfnisfrage abhängig gemacht werden. Massgebend für den Ausschluss ist nur die Tatsache der Unzuverlässigkeit im Bezug auf die Ausübung des betr. Gewerbes. In dieser Beziehung kann den Inhabern der Firma Cletsoway von hier aus nichts nachgewiesen werden. [...]"

StadtA Bochum, OB Pi 15, S. 154

Hinweis: Den Brüdern Siegfried und Arthur Cletsoway wurde am 8. August 1934 die Ausübung ihres Gewerbes vorerst wieder gestattet. Dauerhaft konnten sie sich nicht darüber freuen. Die einmal begonnene Ausgrenzung nahm ihren Lauf. Siegfried Cletsoway entschied sich für die Emigration, ebenso wie seine Brüder Erich und Ludwig. Arthur Cletsoway dagegen blieb in Bochum. Er und seine Frau Berta, geb. Broch, wurden 1942 nach Riga deportiert und ermordet.

Aufgabenvorschläge zu M 18 bis M 20:

1. Verfasse einen Lebenslauf Siegfried Cletsoways (M 18).
2. Welche Selbsteinschätzung Siegfried Cletsoways verdeutlicht sein Bittgesuch an Hitler (M 18)?
3. Beschreibe, wie der „Kampfbund des gewerblichen Mittelstandes" die berufliche Ausgrenzung der jüdischen Viehhändler und Metzger durchsetzte (M 19).
4. Beurteile das Verhalten des Direktors des Bochumer Schlacht- und Viehhofes (M 19 und M 20).
5. Wem nützte die Verdrängung der jüdischen Viehhändler und Metzger vom Bochumer Schlacht- und Viehhof?

Die Rolle der Stadtverwaltung

M 21

„[…] Der Kampf gilt in erster Linie den Warenhäusern, Einheitspreis- und sonstigen jüdischen Unternehmungen. Jegliche behördliche Bestellung bei diesen hat sofort zu unterbleiben. Ferner mache ich es jedem Beamten zur besonderen Pflicht, in seinem Privatleben durch Meidung der jüdischen Geschäfte diesen Abwehrkampf zu unterstützen. […]"

Verfügung des Staatskommissars Dr. Piclum an die Dienststellen der Stadtverwaltung Bochum vom 30. März 1933

StadtA Bochum, OB Pi 11

M 22

„[…] Seit Erlass Ihrer Verfügung vom 30. März 1933 sind auf jüdische Geschäfte Gutscheine nicht mehr ausgestellt worden. Auch sind seit dieser Zeit sonstige Einkäufe für unsere Anstalten bei jüdischen Geschäften nicht mehr getätigt worden. Die Abteilungsleiter sind nunmehr nochmals ersucht, die Sachbearbeiter auf strikte Beachtung Ihrer Verfügung vom 30. März hinzuweisen. […]"

Schreiben eines Stadtrates an Dr. Piclum vom 4. Mai 1933

StadtA Bochum, OB Pi 11

M 23

„[…] Nach den hier getroffenen Feststellungen hat die Schürzenfabrik Aron Meyer, Inhaber Bernhard Meyer, Bochum, Augustastr. 11, in den letzten 2 Jahren erhebliche Beträge für marxistische Organisationen gestiftet, z.B. Rote Hilfe, Arbeiter-Wohlfahrt, Reichsbanner. Infolgedessen dürfte die Firma Aron Meyer aufzufordern sein, die bisher von der Stadt zur Verfügung gestellte Beihilfe von jährlich 240,– RM für den jüdischen Verein für Krankenpflege sowie den städtischen Zuschuß von rd. 1400,– RM für den jüdischen Kinderhort in der Wilhelmstr. (Leitung Frau Sabel) zu übernehmen.

Mitteilung des Staatskommissars Dr. Piclum vom 24. April 1933

2. Herr Bernhard Meyer ist aufzufordern, im Laufe dieser Woche hier vorzusprechen. […]"

StadtA Bochum, Bo 50/53

Hinweis: Die Leiterin des jüdischen Kinderhortes Martha Sabel war die jüngere Tochter des 1933 verstorbenen Moritz Hähnlein (vgl. M 1 und M 2). Sie wurde – wie ihre ältere Schwester – an einen unbekannten Ort deportiert und ein Opfer der Shoa.

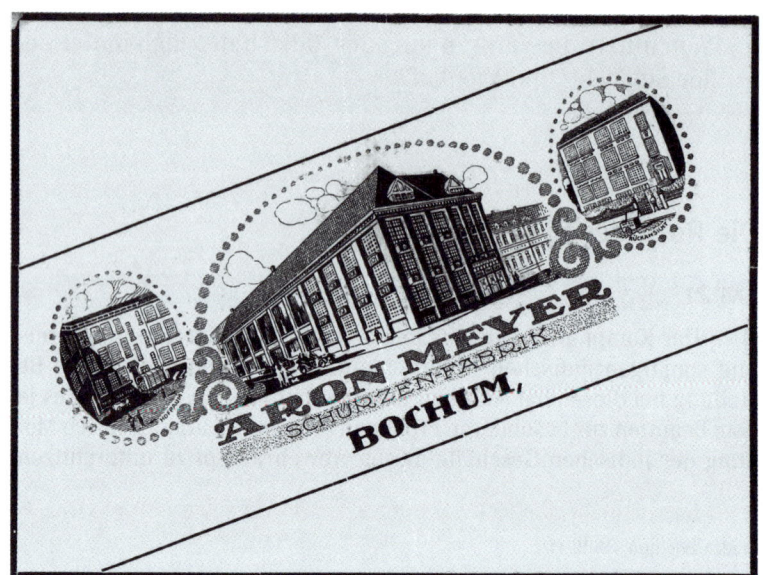

Abb. 44: Geschäftsanzeige der Bochumer Schürzenfabrik Aron Meyer. Die Fabrik wurde 1937 „arisiert"; die jüdischen Eigentümer wurden in die Emigration gedrängt.

M 24

Schreiben der „Schürzenfabrik Aron Meyer an die Stadtverwaltung, z. Hdn. d. Herrn Staatskommissars" vom 29. April 1933

„Ich erkläre, dass ich die Zahlung in Höhe von Mk. 1640,– an die israelitische Kultusgemeinde für den Kinderhort und Schwesternverein leisten werde. Mit dieser Zahlung erkenne ich nicht an, dass ich irgendwie staatsfeindliche Bestrebung in politischer Absicht gefördert hätte, insbesondere durch Zuführung von Geldspenden. Eine Unterstützung kommunistischer Bestrebungen in irgendeiner Form scheidet gänzlich aus. Geldliche Zuwendungen, die ich sonst in einem den Verhältnissen entsprechenden Rahmen gemacht habe, sind ohne politische Zweckverfolgung gegeben worden. […]"

StadtA Bochum, Bo 50/35

Hinweis: Die „Arisierung" der Bochumer Schürzenfabrik erfolgte 1937.

M 25

„Alle Zeitungen, die heute noch den christlichen Einzelhandelsgeschäften durch Veröffentlichung von Anzeigen jüdischer Firmen und Warenhäuser Abbruch tun, sind von allen bezahlten und unbezahlten städtischen Veröffentlichungen, Veranstaltungen und Versammlungen jeder Art auszuschließen, da solche Zeitungen durch Hergabe ihres Zeitungsraumes für diese Annoncen den Feinden des deutschen Volkes Vorschub leisten."

StadtA Bochum, OB Pi 15

Beschluss der Bochumer Stadtverordnetenversammlung vom 30. Juni 1933

M 26

„[…] Soeben wird mir gemeldet, daß der Jude Simon in den Häusern der Ehrenfeldstr. 10 und 12 Reparaturen und Installationsarbeiten ausübt. Auftraggeber ist der Stadtsekretär S., der Verwalter dieser Häuser ist und Ehrenfeldstr. wohnt. Ich bitte, das Weitere dortigerseits veranlassen zu wollen […]"

StadtA Bochum, Bo 11/771

Schreiben der „Nationalsozialistischen Kriegsopferversorgung, Stützpunkt der Ortsgruppe Bochum-Ehrenfeld, Kronenstr. 1" vom 9. Juli 1935

M 27

„[…] Es erscheint der Stadtsekretär E. S., und erklärt mit dem Gegenstand der Vernehmung bekannt gemacht, folgendes:
Ich wohne in dem Hause Ehrenfeldstr. Dieses Haus gehört dem Rektor M. in Altenbögge, Kreis Unna. Da M. auswärts wohnt, hat er mich mit der Verwaltung seiner beiden Häuser Ehrenfeldstr. 10 und 12 beauftragt. Eine Vergütung hierfür erhalte ich nicht. Lediglich zu Weihnachten und bei sonstigen familiären Anlässen (Geburtstag) erhalte ich als Aufmerksamkeit eine Kiste Zigarren von ihm.
Die Klempnerarbeiten in diesen beiden Häusern hat bisher immer der Klempnermeister Krekel, Ferdinandstr., erledigt. Der Klempner Simon war früher mein Nachbar; er wohnte Ehrenfeldstr. 8. Simon befindet sich in einer grossen Notlage; er hat sein ganzes Vermögen verloren und hat keine Arbeit. Seine Not ist so gross, dass er mit seinem Sohn zusammen in seiner Werkstatt, die sich in dem Hinterhaus der Firma Heidemann & Peltzer auf der Hattinger Strasse befindet, notdürftig wohnt und schläft. Eine Wohnung kann sich Simon infolge völliger Mittellosigkeit nicht halten. In den letzten Monaten ist Simon wiederholt an mich herangetreten, ich möchte ihn berücksichtigen, wenn an den beiden Häusern Ehrenfeldstr. 10 und 12 Reparaturen, die er ausführen könne, zu machen seien. Vor einigen Wochen musste in einer Wohnung des Hauses Ehrenfeldstr. 10 ein kleiner einfacher Spülstein ausgewechselt werden. Da ich von Simon ständig um Arbeit angegangen wurde, habe ich ihm diesen Auftrag erteilt. Dieser neue Spülstein hat einschliesslich Arbeitslohn für die Anbringung insgesamt nur 18,50 RM gekostet.
Auf Vorhalt: Ich sehe ein, dass ich als deutscher Beamter mit Juden keine Geschäfte tätigen darf. Ich habe auch im vorliegenden Fall Bedenken

Die Stadtverwaltung lädt den Stadtsekretär E. S. am 23. Juli 1935 zur „Vernehmung" vor

gehabt, dem Simon den kleinen Auftrag zu erteilen. Diese habe ich aber fallen lassen, weil Simon 4 Jahre aktiv am Kriege teilgenommen, zum Vizefeldwebel aufgerückt ist und 4 Kriegsauszeichnungen besitzt. Ferner war für diese einmalige Auftragserteilung seine große Notlage mitbestimmend.

Ich bemerke ausdrücklich, dass ich früher weder Simon noch sonst einem Juden Aufträge erteilt habe und dass ich auch in Zukunft keinem Juden neue Aufträge erteilen werde.

Der N.S.D.A.P. gehöre ich nicht an; ich bin Mitglied der N. S. V., Ortsgruppe Ehrenfeld."

StadtA Bochum, Bo 11/771

Hinweis: Oscar Simons Vater Salomon (1842-1920) war ebenfalls Klempner und ein angesehener Bochumer Bürger. Er hatte das „Allgemeine Ehrenzeichen in Silber" und das „Erinnerungszeichen" der „Freiwilligen Feuerwehr", deren Mitglied er seit 1864 war, erhalten. (Vgl. 2. Kapitel: Die Bochumer Juden vor 1933) Oscar Simon wurde am 20.2.1942 in Dachau ermordet. Sein Sohn Heinz und seine Schwiegertochter Inge wurden nach dem „Osten" deportiert und 1952 vom Amtsgericht Bochum für tot erklärt.

M 28

Schreiben der „Deutschen Arbeitsfront – Reichsarbeitsgemeinschaft Handel – Kreisbetriebsgemeinschaft Bochum" an den „Herrn Oberbürgermeister Pg. Dr. Piclum" vom 22. Juli 1935

„[…] Bezugnehmend auf die vor einiger Zeit mit Ihnen gehabte Unterredung melden wir Ihnen einige Beamten-Frauen, die ihre Einkäufe im Warenhaus Alsberg oder bei sonstigen Juden tätigen:

Frau Dr. S., Tierarzt am städt. Schlachthof. […]

Mit diesen kurzen Angaben wollen wir bloss den Beweis erbringen, dass der Befehl des Stellvertr. des Führers Pg. R. Hess, der den Beamten verbietet, in Warenhäusern und jüdischen Geschäften zu kaufen, nicht befolgt wird.

Wir bitten doch immer darauf zu verweisen, dass bei allen Einkäufen die alten Parteigenossen bevorzugt berücksichtigt werden. […]"

StadtA Bochum, Bo 11/771

M 29

„Vernehmung" des Tierarztes Dr. S. bei der Stadtverwaltung am 25. Juli 1935

„Es erscheint Herr Dr. S. und erklärt mit dem Gegenstand seiner Vernehmung bekanntgemacht folgendes:

Es trifft nicht zu, dass meine Frau bei Juden kauft. Meine Frau trägt ausschliesslich Konfektionsarbeit. Abgesehen von dem Kaufhaus Kortum befinden sich alle anderen Spezialgeschäfte für Damenkonfektion in jüdischen Händen (Heymann, Wolfsdorf, Buschoff, Gabali). Nach wiederholten Auskünften, die meiner Frau von der Leitung des Kaufhauses Kortum erteilt worden sind, handelt es sich bei dem Warenhaus Kortum nicht mehr um ein jüdisches Unternehmen. Das Aktienkapital soll sich ausschliesslich in den Händen von Ariern befinden. In letzter Zeit hat zwar auch der Kaufmann Viefhaus Damenkonfektion eingeführt. Viefhaus hat aber nach Ansicht meiner Frau keine besondere Auswahl. Meine Frau würde somit ihren Bedarf an Damenkonfektion in Dort-

mund oder Essen decken müssen. Da ich städtischer Beamter bin, sind wir aber der Meinung, dass unser Geld in Bochum zu bleiben hat. Aus diesem Grunde hat meine Frau ihren Bedarf an Damenkonfektion im Kaufhaus Kortum gedeckt.
Ich bemerke ausdrücklich, dass weder meine Frau noch ich mit Juden in Verbindung stehen. […]"

StadtA Bochum, Bo 11/771

M 30

„[…] Unser Führer will den Einfluss der Juden auf unser öffentliches Leben, auf die Volkswirtschaft und auf den Gebieten der Kultur und Kunst vollkommen beseitigen. Pflicht eines Jeden, der im öffentlichen Dienst steht, ist es, hierbei unsern Führer mit allen Kräften zu unterstützen. Wie mir aber mitgeteilt wurde, sollen heute immer noch städtische Beamte, Angestellte und Arbeiter bzw. deren Familienangehörige bei Juden kaufen. Dieses Verhalten ist mir nicht nur ganz und gar unverständlich, ich muss es vielmehr sehr missbilligen. Aus dieser Veranlassung verbiete ich hierdurch allen städtischen Beamten, Angestellten und Arbeitern, mit Juden in Geschäftsverbindung zu treten. Dieses Verbot erstreckt sich auch auf getarnte Judengeschäfte. […]
Ich erwarte von allen städtischen Beamten, Angestellten und Arbeitern, dass sie ihren ganzen Einfluss dahin geltend machen, dass in Zukunft auch kein Mitglied ihrer Familie mehr bei Juden kauft. […]"

Rundschreiben der Stadtverwaltung an alle städtischen Beamten, Angestellten und Arbeiter vom 3. August 1935

StadtA Bochum, Bo 11/771

Aufgabenvorschläge zu M 21 bis M 30:

1. Beschreibe die Rolle der Bochumer Stadtverwaltung bei der Ausgrenzung und Ausschaltung jüdischer Firmen seit 1933 (M 21 bis M 25). Überlege, welche Auswirkungen diese Maßnahmen vermutlich hatten.
2. Was veranlasste deiner Meinung nach den Inhaber der Bochumer Schürzenfabrik zu der Zahlung von RM 1.640,– (M 23 und M 24)?
3. Beschreibe die Situation, in der sich Oscar Simon befand (M 27).
4. Welche Begründung gibt der Stadtsekretär E. S. für seine Auftragserteilung an O. Simon? Nimm dazu Stellung (M 27).
5. Stelle die Vorgeschichte der Vernehmung des Tierarztes am städtischen Schlachthof Dr. S. dar (M 28 und M 29).
6. Warum beschäftigte sich deiner Meinung nach der Bochumer Oberbürgermeister mit den Einkäufen seiner Mitarbeiter? Kannst du dir Ähnliches heute vorstellen (M 30)?

Situation der Bochumer Juden
und der Synagogengemeinde im Jahre 1937

M 31

„... **dass einmal blü-
hendes Leben so
schnell geschwun-
den ist" – Ein Be-
richt in der Zeitung
des Centralvereins
deutscher Staats-
bürger jüdischen
Glaubens**

„[...] Die Gemeinde, die ursprünglich kaum kleiner war als die Gelsen-
kirchener, nämlich 1200 Seelen, ist um volle 50 Prozent, also auf 600,
zurückgegangen. Die kleineren Gemeinden rings umher: Herne, Wattenscheid, Wanne-Eickel und Witten, die gemeinsam von dem Bezirks-
rabbiner Dr. Kliersfeld, dem Nachfolger des noch in Bochum lebenden
allverehrten Dr. David versorgt werden, haben etwa im gleichen Verhältnis abgenommen. Die Steuerkraft ist auf ein Zehntel gesunken, die
Rücklagen sind angegriffen, die Prozentsätze sind stark erhöht – und
so wagt man nicht, über dieses Jahr hinaus zu denken. Bochum hat nur
noch einen jüdischen Arzt; von 13 Anwälten sind nur noch drei am Ort.
Alle Vereine haben sich zu einem Vortragsverband zusammengeschlossen, dessen Darbietungen die einzige Abwechslung der Gemeindemitglieder bilden. Denn Bochum ist selbst für den Kulturbund nicht
mehr tragfähig! Es muß aus Mangel an Menschen und Mitteln auf diesen großen Tröster und Anreger, der überall mit seinen Ankündigun-
gen Spannung hervorruft, verzichten. Noch konnte die Winterhilfe die
Unterstützung ihrer 170 Bedürftigen glatt bewältigen, noch führt die
städtische jüdische Schule unter Leitung von Herrn Mendel die Erziehung ihrer 67 Kinder ordnungsgemäß durch. Aber der Besuch geht, wie
überall, zurück, und nur die Dichte der Städte und die Unübersichtlich-
keit der jüdischen Bevölkerung im Bezirk verhindern, dass man genau
ausrechnen kann, wann mangels Nachwuchses die Schule ihre Pforten
wird schließen müssen. Rechtsanwalt Dr. Schoenewald, Vorsitzender
der Gemeinde und des Central-Vereins, dessen Gattin Ottilie Schoenewald als Vorsitzende des Jüdischen Frauenbundes bekannt ist, berichtet diese Tatsachen ruhig und ohne Sentimentalität. Nur wenn davon
die Rede ist, dass Bochum einmal Vorort des westfälischen Judentums
war, wenn man sich daran erinnert, dass hier der erste jüdische Litera-
turverein gegründet wurde und dass die jüdische Durchwanderer-Be-
treuung von hier ihren Ausgang nahm, dann dämmt auch die strengste
Sachlichkeit der Erzählung nicht mehr die Trauer darüber zurück, dass
ehemals blühendes Leben so schnell geschwunden ist.[...]"

Eva Reichmann-Jungmann, Jüdische Gemeinden an Ruhr und Rhein, in: Central-Verein-
Zeitung, Allgemeine Zeitung des Judentums, 16. Jg. Nr. 27, 8. Juli 1937, 2. Beiblatt S. 5-8

Aufgabenvorschläge zu M 31:

1. Welche Veränderungen innerhalb der jüdischen Gemeinde Bochums wurden in
   diesem Bericht verdeutlicht (M 31)? (Vgl. ebenfalls 2. Kapitel: Die Bochumer Juden
   vor 1933.)
2. Charakterisiere die Stimmung der Bochumer Juden im Jahre 1937 (M 31).
3. Warum verließen deiner Meinung nach nicht alle Juden Bochum?

6. KAPITEL

Rainer Adams

Die antisemitische Gesetzgebung von 1935: Wer darf Deutscher sein?

Am 6. Juli 1933 verkündete Hitler in einer Rede vor den Reichsstatthaltern das Ende der „NS-Revolution". Damit schloss auch die erste antisemitische Verfolgungswelle ab; die offenen, ungezügelten Gewalttätigkeiten der SA gegen Juden und jüdisches Eigentum wurden bis Ende 1934 weitgehend eingestellt. Diese innenpolitische Beruhigung stärkte bei vielen Juden die Hoffnung, dass sie die nationalsozialistische Herrschaft in Deutschland irgendwie überstehen könnten. Dennoch konnten der schleichende wirtschaftliche Boykott, der zu einer fortwährenden Verschlechterung der Lebensbedingungen führte, die berufliche Ausgrenzung und die gesellschaftliche Diskriminierung nicht übersehen werden.

Seit Februar 1935 stiegen antijüdische Übergriffe wieder stark an, schwächten sich von Ende April bis Ende Juni ab und erreichten ein wesentlich größeres Ausmaß im Juli/August. Sie hielten auch nach dem Erlass der „Nürnberger Gesetze" an und fanden ihr vorläufiges Ende erst im Oktober 1935.[1] Erfolge, wie die „Heimholung" des Saargebietes, das Stillhalten der Signatarmächte des Versailler Vertrages bei der Wiedereinführung der Wehrpflicht und der Abschluss des Flottenabkommens mit Großbritannien, führten dazu, dass außenpolitische Rücksichtnahmen wegfielen und radikale antijüdische Maßnahmen ihren Lauf nahmen.

Während des Nürnberger Parteitages der NSDAP im September 1935 wurden die so genannten „Nürnberger Rassengesetze" verkündet: das „Reichsbürgergesetz" und das „Gesetz zum Schutze des deutschen Blutes und der deutschen Ehre". Der Reichstag war eigens nach Nürnberg einberufen worden, um den Gesetzen am 15.9.1935 zuzustimmen - ein rein formaler Akt.

Nach der Ausgrenzung der Juden aus dem öffentlichen Dienst und aus zahlreichen Berufen richteten sich die „Nürnberger Gesetze"[2] und die dazugehörige Durchführungsverordnung vom 14. November 1935 gegen die jüdische Bevölkerung in ihrer Gesamtheit. Die Juden verloren ihre staatsbürgerlichen Rechte und sollten nur noch als „Gäste" in Deutschland leben. Das Recht, „über Führung und Gesetze des Staates" mit zu entscheiden,[3] wurde ihnen genommen. Öffentliche Ämter, „gleichgültig welcher Art", durften sie nicht mehr bekleiden.[4] Mit den „Nürnberger Gesetzen" sollte nun auch das „Rassenproblem" grundlegend gelöst werden. Die „wahllose Vermischung" und „geistige Annäherung" zwischen „Ariern" und Juden sollte ein Ende fin-

---

1 Vgl. Friedländer, Das Dritte Reich und die Juden, S. 154–158 und Longerich, Politik der Vernichtung, S. 78–101.
2 Vgl. die detaillierte Abhandlung bei: Uwe D. Adam, Judenpolitik im Dritten Reich, S. 114–131.
3 Vgl. Stuckart, Globke, Kommentare zur deutschen Rassengesetzgebung, S. 26.
4 Ebd.

den. Die „blutmäßig bedingte klare Scheidung zwischen Deutschtum und Judentum" war das Ziel.[5]

M 1

„Wehrgesetz" vom 21. Mai 1935

„[...] § 15 Arische Abstammung
(1) Arische Abstammung ist eine Voraussetzung für den aktiven Wehrdienst.
(2) Ob und in welchem Umfange Ausnahmen zugelassen werden können, bestimmt ein Prüfungsausschuß [...]
(3) Nur Personen arischer Abstammung können Vorgesetzte in der Wehrmacht werden.
(4) Den Angehörigen arischer Abstammung der Wehrmacht und des Beurlaubtenstandes ist das Eingehen der Ehe mit Personen nichtarischer Abstammung verboten. [...]"

Reichsgesetzblatt, Jg. 1935, T. I, S. 611

M 2

„Verordnung über die Zulassung von Nichtariern zum aktiven Wehrdienst" vom 25. Juli 1935

„§ 1 (1) Arischer Abstammung im Sinne des Wehrgesetzes ist, wer arischer Abstammung im Sinne der Beamtengesetzgebung ist. [...]
(2) Als nichtarisch gilt demnach, wer von nichtarischen, insbesondere jüdischen Eltern oder Großeltern abstammt. Es genügt, wenn ein Großelternteil nichtarisch ist. Ein Großelternteil ist nichtarisch, wenn seine Eltern nichtarisch gewesen sind. Hat eine Person der jüdischen Religion angehört, so wird vermutet, daß sie nichtarischer Abstammung war. Die Vermutung kann widerlegt werden. [...]
§ 2 (2) Ausnahmen nach § 15 Abs. 2 des Wehrgesetzes können für Nichtarier zugelassen werden, die nicht mehr als zwei voll nichtarische, insbesondere jüdische Großelternteile haben. [...]"

Reichsgesetzblatt, Jg. 1935, T. I, S. 1047 f.

Hinweis: In der Reichswehr wurden im Februar 1934 die Bestimmungen des Beamtengesetzes von 1933 eingeführt; aus „rassischen" Gründen wurden etwa 70 Offiziere, Unteroffiziere und Soldaten aus der Reichswehr ausgeschlossen.[6]

---

5   Ebd., S. 15. Zum Rassismus der NSDAP vgl. auch Kapitel 3 und Kapitel 8 in diesem Band.
6   Vgl. Longerich, Politik der Vernichtung, S. 50 f.

M 3

„[…] 4. Staatsbürger kann nur sein, wer Volksgenosse ist. Volksgenosse kann nur sein, wer deutschen Blutes ist, ohne Rücksichtnahme auf Konfession. Kein Jude kann daher Volksgenosse sein.

5. Wer nicht Staatsbürger ist, soll nur als Gast in Deutschland leben können und muß unter Fremdengesetzgebung stehen.

6. Das Recht, über Führung und Gesetze des Staates zu bestimmen, darf nur dem Staatsbürger zustehen. Daher fordern wir, daß jedes öffentliche Amt, gleichgültig welcher Art, gleich ob im Reich, Land oder Gemeinde, nur durch Staatsbürger bekleidet werden darf. […]

7. Wir fordern, daß sich der Staat verpflichtet, in erster Linie für die Erwerbs- und Lebensmöglichkeit der Staatsbürger zu sorgen. Wenn es nicht möglich ist, die Gesamtbevölkerung des Staates zu ernähren, so sind die Angehörigen fremder Nationen (Nicht-Staatsbürger) aus dem Reich auszuweisen.

8. Jede weitere Einwanderung Nicht-Deutscher ist zu verhindern. Wir fordern, daß alle Nicht-Deutschen, die seit dem 2. August 1914 in Deutschland eingewandert sind, sofort zum Verlassen des Reiches aufgefordert werden. […]"

W. Ripper (Hg.), Weltgeschichte im Aufriß, Bd. 3 Teil 1: Vom Ersten Weltkrieg bis 1945, Frankfurt/M o.J., S. 342

Auszüge aus dem Parteiprogramm der NSDAP von 1920

M 4

„Der Reichstag hat einstimmig das folgende Gesetz beschlossen, das hiermit verkündet wird:

§ 1 (1) Staatsangehöriger ist, wer dem Schutzverband des Deutschen Reiches angehört und ihm dafür besonders verpflichtet ist.

(2) Die Staatsangehörigkeit wird nach den Vorschriften des Reichs- und Staatsangehörigkeitsgesetzes erworben.

§ 2 (1) Reichsbürger ist nur der Staatsangehörige deutschen oder artverwandten Blutes, der durch sein Verhalten beweist, daß er gewillt und geeignet ist, in Treue dem Deutschen Volk und Reich zu dienen.

(2) Das Reichsbürgerrecht wird durch Verleihung des Reichsbürgerbriefes erworben.

(3) Der Reichsbürger ist der alleinige Träger der vollen politischen Rechte nach Maßgabe der Gesetze. […]"

Reichsgesetzblatt, Jg. 1935, T. I, S. 1146

„Reichsbürgergesetz" vom 15. September 1935

M 5

„Gesetz zum Schutze des deutschen Blutes und der deutschen Ehre" vom 15. September 1935

„[…] § 1 (1) Eheschließungen zwischen Juden und Staatsangehörigen deutschen oder artverwandten Bluts sind verboten. […]

§ 2 Außerehelicher Verkehr zwischen Juden und Staatsangehörigen deutschen oder artverwandten Blutes ist verboten.

§ 3 Juden dürfen weibliche Staatsangehörige deutschen oder artverwandten Blutes unter 45 Jahren in ihrem Haushalt nicht beschäftigen.

§ 4 (1) Juden ist das Hissen der Reichs- und Nationalflagge und das Zeigen der Reichsfarben verboten.

(2) Dagegen ist ihnen das Zeigen der jüdischen Farben gestattet. Die Ausübung dieser Befugnis seht unter staatlichem Schutz.

§ 5 (1) Wer dem Verbot des § 1 zuwiderhandelt, wird mit Zuchthaus bestraft.

Abb. 45: Das „Blutschutzgesetz" vom 15.9.1935 verbot Eheschließungen und den „außerehelichen Verkehr" zwischen Juden und „Deutschblütigen".

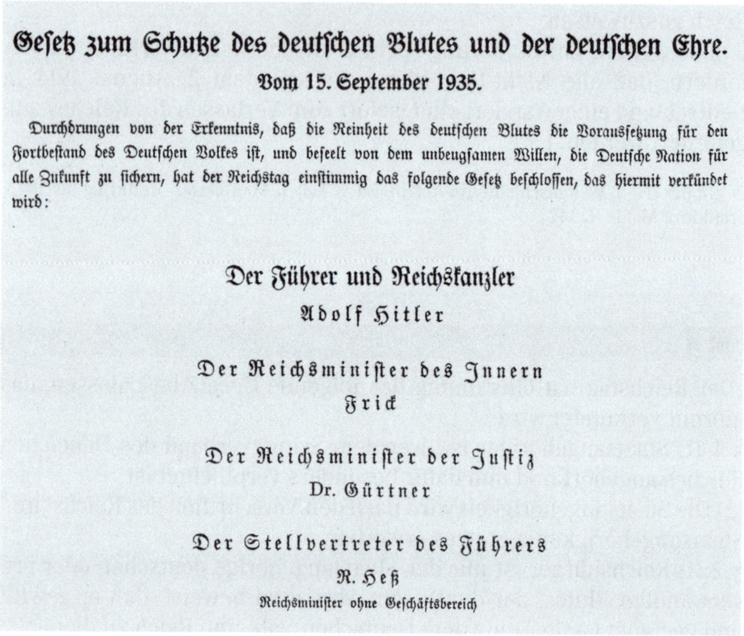

Gesetz zum Schutze des deutschen Blutes und der deutschen Ehre.

Vom 15. September 1935.

Durchdrungen von der Erkenntnis, daß die Reinheit des deutschen Blutes die Voraussetzung für den Fortbestand des Deutschen Volkes ist, und beseelt von dem unbeugsamen Willen, die Deutsche Nation für alle Zukunft zu sichern, hat der Reichstag einstimmig das folgende Gesetz beschlossen, das hiermit verkündet wird:

Der Führer und Reichskanzler
Adolf Hitler

Der Reichsminister des Innern
Frick

Der Reichsminister der Justiz
Dr. Gürtner

Der Stellvertreter des Führers
R. Heß
Reichsminister ohne Geschäftsbereich

(2) Der Mann, der dem Verbot des § 2 zuwiderhandelt, wird mit Gefängnis oder dem Zuchthaus bestraft.

(3) Wer den Bestimmungen der §§ 3 oder 4 zuwiderhandelt, wird mit Gefängnis bis zu einem Jahr und mit Geldstrafe oder mit einer dieser Strafen bestraft. […]"

Reichsgesetzblatt, Jg. 1935. T. I, S. 1146 f

M 6

Reichsbund der Standesbeamten
Gau Westfalen,
Lippe und Schaumburg-Lippe.

Tafel A

Wer ist jüdisch, wer „deutschblütig"?

I. Juden (drei oder vier volljüdische Großelternteile.)

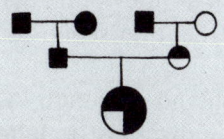 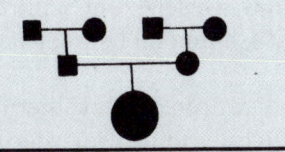

II. Jüdischer Mischling 1. Grades (zwei volljüdische Großelternteile.)

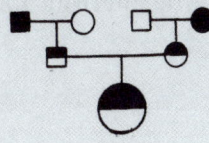 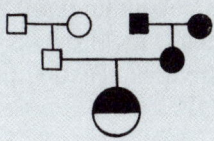

gilt als Jude, wenn er:

a) am 16. 9. 35 der jüdischen Religionsgemeinschaft angehört hat oder danach in diese aufgenommen ist oder wird.

b) am 16. 9. 35 mit einem Juden verheiratet gewesen ist oder sich danach mit einem solchen verheiratet hat oder verheiratet.

c) aus einer Ehe mit einem Juden stammt, die nach dem 17. 9. 35 geschlossen ist.

d) aus einem außerehelichen Verkehr mit einem Juden stammt und nach dem 31. 7. 36 außerehelich geboren wird.

III. Jüdischer Mischling 2. Grades (ein volljüdischer Großelternteil.)

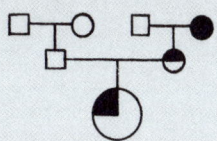

IV. Deutschblütiger (Deutschen oder artverwandten Blutes.)

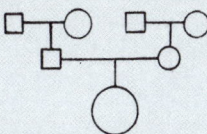

Anmerkungen:

1) Sind Großelternteile nicht volljüdisch, so bleiben sie außer Betracht.

2) Als volljüdisch gilt ein Großelternteil ohne weiteres, wenn er der jüdischen Religionsgemeinschaft angehört hat. Gegenbeweis nicht zulässig.

Schaubild des Reichsbundes der Standesbeamten Gau Westfalen, Lippe und Schaumburg-Lippe, Stadtarchiv Hattingen

Aufgabenvorschläge zu M 1 bis M 6:

1. Wer wurde vom aktiven Wehrdienst ausgeschlossen (M 1 und M 2)?
2. Vergleiche die „Nürnberger Gesetze" und die antisemitischen Punkte des Partei-programms der NSDAP von 1920 (M 3 bis M 5).
3. Welche Auswirkungen hatte das „Reichsbürgergesetz" für Juden (M 4)?
4. Welche Folgen hatte das „Gesetz zum Schutze des deutschen Blutes und der deut-schen Ehre" für das Zusammenleben der jüdischen und nichtjüdischen Bevölke-rung (M 5 und M 6)?
5. In welche „Kategorien" wurde die Bevölkerung in Deutschland eingeteilt (M 6)?
6. Was bestimmte letztlich darüber, wer „der Rasse nach" jüdischer Großelternteil war (M 6)?
7. Welche Kriterien legten fest, ob jemand mit zwei jüdischen Großeltern als Jude galt oder ein Mischling 1. Grades war (M 6)?
8. Welche Konsequenzen hatte diese Festlegung?

7. Kapitel

Rainer Adams

Aspekte der „Arisierung in Bochum"

„Arisierung"[1] bezeichnet die Übertragung unabhängiger Wirtschaftsunternehmen, die sich in jüdischem Besitz befanden, auf „arische" Eigentümer zunächst im Deutschen Reich und ab 1939 in den besetzten Ländern. Dieser Vorgang spielte sich in Deutschland in zwei Phasen ab: Von 1933 bis 1938 erfolgten die „freiwilligen" Verkäufe und unmittelbar nach der Reichspogromnacht die durch Gesetz erzwungene Übertragung jüdischer Firmen. Anfang 1933 befanden sich in Deutschland ungefähr 100.000 Unternehmen in jüdischem Besitz, wozu Ein-Mann-Betriebe ebenso gehörten wie Großunternehmen. Etwa die Hälfte der Unternehmen waren Einzelhandelsgeschäfte, vor allem solche der Bekleidungs-, Schuh- und Hausratsbranche. Die andere Hälfte bestand aus Fabriken und Werkstätten unterschiedlicher Art, Verlagen und unabhängigen Praxen von Ärzten, Anwälten und anderen freien Berufen.

1935 waren noch 75.000 bis 80.000 jüdische Firmen vorhanden, im April 1938 nur noch knapp 40.000. Kleinbetriebe und Einzelhandelsgeschäfte – zumeist im ländlichen Bereich – wurden zum größeren Teil bereits in den ersten Jahren der nationalsozialistischen Herrschaft verkauft oder aufgegeben. Dagegen konnten besonders die Großhandelsfirmen, Fabriken und Handwerksbetriebe, die arbeitsintensiv – bis 1936 war die Arbeitslosigkeit in Deutschland noch nicht behoben – oder exportorientiert waren, ihre Existenz während der ersten Jahre der nationalsozialistischen Herrschaft behaupten und bis zu einem gewissen Grade sogar am allgemeinen Aufschwung der deutschen Wirtschaft teilnehmen. Bei der Zählung im Juli 1938 wurden von den ungefähr 50.000 jüdischen Einzelhandelsgeschäften, die 1933 vorhanden waren, nur noch ca. 9.000 gemeldet. Die Betriebe wurden zu einem in der Regel weit unter dem Marktwert liegenden Preis „arisiert". Vordergründig betrachtet ging die „schleichende Arisierung" in der ersten Phase als normale Firmenverkäufe vor sich. In Wirklichkeit wurden diese durch mannigfache Behinderungen und diffamierende Aktionen erzwungen, die auch nach der am 2. April 1933 erfolgten offiziellen Beendigung des Boykotts gegen jüdische Geschäfte und Praxen vom 1. April 1933 fortgesetzt wurden. Verunsicherungen und Druck auf die Kunden, Untergrabung der Loyalität der Mitarbeiter, Lieferanten- und Anzeigenboykotte, Interventionen verschiedenster Behörden in Form von Vorladungen, Betriebs- und Finanzprüfungen, Annullierung von Steuernachlässen, Stornierungen von Verträgen oder Nichtbezahlung erfolgter Lieferungen bzw. erbrachter Leistungen, Benachteiligungen auf Messen und Ausstellungen usw. können in diesem Zusammenhang angeführt werden. Je größer der Druck war, der auf den jüdischen Inhabern lastete, und je höher die Zahl der erzwungenen Verkäufe war, desto geringer fielen die Verkaufspreise

---

1 Vgl. Frank Bajohr, „Arisierung" als gesellschaftlicher Prozess – Verhalten, Strategien und Handlungsräume jüdischer Eigentümer und „arischer" Erwerber, in: Irmtrud Wojak und Peter Hayes (Hg.), „Arisierung" im Nationalsozialismus – Volksgemeinschaft, Raub und Gedächtnis, Frankfurt/M. 2000, S. 15–30.

Abb. 46: Vor der „Arisierung": das jüdische Kaufhaus Hess in Wattenscheid, Oststraße (Aufnahme um 1934).

aus. Neben der unmittelbaren Firmenübertragung wurde die „indirekte Arisierung" in Form des Liquidationsverfahrens praktiziert: So konnten die Konkurrenten die jüdischen Firmen zunächst „ausschlachten" und sich schließlich die Reste des Betriebs oder den entsprechenden Marktbereich aneignen.

Bis 1938 bestimmten die staatlichen Maßnahmen und Initiativen der Partei zwar das politische Klima und die Rahmenbedingungen, die „Arisierung" ereignete sich aber weitgehend im gesellschaftlichen Raum. Im Bereich der Wirtschaft begegneten sich jüdische und nichtjüdische Deutsche in sehr unterschiedlichen Rollen: als Geschäftsinhaber und Kunden, als Arbeitgeber und Arbeitnehmer, als Konkurrenten und Geschäftspartner, als Verkäufer und Käufer von Unternehmen. Die „Arisierung" bedeutete einen der größten Besitzwechsel der deutschen Geschichte, an dem sehr viele sowohl aktiv als auch profitierend beteiligt waren; sie wäre somit ohne deren direkte oder indirekte Beteiligung nicht möglich gewesen.[2]

Auffallend ist, dass sich der nationalsozialistische Staat gesetzlich und administrativ längere Zeit aus der „Arisierung jüdischen Besitzes" heraushielt. Erst nach dem

---

2   Vgl. Avraham Barkai, Die deutschen Unternehmer und die Judenpolitik im „Dritten Reich", in: Ursula Büttner (Hg.), Die Deutschen und die Judenverfolgung im Dritten Reich, Hamburg 1992, S. 207–229; Konrad Kwiet, Nach dem Pogrom: Stufen der Ausgrenzung, in: Wolfgang Benz (Hg.), Die Juden in Deutschland 1933–1945: Leben unter nationalsozialistischer Herrschaft, München 1988, S. 545–574 und Dirk van Laak, Die Mitwirkenden bei der „Arisierung". Dargestellt am Beispiel der rheinisch-westfälischen Industrieregion 1933–1940, in: Büttner, Die Deutschen und die Judenverfolgung, S. 231–257.

Abb. 47: Nach der „Arisierung": „Hess" wird zu „Horten".

Novemberpogrom am 11.11.1938 erließ er rechtliche Regelungen für die „Arisierung jüdischer Unternehmungen". So verbot z. B. die „Erste Verordnung zur Ausschaltung der Juden aus dem deutschen Wirtschaftsleben" vom 12. November 1938 jüdischen Kaufleuten und Handwerkern ab 1. Januar 1939 jede selbständige Tätigkeit. Betriebe, die entgegen diesem Verbot weitergeführt wurden, waren polizeilich zu schließen.[3]

Von den 111 jüdischen Einzelhandelsgeschäften, die es Mitte 1933 in Bochum gab, waren etwa 50 % bis Ende 1936 liquidiert oder „arisiert".[4] Spektakuläre „Arisierungen" bildeten in Bochum die Umwandlung der Bochumer Alsberg AG in das Kaufhaus Kortum im Juni 1933[5] und in Wattenscheid die Übernahme des Kaufhauses von Sally Hess durch Helmut Horten im August 1936.[6]

---

3   Vgl. Reichsgesetzblatt, Jg. 1938, T. I, S. 1580.
4   Vgl. Avraham Barkai, Vom Boykott zur „Entjudung": Der wirtschaftliche Existenzkampf der Juden im Dritten Reich 1933–1943, Frankfurt/M. 1988, S. 124.
5   Vgl. Gerhard Kratzsch, Der Gauwirtschaftsapparat …, S. 272–277.
6   Vgl. Kratzsch, Der Gauwirtschaftsapparat …, S. 280–283.

Abb. 48: Anzeige des Kaufhauses Alsberg.

Rufschädigung?

Das 1921 eröffnete und sehr erfolgreiche „Warenhaus Gebrüder Alsberg A.G." wurde am 1. Juni 1933 „arisiert" und in „Kaufhaus Kortum A.G." umbenannt. Die fünf jüdischen Vorstandsmitglieder, darunter Alfred Alsberg, wurden entlassen. Dennoch führte das „Verzeichnis der jüdischen Geschäfte, Warenhäuser und Einheitspreisgeschäfte des Kreises Bochum", das von der Gauleitung Westfalen-Süd im Sommer 1935 veröffentlicht wurde, das Kaufhaus als „Warenhaus Gebr. Alsberg A.G. (Kaufhaus Kortum), Bochum. Kortumstr." an erster Stelle auf.

Alfred Alsberg wurde am 22. Oktober 1941 mit seiner Frau von Köln nach Lodz (Litzmannstadt) deportiert und kam als Opfer der Shoa ums Leben.[7]

M 1

Schreiben der Kaufhaus Kortum AG an den Bochumer Oberbürgermeister Dr. Piclum vom 1. August 1935

„[…] Die Kaufhaus Kortum A.-G. wird irrtümlich von verschiedenen Seiten noch immer als getarntes jüdisches Unternehmen bezeichnet. Tatsache ist jedoch folgendes:

1) Die gesamte alte Verwaltung der Firma trat infolge einstimmigen Beschlusses der ausserordentlichen Generalversammlung vom 27. Juni 1933 zurück. Der daraufhin neu bestellte Aufsichtsrat und Vorstand setzt sich aus nur arischen Herren zusammen.

2) Es existieren keinerlei Verträge, Abmachungen, Vollmachten oder ähnliches zwischen der Firma und den Mitgliedern der früheren Verwaltung oder mit früheren Aktionären; jeder jüdische Einfluss ist vielmehr vollkommen ausgeschaltet.

3) Die Aktien der Firma werden im freien Verkehr an der Düsseldorfer Börse gehandelt; eine ausreichende arische Aktienmehrheit ist jedoch sichergestellt worden.

4) Die gesamte Gefolgschaft besteht nur aus deutschen Volksgenossen, die sämtlichst Mitglieder der Deutschen Arbeitsfront sind. Die letzten jüdischen Angestellten sind Ende vergangenen Monats ausgetreten.

5) Sämtliche Unterlagen hierüber sind dem Kreiswirtschaftsberater Direktor Make, i/Fa. Eisen- und Hüttenwerke A.-G., hier, im Juli dieses Jahres vorgelegt und eingehend von ihm geprüft worden.

---

7   Vgl. Rolf Bornschein-Holtbrügger, J. Jachnow, Stas Rozin, Kortum … ein „arisches" Unternehmen? Der Arisierungsprozess in Bochum, Bochum 1998. (Überarbeitete Fassung eines Beitrages für den Wettbewerb „Jüdisches Leben und Wirken im Ruhrgebiet von 1900 bis heute" der Geschichtsprojektgruppe des Heinrich-von-Kleist-Gymnasiums unter Leitung von Jörg Schürmann.).

Abb. 49: Nach der „Arisierung": „Alsberg" wird zu „Kortum"

Wir bitten Sie höfl., von vorstehendem Kenntnis zu nehmen und Ihnen
etwa zugegangene falsche Informationen im Interesse unserer Gefolgschaft und aus Gründen allgemeiner Gerechtigkeit zu berichtigen.
Heil Hitler! [...]"

StadtA Bochum, Bo 11/771

M 2

„[...] Auf Veranlassung des Herrn Reichs- und Preussischen Wirt-
schaftsministers hat die Industrie- und Handelskammer zu Bochum gemeinsam mit dem zuständigen Kreiswirtschaftsberater der NSDAP die
Frage geprüft, ob die Firma Kaufhaus Kortum Aktiengesellschaft, Bochum, ein arisches Unternehmen ist. Als Ergebnis der Prüfung wird
festgestellt, dass die Kaufhaus Kortum Aktiengesellschaft, die frühere
jüdische Gebr. Alsberg Aktiengesellschaft, nach der Machtübernahme
derart umgestellt worden ist, dass heute jeglicher jüdischer Einfluss
auf das Unternehmen ausgeschaltet ist. [...]"

**Bescheinigung der
Bochumer Indu-
strie- und Handels-
kammer vom 27.
August 1935**

StadtA Bochum, Bo 11/771

Aufgabenvorschläge zu M 1 und M 2:

1. Erarbeite die einzelnen Punkte, mit denen 1935 das Kaufhaus Kortum „beweist", dass es ein arisches Unternehmen ist (M 1).
2. Überlege, welche Bedeutung dem Gutachten der Bochumer Industrie- und Handelskammer zukam (M 2).
3. Deute die Ausführungen der Geschäftsleitung des Kaufhauses Kortum: „Die letzten jüdischen Angestellten sind Ende vergangenen Monats ausgetreten." (M 1)

Abb. 50: Die Industrie- und Handelskammer meldet dem Gauwirt- schaftsberater die voll- endeten „Arisierungen" in ihrem Bezirk.

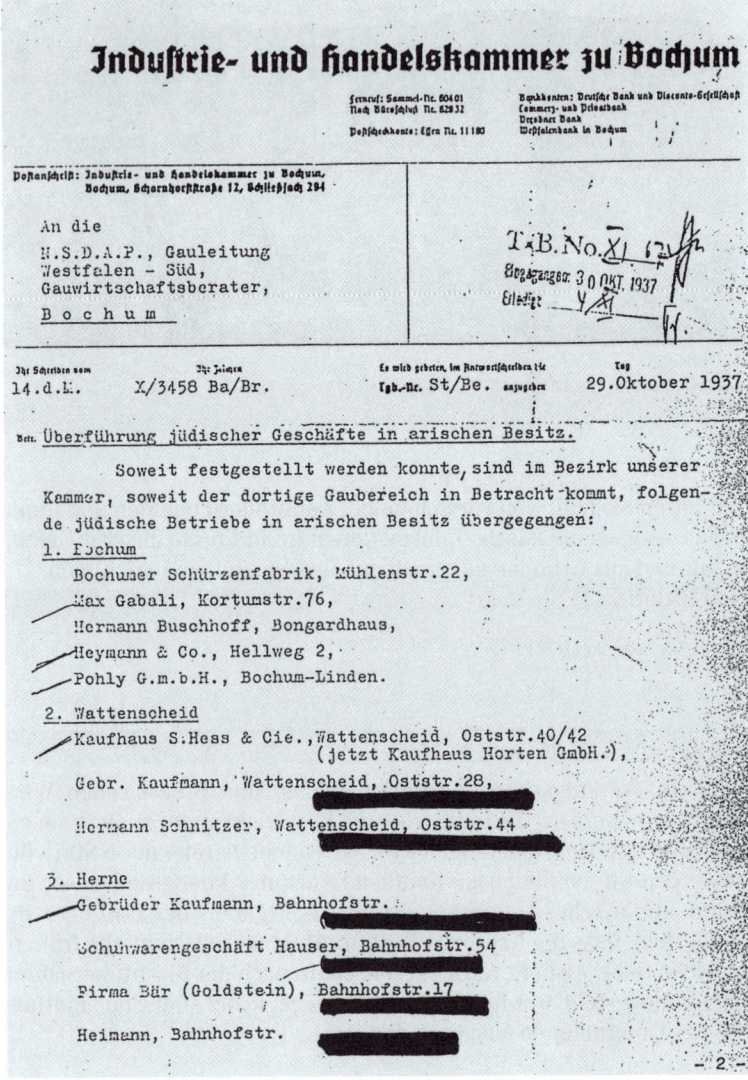

Die Rolle des Gauwirtschaftsberaters Westfalen-Süd bei der „Arisierung"

Seit Beginn 1936 kam eine wachsende Bedeutung bei „Arisierungen" dem Gauwirt-schaftsberater zu.[8] Dieser bildete die mittlere Ebene zwischen den Kreiswirtschafts-beratern und der Kommission für Wirtschaftspolitik in der Reichsleitung der NSDAP.[9] Die Kreiswirtschaftsberater in den 18 Parteikreisen des Gaus Westfalen-Süd und der Gauwirtschaftsberater übten ihre Tätigkeit ehrenamtlich aus; im Berufsleben waren sie zum Beispiel gutsituierte Kaufleute und Unternehmer. Im Bochumer Gauamt wa-ren ständig zwei akademisch gebildete hauptberufliche Stellenleiter tätig. Anfänglich sahen diese 21 Funktionäre ihre Hauptaufgabe in der propagandistischen Beeinflus-sung und in der wirtschaftlichen Beratung der mittelständischen Betriebe. Der Gau-wirtschaftsapparat befasste sich zunächst nur sporadisch mit jüdischen Angelegen-heiten. Den NS-Organisationen überließ er die Ausgrenzung und Verdrängung der Ju-den durch Propaganda und Aktionen. Er wirkte den vereinzelten Neugründungen jü-discher Firmen entgegen, da bis ins Einzelne überprüft wurde, ob seitens der Behörden alle Vorschriften genau angewandt wurden. Am 20. Oktober 1936 erließ der Stellvertretende Gauleiter Westfalen-Süd eine parteiamtliche Anweisung, dass der Gauwirtschaftsberater bei der „Arisierung" von Konfektions- und Textilfirmen mitzu-wirken habe. Das Gauamt dehnte sofort diese Parteizuständigkeit auf alle „Firmenari-sierungen" aus. Kreisleiter und Kreiswirtschaftsberater wurden verpflichtet, alle vor-kommenden „Arisierungen" dem Gauwirtschaftsberater zu melden.

M 3

„[...] Sämtliche im Gau Westfalen-Süd vorkommenden Arisierungen werden grundsätzlich vom Amt des Gauwirtschaftsberaters geprüft. Um eine Handhabe für die Überprüfung der Arisierungen zu bekom-men, hat der stellv. Gauleiter auf meinen Vorschlag hin bereits unterm 20. 10. 1936 ein Rundschreiben an die Gauamts- und Kreisleiter he-rausgegeben, wonach bei allen Arisierungen das Amt des Gauwirt-schaftsberaters verständig und zur Vornahme einer Nachprüfung ein-geschaltet werden muss. Diese Anordnung hat sich ausserordentlich gut bewährt. [...] So verweisen die Industrie- und Handelskammern von sich aus an das Amt des Gauwirtschaftsberaters. [...]
Seit Bekanntwerden der Erlasse des Herrn Reichs- und Preuss. Wirt-schaftsministers vom 27. November und 15. Dezember 1937 betreffs Devisen- und Rohstoffzuteilungen an jüdische Unternehmungen sind die jüdischen Firmeninhaber allgemein bestrebt, ihre Betriebe schnell-stens zu veräussern. [...] Mit geringen Ausnahmen versuchen sich noch jüdische Geschäftsinhaber zu halten oder Fantasiepreise für ihre Betriebe zu fordern. Die Nachprüfung der Kaufpreise wird indes so sorgfältig vorgenommen, dass es bisher in jedem Einzelfalle möglich war, den arischen Käufer vor Übervorteilungen zu schützen. [...] Die Arisierungen werden in Zusammenarbeit mit den zuständigen Bürger-meistern vorangetrieben und zwar in der Form, dass der Bürgermeister

Schreiben des Gau-wirtschaftsberaters Westfalen-Süd an die Kommission für Wirtschaftspolitik der NSDAP/Mün-chen vom 24. März 1938

---

8   Vgl. Kratzsch, Der Gauwirtschaftsapparat, S. 14–50.
9   Im Dezember 1932 war diese Organisation des so genannten Gauwirtschaftsapparats durch die Füh-rung der NSDAP eingerichtet worden.

den jüdischen Geschäftsinhaber vorlädt und ihm nahelegt, sein Geschäft zu verkaufen. So konnten Arisierungen allein durch diese Massnahme und ohne jede Anwendung von Druckmitteln oder Sabotageandrohungen erreicht werden. Zudem ist zu beobachten, dass die Juden sich zumeist schon dann nachgiebig zeigen, sobald sie hören, dass sich die Partei auch nur mit ihrer Person beschäftigt. So war es bisher in allen Fällen möglich, die Forderungen des Gauwirtschaftsberaters ohne Druckanwendung durchzusetzen. Oft genügt allein der ausdrückliche Hinweis darauf, dass auch anderen Kaufinteressenten gegenüber kein weiteres Entgegenkommen gezeigt werden kann, um die Juden davon zu überzeugen, dass sie mit ihren unberechtigt hohen Forderungen nicht durchkommen. [...]

Durch die sorgfältig vorgenommenen Prüfungen konnten daher auch Tarnungsabsichten von vornherein unterbunden werden. Die Beteiligung am Geschäftsumsatz wird zumeist durch eine gleitende, sich nach dem jeweiligen Umsatz errechnete Pacht zu erreichen versucht. Sodann werden jüdische Unternehmungen an Angestellte oder arische Verwandte, denen unkündbare Darlehen zum Ankauf des Unternehmens gewährt werden, formell veräussert, ohne dass der Einfluss der früheren jüdischen Besitzer ausgeschaltet wurde. [...] In allen Fällen konnten Tarnungen rechtzeitig erkannt werden, da insbesondere der Ursprung des zum Ankauf jüdischer Betriebe aufgewandten Kapitals mit größter Sorgfalt nachgeprüft wird. Die Bewertung der jüdischen Unternehmen erfolgt ausschliesslich auf Grund der vorhandenen Warenbestände, für die der Einkaufswert massgebend ist, und des Inventars, das gegebenenfalls durch einen von mir zu benennenden Sachverständigen geschätzt wird. [...]

Dass die Juden sich anderen Gewerbezweigen zuwandten, konnte nicht beobachtet werden. In den meisten Fällen waren vielmehr Auswanderungsabsichten festzustellen. [...]"

StAMs, Gauleitung Westfalen-Süd, Gauwirtschaftsberater Nr. 682

Hinweis:　Die Kommission für Wirtschaftspolitik der NSDAP/München hatte am 11. März 1938 auch den Gauwirtschaftsberater Westfalen-Süd aufgefordert, seine Erfahrungen bezüglich der „Arisierungsmethoden" mitzuteilen. U.a. sollte auf folgende Fragen geantwortet werden: „In welchem Umfang sind die Gauwirtschaftsberater bei Arisierungen tätig?" „Nach welchen Richtlinien wird die Arisierung durchgeführt?" „Kamen [...] die jüdischen Geschäftsinhaber den Forderungen des Gauwirtschaftsberaters entgegen?" „Welcher Weg wurde gewählt, um diese Forderungen durchzusetzen?"

Aufgabenvorschläge zu M 3:

1. Welchen Anteil hatte der Gauwirtschaftsberater Westfalen-Süd nach seinen eigenen Worten an der „Arisierung" (M 3)?
2. Der Gauwirtschaftsberater Westfalen-Süd führte aus, dass „Arisierungen" „ohne jede Anwendung von Druckmitteln erreicht" worden seien. Nimm Stellung dazu.

Grundstückserwerb durch die Stadt Bochum im Jahre 1938 – Fallbeispiel Paula Reichenberg, Bongardstraße

Im Rahmen der vorgesehenen Altstadtsanierung plante die Bochumer Stadtverwaltung die Verbreiterung der dem modernen Verkehr nicht mehr gewachsenen Bongardstraße und kaufte 1938 deshalb u.a. die Grundstücke der Witwe Paula Reichenberg, Bongardstr. 30-34 l.[10] Diese hatte mit Vertrag vom 18. Oktober 1920 Adolf Reichenberg (geb. 1866) zum Kaufpreis von RM 475.000 erworben.[11] Bis zu seinem Tod 1925 führte er darauf ein Porzellan- und Haushaltswarengeschäft und hinterließ seinen Besitz seiner Frau Paula. Frau Reichenberg emigrierte zunächst nach Basel und betrieb ab 1949 von San Francisco aus die Rückerstattung ihrer 1938 an die Stadt Bochum abgetretenen Grundstücke.

Abb. 51: Geschäftsanzeige des Porzellan- und Haushaltswarengeschäftes Reichenberg, 1924/25.

M 4

„[…] Die Jüdin Frau Wwe. Reichenberg kann ihren Besitz nicht mehr halten. Die Gründe liegen in der steuerlichen Belastung. […] (Steuernachlässe wegen Ertragsminderung werden Juden nicht mehr gewährt). Sie stand bis vor kurzem mit ihrem Mieter Kaufmann E. in Kaufverhandlungen, die aber abgebrochen wurden, weil E. anscheinend nicht kapitalstark genug ist. Rechtsanwalt Dr. Grundmann, der Beauftragte der Frau Reichenberg, mit dem ich mehrmals verhandelte, sucht nunmehr einen neuen Kaufinteressenten. Die bisherige Kaufpreisforderung belief sich auf 160.000,– RM. Grundmann erklärte am 1. d. M., dass Frau Reichenberg der Stadt gegenüber ihre Forderung auf

Schreiben des Stadtarchitekten an den Bochumer Oberbürgermeister vom 5. September 1938

---

10 Schätzungsweise erwarb die Stadt Bochum von 1933 bis 1943 mindestens 30 Grundstücke von jüdischen Vorbesitzern. Vgl. Wilbertz, Geschichte der jüdischen Gemeinde in Bochum, in: Keller, Wilbertz, Spuren im Stein, S. 278.
11 Vgl. StadtA Bochum, Bo 23 Nr. 820214/81a.

150.000,– RM ermässigen wird. Es ist m. E. nicht ausgeschlossen, dass das Grundstück zu diesem Preis über kurz oder lang einen Käufer findet, zumal E. mir bereits andeutete, dass der Anreiz für einen Ankauf darin liegt, dass die Stadt im Falle der Errichtung eines Neubaues das heute bebaute Strassenland erwerben muss und zwar zu einem Kaufpreise, der weit über dem anteiligen Erwerbspreise des Eigentümers, bezogen auf die Flächeneinheit, liegen wird. Ich bringe den Ankauf des Grundstücks zu einem Preise von 140.000 bis 145.000,– RM in Vorschlag. […] Der Einheitswert 1935 lautet über 207.700,– RM. […]"

StadtA Bochum, Bo 23 Nr. 820214/81a

M 5

Schreiben der Stadtverwaltung an „Frau Wwe. Paula Sara Reichenberg, Basel, z.Zt. Bochum bei Strauss" vom 19. August 1939

„Nach dem Kaufvertrage vom 24.9./24.10.1938 beträgt der Kaufpreis für Ihre frühere Besitzung Bongardstr. 30, 32 und 34   144.000,00 RM

In Anrechnung sind im Einverständnis mit Ihrem seinerzeitigen Bevollmächtigten Dr. Otto Israel Grundmann folgende Beträge gezahlt worden
a) an die Städt. Sparkasse Bochum zur Ablösung der Belastungen […]   33.761,96 RM
b) an das Finanzamt Bochum auf ein für Sie angelegtes Sparbuch mit dem Sperrvermerk zugunsten des Finanzamtes   61.000,00 RM
c) an Ihren Bevollmächtigten Dr. Otto Israel Grundmann als Kaufpreisteilzahlung   30.000,00 RM
d) an die Städt. Steuerkasse Bochum für Grundbesitzabgaben bis einschl. Oktober 1938   3.019,05 RM
e) an die Städt. Steuerkasse Bochum an Wertzuwachssteuer gemäss Bescheid vom 6.2.1939   12.151,00 RM
f) an die Gerichtskasse Bochum an Kosten für die Löschung der auf Ihrem Grundstück lastenden Hypotheken   119,75 RM

zusammen   140.051,76 RM

Verglichen mit dem Kaufpreis von   144.000,00 RM
bleibt zu Ihren Gunsten ein Betrag von   3.948,24 RM
[…]"

StadtA Bochum, Bo 23 Nr. 820214/81a

M 6

„[...] Ich war im Begriff, diesen Bericht an Sie zu beginnen, als mich Ihr frdl. Brief vom 9.12. erreicht. Glauben Sie mir, daß mir noch selten ein Bericht so schwer gefallen ist wie dieser. Nicht nur, weil ich leider nur ungünstiges berichten kann, sondern weil mir das, was in dieser Sache gegen Sie geschieht und geschehen ist, als ein ausserordentliches Unrecht klar ist und das geht mir persönlich nahe. [...] Aber ich will Ihnen ganz klar und einfach den Ablauf der Dinge schildern, aus dem Sie ohne weiteres erkennen, was man gemacht hat.

Schreiben des Verwaltungsrechtsrats Dr. Kleinsorge an Frau Reichenberg vom 12. Dezember 1939[12]

1) Die Frage der Reichsfluchtsteuer[13], d.h. ob Sie nach dem Vermögen vom 1.1.1939 – wie von mir behauptet – oder nach dem Vermögen vom 1.1.35 – wie vom Finanzamt behauptet – diese Steuer zu entrichten haben, ist von mir bis zur letzten Instanz auch ohne Rücksicht auf entstehende Kosten durchgeführt worden. Denn das war die Kardinalfrage, ob Sie 56.000 RM oder nur – nach meiner Ausrechnung – etwa 24.000 RM Reichsfluchtsteuer zu zahlen hatten. Bei diesem gewaltigen Unterschied musste ich jedes nur mögliche Rechtsmittel anwenden und bis zur äussersten Konsequenz durchführen. Das Ergebnis wissen Sie: Man hat gegen meine Auffassung dahin endgültig erkannt, daß Sie 56.000 RM zu zahlen hätten. Damit war diese Sache an und für sich für mich abgeschlossen, wenigstens soweit die Rechtsmittel in Frage kamen.

2) Die Höhe der Judenabgabe[14] stand schon von Anfang an richtig fest, es waren 19.400 RM für 4 Raten und dazu die 5. Rate mit 4.850 RM. Hier waren schon früher alle Möglichkeiten zur Herabsetzung angewendet, diese Berechnung geht in Ordnung.

3) Dann hat man im Laufe der letzten Monate alle denkbaren sog. Schenkungen ausgegraben, auf Jahre zurück. [...] Im ganzen betragen die Schenkungssteuern, die man gefordert hat, rd. 900 RM.

4) Dann hat man – sachlich auch nicht zu beanstanden – an Kosten für das Verfahren in Sachen der Reichsfluchtsteuer rd. 912 RM berechnet. Ein Rechtsmittel war hiergegen wiederum nicht möglich, nur immer der Gesichtspunkt der Billigkeit.

5) Dann waren aus 1939 noch 2 Raten Vermögenssteuer zu zahlen mit rd. 562 RM, auch richtig berechnet.

Zählen Sie nun die unter 1 – 5 genannten Beträge zusammen, dann ergibt sich eine Gesamtsumme von 82.600 RM rund. Hierzu rechnet das

---

12 Nach der Emigration Dr. Grundmanns war Dr. Kleinsorge aus Essen der Vermögensverwalter und Treuhänder von Frau Reichenberg.

13 Die Regierung Brüning hatte im November 1931 per Notverordnung diese Sonderabgabe eingeführt. Danach mussten Auswanderer 25 % ihres Vermögens an die Reichskasse abführen. Der Freibetrag wurde auf 200.000 RM festgesetzt. Die Regierung Hitler verringerte ihn 1934 auf 50.000 RM. Vgl. Reichsgesetzblatt 1934, T. I, S. 392. Während sich im Rechnungsjahr 1932/33 die Einnahmen aus der „Reichsfluchtsteuer" auf weniger als eine Million RM beliefen, entwickelten sie sich ab 1935 wie folgt:
1935/1836: ca. 45 Mio. RM
1936/1937: ca. 70 Mio. RM
1937/1938: ca. 81 Mio. RM
1938/1939: ca. 342 Mio. RM
1939/1940: ca. 216 Mio. RM.

14 Am 12. November 1938 legte die „Verordnung über eine Sühneleistung" den Juden „in ihrer Gesamtheit" die Zahlung von einer Milliarde RM auf. Diese Abgabe betrug zunächst 20 % des angemeldeten Vermögens. Im Oktober 1939 wurde sie auf 25 % erhöht und war in fünf Raten zu entrichten.

Finanzamt noch gewisse Säumniszuschläge, weil angeblich die Raten nicht bezahlt worden sind. Hiergegen habe ich geltend gemacht, daß das schon deswegen unberechtigt sei, weil ich schon Anfang 1939 61.000 RM hinterlegt, und zwischendurch dann noch einmal rd. 5.000 RM gezahlt hätte. Mit dieser Begründung aber bin ich nicht durchgekommen, weil man die Reichsfluchtsteuer schon auf den 1.9.1938 fällig gestellt hat und seitdem eben die sog. Säumniszuschläge mit 2% pro Monat berechnet hat.

Nachdem ich nun soweit war, dass ich vom Finanzamt die Gesamtübersicht hatte, habe ich Anfang November schon mündlich und schriftlich beantragt, man möge Ihnen wenigstens das Vermögen belassen, was am 1.11.1939 noch an Barkapital, Hypotheken, [usw.] vorhanden war. Ich habe dafür alles nur denkbare angeführt, Ihr Alter, Ihre Krankheit, die hohen schon bezahlten Steuern, die stets pünktliche Entrichtung der Steuern in früheren Jahren, die Notwendigkeit, die armen Verwandten, insbes. Ihre alte Mutter wenigstens mit kleinen Beträgen zu unterstützen [usw.]. Sie sehen, daß es wohl kaum noch Gründe gibt, die ich nicht angeführt hatte. Hierauf bekam ich keine Antwort vom Finanzamt. Statt dessen teilte mir Ende November die Dresdnerbank Osnabrück[15] mit, daß das Finanzamt Ihren gesamten Bestand beschlagnahmt hätte, daß die Bank daraufhin schon alles abgeführt hätte und daß deswegen die noch laufenden Unterstützungszahlungen nicht ausgeführt werden könnten. Ich habe darauf sofort das FA. darauf hingewiesen, daß ich doch den Antrag gestellt hätte, das noch vorhandene Vermögen nicht anzugreifen, sondern Ihnen zu belassen.

Auf dieses Schreiben erhalte ich nun heute statt jeder sachlichen Antwort lediglich eine Abschrift der Pfändung. Auf mein oben geschildertes Gesuch erhalte ich überhaupt keine Antwort.

Das ist der augenblickliche Stand der Dinge, Sie sehen daraus, daß alles überhaupt nur mögliche geschehen ist. Aber ich sagte es ja schon früher einmal: Man kann gegen einen Bunker nicht mit dem Kopf anrennen, und wenn Vernunftgründe nicht mehr verfangen, dann hört jede andere Kunst auf. Trotzdem gebe ich den Kampf nicht auf. Ich werde nochmals versuchen, die Behörde zu überzeugen, daß man hier zu weit gegangen ist und um Freigabe eines Betrages bitten. Ob ich damit letzten Endes Erfolg habe, bezweifle ich im Hinblick auf die Einstellung des Finanzamtes zu Ihnen und den ganzen Fragen durchaus. Ich lasse aber garnichts unversucht, um noch etwas zu retten. Leider ist die Dresdnerbank sehr wenig entgegenkomend. Sie hat mich nicht im geringsten unterstützt. […]"

StadtA Bochum, Bo 23 Nr. 820214/81b

---

15   Der Rest des Kaufpreises in Höhe von 3.948,24 RM (vgl. M 5) wurde auf das „Auswanderer-Sperrkonto" bei der Dredner Bank, Filiale Osnabrück, überwiesen (vgl. StadtA Bochum, Bo 23 Nr. 820214/81 b). Auf dieses Konto wurden auch ca. 5.000 RM als Restbetrag der 30.000 RM eingezahlt, die zunächst an Dr. Grundmann als „Kaufpreisteilzahlung" überwiesen worden waren (vgl. M 5).

M 7

[...] Auf schriftlichen Antrag des Rechtsanwalts Dr. Grundmann, Essen [...], vom 29.10.1938, hat das Grundstücksamt der Stadt Bochum zugunsten der Frau Paula Reichenberg an das Bankhaus Burkhardt & Co. in Essen 30.000 RM gezahlt. Wir bitten Sie höflichst um Mitteilung, ob diese Summe an Herrn Grundmann oder an Frau Reichenberg in bar ausgezahlt worden ist, oder ob dieser Betrag zugunsten eines Sperrkontos sichergestellt wurde. [...]"

Schreiben des Bochumer Grundstücksamtes an das Bankhaus Burkhardt & Co. vom 25. März 1950 und Antwort des Bankhauses Burkhardt & Co. vom 30. März 1950

„[...] Wir besitzen Ihre Anfrage vom 25. März 1950 und teilen Ihnen mit, dass am 5. November 1938 zu Gunsten des bei uns geführten Scheckkontos Frau Paula Reichenberg, Bochum, Goethestr. 18, RM 30.000,– Vergütung: Stadtkasse Bochum, [...] gutgeschrieben worden sind. Über das Guthaben wurde zum grössten Teil durch Steuerzahlungen, Vermögensabgaben etc. verfügt und ein Restguthaben von ca. RM 5.000,– am 29. Juli 1939 an die Dresdner Bank, Filiale Osnabrück, zu Gunsten Frau Paula Reichenberg überwiesen. Das Konto unterlag ab November 1938 der Sperre gemäss § 37a des Devisengesetzes. [...]"

StadtA Bochum, Bo 23 Nr. 820214/81b

Hinweis: Nach langwierigen Verhandlungen erhielt Frau Reichenberg durch einen Vergleich vom 15. August 1950 von der Stadt Bochum DM 180.640,– (vgl. StadtA Bochum, Bo 23 Nr. 820214/81b).

Aufgabenvorschläge zu M 4 bis M 7:

1. Warum wollte die Stadt Bochum von Frau Reichenberg die Grundstücke Bongardstraße 30–34 l kaufen? (Vgl. Einleitung und M 4.)
2. Beschreibe die Situation, in der sich Frau Reichenberg im Jahre 1938 befand (M 4 und M 6).
3. Vergleiche die Angaben über den Kaufpreis von 1920, den Einheitswert, die Kaufpreisforderungen, das Angebot der Stadt Bochum und den gezahlten Kaufpreis. (Vgl. Einleitung, M 4 und M 5).
4. Wie wurde der Kaufpreis verwendet (M 5 und M 6)?
5. Welchen Betrag erhielt Frau Reichenberg von der Kaufsumme? Berücksichtige, dass seit 1941 das Vermögen von Juden, die ihren gewöhnlichen Wohnsitz im Ausland hatten und somit die deutsche Staatsangehörigkeit verloren, dem Deutschen Reich verfiel.[16]
6. Beurteile das Verhalten der am „Verkauf" der Grundstücke Bongardstraße 30–34 l Beteiligten.

16 Vgl. XI. Verordnung zum „Reichsbürgergesetz", Reichsgesetzblatt Jg. 1941, T. I, S. 722–724.

Zwangsversteigerungen

Zwangsversteigerung
jüdischen Grundbesitzes.

14 K. 11/39. Gemarkung Bochum. Grundbuch von Bochum, Band 32, Blatt Nr. 1555. Flur 47, Parz. Nr. 786/133, Wohn- und Geschäftshaus mit Hofraum, Brückstraße 4, groß: 1,67 Ar. Grundsteuermutterrolle Nr. 3788. Einheitswert nach dem Stande vom 1. Januar 1935: 25 400,— RM. Der Versteigerungsvermerk ist am 22. März 1939 in das Grundbuch eingetragen. Als Eigentümer waren damals: a) Fräulein Ingeborg Strach, b) Günter Artur Strach in Bochum (geboren am 5. Juli 1918) in ungeteilter Erbengemeinschaft eingetragen. Versteigerungstermin am 17. Mai 1939, vormittags 10¼ Uhr, an der Gerichtsstelle, Viktoriastraße 14, Zimmer 52. Kauflustige werden darauf hingewiesen, daß zur Abgabe von Geboten die Genehmigung des Herrn Regierungspräsidenten in Arnsberg erforderlich und diese Genehmigung bei Abgabe von Geboten im Zwangsversteigerungstermin vorzulegen ist.

Das Amtsgericht in Bochum.

Zwangsversteigerungen

Zwangsversteigerung
jüdischen Grundbesitzes.

14 K 13/39. Gemarkung Gerthe, Grundbuch von Gerthe, Kreis Bochum-Land, Band 3, Blatt Nr. 133. Kartenblatt 1, Parz. Nr. 2172/112, a) Wohn- und Geschäftshaus mit Anbauten und Hofraum, b) Stall, Lothringer Straße 7; groß 4,85 Ar. Grundsteuermutterrolle Nr. 401. Einheitswert nach dem Stande vom 1. 1. 1935: 45 300,— Reichsmark. Der Versteigerungsvermerk ist am 25. März 1939 in das Grundbuch eingetragen. Als Eigentümer war damals die Wwe. Kaufmann Albert Ortheiler Rahel, geborene Würzburger, in Bochum-Gerthe eingetragen. Zwangsversteigerungstermin am 28. Juni 1939, vormittags 10 Uhr, an der Gerichtsstelle, Viktoriastraße 14, Zimmer Nr. 52.

Kauflustige werden darauf hingewiesen, daß zur Abgabe von Geboten die Genehmigung des Herrn Regierungspräsidenten in Arnsberg erforderlich und diese Genehmigung bei Abgabe von Geboten im Zwangsversteigerungstermin vorzulegen ist.

Das Amtsgericht in Bochum.

Zwangsversteigerungen

Zwangsversteigerung
jüdischen Grundbesitzes zum Zwecke der Aufhebung der Gemeinschaft

14 K 4/39. Gemarkung Wiemelhausen, Grundbuch von Wiemelhausen, Band 19, Blatt 1041, Flur 2, Parz. Nr. 791/38, groß 1,19 Ar, Flur 2, Parzelle Nr. 586/38, groß 0,39 Ar, Flur 2, Parzelle Nr. 585/38, groß 0,10 Ar, a) Wohnhaus mit Hofraum, b) Maschinenhaus, Dibergstr. 3, Flur 2, Parzelle Nr. 790/38, groß 2,01 Ar, Flur 2, Parzelle Nr. 584/38, groß 0,56 Ar, Wohnhaus mit Hofraum, Dibergstr. 4, Grundsteuermutterrolle Nr. 1469, Einheitswert nach dem Stande vom 1. Januar 1935: 9600,— bzw. 19400,— RM. Der Versteigerungsvermerk ist am 17. Februar 1939 in das Grundbuch eingetragen. Als Eigentümer war damals 1. Witwe Kaufmann, Isidor Wolffstein, Flora geb. Stern, in Bochum, zu ½ Anteil, 2. Kaufmann Julius Wolffstein in Bochum, Bülowstraße 36, zu ½ Anteil, eingetragen. Zwangsversteigerungstermin am: 5. Juli 1939, vormittags 10 Uhr, an der Gerichtsstelle, Viktoriastraße 14, Zimmer Nr. 52. Kauflustige werden darauf hingewiesen, daß zur Abgabe von Geboten die Genehmigung des Oberbürgermeisters der Stadt Bochum erforderlich und diese Genehmigung bei Abgabe von Geboten im Zwangsversteigerungstermin vorzulegen ist. Ferner ist bei Abgabe von Geboten die Genehmigung des Oberfinanzpräsidenten, Münster (Devisenstelle), ebenfalls vorzulegen.

Das Amtsgericht in Bochum

Zwangsversteigerung

Am Mittwoch, dem 10. Mai 1939, 11 Uhr, werde ich in Bochum, Alleestraße 54, folgende Gegenstände öffentlich meistbietend gegen bar versteigern: Zirka 100 qm Heizkörper, 2 Tonnen verzinkte Eisenrohre. Bochum, den 9. Mai 1939. Heckmann, Obergerichtsvollzieher, Bochum, Albertstraße 27.

Abb. 52: „Zwangsversteigerung jüdischen Grundbesitzes". Diese Ankündigung war in den Bochumer Zeitungen 1939 häufiger zu lesen. Die jüdischen Eigentümer wurden ins Exil getrieben oder in ein Konzentrationslager deportiert. Flora Wolfstein, geb. Stern, und Julius Wolfstein, die letzten Eigentümer der Häuser Dibergstraße 3 und 4 (Anzeige rechts), wurden nach Riga bzw. Auschwitz deportiert und kamen ums Leben.
Auch die Eigentümer des Wohn- und Geschäftshauses Brückstr. 4, Ingeborg Strach (verheiratete Simon) und Günter Artur Strach (Anzeige links), wurden später deportiert und zu Opfern der Shoa.

8. KAPITEL

Ingrid Wölk

Bochumer Schulen im Nationalsozialismus – Erziehung zu Rassismus und Antisemitismus

Bei der Verbreitung ihrer Ideologie war der NSDAP und ihren Funktionären jedes Mittel recht und kaum ein Aufwand zu hoch. Dies galt für die erwachsenen Deutschen und erst recht für die nachwachsende Generation. Die Kinder und Jugendlichen in Deutschland wollten die NS-Strategen ganz auf ihre Seite bringen und strikt auf ihre Ziele verpflichten. Mit ihnen planten sie die Zukunft. Von ihrer Ausbildung im „Geiste des Nationalsozialismus" versprachen sie sich das Heranwachsen einer treuen und willigen Anhängerschaft einerseits und zu allem entschlossener „Führerpersönlichkeiten" andererseits.

Auf welche Weise aber sollten Kinder und Jugendliche gewonnen und auf den Nationalsozialismus eingeschworen werden? Wie sollten die nationalsozialistischen Erziehungsziele in der Schule umgesetzt werden? Um nichts dem Zufall und den Lehrern zu überlassen, gab das Reichserziehungsministerium reichseinheitliche Richtlinien für den Unterricht heraus – allerdings erst ab 1937. Bis dahin konnten die alten Lehrmittel weiter verwandt werden, bei Neuauflagen von den Verlagen mit mehr oder minder gravierenden Änderungen versehen. Oppositionellen Lehrern bot sich zunächst noch manches Schlupfloch. Doch war die Schule auch in den ersten Jahren der NS-Herrschaft kein ideologiefreier Ort. Gleich nach dem Machtantritt erschienen Soforterlasse und Anweisungen zu Schule und Unterricht, die sich zunächst noch nicht als einheitlicher ‚Wurf' präsentierten, sondern einzelne Angelegenheiten regelten oder Bezug auf bestimmte Fächer mit besonderer Bedeutung nahmen. Herausgeber zahlreicher Erlasse in der ersten Phase war das Reichsinnenministerium. Über die Regierungspräsidien konnten alle Schulen im Reich erreicht werden. Die Bochumer Schulen erhielten ihre Anweisungen vom Regierungspräsidenten in Arnsberg.

Mit dem Erlass reichseinheitlicher Richtlinien für die Volksschulen von 1937 – veränderte Fassung 1939 – begann ein verstärkter Zugriff auf die Schulen. Richtlinien für höhere Schulen, verbunden mit teilweise sehr ausführlichen, vom Reichserziehungsministerium erarbeiteten Lehrplänen zu den einzelnen Unterrichtsfächern, erschienen 1938. Als weitere Folge der verschärften Zensur und strafferen zentralen Lenkung erhielten die Mittel- und Oberschulen für sämtliche Fächer neu konzipierte Schulbücher. In den Volksschulen wurde nur das Lesebuch reichseinheitlich in allen Schulen eingeführt. Sein erster Band erschien 1935, das gesamte Werk für alle Klassen lag ab 1939 vor.[1]

---

1   Eine ausführlichere Behandlung des Themas Schule im Nationalsozialismus liegt außerhalb der Zielsetzung dieser Veröffentlichung. Es sei deshalb u.a. auf die folgenden Titel verwiesen: Heinz Boberach, Jugend unter Hitler, Düsseldorf 1982, S. 66–101; Reinhard Dithmar, Schule und Unterricht im Dritten Reich, Neuwied 1989; Kurt-Ingo Flessau, Schule der Diktatur, München 1977; Elke Nyssen, Schule im Nationalsozialismus, Heidelberg 1979; Hermann Schnorbach (Hg.), Lehrer und Schule

Lernziel Rassismus – Textbeispiele aus Bochumer Schulen

Erste Aufgabe der Schule sollte nicht die Wissensvermittlung sein, sondern die Hinführung zum „Glauben" an den Nationalsozialismus. Glühende Begeisterung für die eigene Nation, das „Deutschtum" und dessen Wurzeln war das Ziel. Dazu gehörte die Ausgrenzung derjenigen, die diese, ins Mythologische verklärten, „Wurzeln" nicht hatten. An der Spitze der Gruppen, die die Nationalsozialisten außerhalb der „Volksgemeinschaft" gestellt hatten, befanden sich die Juden. Schon in früher Kindheit, spätestens aber mit Beginn der Schulzeit, wurden Kinder im NS-Staat mit rassistischen und antisemitischen Denkmustern konfrontiert. Vom Unterricht in den Fächern Deutsch, Geschichte und Erdkunde und in erster Linie natürlich von der Biologie versprachen sich die Nationalsozialisten die größten Erfolge. Letztlich aber blieb kein Schulfach und kein Lernbereich frei von ideologischer Beeinflussung.

Die folgenden Texte entstammen Schulbüchern, die in Bochumer Schulen eingesetzt wurden sowie Richtlinien und Vorgaben, die für die Bochumer Schulen galten. Wie in der Unterrichtspraxis damit umgegangen wurde, kann an dieser Stelle nicht untersucht werden.

M 1

Hitlers Anforderungen an Wissenschaft, Bildung und Erziehung im nationalsozialistischen Staat

„[…] Es ist im übrigen die Aufgabe eines völkischen Staates, dafür zu sorgen, daß endlich eine Weltgeschichte geschrieben wird, in der die Rassenfrage zur dominierenden Stellung erhoben wird. […] Der völkische Staat wird den allgemeinen wissenschaftlichen Unterricht auf eine gebührende, das Wesentliche umfassende Form zu bringen haben. […] Die hierdurch erreichte Kürzung des Lehrplanes und der Stundenzahl kommt der Ausbildung des Körpers, des Charakters, der Willens- und Entschlußkraft zugute. […] Die gesamte Bildungs- und Erziehungsarbeit des völkischen Staates muß ihre Krönung darin finden, daß sie den Rassesinn und das Rassegefühl instinkt- und verstandesmäßig in Herz und Gehirn der ihr anvertrauten Jugend hineinbrennt. Es soll kein Knabe und kein Mädchen die Schule verlassen, ohne zur letzten Erkenntnis über die Notwendigkeit und das Wesen der Blutreinheit geführt worden zu sein. Damit wird die Voraussetzung geschaffen für die Erhaltung der rassemäßigen Grundlagen unseres Volkstums."

Hitler, Mein Kampf, S. 468-476

M 2

„Vererbungslehre und Rassenkunde in den Schulen" – Erlass des Innenministeriums vom 13.9.1933

„Die Kenntnis der biologischen Grundtatsachen und ihrer Anwendung auf Einzelmensch und Gemeinschaft ist für die Erneuerung unseres Volkes unerläßliche Voraussetzung. Kein Schüler und keine Schülerin darf ohne dieses Grundwissen ins Leben entlassen werden. Daher ordne ich bis zur endgültigen Regelung der Lehraufgaben an:
1. In den Abschlußklassen sämtlicher Schulen […] ist unverzüglich

unterm Hakenkreuz: Dokumente des Widerstandes von 1930–1945, Köntigstein/Ts. 1983; Harald Scholz, Erziehung und Unterricht unterm Hakenkreuz, Göttingen 1985.

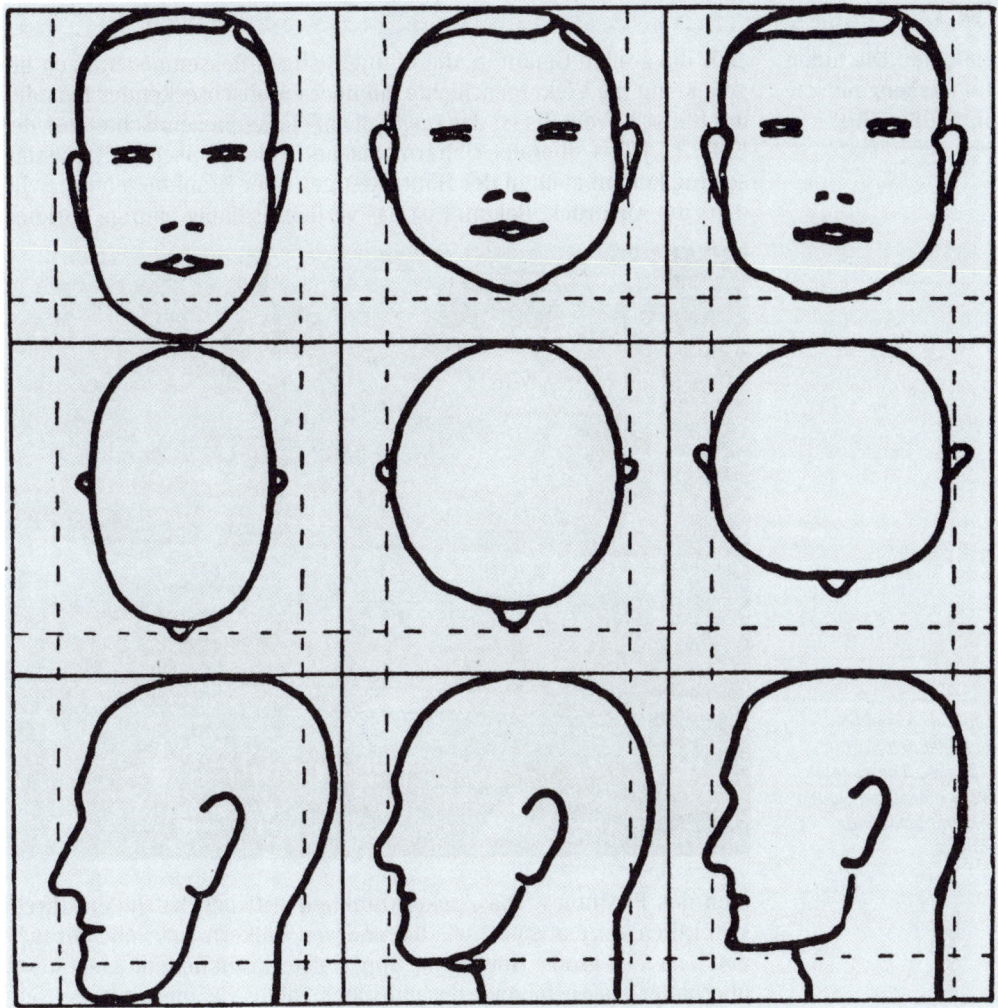

Abb. 53: Abbildung aus einem Biologiebuch für Klasse 5: Die NS-Biologen wiesen jeder „Rasse" bestimmte Schädelmerkmale zu und unterschieden „Langschädel" oder „Kurzschädel", „Schmalgesichter, Mittelgesichter und Breitgesichter".

die Erarbeitung dieser Stoffe in Angriff zu nehmen, und zwar Vererbungslehre, Rassenkunde, Rassenhygiene, Familienkunde und Bevölkerungspolitik. Die Grundlage wird dabei die Biologie geben müssen, der eine ausreichende Stundenzahl […] sofort einzuräumen ist. Da jedoch biologisches Denken in allen Unterrichtsfächern Grundsatz werden muß, so sind auch die übrigen Fächer, besonders Deutsch, Geschichte, Erdkunde, in den Dienst dieser Aufgaben zu stellen. Hierbei haben sie mit der Biologie zusammenzuarbeiten.

2. In sämtlichen Abschlußprüfungen sind diese Stoffe für jeden Schüler pflichtmäßiges Prüfungsgebiet, von dem niemand befreit werden darf. […]"

Amtliches Schulblatt für den Regierungsbezirk Arnsberg, 16.10.1933, S. 427 f.

M 3

Biologie: „Die Juden ein Rassengemisch parasitärer Art"

„Für die großen Gefahren, die in ungünstigen Rassenmischungen liegen, kennt die Völkergeschichte ein überaus abschreckendes Beispiel, das jüdische Volk. Es ist das rassisch am stärksten gemischte Volk der Erde. […] Das überaus Unharmonische in der jüdischen Rassenmischung kommt auch in der Häufigkeit gewisser Krankheiten unter Juden zum Ausdruck. Bekannt ist das verhältnismäßig häufige Vorkom-

Abb. 54: Aus einem Biologiebuch für die 5. Klasse: Die abgebildeten polnischen Juden sollten abstoßend wirken.

men des Plattfußes. Die Zuckerkrankheit tritt bei den Juden durchschnittlich viermal so oft wie bei anderen Völkern auf. Sehr bezeichnend ist die große Häufigkeit von Geisteskrankheiten. Liegt doch überhaupt das Abstoßende des jüdischen Volkes viel mehr auf seelisch-geistigem als auf körperlichem Gebiet. Es ist vorwiegend aus einer negativen Auslese städtischer Händler und Wucherer des Orients hervorgegangen, die mit zweifelhaften Mitteln überall Einfluß zu erlangen suchten, um den Ertrag ehrlicher Arbeit in ihre Hände zu bekommen. Wesentliche Charakterzüge sind daher Verschlagenheit, körperliche und seelische Unsauberkeit, Grausamkeit, Gewinnsucht, Abneigung gegen körperliche Arbeit und insbesondere gegen den Beruf des Bauern und Soldaten.[…]"

Erich Meyer, Karl Zimmermann, Lebenskunde. Lesebuch der Biologie für Höhere Schulen, Band 3 (Klasse 5), Erfurt o.J., S. 164 f.

M 4

Geographie: Aus der Einleitung eines Erdkundebuchs für höhere Schulen

„[…] Das staatliche, kulturelle und wirtschaftliche Leben unterliegt dem Einfluß von Kräften des Raumes im weitesten Sinne, also auch von Klima, Pflanzenwuchs, Gewässern und Bodenausstattung. Diese räumlichen Gegebenheiten sind unabänderlich oder doch nur in sehr beschränktem Umfange abwandelbar. […] Gewiß ist die räumliche Ausstattung verschieden und kann die Lebenskräfte des Menschen hemmen oder fördern, kann sie aber niemals neu schaffen. Entscheidend bleibt der Wert des Bluterbes, die rassische Veranlagung. Mag der Raum das Leben der Völker beeinflussen, im Grunde bestimmt doch das Blut ihr Schicksal. […] Welche ausschlaggebende Bedeutung dem Blute zukommt, zeigt deutlich die geschichtliche Tatsache, dass Völker vergehen können, ohne dass sich die natürlichen Lebensbedingungen ihres Wohnraumes ändern oder andere äußere Ursachen erkennbar wären. Ihr Ende kann also nur in inneren Gründen gesucht werden. Völkertod ist stets in eigener Schuld begründet. Niedergang und schließliche Vernichtung haben als Ursache: Rassenmischung und Nachlassen der natürlichen Vermehrung. […]"

Heimat und Welt. Teubners Erdkundliches Unterrichtswerk für höhere Schulen, Berlin und Leipzig 1941, S. 1f.

M 5

„Die Richtlinien […] weisen auf einige wichtige Gesichtspunkte hin, die bisher nicht genügend oder gar nicht beachtet worden sind und daher künftig stärker zur Geltung kommen müssen. An erster Stelle sei die Vorgeschichte genannt, weil sie nicht nur den Ausgangspunkt für die geschichtliche Urheimat unseres Volkes verlegt, sondern auch als ‚hervorragend nationale Wissenschaft' wie keine zweite geeignet ist, der herkömmlichen Unterschätzung der Kulturhöhe unserer germanischen Vorfahren entgegenzuwirken.

Von der Vorzeit an durch alle späteren Jahrtausende hindurch bis zur Gegenwart muß sodann die Bedeutung der Rasse gebührend berücksichtigt werden, da sie den Urboden darstellt, aus dem alle wurzelhafte Eigenart der Einzelpersönlichkeit sowohl wie die der Völker erwächst. […] Den Geschichtsunterricht aller Stufen muß der heldische Gedanke in seiner germanischen Ausprägung, verbunden mit dem Führergedanken unserer Zeit, der an älteste Vorbilder deutscher Vergangenheit anknüpft, durchziehen. […] Der heldische Gedanke aber führt unmittelbar zur heldischen Weltanschauung, die uns als einem germanischen Volke wie keine andere artgemäß ist und uns im Ringen um die völkische Selbstbehauptung immer wieder neue Kraft zuströmen läßt. […]"

Richtlinien für Geschichtslehrbücher – Erlass des Innenministeriums vom 20.7.1933

Amtliches Schulblatt für den Regierungsbezirk Arnsberg, 16.10.1933, S. 428–430

M 6

„Deutschland den Deutschen. Der tiefste Sinn der nationalsozialistischen Revolution ist die deutsche Volkwerdung; es gilt, die deutsche Volkskraft zu erhalten und zu stärken, sie zu gesunden und zu vermehren. Kein Volk der Erde ist mehr als reine Rasse anzusehen. Auch im deutschen Volk sind Bestandteile verschiedener Rassen der Vorzeit vorhanden. […] Die ‚Aufnordung' unseres Volkes ist das Ziel der bewußten Rassenpflege des Reiches, um die Entnordung vieler Volkskreise, die durch Verstädterung und Industrie eingetreten ist, wieder rückgängig zu machen. Diese Aufnordung ist zugleich Erziehung zu nordischer Haltung, das heißt innere Ausrichtung der Deutschen nach dem

Geschichte, 5. Klasse: „Deutschland den Deutschen"

Abb. 55: Aus einem Biologiebuch für die 5. Klasse: Die Abbildung schürt die Angst vor dem „Eindringen volksfremden Blutes".

heldischen und schöpferischen Hochbild des nordischen Menschen. Trotz des geringen zahlenmäßigen Anteils der Juden an der deutschen Bevölkerung (etwa 1,5 %) hatte sich in den letzten Jahrzehnten jüdischer Geist in verhängnisvollem Maße in Deutschland durchgesetzt. […] Durch das ‚Gesetz zur Wiederherstellung des Berufsbeamtentums' vom 7. April 1933 wurde die Möglichkeit geschaffen, Beamte nichtarischer Abstammung in den Ruhestand zu versetzen. Auch die freien Berufe, Rechtsanwälte, Ärzte, Schriftleiter usw., müssen hinfort ihre arische Abstammung bis zu den beiden Großelternpaaren nachweisen. Höhere Schulen und Universitäten dürfen nur so viele jüdische Schüler aufnehmen, als es dem Hundertsatz der Juden in der deutschen Bevölkerung entspricht. Die entscheidensten Schritte zur rassischen Reinerhaltung der deutschen Nation wurden 1935 durch die ‚Nürnberger Freiheitsgesetze' getan. […]"

Volk und Führer. Deutsche Geschichte für Schulen. Hrsg. von Dietrich Klagges. Ausgabe für Oberschulen und Gymnasien, Klasse 5, Frankfurt/M 1939, S. 231 f.

M 7

Geschichte, 8. Klasse: „Kampf um die Volksgesundheit"

„[…] Dem Germanen war es selbstverständlich, daß in der göttlichen Ordnung der Welt nur das Gesunde, Tüchtige, Gute seinen Platz habe, das Kranke und Entartete aber diese Ordnung gefährde. Der erbarmungslose Kampf gegen das Lebensfeindliche entsprang bei ihm einer naturnahen und lebensstarken Weltanschauung. […] Die nationalsozialistische Weltanschauung kehrt zu germanischer Lebenswertung

Abb. 56: Aus einem Biologiebuch für die 5. Klasse: Hier wird vor einer angeblichen „Gefahr der Erbkranken" gewarnt.

zurück. Selbstverständlich werden die Kranken genau so weiter gepflegt wie bisher. Wohl aber müssen einer Entwicklung Schranken gezogen werden, die das Leben des deutschen Volkes rettungslos zu zerrütten droht. Das höhere Lebensrecht des Gesunden vor dem Kranken wird wieder anerkannt und gegen den Protest einer kirchlichen und demokratischen Weltöffentlichkeit durchgesetzt. […]"

Volk und Führer. Ausgabe für Oberschulen und Gymnasien, Klasse 8, Frankfurt/M. 1941, S. 224

M 8

„Das deutsche Lesebuch ist erschienen. In ihm lebt der Geist des nationalsozialistischen Deutschlands, in ihm rauscht der klare, frische Quell altgermanischer und deutscher Volkspoesie, in ihm werden unseren Kindern kostbare Schätze deutschen Schrifttums dargereicht, deutsche Kunst in ihren Höhepunkten geboten. Unsere Aufgabe als Erzieher ist es, den Kindern Führer zu sein zum deutschen Schrifttum, zu dem

Deutsch: Pädagogisches Geleitwort zum deutschen Lesebuch

Abb. 57: Das Leben der Germanen wurde idealisiert.

Wunderbronnen deutschen Volkstums, zum Erlebnis der unsterblichen Werke deutscher Dichtung. Zur Erfüllung dieser hohen Aufgabe ist nur ein boden- und volksverbundener deutscher Erzieher fähig, der sich begeistern kann für deutsche Art und Kunst. [...] die vorliegenden ‚Wege zum deutschen Lesebuch' [...] bieten allen Erziehern die Hand zur gemeinsamen Arbeit an der Gestaltung des nationalsozialistischen deutschen Menschen."

Wege zum Deutschen Lesebuch 5. und 6. Schuljahr, Bochum o.J., Vorwort

M 9

Deutsch für höhere Schulen: „Spruch" aus dem Lesebuch für Jungen

„Nie wird Volk
aus tiefer Schmach
erheben sich zu neuer Blüte,
auf stolzer Höhe sich behaupten,
solange es der Ahnen Ruhm mißachtet,
solange es den Urquell seines ganzen Seins,
der Väter unvergänglich Erbe,
verkennen und verleugnen kann.
Edda."

Hirts Deutsches Lesebuch. Ausgabe A: Oberschulen für Jungen, Breslau 1939, S. 188

M 10

„Sammlung Thule, Edda; Das Nibelungenlied; Das Hildebrandlied; Kudrun; Walther von der Vogelweide; Isländische Sagas: a) Der Mordbrand, b) Thorstein Stangenhieb; Heinrich von Kleist, Michael Kohlhaas; Heinrich von Kleist, Die Hermannsschlacht; Schiller, Maria Stuart; Aischylos, Die Perser; Sophokles, Antigone; Paul Ernst, Brunhild."

Deutsch: Lektüre der Städtischen Oberrealschule Bochum-Gerthe, Schuljahr 1940/41, 6. Klasse

Jahresbericht der Städtischen Oberrealschule Bochum-Gerthe über das Schuljahr 1940/41, StadtA Bochum, Bo 40 Sch/49, S. 120

M 11

„Die Germanen waren von hoher Gestalt. Sie hatten blonde Haare und blaue Augen. In Westfalen wohnten die Marser, Sigombrer und die Brukterer. Sie hatten einen Führer. Diesem mußten sie folgen, es war ihr Herzog. Wenn sie in den Krieg gingen, dann nahmen sie Schild und Speer. Unsere Vorfahren waren noch nicht so weit in der Kriegsausrüstung wie

**„Unsere Vorfahren":
Germanenbild eines Bochumer Schulkindes**

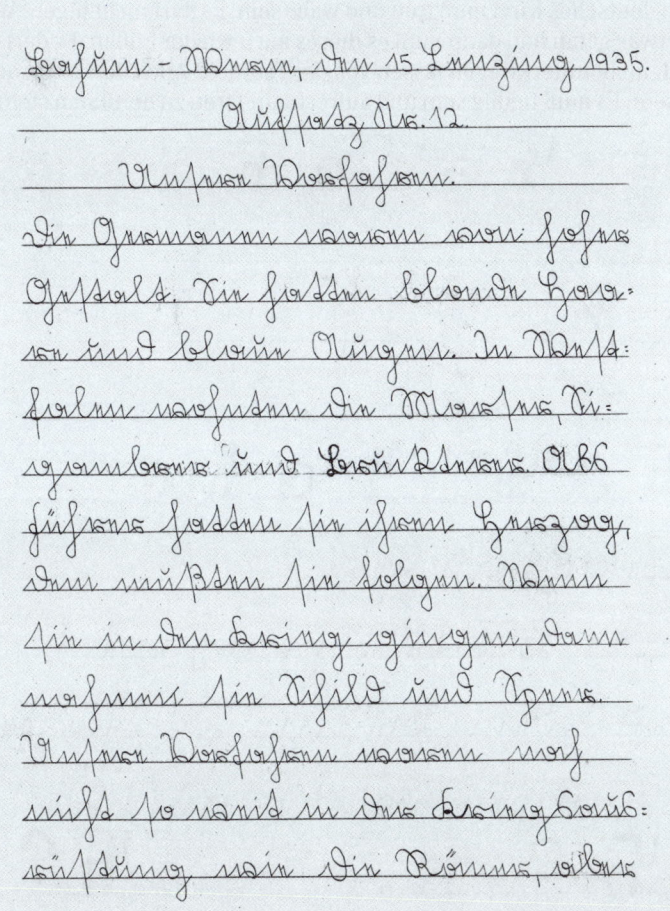

Abb. 58: Seite aus einem Schulheft einer Bochumer Sextanerin.

die Römer, aber doch trugen sie immer den Sieg davon. Die Germanen waren keine Barbaren wie es die Feinde immer sagen. Dieselben hatten gute Eigenschaften. Sie waren alle tapfer, stolz, treu und wahr. Bei ihnen galt ein Handschlag mit den Worten: ‚Ein Mann ein Wort'. Wie sie sind, so soll auch jedes Kind im deutschen Vaterlande sein."

„Die Germanen lebten in Blockhäusern. In unserem Heimatgebiet. Von der Lippe bis an die Ruhr da lebten die Westgermanen. Viele Leute denken, unsere Germanen hätten Bärenfelle um gehabt. Aber nein, die Germanen waren damals von hoher Kultur. Die Frauen trugen Kleider aus Leinwand, die Männer hatten Hosen und Jacken. Als Geschmeide hatten die Frauen Hals- und Ohrringe. In der Steinzeit hatten die Germanen die Geräte aus Stein, nachher aus Bronze. Nun kann man sehen, wie weit die Germanen vorgeschritten waren. Sie verehrten ihren Gott Wodan. […] sie mußten nachher mit aller Gewalt den Christengott anbeten."

Entnommen aus Schulheften einer Sextanerin, Bochum 1934/35

M 12

„Wie ein deutsches Kind sein soll"

„Ein deutsches Kind muß treu und wahr sein. Es darf nicht lügen. Wenn es etwas getan hat, dann muß es dieses auch wieder büßen. Es darf sich auch nicht unterkriegen lassen von der Faulheit. Auch darf es nicht träge sein. Es muß fleißig sein und aufrecht und treu zu den Taten stehn. In

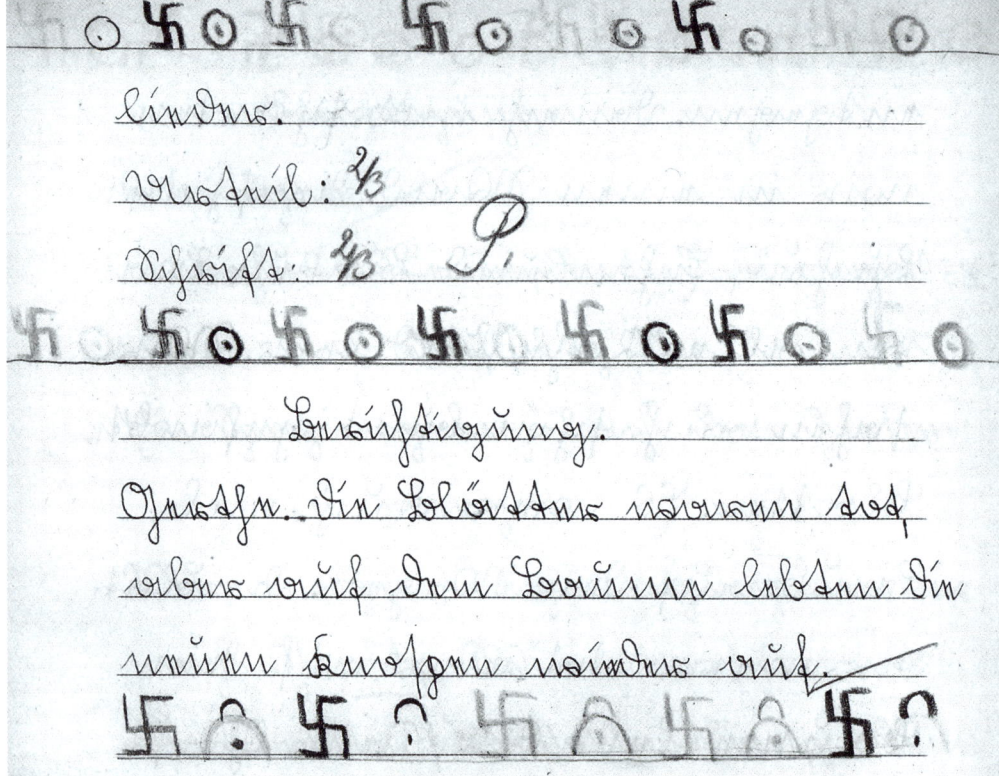

Abb. 59: „Verzierungen" eines Schulheftes, 1934.

einem Gedicht steht: Will geraden Blicks und aufrecht gehn und treu zu meinen Taten stehn. Bin deutsches Kind aus deutschem Land wo Wahrheit höchste Ehre fand. Drum aufrecht, wahrhaft, treu und rein, so will ich sein. So muß jedes Kind im deutschen Volke sein."

Entnommen aus Schulheften einer Sextanerin, Bochum 1934/35

M 13

„[...] Es bliebe uns noch übrig, einen Blick auf den Einfluß des Judentums auf die Kunst zu werfen. [...] Mit dem Eintreten und schließlich Einströmen der Juden in alle die Berufe, die das geistige Antlitz der Völker bestimmen, mußte der besondere jüdische Geist auf breiter Front in die abendländische Gesittung einbrechen. Das erfolgt bei den europäischen Hauptvölkern ziemlich gleichmäßig, so daß man diesen Geist lange Zeit als den des 19. Jahrhunderts bezeichnen konnte, damit das Mißverständnis nährend, als handele es sich um einen Geist, den Europa aus sich selbst geboren habe, während es doch in der Hauptsache der Angriff einer europafremden Gesittungsform auf das nordische Bollwerk der Erde war. Was wir mit dem Schlagwort ‚Liberalismus' bezeichnen, will im Grunde nichts anderes besagen als die Loslösung des

„Kunst als Rassenspiegel" – Betrachtungen des Bochumer Lehrers Richard Eichenauer zur Stellung der Juden in der europäischen Kunst

Abb. 60: „Nordisches" Landschaftsbild

Menschen aus dem Gefühl der Verbundenheit mit einem Volksganzen
[...] In allen gesunden Zeiten ist es des Künstlers [...] natürliches Stre-
ben gewesen, in seiner Kunst das auszusprechen, was die Besten seines Volkes dachten und fühlten, was, auch unbewußt, dies Volk als
Ganzes dachte und fühlte. [...] Dem 19. und 20. Jahrhundert blieb die
unsinnige Auffassung vorbehalten, die Größe des Künstlers zeige sich
daran, daß er möglichst ,anders' sei, anders denke, fühle und lebe als
die Gesamtheit seiner Volksgenossen. [...] So entstehen nun in immer
schnellerem Wechsel und schließlich in taumelnder Hast die ,Kunst-
richtungen' des 19. und 20. Jahrhunderts, die mit der gesunden, natürlichen Ablösung der Stile in den vergangenen Jahrhunderten nichts
mehr gemein haben. Von den zahlreichen ,-ismen', die einander in den
letzten Jahrzehnten ablösten [...], nennen wir als bezeichnend jüdisches Erzeugnis den Expressionismus. [...] ,Die vorderasiatische Ras-
senseele mit ihrem Sichhineinsteigern [...] schien sich im Expressionismus besonders unmittelbar ausdrücken zu können. Für die expres-
sionistische Malerei hat Berl die Führung durch Juden dargestellt: in
Rußland seien Kandinsky, Chagall, Segall und Steinhardt, in Frankreich Picasso und Simon Levy, in Deutschland Pechstein, Meidner und

Abb. 61: Pablo Picasso, Die drei Musikanten, Ölbild von 1921. – In den Augen der Nationalsozialisten war dies „entar-
tete" Kunst.

Feininger führend aufgetreten.'[…]. Als wesentlich vorderasiatisch bestimmt kennzeichnet sich der Expressionismus auch durch seine Vorliebe für das ‚Problematische'. […] Gewiß, auch der nordische Mensch neigt nicht gerade dazu, die Dinge einfach zu nehmen; aber er dringt durch das Verworrene zum Klaren. Alles jedoch zwischen Himmel und Erde problematisch im Sinne von fragwürdig – also auch fragwürdig an Wert – zu sehen, ist nicht nordisch. […] Nebenher geht, auch zum großen Teil eine Folge der übermächtigen jüdischen Einflüsse, eine grauenerregende Bevorzugung des Häßlichen, des Unsittlichen, des Niederrassischen, ja geradezu des Untermenschlichen. Die Ausstellungen bildender ‚Kunst' gewisser Jahre der jüngsten Vergangenheit muten an wie eine Sammlung menschlichen Grauens aus den Kliniken, die Erzeugnisse der ‚Dichtung' derselben Jahre wie eine Sammlung aus Verbrecherarchiven. […]"

Eichenauer, Rasse als Lebensgesetz, S. 122–124

Aufgabenvorschläge zu M 1 bis M 13:

1. Wie bewertet Adolf Hitler die Vermittlung von Fachwissen (M 1)? Welche Haltung steckt dahinter? Beschreibe seine Bildungsziele.
2. Was fordert der Erlass M 2 von den Schulen? Vergleiche die hier formulierten Lernziele mit den Auszügen aus Hitlers Schrift „Mein Kampf" aus den zwanziger Jahren (M 1).
3. Arbeitsteilige Gruppenarbeit: Ermittelt die Kernaussagen von M 3 – M 7 und versucht, sie mit euren eigenen Worten zu umschreiben. Tragt die Ergebnisse in der Klasse vor und arbeitet Ähnlichkeiten und Unterschiede in den verschiedenen Texten heraus. Bezieht auch M 2 in eure Analyse mit ein. Werden die in M 2 erhobenen Forderungen in den Texten M 3 – M 7 erfüllt? Zieht zum Vergleich euren eigenen Lernstoff in den genannten Fächern heran.
4. Im letzten Satz von M 3 werden angebliche jüdische Charakterzüge aufgezählt. Vergleiche die hier enthaltenen Behauptungen mit Kapitel 4, M 1 – M 5.
5. Hast du eine Erklärung dafür, warum im Text M 6 eine Verknüpfung zwischen dem Staatsziel „Aufnordung" und der antijüdischen Gesetzgebung hergestellt wird?
6. M 6 enthält die Parole „Deutschland den Deutschen". Diese wird von rechten Gruppierungen auch heute wieder gebraucht. Wo siehst du Ähnlichkeiten, wo Unterschiede zwischen damals und heute?
7. Wie belegen die nationalsozialistischen Schulbuchautoren die in den bisher erarbeiteten Texten enthaltenen Behauptungen? Nimm dir dein aktuelles Geschichtsoder ein anderes Lehrbuch vor und stelle einen Vergleich an.
8. Welche Lernziele für das Fach Deutsch im Nationalsozialismus sind in dem Textbeispiel M 8 beschrieben? Wie fügen sich diese Lernziele in das allgemeine Erziehungsziel des nationalsozialistischen Staates ein?
9. Interpretiere M 9 vor dem Hintergrund des Pädagogischen Geleitwortes zum Deutschen Lesebuch (M 8).
10. Versuche zu erklären, warum der in M 10 aufgelisteten Lektüre im Fach Deutsch soviel Aufmerksamkeit gewidmet wurde.

11. Vergleiche den genannten Lesestoff (M 10) mit deiner eigenen Deutschlektüre. Frage deinen Deutschlehrer, nach welchen Kriterien die Auswahl erfolgt und welche generellen Lernziele er hat. Vergleiche das Ergebnis mit deiner Erkenntnis über die Lernziele im NS-Staat und diskutiere darüber im Klassenverband.
12. Beschreibe das Germanenbild des Bochumer Schulkindes (M 11).
13. Welche Tugenden erscheinen in den Texten M 11 und M 12 als vorbildhaft? Spekuliere darüber, ob ein „arisches" Schulkind im NS-Staat diese „Tugenden" wohl auch bei seinen jüdischen Bekannten, Nachbarn, Freunden bzw. bei Juden ganz allgemein vermutet hat. Begründe deine Meinung.
14. Welche Rolle in der Kunst schreibt Eichenauer den Juden zu (M 13)? Wie charakterisiert er die jüdische Kunst? Welche Meinung hast du selbst dazu?
15. Welche der in M 13 genannten Künstler sind dir bekannt? Wie hast du bisher von diesen berichten hören? Suche dir einen der Künstler heraus und schlage im Lexikon nach, was du über ihn findest. Vergleiche dies mit der Darstellung Eichenauers. Schlage deinem Kunstlehrer vor, dass ihr euch im Kunstunterricht mit den Werken eines oder mehrerer der genannten Künstler beschäftigt.

Kinder- und Jugendliteratur im Nationalsozialismus

Ideologisch gefärbten Lehrstoff enthielten nicht nur die Schulbücher. Seit den ersten Tagen des NS-Regimes (und teilweise auch schon davor) erschien eine Vielzahl von Veröffentlichungen für Kinder und Jugendliche mit eindeutig rassistischer Zielsetzung. Diese waren vielfältig einsetzbar: bei Veranstaltungen der Hitler-Jugend, zum privaten Studium in der Freizeit und natürlich auch in der Schule. Hinter ihnen allen stand der Versuch, die im Sinne der NS-Ideologie wichtigen Themen kindgerecht zu verpacken. Wer das ‚rechte' Verhalten und die ‚richtige' Haltung quasi spielerisch erlernte – so kalkulierten wohl die Nationalsozialisten –, der würde sie später nicht mehr vergessen.

M 14

„Der Züchter hält die Rasse rein"

„[…] Nehmen wir einmal an, er [der Züchter] besitzt 30 Schäferhunde, Hunde und Hündinnen. Dann sucht er sich aus diesen die allerschönsten, die kräftigsten und gesündesten Tiere heraus. Die pflegt er nun, dass sie stark und gesund sind und nimmt sie zur Nachzucht […] Er treibt also ganz planmäßig eine Auswahl, indem er immer nur das Allerbeste zur weiteren Zucht verwendet, das weniger Gute aus seiner Zucht ausschaltet. Warum tut er das? Weil er glaubt, daß die Jungen von den schönsten Tieren auch wieder ganz besonders schön und kräftig und gesund sein werden; daß also alle diese Eigenschaften sich auf die Jungen vererben. Und das wird auch im allgemeinen so sein. Darum muß der Züchter eine solche Auswahl, Auslese, treiben. Kranke Tiere, schwächere, solche, die seinen Wünschen nicht entsprechen, wird er niemals behalten; er legt den größten Wert darauf, daß seine Rasse hochwertig, gesund und widerstandsfähig ist. Und er achtet vor allem noch auf etwas anderes. Niemals würde er seine Schäferhündin, auf die er ganz besonders stolz ist, von einem Jagdhund belegen lassen. […]

Denn aus einer solchen Kreuzung zweier verschiedener Rassen entsteht ein Mischling. Und der Züchter weiß im voraus, daß der Mischling nicht so viel wert ist wie das reinrassige Tier. […]"

' M. Staemmler, Volk und Rasse, Berlin o.J., S. 16 f.

Hinweis: M. Staemmler, Universitätsprofessor und Dr. med., war Direktor des hygienisch-anatomischen Instituts in Chemnitz.

M 15

„Von der Aufnordung. Den Hauptanteil am Aufbau des deutschen Volkes stellt die nordische Rasse. […] Das Nordische im deutschen Volke ist der Baumeister dessen, was uns von unseren Vorfahren an Geistesgut überkommen ist, des deutschen Volkstums, der deutschen Kultur. Soll sie erhalten bleiben, dann darf der Anteil des nordischen Bluts nicht weiter zurückgehen in unserem Volke. […] Darüber hinaus muß aber jeder Deutsche, mußt vor allen Dingen Du helfen, daß der nordische Anteil gestärkt wird. Wenn Du später auf der Suche bist nach Dei-

„Rassenhygienische Fibel" – Ein Handbuch für die „deutsche Jugend"

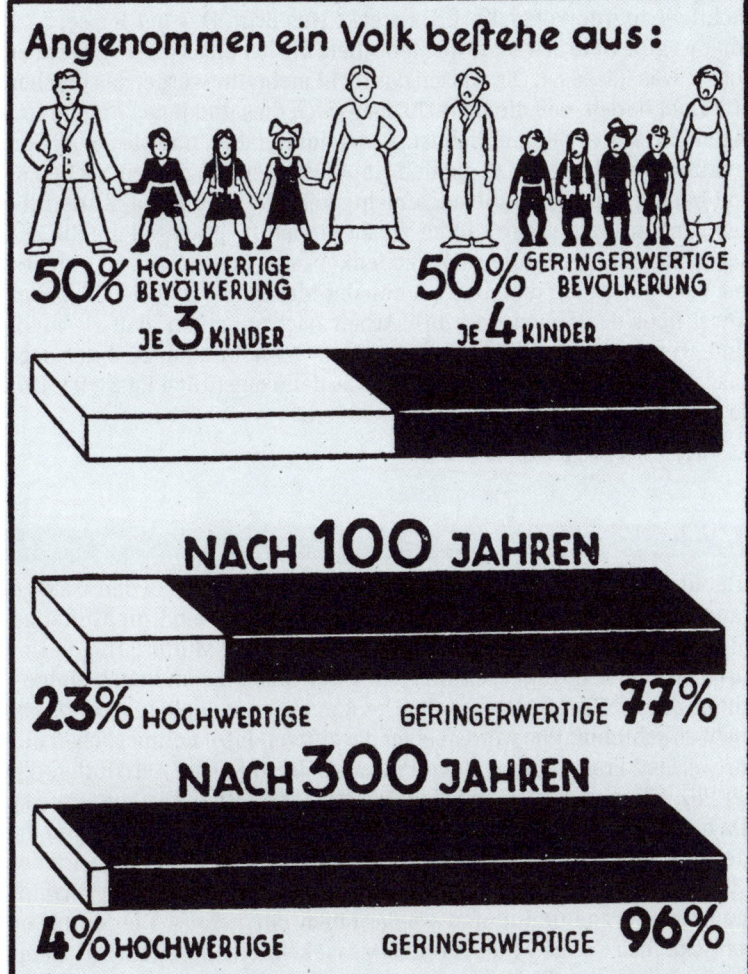

Abb. 62: Aus einem Biologiebuch für Klasse 5: „Mit der Entwicklung der Kultur" sei die „Wirkung der natürlichen Auslese eingeschränkt" worden, beklagten die NS-Biologen. Aus ihrer Sicht blieben zu viele Menschen mit „körperlichen Mängeln und gesundheitlichen Schäden" am Leben. Sie malten ein düsteres Bild für die Zukunft des deutschen Volkes, falls hier nicht eingegriffen werde.

nem Gefährten, dann denke daran, daß es ein Mensch sein muß von nordischem Gepräge. Du brauchst ihm nicht den Schädel zu messen – und an den Haaren und Augen allein liegt es auch nicht. Es kommt vor allem auf seine Seele an, die muß nordisches Gepräge haben. Denke später daran, was du lerntest von der Sehnsucht Deines Volkes. Sie hat sich zuerst offenbart in deinen Märchen, denk nur an Dornröschen, Schneeweißchen und Rosenrot, Goldener – und dann in Deinen Sagen: Siegfried, Gudrun – sie alle, diese Prinzen und Hirten, Recken und zarten Frauen sagten Dir etwas von der Sehnsucht Deines Volkes nach dem nordischen Menschen. Hellhäutig, hellhaarig, mit blitzendem Auge, gut, edel und kühn waren sie, treu und beharrlich, klug und zuverlässig. […] So sollst auch Du sein – und Dein Gefährte – und Deine Kinder. Es muß eine heiße Sehnsucht über Dich kommen, daß es so sei. […]"

Emil Jörns, Julius Schwab, Rassenhygienische Fibel, Berlin 1934, S. 101–103

M 16

„Was ist Rasse?"

„Nicht wahr, ihr wißt, was ihr damit meint, wenn ihr sagt: ‚Das ist ein tüchtiger und forscher Kerl. Da steckt was drin. Der hat Rasse. […]' Aber es gibt viele erwachsene Menschen, die haben es ganz verlernt zu sehen, was Rasse ist. Die wissen das nicht mehr. Ihr werdet das ja schon oft erlebt haben, daß die Erwachsenen euch dies und jenes fragen, was eigentlich selbstverständlich ist. Das kommt daher, daß sie soviel Sorgen und Nöte haben, daß sie den Kopf mit allen möglichen Sachen so voll haben, von denen ihr noch nichts wißt. So eine arme Mutter, die den ganzen Tag für ihre Kinder zu sorgen hat […]; wo soll die die Zeit hernehmen, noch darüber nachzudenken, was Rasse ist. Und nun erst der Vater. Er ist auf dem Bau oder an der Maschine […] Und alle haben soviel über das Leben und ihre Arbeit nachzudenken, daß sie müde sind, wenn sie nach Hause kommen. Und wenn ihr dann zu ihnen sagt: das ist Rasse; dann fragen sie euch, was denn eigentlich Rasse ist. Und das müßt ihr ihnen doch erklären können."

Staemmler, Volk und Rasse, S. 2

M 17

„Der Giftpilz" – Erzählung aus einem Kinderbuch

„Der kleine Franz ist mit seiner Mutter zum Pilzesuchen in den Wald gegangen. […] Nach einer halben Stunde kommt er jubelnd zur Mutter zurück. ‚Hurra! nun hab' ich auch so viel Pilze wie du, Mutter!' ruft er. Und ein bißchen leiser fügt er hinzu: ‚Ich glaub' aber, da sind auch einige – giftige dabei!' Die Mutter lächelt. ‚Das kann ich mir denken! Aber das ist nicht so schlimm. Wir werden eben die giftigen Pilze heraussuchen und fortwerfen.' Franz nimmt einen Pilz aus seinem Korbe. ‚Du Mutter, dieser Pilz will mir gar nicht gefallen. Der ist sicher giftig!' Die Mutter nickt. ‚Da hast du recht! Das ist ein Satanspilz. Er ist sehr giftig. Man kennt ihn gleich an seiner Farbe und seinem scheußlichen Geruch.' Franz wirft den Giftpilz zu Boden und zertritt ihn. […] ‚Da hab' ich noch einen Champignon!' ruft Franz und nimmt wieder einen Pilz heraus. Die Mutter erschrickt. ‚Um Gottes willen, Franz! Das ist kein Champignon! Das ist ein Knollenblätterpilz. Er ist der schlimmste Giftpilz, den es gibt. Und er ist doppelt gefährlich, weil man ihn sehr leicht verwechseln kann.' […] So erklärt die Mutter ihrem Kinde die verschiedenen Pilze. Dann nehmen die beiden ihre Körbe wieder zur Hand und machen sich langsam auf den Heimweg. Unterwegs sagt die Mutter: ‚Schau, Franz, genau so, wie es bei den Pilzen im Walde ist, so ist es auch bei den Menschen auf der Erde. Es gibt gute Pilze und es gibt gute Menschen. Es gibt giftige, also schlechte Pilze, und es gibt schlechte Menschen. Und vor diesen schlechten Menschen muß man sich ebenso in acht nehmen wie vor Giftpilzen.' […]

„Wie die Giftpilze oft schwer von den guten Pilzen zu unterscheiden sind, so ist es oft sehr schwer, die Juden als Gauner und Verbrecher zu erkennen…"

Abb. 63: Abbildung aus dem „Giftpilz", einem Kinderbuch aus dem „Stürmer"-Verlag.

,Und weißt du auch, wer nun diese schlechten Menschen, diese Giftpilze der Menschheit sind?' fragt die Mutter weiter. Franz wirft sich stolz in die Brust. ,Jawohl, Mutter! Das weiß ich. Es sind die – Juden. Unser Lehrer hat das schon oft in der Schule gesagt.' […] ,Recht so!' lobt die Mutter. Und dann spricht sie weiter. Ganz ernst ist sie geworden. ,Die Juden sind schlechte Menschen. Sie sind wie Giftpilze. Und wie Giftpilze oft schwer von den guten Pilzen zu unterscheiden sind, so ist es oft schwer, die Juden als Gauner und Verbrecher zu erkennen. Wie Giftpilze in den verschiedenen Farben auftreten, so verstehen es auch die Juden, sich unkenntlich zu machen, indem sie die verschiedensten Gestalten annehmen. […] Und darum müssen wir die Menschen aufklären und müssen sie warnen vor dem Juden. […] Wie die Giftpilze oft das schrecklichste Unglück mit sich bringen, so ist der Jude die Ursache von Elend und Not, von Siechtum und Tod.'"

Der Giftpilz. Ein Stürmerbuch für Jung u. Alt. Erzählungen von Ernst Hiemer. Bilder von Fips, Verlag Der Stürmer, Nürnberg o.J., S. 3-7

M 18

„Woran man die Juden erkennt" – Erzählung aus dem Kinderbuch „Der Giftpilz"

„Die Judennaſe iſt an ihrer Spitze gebogen. Sie ſieht aus wie ein Sechſer…"

Abb. 64: Abbildung aus dem „Giftpilz", einem Kinderbuch aus dem „Stürmer"-Verlag.

„In der 7. Knabenklasse des Lehrers Birkmann geht es heute recht lebhaft zu. Der Lehrer erzählt von den Juden. Und das interessiert die Jungen ganz besonders. Lehrer Birkmann hat auf die Tafel Bilder von Juden gezeichnet. Die Buben sind begeistert. [...] ‚Es ist gleich zwölf Uhr‘, sagt der Lehrer, ‚wir wollen nun zusammenfassen, was wir in dieser Stunde gelernt haben.‘ [...] Der kleine Karl greift nach dem Zeigestock, geht hinaus zur Tafel und deutet damit auf die Zeichnungen. ‚Den Juden erkennt man meistens an seiner Nase. Die Judennase ist an ihrer Spitze gebogen. Sie sieht aus wie ein Sechser. [...] Der Knabe erzählt weiter. ‚Man erkennt den Juden auch an den Lippen. Seine Lippen sind meistens wulstig. [...]Und an den Augen erkennt man den Juden auch. Seine Augenlider sind meistens dicker und fleischiger als die unseren. Der Blick des Juden ist lauernd und stechend. Man sieht ihm schon an den Augen an, daß er ein falscher, verlogener Mensch ist.‘ [...] ‚Sehr gut!‘ lobt der Lehrer. ‚Und nun erzählt mir noch von den anderen Kennzeichen, an denen man einen Juden von einem Nichtjuden unterscheiden kann. Richard, komm du mal heraus!‘ Der Richard Krause, ein lachender, blonder Junge, geht zur Tafel. Und dann legt er los: ‚Man erkennt den Juden auch an seinen Bewegungen und Gebärden. Der Jude wiegt mit dem Kopf hin und her. Sein Gang ist schleppend und unsicher. Wenn der Jude spricht, dann fuchtelt er mit den Händen herum. Man sagt dazu, er mauschelt. Seine Stimme schnappt oft über. Der Jude redet fast immer etwas durch die Nase. Oft hat der Jude auch einen widerlichen, süßlichen Geruch. Wer eine feine Nase hat, kann den Juden sogar riechen.‘ Der Lehrer ist zufrieden. [...] Dann geht der Lehrer zum Pult und wendet die Tafel um. Auf der Rückseite ist ein Spruch geschrieben. Die Kinder lesen ihn laut vor:
Aus eines Juden Angesicht/ Der böse Teufel zu uns spricht/ Der Teufel, der in jedem Land/ Als üble Plage ist bekannt./ Wenn wir vom Juden frei sein sollen/ Und wieder glücklich, froh sein wollen/ Dann muß die Jugend mit uns ringen/ Den Judenteufel zu bezwingen.“

Der Giftpilz, S. 8–11

Aufgabenvorschläge zu M 14 bis M 18:

1. Arbeitsteilige Gruppenarbeit: Fasst die Texte M 14 – M 16 mit euren Worten zusammen. Versetzt euch in die Zeit des Nationalsozialismus. Welchen Auftrag/welche Aufträge hättet ihr aus den Texten heraus gelesen? Was würdet ihr sagen, wenn ein heutiger Politiker ähnliche Ideen präsentieren würde?
2. Mit welchen Methoden arbeiten die Autoren der Texte M 14 – M 16? Was ist ihr Ziel?
3. In welcher Weise werden die Juden in den Texten M 17 und M 18 diffamiert? Wie werden – eurer Meinung nach – diese Texte auf die Kinder in der NS-Zeit gewirkt haben?
4. Diskutiert über die Begriffe „Information“ und „Manipulation“. Könnt ihr aktuelle Beispiele für „Manipulation“ nennen?

Erzieher und Erziehung im nationalsozialistischen Staat

Den Erziehungsauftrag im nationalsozialistischen Staat teilten sich Schule, Elternhaus und die für die „gesamte deutsche Jugend" zuständige Jugendorganisation der NSDAP: die Hitlerjugend (HJ). Diese hatte sich nach dem Machtantritt der NSDAP den Anspruch auf mindestens einen Tag pro Woche gesichert, den Samstag, der 1934 als „Staatsjugendtag" im gesamten Reich eingeführt wurde und den sie für ihre Jugendarbeit nutzen konnte. Aber auch die Schüler, die der Hitlerjugend (noch) nicht angehörten, hatten den Samstag nicht zur freien Verfügung. Sie sollten in Sammelklassen an ihrer Schule zusammengefasst und in Sport und „nationalpolitischen" Themen unterrichtet werden. Durch das „Gesetz über die Hitlerjugend" vom 1.12.1936 wurde die Mitgliedschaft in der HJ zur Pflicht. Zu ihrer Arbeit gehörten weltanschauliche Schulungsmaßnahmen, Sportveranstaltungen, die vormilitärische Ausbildung der Jungen, Aufmärsche bei öffentlichen Veranstaltungen der NSDAP, Fahrten und Ausflüge in die nähere und fernere Umgebung, Freizeitlager u.a. Vor allem das Freizeitangebot ließ die HJ vielen Kindern und Jugendlichen attraktiv erscheinen, nicht selten auch jüdischen Kindern, die natürlich nicht Mitglied sein konnten. Der Hitlerjugend gelang es, ihre Kompetenzen immer weiter auszudehnen, und ihre „Führer" waren durchaus nicht bereit, sich auf die Freizeitgestaltung außerhalb der Schule beschränken zu lassen. Vielmehr gewannen sie Einfluss auf das Schulgeschehen selbst, und die – nach 1933 häufig ausgewechselte – Schulleitung und die HJ arbeiteten in der Regel einträchtig zusammen. Als im März 1939 Durchführungsbestimmungen zum „Gesetz über die Hitlerjugend" erlassen wurden, erhielt der „Reichsjugendführer" die Zuständigkeit für alle Aufgaben der „körperlichen, geistigen und sittlichen Erziehung der gesamten deutschen Jugend". Gleichzeitig erfolgte die Verkündung der „Jugenddienstpflicht", d.h. des Zwangs zum Dienst in einer Einheit der HJ.[2]

Die geforderte lückenlose Erziehung im Sinne des Nationalsozialismus konnte die Hitlerjugend allein natürlich nicht gewährleisten. Hierfür reichte ihre Kompetenz nicht aus. Die Vermittlung der Unterrichtsinhalte – Beispiele wurden oben gezeigt – oblag den Lehrern. Um sie zu gewinnen, setzten die Nazis auf Propagandamaßnahmen und Schulungen, auf ein System von Belohnungen und Bestrafungen, auf Überwachung und Terror. Ein Mittel zur Disziplinierung waren politische Führungszeugnisse, die die zuständige NSDAP-Stelle auf Anforderung erstellte und die großen Einfluss auf das weitere Schicksal einer Lehrkraft hatten. Letzte Maßnahme war die Entfernung aus dem Dienst. Die Handhabe hierfür bot das „Gesetz zur Wiederherstellung des Berufsbeamtentums".

Ein Teil der Lehrer wird sich notgedrungen angepasst haben, andere ließen sich gern überzeugen. Eine wichtige Rolle dabei übernahm der nationalsozialistische Lehrerverband (NSLB) mit Sitz in Bayreuth und Berlin. Alle anderen Lehrerverbände wurden aufgelöst. Dem NSLB gelang es schon frühzeitig, die Lehrer zu erfassen und

---

2 Auch die Rolle der Hitlerjugend im NS-Staat konnte hier nur angerissen werden. Aus der Vielzahl der Literatur zur Hitlerjugend sei u.a. verwiesen auf: Heinz Boberach, Jugend unter Hitler, Düsseldorf 1982, S. 25–65; Martin Klaus, Mädchen in der Hitlerjugend: die Erziehung zur „deutschen Frau", Köln 1980; Werner Klose, Generation im Gleichschritt: die Hitlerjugend; Oldenburg 1982; Arno Klönne, Jugend im Dritten Reich. Die Hitler-Jugend und ihre Gegner, München 1995; Hannsjoachim Koch, Geschichte der Hitlerjugend, München 1981; Christoph Schubert-Weller, Hitlerjugend. Vom „Jungsturm Adolf Hitler" zur Staatsjugend des Dritten Reichs, Weinheim und München 1995.

zu organisieren – bis 1936 immerhin 97 %.[3] Auch in Bochum war der nationalsozialistische Lehrerverband offenbar sehr rührig. Unter anderem bot er Schulungen an, bildete „rassenpolitische Arbeitsgemeinschaften" und unterstützte die Hitlerjugend bei ihrer Werbearbeit. In den Verwaltungsberichten der Stadt Bochum von 1935 und 1936 wird die tatkräftige Mitarbeit der Lehrer insgesamt gelobt. In den ersten Jahren der NS-Herrschaft habe die Lehrerschaft entscheidend zur stetig steigenden Mitgliederzahl der Hitlerjugend in Bochum beigetragen. Im Dezember 1935 seien über 80 % der 10- bis 14-jährigen Bochumer Schulkinder im Jungvolk oder im Bund deutscher Mädel (beides Untergliederungen der HJ) organisiert gewesen. Eine größere Anzahl von Schulen, in denen mindestens 90 % der oberen Jahrgänge der Hitlerjugend angehörten, habe „die Auszeichnung erhalten, die Fahne der HJ zu hissen".[4]

Der Erziehungsanspruch der Nationalsozialisten war allumfassend. Die Aufgabe selbst war auf verschiedene Schultern verteilt. Die Schule war zum politischen Instrument geworden, ihre Kernaufgabe die Vermittlung nationalsozialistischen Gedankengutes. Aber sie sollte auch selektieren und die Kinder und Jugendlichen systematisch auf ihre spätere Rolle im nationalsozialistischen Staat, auf ihren Platz in der „Volksgemeinschaft" vorbereiten. Jüdische Kinder wurden immer mehr zu Fremdkörpern in den Klassengemeinschaften der weiterführenden Schulen. Teilweise schon frühzeitig ausgegrenzt, teilweise zunächst noch von Lehrern und Mitschülern geschützt, wurde ihnen nach und nach der Zugang zu den öffentlichen Schulen verwehrt.[5]

M 19

„Am 30.6.34 beteiligte sich eine Mannschaft der Anstalt am Bannerkampf der höheren Schulen Westfalens. [...]

In der Zeit vom 15. bis 28. Oktober veranstaltete die Schule mit den Schülern der Klassen Untersekunda bis Oberprima einen Landaufenthalt in der Jugendherberge zu Hohenlimburg. Über den Sinn des Lageraufenthaltes schreibt Studienreferendar W.[...] u.a.: ‚Die gegenwärtige weltanschauliche und politische Lage unseres Volkes bestimmte die Form und den Sinn des Lagers. Seine äußere Form prägten: straffe und zielbewußte Leitung, soldatische Haltung und Disziplin, frohe und starke Kameradschaft. Seinen eigentlichen Sinn erhielt das Lager durch das Wollen, unsere Jungen körperlich frisch und leistungsfähig zu erhalten, ihnen dort Land und Leute nahe zu bringen und vor allem, ihnen das Erlebnis nationalsozialistischen Handelns zu vermitteln. Aus der Größe, dem Ernst und der Schwere unserer Zeit erwächst uns eine entsprechende Verpflichtung für die Führung und Gestaltung unseres eigenen Lebens, um uns unserem Führer, unserm Volke und unserer Zeit würdig zu erweisen.' [...]

Am 16.11.1935 wurde der Schule die Fahne der Hitlerjugend verliehen. Die Schule hatte es sich zur Aufgabe gestellt, das Recht zur Führung der Fahne erst dann bei der zuständigen Stelle der Hitlerjugend zu beantragen, wenn die Zugehörigkeit der Schule zu den N.S. Formationen eine 100%ige sein würde. Am 5. Oktober 35 wurde diese vollzählige Beteili-

Aus dem Schulleben der Städtischen Oberrealschule Bochum-Gerthe in den Schuljahren 1934/35 und 1935/36

---

3   Vgl. Boberach, Jugend unter Hitler, S. 72.
4   Vgl. Verwaltungsbericht der Stadt Bochum von 1935, S. 99.
5   Zur Situation der jüdischen Kinder und Jugendlichen vgl. Kapitel 9: „Jüdische Jugend in Bochum".

gung aller Schüler erreicht, sodaß die Schule es für sich in Anspruch nehmen kann, die erste unter den Schulen der Stadt Bochum und Umgebung gewesen zu sein, deren Schüler sämtlich N.S. Organisationen angehören. […]

Eine Veranstaltung der Schulgemeinde gab Gelegenheit, den Rasse- und Ausleseerlaß des Herrn Ministers den Eltern nahe zu bringen und sie überhaupt mit den Zielen der neuen Schule bekannt zu machen. […]

Mit Beginn des Berichtsjahres wurden als Ergänzung zu den nach Konfessionen getrennten Schulandachten und -messen deutsche Morgenandachten eingeführt, an denen alle Schüler mit den Lehrern gemeinsam teilnehmen. Sämtliche Lehrer sind verpflichtet, in diesen Feiern jeweilig die Ansprache zu übernehmen. Die Schüler bringen diesen wöchentlich einmal stattfindenden Veranstaltungen lebhaftes Interesse entgegen. […]"

Jahresbericht der Städtischen Oberrealschule Bochum-Gerthe über die Schuljahre 1934/35 und 1935/36, StadtA Bochum, Bo 40 Sch/49, S. 16 f. und S. 36 f.

M 20

„Die rassenpolitische Aufgabe des Erziehers – Kreisversammlung der Kreise Bochum, Herne und Wattenscheid des NS-Lehrerbundes"

„Im Ernst-Moritz-Arndt-Haus hatten sich am Montag abend die Mitglieder des NS.-Lehrerbundes der Kreise Bochum, Herne und Wattenscheid zu einer Kreisversammlung eingefunden. Nach einem einleitenden Musikstück und einem Sinnspruch begrüßte Schulrat Hellmig den Redner des Abends, Reichshauptstellenleiter Pg. Dr. Dittrich (Bayreuth), der über das Thema ‚Rasse und Erziehung' sprach. […] Es sei unsere Aufgabe heute, der uns anvertrauten Jugend einzuprägen, daß sie Kinder einer Herrenrasse sind, die genau so gut und so viel Anrecht auf die Reichtümer dieser Erde haben wie jedes andere Volk auch. Wir wollen aber nicht Rassenkunde im Unterricht ‚behandeln', sondern Rassenpolitik predigen. Das Gesetz der Vererbung ist eines der größten Wunder der Schöpfung. Jede Rasse hat ihre Aufgabe vom Schöpfer, der sie schuf, mitbekommen. Sie kann diese Aufgabe aber nur dann erfüllen, wenn sie sich rein erhält. In diesem Sinne glauben wir als deutsche Erzieher auch den Willen des Schöpfers zu erfüllen, wenn wir dafür Sorge tragen, daß das neue Geschlecht, das heranwächst, um seine Aufgabe als Träger edelsten Menschentums weiß."

Bochumer Anzeiger, 14.3.1939

M 21

Politisches Führungszeugnis der NSDAP-Kreisleitung Bochum für Oberstudienrätin M. W., Schillerschule, vom 12.5.1938

„[…] ist Mitglied des NSLB seit dem 1.7.1933 und der NSV seit dem 20.3.1934. Der NSDAP oder einer ihrer Gliederungen gehört sie nicht an. Vor der Machtübernahme stand sie der deutschen Volkspartei nahe. Ihre heutige politische Einstellung ist reaktionär. Versammlungen und sonstige Veranstaltungen des NSLB besucht sie fast gar nicht. An Sammlungen oder Sonderleistungen beteiligt sie sich nur sehr widerwillig oder überhaupt nicht. So gab sie keinen Beitrag zum Haus der Erziehung und spendete als einzige der festangestellten Personen zum Geburtstag des Führers am 20.4.37 nichts. Am 21.7. und am 31.8.37 hat sie sich geweigert, die Schülerinnen aufzufordern, in der Bundestracht

Nationalsozialistische Deutsche Arbeiterpartei

Gau   Westfalen-Süd

Gaugeschäftsstelle: Bochum, Wilhelmstraße 15/17
Fernsprech-Anschluß: 63401/07
Postscheckkonto der Gauleitung: Dortmund 18493
Girokonto: Kommunalbank Bochum 6600

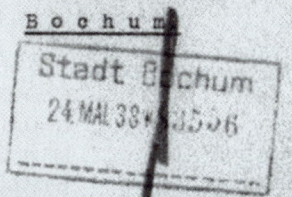

Die Zeitung des Gaues:
„Westfälische Landeszeitung — Rote Erde"
Redaktion u. Geschäftsstelle: Dortmund, Reinoldistr. 19
Fernsprech-S.-Nr. 30441

Kreis: B o c h u m.

Ortsgr.: _____

Ihre Zeichen: 51 4   Ihre Nachricht: 5.4.38
Betreff:

(Bei Antwortschreiben anbringt auszufüllen!)

Unser Zeichen: Der Kreisleiter.
        Ra/Kr. 25 724.

Bochum, den 21. Mai 1938
Kortumstr. 7

An den

Herrn Oberbürgermeister
der Stadt

B o c h u m

> Stadt Bochum
> 24. MAI 38 ... 3556

Die Volksgenossin

Dr. Charlotte ▮▮▮▮▮▮▮▮   Bochum, Wachtelweg 10.

hat sich aus ihrer individualistischen Einstellung
heraus jahrelang hartnäckig geweigert, ihrer Berufs-
organisation beizutreten. Erst auf Drängen des Ober-
schulrates ist sie im März d. J. dem NSLB. beigetreten.
Als Erzieherin sind gegen sie Bedenken nicht geltend
zu machen. Auch ist nicht wahrgenommen worden, daß
sie gegen den Nationalsozialismus arbeitet.

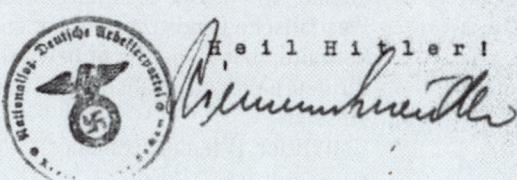

H e i l H i t l e r !

Abb. 65: „Führungszeugnis" des NSDAP-Kreisleiters für eine Bochumer Lehrerin

des BDM an der Flaggenhissung teilzunehmen. Zwei Turnlehrerinnen, die am 6.10.37 an der Grenztagung für körperliche Erziehung des NSLB teilnehmen wollten, hat sie nicht beurlaubt. Einen Studienrat hat sie daran gehindert, seinen Verpflichtungen als Luftschutzlehrer nachzukommen. Mit dem ehemaligen Direktor Dr. G. hat sie stets in engstem Verkehr gestanden. Noch in letzter Zeit vor den Osterferien hat sie fast täglich dem Dr. G. auf der Straße von den Ereignissen in der Schule Mitteilung gemacht, wobei sie ihm Schriftstücke oder Rundschreiben und dgl. zeigte.
Oberstudienrätin W. hat bisher nicht den Beweis erbracht, daß sie die Gewähr dafür bietet, daß sie sich jederzeit rückhaltlos für den nationalsozialistischen Staat und die Bewegung Adolf Hitler einsetzt.
Heil Hitler! (Riemenschneider)"

StadtA Bochum, Bo 40/33

Hinweis: Das oben abgedruckte Führungszeugnis hatte der Bochumer Oberbürgermeister – ebenso wie M 22 und M 23 – bei der NSDAP-Kreisleitung angefordert. Anlass war eine geplante Versetzungsaktion innerhalb Bochumer Schulen, von der Lehrer unterschiedlicher Schulen betroffen waren. Für die vielen ‚positiven' Führungszeugnisse genügte ein Formular, für die eher ‚negativen' war ein ausführlicherer Text erforderlich.

M 22

Politisches Führungszeugnis der NSDAP-Kreisleitung Bochum für Dr. H.F., Schillerschule, vom 12.5.1938

„[…] ist Mitglied der NSV und des NSLB. Der NSDAP oder einer ihrer Gliederungen gehört er nicht an. Seine politische Einstellung vor der Machtübernahme ist nicht bekannt. Am heutigen politischen Leben ist er völlig uninteressiert. An Veranstaltungen der Ortsgruppe nimmt er keinen Anteil. Der Schulungsbrief wird von ihm nicht gehalten. Die Westfälische Landeszeitung hat er erst am 1.5.38 bestellt. Sein ganzes Verhalten hat bisher nicht bewiesen, daß er sich jederzeit rückhaltlos für den nationalsozialistischen Staat und die Bewegung Adolf Hitlers einsetzt.
Heil Hitler! (Riemenschneider)"

StadtA Bochum, Bo 40/33

M 23

Politisches Führungszeugnis der NSDAP-Kreisleitung Bochum für Studienrat H. A., Freiherr-vom-Stein-Schule, vom 13.5.1938

„[…] war Mitglied einer Loge und gehörte vor der Machtübernahme zur demokratischen Partei. Sein Verhalten nach der Machtübernahme ist wiederholt Gegenstand von Beschwerden gewesen. Trotz mehrerer Ermahnungen hat er auch in der letzten Wahlzeit nicht geflaggt. Der NSV ist er erst nach wiederholten Werbungen im Januar ds. Jrs. mit einem Monatsbeitrag von RM 1,– beigetreten. Erst jetzt hat er sich zur Aufnahme in den NS-Lehrerbund gemeldet. An Veranstaltungen der Ortsgruppe und dergl. nimmt er nicht teil. Vg. A. hat bisher nicht den Beweis erbracht, daß er sich jederzeit rückhaltlos für den nationalsozialistischen Staat und die Bewegung Adolf Hitlers einsetzt. […]
Heil Hitler! (Riemenschneider)"

StadtA Bochum, Bo 40/33

M 24

„Nach der nationalsozialistischen Umwälzung hat das Ministerium für Wissenschaft, Erziehung und Volksbildung grundlegende Bestimmungen über die Aufgaben der höheren Schulen erlassen. Nach diesen Bestimmungen ist es Aufgabe der höheren Schulen, den körperlich, charakterlich und geistig besonders gut veranlagten Teil der deutschen Jugend so zu erziehen, daß er fähig wird, später in gehobenen oder führenden Stellen unser politisches, kulturelles und wirtschaftliches Volksleben maßgebend mitzugestalten.

Die höhere Schule hat daher die Pflicht, unter den zu ihr kommenden Jugendlichen eine Auslese zu treffen, welche die Ungeeigneten und Unwürdigen ausscheidet, um die Geeigneten und Würdigen um so mehr fördern zu können. Die ständige Prüfung muß sich auf die körperliche, charakterliche, geistige und völkische Gesamteignung erstrecken.

Elitebildung im NS-Staat – Ministerialerlass über die Aufgaben der höheren Schulen

a. Körperliche Auslese

1. Jugendliche mit schweren Leiden […] sowie Träger von Erbkrankheiten sind nicht geeignet und werden daher nicht in die höhere Schule aufgenommen. […]
2. Jugendliche, die eine dauernde Scheu vor Körperpflege zeigen […], werden von der höheren Schule verwiesen.
3. Ebenso führt ein dauerndes Versagen bei den Leibesübungen […] zur Verweisung, wenn nicht Amtsarzt und Sportlehrer ein Verbleiben befürworten.

b. Charakterliche Auslese

1. Wer durch sein allgemeines Verhalten in und außer der Schule gröblich gegen Sitte und Anstand verstößt, ist von der Schule zu verweisen.
2. Fortgesetzte Verstöße gegen Kameradschaftlichkeit und Gemeinschaftssinn ziehen […] die Verweisung von der Schule nach sich.
3. Dasselbe geschieht bei dauernden Verstößen gegen Zucht und Ordnung und gegen Ehrlichkeit, die auf einen grundsätzlichen Mangel an Einfügungs- und Ordnungssinn und andererseits an Offenheit deuten.

c. Geistige Auslese

1. Die geistige Auslese erfolgt auf der Grundlage der für die einzelnen Klassen und Stufen in den Lehrplänen geforderten Denkfähigkeit, geistigen Reife und Kenntnisse.
2. Entscheidend ist hier nicht die Summe angelernten Wissensstoffes, sondern die geistige Gesamtreife. […]

d. Völkische Auslese

1. Arische Schüler dürfen hinter nichtarischen nicht zurückgesetzt werden. Es ist daher nicht angängig, an Nichtarier (im Sinne des Reichsgesetzes zur Wiederherstellung des Berufsbeamtentums vom 7. April 1933 und seiner Nachträge) irgendwelche Vergünstigungen zu geben (Schulgelderlaß, freie Lehrmittel, Erziehungsbeihilfen und dergl.), solange sie arischen Schülern versagt werden.

2. Schüler, die durch ihr Verhalten in und außer der Schule die Volksgemeinschaft oder den Staat wiederholt schädigen, sind von der
Schule zu verweisen."

Verwaltungsbericht der Stadt Bochum von 1934, S. 104–105

Aufgabenvorschläge zu M 19 bis M 24:

1. Beschreibe anhand des Textbeispiels M 19, in welcher Form die Schule die ihr zu-
gedachte Aufgabe als nationalsozialistische Erziehungsanstalt auch außerhalb des
unmittelbaren Unterrichtsgeschehens wahrnahm. Was erscheint dir im Vergleich
mit deinem eigenen Schulalltag als besonders gravierend?
2. Worin sieht der nationalsozialistische Lehrerverband die Aufgabe der Erzieher
(M 20)? Diskutiere an dieser Stelle mit deinen Mitschülerinnen und Mitschülern
den Begriff „Rassismus". Beziehe die Erkenntnisse aus den anderen Textbeispielen
dieses Kapitels in die Diskussion mit ein.
3. Was weiß die NSDAP-Kreisleitung über die Lehrer, für die sie politische Führungszeugnisse ausgestellt hat (M 21 – M 23)? Welche Funktion hatten diese „Führungszeugnisse"? Wie würdest du die betroffenen Lehrer nach dem, was du aus den
„Führungszeugnissen" erfahren hast, charakterisieren?
4. Fasse die wesentlichen Aussagen von M 24 zusammen und fertige eine Beschrei-
bung des Idealbildes eines für Führungsaufgaben geeigneten „deutschen Menschen", das den Nazis vorschwebte. Setze dich kritisch mit diesem Idealbild auseinander. Diskutiere mit deinen Mitschülern über Erziehungs- und Bildungsziele
in einer demokratischen Gesellschaft.

9. Kapitel

Ingrid Wölk

Jüdische Jugend in Bochum

Schule und Freizeit

Waren die mit dem Machtantritt der Nationalsozialisten verbundenen Veränderungen in Schule und Freizeit für nichtjüdische Kinder und Jugendliche gravierend, so gilt dies erst recht für die Kinder und Jugendlichen, die aus jüdischen Familien stammten. Sie waren es, die nach der rassistischen Ideologie der Nationalsozialisten als minderwertig galten, deren Eltern als ‚Schädlinge' an Volk und Staat diffamiert wurden und die die Zielscheibe boten für die durch Lehrpläne und Richtlinien sanktionierten Hasstiraden stramm nationalsozialistischer Lehrer und verblendeter Hitlerjugendlicher. Sich vorzustellen, wie dies auf die Betroffenen gewirkt haben mag, bedarf keiner besonders ausgeprägten Phantasie.

Viele jüdische Kinder hatten nicht mehr die Chance, nach der Grundschule auf eine höhere Schule zu wechseln. Durch das Gesetz „gegen die Überfüllung deutscher Schulen und Hochschulen" vom 25. April 1933[1] sollte der Anteil jüdischer Schülerinnen und Schüler drastisch reduziert werden. Die danach erfolgten Anmeldungen jüdischer Kinder wurden von den Schulen vielfach zurückgewiesen, der Weg zu den höheren Bildungseinrichtungen blieb ihnen versperrt. Hiervon ausgenommen waren zunächst noch die Kinder ehemaliger Frontsoldaten. Aber auch die jüdischen Schülerinnen und Schüler, die die höheren Schulen noch besuchen durften, litten unter den veränderten Bedingungen und mussten die schrittweise Ausgrenzung aus ihren Klassengemeinschaften erdulden. Wie die Situation sich für diese Kinder und Jugendlichen in der Praxis gestaltete, wie lange sie auf ihren Schulen verweilen konnten, ob und wie lange sie noch den Schutz von Lehrern und Mitschülern genießen durften, hing davon ab, wie weit die jeweilige Schule bereits vom ‚neuen Geist' durchdrungen war. Nach der Reichspogromnacht am 9.11.1938 mussten dann auch die letzten jüdischen Schülerinnen und Schüler in Deutschland die weiterführenden nichtjüdischen Schulen verlassen. Die Bochumer NSDAP-Zeitung „Rote Erde" schrieb am 16. November 1938, dass die deutschen Schulen nun „judenrein" seien. Nach der „ruchlosen Mordtat von Paris" – gemeint ist das Attentat Herschel Grynszpans auf den deutschen Legationsrat Ernst vom Rath in Paris[2] – könne es keinem deutschen Lehrer und keiner deutschen Lehrerin mehr zugemutet werden, jüdische Schulkinder zu unterrichten. Außerdem verstehe es sich von selbst, dass es für deutsche Schüler und Schülerinnen „unerträglich ist, mit Juden in einem Klassenraum zu sitzen". Der „Restbestand" jüdischer Schüler müsse die deutschen Schulen nun verlassen und dürfe nur noch jüdische Schulen besuchen.[3] Auch die zunächst auf den höheren Schulen verbliebenen

---

1 Vgl. Joseph Walk (Hg.), Das Sonderrecht für die Juden im NS-Staat, Heidelberg und Karlsruhe 1981, S. 17.
2 Vgl. hierzu Kapitel 10: „Pogromnacht in Bochum und Wattenscheid".
3 Rote Erde, 16.11.1938.

*Abb. 66: Die Freiherr-vom-Stein-Schule an der Jahnstraße (aufgenommen 1936). Hier gingen viele jüdische Schüle-
rinnen zur Schule. Im Zweiten Weltkrieg wurde das Gebäude zerstört. Die Freiherr-vom-Stein-Schule befindet sich
seit 1957 an der Agnesstraße.*

jüdischen Schülerinnen und Schüler in Bochum mussten zur jüdischen Schule zurückkehren. Diese hatte nur noch zwei Lehrkräfte: Erich Mendel und Else Hirsch.
Während Erich Mendel die älteren Jahrgänge (Klasse 5-8) unterrichtete, kümmerte
Else Hirsch sich um die jüngeren Kinder (Klasse 1-4). Die jüdische Schule verblieb zunächst noch – bis zum 1.7.1939 – in der Trägerschaft der Stadt. Danach wurde sie von
der Reichsvereinigung der Juden in Deutschland übernommen und als private Volksschule weitergeführt. Am 10.9.1941 schließlich wurde sie ganz aufgelöst.[4] Nur wenig
später begann die Deportation der noch in Bochum lebenden jüdischen Bevölkerung
in die Konzentrations- und Vernichtungslager im Osten. Die Beschulung der jüdischen
Kinder war nun nicht mehr nötig. Am 7.7.1942 verfügte der Reichswissenschaftsmi-
nister die Schließung sämtlicher noch vorhandenen jüdischen Schulen in Deutschland und begründete dies mit den Deportationen, die er zynischerweise „Aussiedlung
der Juden in der letzten Zeit" nannte. Von der Veröffentlichung des Erlasses sei abzu-
sehen.[5] Die nun nicht mehr für Unterrichtszwecke benötigte jüdische Schule an der
Wilhelmstraße wurde zum „Judenhaus" umgewandelt. 13 zwangsweise in das ehemalige Schulgebäude umquartierte Bochumer Familien jüdischer Herkunft fanden hier
ihre letzte Wohnung. Else Hirsch, die letzte Lehrerin an der jüdischen Schule, wurde
1942 nach Theresienstadt deportiert und 1944 in Auschwitz ermordet.[6] Auch viele

4   Gisela Wilbertz, Synagoge und jüdische Volksschule in Bochum, in: Der Märker, 38. Jg., Altena 1989,
     S. 68.
5   Vgl. Walk, Das Sonderrecht …, S. 379.
6   Vgl. Keller, Schneider, Wagner (Hg.), Gedenkbuch Opfer der Shoa aus Bochum und Wattenscheid,

Abb. 67: Die jüdische Schule an der damaligen Wilhelmstraße 16. Auf diesem Grundstück wurde 1960 die Bank für Gemeinwirtschaft erbaut.

Abb. 68: Erich Mendel mit Schülerinnen und Schülern. Hannah Deutch (damals Hannelore Kronheim) konnte etwa ein Viertel der auf dem Foto abgebildeten Kinder identifizieren:
1. Reihe, 4. von links: Toni Silbermann;
7. von links: Karla Baer.
2. Reihe, 5. Erich Meyer; 9. Ilse Freising (?).
3. Reihe: 1. Steffi Freimark; 4. Paul-Heinz Wassermann; 8. Fred Mischkowski; 9. Herbert Herz.

S. 18. Zwischen Dezember 1938 und August 1939 hatte Else Hirsch zusammen mit der Sekretärin der jüdischen Gemeinde, Erna Philipp, 10 Kindertransporte über Holland nach England organisiert und begleitet. Sie war immer wieder nach Bochum zurückgekehrt. Erich Mendel, dem ehemaligen Hauptlehrer der jüdischen Schule in Bochum, war es gelungen, nach England und anschließend in die USA zu emigrieren.

Abb. 69: Else Hirsch mit Schülerinnen und Schülern. Nach der Erinnerung von Hannah Deutch zeigt das Foto (von unten nach oben, von links nach rechts):
1. Reihe: 2. Ilse Meyer; 3. Margret Fromm; 4. Karl-Heinz Menzel; 7. Netti Weißglas; 9. Gusty Schmerler.
2. Reihe: 1. Hannelore Kronheim; 5. Senta Mischkowski; 6. Lore Felsenthal; 7. Ellen Simons; 8. Waldemar ?.
3. Reihe: 3. Gerd Jordan; 4. Gerhard Freimark; 5. Gerd Vollmann.
Neben der Lehrerin Else Hirsch (links sitzend) sind Ilse Meyer, Netti Weißglas, Ellen Simons und Gusty Schmerler in Konzentrationslagern umgekommen. An elf der abgebildeten Kinder kann sich Frau Deutch nicht mehr erinnern. Das Schicksal dieser Kinder ist nicht bekannt.

ihrer ehemaligen Schützlinge kamen in den Konzentrations- und Vernichtungslagern ums Leben.[7]

Bis zur Deportation oder wenn sie mehr Glück hatten bis zur Emigration aus Deutschland erlebten die jungen Bochumer jüdischer Herkunft gewaltige Einschnitte in ihr bisheriges Leben, nicht nur in der Schule. Von der Herausdrängung ihrer Eltern aus dem Berufs- und Wirtschaftsleben waren auch sie betroffen. Das verzweifelte Bemühen vieler Eltern, die auf sie einstürmenden existenziellen Sorgen von den Kindern fernzuhalten, konnte diese nicht wirklich schützen. Die Zahl der nichtjüdischen Freunde und Bekannten reduzierte sich, die jüdischen Familien selbst zogen sich immer mehr aus dem öffentlichen Leben zurück. Zahlreiche antijüdische Erlasse und Verordnungen beschleunigten diesen Prozess. Bereits 1933 erschienen zum Beispiel Verordnungen, die Juden den Zutritt zu Badestränden und öffentlichen Bädern untersagten[8] – ein schwerer Schock auch und vor allem für die betroffenen Kinder. Im Juli 1935 verfügte auch der Bochumer Oberbürgermeister Piclum ein Badeverbot für Juden. Das Betreten städtischer Freibäder und Planschbecken einschließlich der Be-

7   Das Gedenkbuch Opfer der Shoa aus Bochum und Wattenscheid enthält die Namen von 35 Bochumer Kindern und Jugendlichen mit Geburtsjahr 1923 und später.
8   Vgl. Walk, Das Sonderrecht ..., S. 48.

Abb. 70: 1998 wurde eine Straße in Bochum-Wiemelhausen nach der jüdischen Lehrerin Else Hirsch benannt. Wie heute bekannt ist, wurde Else Hirsch von Theresienstadt aus nach Auschwitz deportiert und kam dort ums Leben.

nutzung der städtischen Badeanstalt wurde ihnen untersagt. Die Bäder sollten ein Schild anbringen mit der Aufschrift: „Juden ist das Betreten dieses Freibades bzw. Planschbeckens nicht gestattet".[9] Der Zutritt zu den Sportvereinen war den jüdischen Jugendlichen schon im April 1933 verwehrt worden. Ein bei allen deutschen Sport- und Turnvereinigungen eingeführter „Arierparagraph" schloss sie aus den paritätischen Vereinen aus.[10] Viele Jugendliche aus jüdischen Familien verloren ihre sportliche Heimat und damit auch den Anschluss an nichtjüdische Freunde. Für ehemalige Frontkämpfer und Hinterbliebene von Gefallenen des Ersten Weltkrieges sollte dies zunächst noch nicht gelten.

Wie reagierten die Juden auf die Ausgrenzung aus der Gesellschaft, die schon 1933 einsetzte und im Laufe der Jahre immer schlimmere Ausmaße annahm?

Die Familien, die keine Perspektiven und keine Zukunft für sich in Deutschland sahen, bemühten sich um die Ausreise in ein anderes Land. Viele Kinder und Jugendliche reisten auch allein, im Rahmen der Jugend-Alijah-Bewegung[11] oder mit Kindertransporten. Zahlreiche Juden, die gern emigriert wären, fanden kein Land, das bereit gewesen wäre sie aufzunehmen. Andere wiederum zögerten, trauten sich einen Neuanfang in einem fremden Land nicht zu. Wieder andere wollten nicht auf ihre deutsche Heimat verzichten und hofften auf andere, auf bessere Zeiten. Die jüdischen Deutschen, die – vorerst – in Deutschland blieben oder bleiben mussten, bezogen sich nun immer mehr auf die eigene Gruppe, pflegten Freundschaften vorzugsweise mit jüdischen Bekannten und nutzten vorhandene Strukturen zum Aufbau einer eigenen, rein

---

9 Verfügungen OB Piclum am 25. und 31.7.1935, StadtA Bochum, Bo 10/140.
10 Gemeint sind überkonfessionelle Vereine. Vgl. Walk, Das Sonderrecht ..., S. 18.
11 Zur Jugend-Alijah-Bewegung vgl. den Bericht von Shimon Kimelfeld im 3. Teil dieses Kapitels.

Abb. 71: Die Sportgruppe des Reichsbundes jüdischer Frontsoldaten (RjF). Dieses Foto bekam Fredi Mischkowski (3. Reihe, ganz rechts) vom Sportleiter des RjF, Alfred Lewkonja, am 17. März 1934 zu seinem 14. Geburtstag geschenkt.

jüdischen Kultur. Gerade für Kinder und Jugendliche, die den Zugang zu ihrem bisherigen Umfeld verloren hatten, war dies extrem wichtig. Sie fanden Trost, Halt, Anerkennung und Ablenkung bei ihren jüdischen Freunden, in jüdischen Organisationen, Vereinen, Sport- und Jugendgruppen.

Rein jüdische Vereine und Organisationen gab es im Reich und in Bochum seit vielen Jahren.[12] Sie waren eine Reaktion auf die seit Ende des 19. Jahrhunderts verstärkt um sich greifenden antisemitischen Tendenzen.[13] Schon vor dem Ersten Weltkrieg existierte in Bochum eine jüdische Jugendgruppe, die immerhin 120 Mitglieder hatte.[14]

1924 wurde die Bochumer Ortsgruppe des Reichsbundes jüdischer Frontsoldaten gegründet, die – vor allem nach 1933 – eine aktive Jugendarbeit betrieb und starken Zulauf hatte. Die Kinder und Jugendlichen der jüdischen Gemeinde nutzten die Möglichkeiten zur sportlichen Betätigung und Freizeitgestaltung, die der RjF ihnen bot: Spiel-Nachmittage und Gymnastikkurse für die Kleineren, Sportveranstaltungen, gesellige Abende und Tanzveranstaltungen für die Jugendlichen. Und auch die Erwachsenen hatten ihren Platz im Club des RjF, trafen sich regelmäßig und spielten Karten. Dazu kamen kulturelle Veranstaltungen wie Konzert- und Theaterabende, und auch die jüdischen Feiertage wurden gemeinsam begangen.[15]

12 Vgl. Kapitel 2 in diesem Band: „Die Bochumer Juden vor 1933".
13 Vgl. Kapitel 3: „Antisemitismus, Rassismus und Propaganda".
14 Vgl. Diethard Aschoff, Zum jüdischen Vereinswesen in Westfalen, in: Westfälische Forschungen 39/ 1989, S. 131.
15 Vgl. die Schilderungen von Karla Goldberg und Hannah Deutch im dritten Teil dieses Kapitels.

Abb. 72: Die Gymnastikgruppe des RjF (von unten nach oben, von links nach rechts):
1. Reihe: 1. Hannelore Meyer; 2. Lore Blumenthal; 3. Ulla Cohn; 4. Margot Menzel; 6. Hannelore Heymann; 7. Lisbeth Meyer; 8. Gerda Fromm.
2. Reihe: 1. Lotte Wald; 2. Miriam Samson; 3. Lieselotte Oppenheimer; 4. Ellen Simons; 5. Steffi Freimark; 7. Hannelore Kronheim.
3. Reihe: Hella Herrman; 2. Inge Salomon; 3. Thea Jakob; 4. Inge David; 5. Judith Ferse; 6. Ernie Berg; 7. Lotte Meyer; 8. Eva Rute; 9. Margret Fromm; 10 Lotte Cohn; 11. Hilde Pander.

Auch eine Ortsgruppe des jüdischen Wanderbundes „Kameraden" war in Bochum aktiv und hielt ein attraktives Angebot für Kinder und Jugendliche bereit.[16] Die „Kameraden" waren den Zielen der Wandervogelbewegung eng verbunden und 1916 zuerst in Breslau entstanden – als Reaktion auf den wachsenden Antisemitismus in den Wandervogel-Bünden und die Herausdrängung der jüdischen Mitglieder aus diesen Bünden.[17] Ideologische Differenzen innerhalb der „Kameraden" führten 1932 zu deren Auflösung.[18] Bochumer Mitglieder der „Kameraden" schlossen sich danach der Jugendgruppe des Reichsbundes jüdischer Frontsoldaten (RjF) an.[19]

In Bochum gab es außerdem eine zionistische Ortsgruppe, eine zionistische Jugendgruppe und eine jüdische Loge, die Ruhrlandloge „Zur Gerechtigkeit". Die Mitglieder

16   Vgl. die im dritten Teil dieses Kapitels folgenden Berichte von Klaus Samson und Fred Mishow.
17   Vgl. Jutta Hetkamp, Jüdische Jugendbewegung in Deutschland 1913–33, Bd. 1, Münster und Hamburg 1994, S. 46.
18   Vgl. ebd., S. 52. Ehemalige Mitglieder der „Kameraden" gründeten Folgeorganisationen: Die „Werkleute" (mit zionistischer Ausrichtung), das „Schwarze Fähnlein" (hauptsächlich Jugendliche aus assimilierten jüdischen Familien) und die „Freie deutsch-jüdische Jugend" (mit sozialistischer Ausrichtung). Vgl. ebd., S. 53.
19   Vgl. die Schilderungen von Klaus Samson und Fred Mishow.

der Loge hatten Räume in der Kreuzstraße 10 gemietet, die sie für eigene Veranstaltungen nutzten oder anderen jüdischen Gruppen zur Verfügung stellten. Die zionistische Ortsgruppe (Z.O.G.) führte auch nach 1933 ein offenbar reges Gemeinschaftsleben mit religiösen und geselligen Zusammenkünften, Vortragsabenden und kulturellen Veranstaltungen. Vorsitzender der Z.O.G. war bis zu seiner Auswanderung nach Palästina der Geschäftsmann Isaak Klausner, der mit seiner Familie in der Brückstraße wohnte. Zu ihren Veranstaltungen trafen sich die Mitglieder der Z.O.G. und deren Gäste in den Räumen der Ruhrlandloge „Zur Gerechtigkeit", in der jüdischen Schule an der Wilhelmstraße und in der Synagoge. An Freitagabenden wurde regelmäßig ein „Oneg Schabath" veranstaltet, und – mindestens bis Ende 1937, vermutlich bis zur Reichspogromnacht – fanden einmal wöchentlich Heimabende der Bochumer Zionistischen Ortsgruppe statt. Auch die Mitglieder der Jugendgruppe „Habonim" kamen regelmäßig zusammen, hörten Vorträge und verbrachten ihre Freizeit gemeinsam. Unter anderem hatten sie einen Chor gegründet, dessen Darbietungen bei den Veranstaltungen der Z.O.G. großen Anklang fanden.[20]

Zur Bedeutung der jüdischen Sportbewegung

Eine ganz besondere Bedeutung für die jüdischen Jugendlichen in Bochum – und im ganzen Reich – gewann nach 1933 der Sport. Bis dahin konnten Jugendliche jüdischer Herkunft entweder jüdischen Sportgruppen beitreten – sofern am Ort vorhanden – oder aber mit ihren nichtjüdischen Freunden zusammen in paritätischen Vereinen aktiv sein. Selbstverständlich konnten sie auch beides tun. Der mit dem „Arierparagraphen" verbundene Ausschluss aus den paritätischen Vereinen und andere antijüdische Maßnahmen nahmen ihnen diese Möglichkeit. Die jüdischen Vereine bekamen einen ganz anderen Stellenwert als zuvor – auch für Jugendliche, die sich bis dahin nicht für Sport interessiert hatten. Neben den im Deutschen Makkabi-Kreis zusammengeschlossenen zionistischen Sportgruppen, die es in Deutschland seit Ende des 19. Jahrhunderts gab, übernahm nun auch der Reichsbund jüdischer Frontsoldaten (RjF) eine zentrale Rolle in der jüdischen Jugend- und Sportbewegung. Bis 1933 wollten die Sportgruppen des RjF den bereits etablierten anderen Sportvereinen keine Konkurrenz machen. Sie sollten folglich nur dort entstehen, wo ein entsprechendes anderes Angebot für jüdische Sportler nicht vorhanden war. Nun änderte sich dies. „Wir sind nunmehr vor ganz neue Verhältnisse gestellt", schrieb der Sportdezernent des RjF Walter Beck im August 1933. „Diejenigen jüdischen Sportler, die nicht mehr Mitglied paritätischer Vereine sein dürfen und in die zionistischen nicht übertreten wollten, brauchten ein Sammelbecken, um auch in Zukunft ihren sportlichen und geistigen Idealen ungehindert nachleben zu können."[21] Die Sportabteilungen des RjF wurden ausgebaut und im Sportbund „Schild" des Reichsbundes jüdischer Frontsoldaten zusammengefasst.

---

20   Zu den Aktivitäten der Z.O.G. Bochum und der Jugendgruppe „Habonim" vgl. z.B. die Kurzberichte in der „Jüdischen Rundschau" vom 27.10.1933, 3.8.1937 und 28.12.1937.
21   Vgl. „Die Kraft", Blatt für Berufsumschichtung, Siedlung, Arbeitsdienst, Jugendertüchtigung u. Sport, hrsg. vom Reichsbund jüdischer Frontsoldaten, 31.8.1933.

Ab 1934 waren nur noch zwei jüdische Sportorganisationen zugelassen: der Sportbund „Schild" und der deutsche „Makkabi-Kreis". Beide zusammen bildeten den Reichsausschuss jüdischer Sportverbände.[22] Ende 1933 hatte der Sportbund des RjF 7.000 und 1935 20.000 Mitglieder. Den Sportvereinen des Makkabi-Kreises gehörten 1935 insgesamt ca. 21.500 Mitglieder an.[23]

Die jüdische Sportbewegung konnte sich in den ersten Jahren der NS-Zeit noch relativ gut entfalten. Auch öffentliche Sportplätze und -hallen konnten genutzt werden, sofern sie gerade frei waren und nicht von anderen Vereinen beansprucht wurden.[24] Hintergrund für die zunächst noch freundliche Haltung des „Reichssportkommissars" war die bevorstehende Olympiade 1936 in Berlin. Diese sollte nicht gefährdet werden. Jüdische Sportorganisationen seien nicht zu stören, so hieß es, „damit die Verlegung der Olympiade in ein anderes Land infolge anti-deutscher Propaganda im Ausland verhindert wird".[25] Die am Zionismus orientierten „Makkabi"-Sportgruppen und der Sportbund „Schild" des Reichsbundes jüdischer Frontsoldaten rückten trotz unüberbrückbarer ideologischer Differenzen enger zusammen, trafen Absprachen und vereinbarten Richtlinien, die den fairen Umgang miteinander zum Ziel hatten.[26] Seit dem Machtantritt der Nationalsozialisten konnten die jüdischen Sportler sich nicht mehr mit nichtjüdischen messen. Der Not gehorchend organisierten die beiden jüdischen Sportbünde in Deutschland Wettkämpfe innerhalb ihres jeweiligen Verbandes und zwischen den beiden Verbänden. So trafen Leichtathletik-Auswahlmannschaften von „Schild" und „Makkabi" mit Sportlern aus ganz Deutschland am 14. Juli und 15. August 1935 in Berlin aufeinander und trugen im Stadion der Berliner jüdischen Gemeinde im Grunewald „leichtathletische Reichs-Meisterschaften" untereinander aus.[27] Ab 1935 kamen auch jüdische Schülerinnen und Schüler aus ganz Deutschland nach Berlin, um hier, ebenfalls im Grunewaldstadion der jüdischen Gemeinde, an Sportwettkämpfen teilzunehmen.[28] Nach der Olympiade von 1936 und mit dem Wegfall der bis dahin gehegten außenpolitischen Rücksichtnahmen schwanden die Möglichkeiten regulärer sportlicher Betätigung für die jüdischen Jugendlichen. Training und Sportbetrieb litten unter verstärkten Repressionen der Behörden und den schwindenden Möglichkeiten, die Sportstätten nutzen zu können. Dazu kam die vermehrte Auswanderung, die schmerzliche Lücken in die Reihen der Trainer, Funktionäre, Schiedsrichter, Helfer und Sportler riss. Hiervon waren sowohl die „Schild"-Sportvereine des RjF als auch die dem Makkabi-Kreis angeschlossenen zionistischen Vereine betroffen.[29]

Nach dem Machtantritt der Nationalsozialisten gewann der Sport für die jüdischen Kinder und Jugendlichen auch in Bochum zunehmend an Bedeutung. In der Jugendarbeit der jüdischen Organisationen bildete er einen besonderen Schwerpunkt. Wie auf

---

22 Erlass des „Reichssportführers" vom 18.7.1934. Vgl. Walk, Das Sonderrecht ..., S. 85 und Die Kraft, 22.9.1934.
23 Vgl. Dunker, Der Reichsbund jüdischer Frontsoldaten ..., S. 166.
24 Vgl. Die Kraft, 5.10.1934.
25 Staatspolizeistelle Koblenz am 31.8.1935. Zit. n. Walk, Das Sonderrecht ..., S. 125.
26 Vgl. Der Schild, Zeitschrift des Reichsbundes jüdischer Frontsoldaten, 27.4.1934.
27 Vgl. Die Kraft, 24.5. und 16.8.1935.
28 Vgl. Friedler, Makkabi lebt ..., S. 79.
29 Wenn ehemalige Sport-Kameraden dann im Ausland weiterhin Erfolge feiern konnten, wurde dies von den in Deutschland Zurückgebliebenen mit Stolz registriert. Vgl. z.B. Die Kraft, 4.2.1938.

Abb. 73: In der Sportzeitschrift des RjF wurde die Bochumer Mannschaft, die 1938 den „Schild"-Fußballmeister-Titel errang, ausgiebig gewürdigt.

Reichsebene waren die beiden Säulen der jüdischen Sportbewegung – die zionistische und die Sportabteilung des Reichsbundes jüdischer Frontsoldaten – auch in Bochum vertreten. Der zionistische Sportverein „Hakoah" (die „Kraft") war schon in den 20er Jahren des vorigen Jahrhunderts und damit lange vor der Sportgruppe des RjF gegründet worden. Besonders erfolgreich war seine Fußballabteilung.[30] Als sich auf Initiative des Turn- und Sportklubs „Hakoah" Essen 1926 verschiedene jüdische Turn- und Sportvereine Westdeutschlands zu einem eigenen Verband mit politisch-neutraler Ausrichtung („Vintus") zusammenschlossen,[31] war „Hakoah" Bochum nicht dabei. Dieser Verein bestand als zionistischer Sportverein weiter fort und bot den jüdischen Bochumern, die sich zum Zionismus bekannten, auch nach 1933 eine sportliche Heimstätte.[32] Die Jugend- und Sportarbeit der Bochumer Ortsgruppe des RjF wurde nach dem Machtantritt der Nationalsozialisten intensiviert – als Reaktion auf die zunehmende Ausgrenzung und den Ausschluss jüdischer Jugendlicher aus ihren bisherigen Vereinen. Die Bochumer RjF-Sportler konnten einige Erfolge einfahren. Für die 1935 vom Sportbund „Schild" und dem deutschen „Makkabi-Kreis" gemeinsam ausgetragenen Leichtathletik-Reichsmeisterschaften im Berliner Grunewald zum Beispiel wurden seitens des RjF („Schild") zwei Sportler aus Bochum gemeldet: Frohsinn für den 400 m-Lauf und die Staffel und Klaber für das Speerwerfen und Diskuswerfen.[33] Für Furore sorgten vor allem aber auch hier die Fußballer. Bei den „Schild"-Verbandsmeisterschaften wurde Bochum mehrmals westdeutscher Fußballmeister und im Juni

---

30   Zum Sportclub „Hakoah" vgl. Wilbertz, Geschichte der jüdischen Gemeinde in Bochum – Ein Überblick, in: Spuren im Stein, S. 267.

31   Vgl. Pasquale Boeti, „Muskeljudentum" …, S. 609. Nach dem Machtantritt der Nationalsozialisten mussten die dem Verband „Vintus" angeschlossenen Vereine ihre politisch-neutrale Haltung aufgeben. Sie traten dem Deutschen Makkabi-Kreis bei. Vgl. ebd., S. 61.

32   Vgl. die Schilderung von Schulamith Nadir im 3. Teil dieses Kapitels.

33   Vgl. Die Kraft, 24.5.1935.

Abb. 74: Die Bochumer Meistermannschaft, 1938 (von links nach rechts): Löwenberg, Scheyer (Ersatzspieler), Weinberg, Levy, Cohen, Dr. Goldschmidt (Sportleiter), Gottschalk (Spielführer), Graf, Meyer, Ruthmann, Isaak, Herz, Alexander

1938 sogar deutscher Meister. Vor gut 400 Zuschauern besiegte die Sportgruppe aus Bochum den mehrfachen Sportbund-Fußballmeister „Schild" Stuttgart mit 4:1. Ausschlaggebend für den Sieg war, wie dem späteren Bericht in der „Schild"-Zeitschrift „Die Kraft" zu entnehmen war, der Kampfgeist der Bochumer, „der die Elf über sich selbst hinauswachsen ließ".[34] Der „Schild"-Landessportverband West zeigte sich stolz, dass mit Bochum erstmals eine seiner Mannschaften deutscher „Schild"-Meister geworden war.[35] Es war der letzte große Erfolg. Die Bochumer Mannschaft konnte 1938 kaum noch trainieren, hatte keinen eigenen Platz und erntete Bewunderung und Anerkennung dafür, dass sie trotz dieser schweren Bedingungen das Endspiel erreicht und sogar gewonnen hatte.[36] Nach der Reichspogromnacht im November 1938 war es dann ganz vorbei. Die jüdische Sportbewegung in Bochum und in Deutschland hörte auf zu existieren. Die beiden jüdischen Sportverbände und alle in ihnen zusammengeschlossenen Vereine wurden verboten.[37]

Jüdische Jugendliche in und aus Bochum – Selbstzeugnisse

Wie Kinder und Jugendliche die NS-Zeit erlebt und erlitten haben, was sie fühlten, wie sie ihre Umwelt erlebten und welche Überlebensstrategien sie entwickelten, kann niemand besser zum Ausdruck bringen als die Betroffenen selbst. Im Folgenden kommen acht Zeitzeugen zu Wort, die in Bochum geboren wurden und – bis auf Shimon Kimelfeld – auch nach 1933 noch hier lebten. Mit Ausnahme von Charlotte Urban, die aus einer christlichen Familie stammt, handelt es sich um jüdische Menschen, die bis 1939 aus Bochum und Deutschland emigrieren konnten und deshalb überlebten. Viele ihrer Familienmitglieder hatten weniger Glück und wurden zu Opfern der Shoa. Erwachsene jüdischer Herkunft hatten eben geringere Chancen, ein Land zu finden, das bereit war sie aufzunehmen, als Kinder und Jugendliche.

---

34   Vgl. Die Kraft, 1.7.1938.
35   Vgl. ebd.
36   Vgl. ebd.
37   Vgl. Friedler, Makkabi lebt ..., S. 83.

Selbstzeugnisse sind authentischer als von Dritten verfasste Darstellungen. Sie spiegeln die Sichtweise der Betroffenen wider, sind subjektiv und selektiv. Auch wenn vielleicht nicht alle Daten und Fakten korrekt und umfassend erinnert werden, sind sie von unschätzbarem Wert. Denn andere Quellen, die einen vergleichbar tiefen Einblick in das Innenleben der von der menschenverachtenden Politik der Nationalsozialisten betroffenen Menschen vermitteln könnten, gibt es nicht. Die Stärke dieser Texte besteht auch darin, dass sie Details enthalten, die für die große Politik vielleicht nachrangig erscheinen, für die betroffenen Menschen aber bedeutsam sind. Nicht zuletzt deshalb sind sie hervorragend geeignet, Geschichte lebendig und anschaulich zu vermitteln. Dies alles trifft auch auf die im Folgenden abgedruckten autobiographischen Darstellungen ehemaliger Bochumer zu. Diese enthalten zudem wichtige Erkenntnisse zur jüdischen Geschichte in Bochum während der NS-Zeit und sind damit eine wertvolle Ergänzung der erhalten gebliebenen schriftlichen Quellen.

Die Texte stammen von Menschen, die zum Zeitpunkt der historischen Ereignisse, die sie beschreiben, Kinder oder Jugendliche waren. Sie basieren auf Interviews und Briefwechseln mit der Verfasserin[38] und spiegeln das unterschiedliche Herangehen an die mit dem Machtantritt der Nationalsozialisten veränderte Situation für die Juden in Deutschland wider. In fast allen Berichten kommt zum Ausdruck, wie wichtig die Angebote waren, die die jüdischen Organisationen den Kindern und Jugendlichen nach 1933 machten.

M 1

Schulamith Nadir (früherer Name: Susi Schmerler)

Die Eltern, Moritz Schmerler und Ehefrau, waren 1912 nach Bochum gekommen, die Mutter aus Köln, der Vater aus Karlsruhe. Beide Eltern waren als Kinder mit ihren Eltern aus Osteuropa nach Deutschland eingewandert. Sie waren staatenlos. Die Familie wurde deshalb Ende Oktober 1938 aus Bochum ausgewiesen und an die polnische Grenze abgeschoben

„Ich wurde im April 1923 in Bochum geboren. Meine Eltern hatten ein Schuhgeschäft und auch Ausrüstungssachen für die Zechenarbeiter. Im April 1933 sollte ich ins Lyzeum gehen, in die ‚Sexta'. Ich wurde nicht angenommen, weil ich Jüdin war und mein Vater war nicht beim Militär, nur bei der Feuerwehr. So ging ich wieder zurück in die jüdische Volksschule. Es waren nicht mehr viele Kinder dort. Auch vorher waren die Klassen klein, weil Bochum überhaupt nicht viele Juden hatte. Es waren noch einige Lehrer da, vor allem Fräulein Hirsch und Erich Mendel. Einige nichtjüdische Lehrer (Handarbeit, Sport usw.) durften uns nicht mehr unterrichten. Trotz allem versuchte man, uns zu unterrichten, so wie es auch in den nichtjüdischen Klassen war. Wir hatten kaum Kontakte mit nichtjüdischen Kindern. Bei uns im Hause, Kö-

---

38 Die jüdischen Autoren der Texte haben im September 1995 auf Initiative des Vereins „Erinnern für die Zukunft" und auf Einladung der Stadt Bochum ihre alte Heimatstadt besucht. Damals entstand der Kontakt mit der Verfasserin, der in der Folgezeit schriftlich fortgesetzt wurde. Bei den autobiographischen Darstellungen handelt es sich um Auszüge aus Briefen und aus Interviews, die bearbeitet wurden, um in sich geschlossene Darstellungen zu erhalten. Das heißt: Die einzelnen Textpassagen wurden in eine chronologische und/oder sachliche Reihenfolge gebracht. Der ursprüngliche Wortlaut wurde bis auf kleine stilistische Änderungen beibehalten.

nigstr. 26, wohnte eine Familie namens Jäschke. Die hatten eine Tochter, die ein Jahr älter war als ich. Mit Hilde, das war ihr Name, hatte ich noch etwas Verbindung, auch nach 1933. Doch das war alles. Nach der Volksschule ging ich in Essen weiter zur Schule, die als ,Fortsetzungsschule' zu den jüdischen Volksschulen im jüdischen Jugendheim gebildet wurde und für die ganze Gegend war: Gelsenkirchen, Essen, Bochum, Gladbeck, Wattenscheid und noch mehr. Trotzdem waren die Klassen nicht groß. So fuhr ich jeden Tag nach Essen in die Schule.

In Bochum hatten wir eine Sportgruppe, ,Hakoah', wo wir Gymnastik trieben. Es war eine Sportgruppe nur mit jüdischen Mitgliedern, und die waren zionistisch eingestellt, doch nicht allzu viel. Wieviel Mitglieder wir hatten, weiß ich nicht genau. Vielleicht waren dort 60 Kinder und Heranwachsende? Es gab auch eine Sportgruppe des Reichsbundes jüdischer Frontsoldaten. Sie fühlten sich als Deutsche und hingen an ihrem deutschen Vaterland bis zum Schluss und der war ja sehr bitter. Außer der Sportgruppe ,Hakoah' hatten wir auch eine zionistische Jugendgruppe: ,Habonim'. Dort hatten wir Heimabende und hörten viel über Israel, damals Palästina. Wir wurden über Zionismus, Zeitgeschehen und Antisemitismus unterrichtet und auch, dass wir keine Bleibe mehr in Deutschland hätten und wie wichtig es wäre, dass wir Juden ein eigenes Land hätten, von dem man uns nicht vertreiben konnte. Alle diese Dinge machten einen großen Eindruck auf mich und ich wollte nur nach Palästina. Bei älteren Leuten war das anders. Ein Land aus dem Nichts aufzubauen, die Erde zu bearbeiten, pflanzen, wässern, bauen – das ist nicht so leicht. Das Traurige war, dass viele aus der jüdischen Bevölkerung nicht spürten, wie groß die Gefahr war, in Deutschland zu bleiben.

Bei uns zu Hause wurde die wirtschaftliche Lage immer schwerer. Wir mussten unser Geschäft aufgeben, weil nicht mehr genug Kunden kamen. Auch viele Nachbarn hatten sich von uns zurückgezogen. Inzwischen heiratete meine ältere Schwester und ging nach Amerika. Meine Eltern wollten auch nach Amerika, doch sie schafften es nicht mehr. Ich selbst wollte nach Palästina. Die ,Kristallnacht' in Bochum erlebten wir nicht. Meine Eltern waren staatenlos, und wir wurden vorher abgeschoben ins Niemandsland nach Zbaszyn (Bentschen) an der polnischen Grenze während der sogenannten ,Polenaktion'. Es waren 6.000 Menschen aus ganz Deutschland dort. Wir dachten, wir kommen bald wieder zurück, doch dann passierte die Sache mit Herschel Grynszpan, der in Paris den deutschen Sekretär vom Rath erschoss. Danach kam als Ausrede die ,Kristallnacht', und wir wussten, dass es kein Zurück nach Deutschland mehr gab. Da ich im zionistischen Jugendbund war, konnte ich nach Palästina auswandern. Ich hatte das Zertifikat für Jugendliche zwischen 15 und 17 Jahren. Damit konnte ich heraus (aus dem Niemandsland). So war ich vier Tage in Berlin und kam auch für drei Tage nach Bochum. Meine Eltern hatten mir eine Vollmacht für unsere Wohnung gegeben, die versiegelt worden war. Es war Ende März 1939, nach der Kristallnacht und die Züge gingen noch die ganze Zeit von und nach Dachau und Buchenwald. Ich kam nach ,Hause', Königstraße 26, heute Annastraße. Die Wohnung war bereits geöffnet und es wohnten dort schon andere Menschen. Die Nachbarn erzählten mir, dass meine Mutter ihnen viele Sachen geschenkt hätte (was nicht stimmte). Wie konnten die Menschen auf einmal so schlecht sein? Warum? Schweren

Herzens bin ich von dort weggegangen. Ich war 15 Jahre alt und fühlte, dass ich meine Familie und mein Heim für immer verloren hatte. Ich kam nach Israel (Palästina) und rettete mein Leben. Meine Eltern hatten mir erlaubt, nach Palästina zu fahren. Sie selbst wollten nach Amerika und ich sollte ihnen nachkommen, sobald sie dort angekommen sein würden. Sie haben es nicht geschafft. Sie und mein 7-jähriger Bruder kamen in Polen um. ‚Verschollen‘, wie es hieß.“

Briefe Schulamith Nadir vom 7.9.1997 und 5.12.1998

Schulamith Nadir war 15 Jahre alt, als sie nach Palästina (heute Israel) ging und sich dort ein neues Leben aufbaute.
Nach dem Besuch der jüdischen Emigranten in Bochum im September 1995 erhielt sie einen Brief von ihrem alten Kinderfreund Erich Dustmann, der – leider zu spät – von dem Besuch gelesen hatte und sie deshalb in Bochum nicht mehr angetroffen hatte. Das Geschäft der Familie Schmerler hatte neben dem der Dustmanns gelegen. Nachdem die Familie Schmerler ihr Geschäft hatte aufgeben müssen, trafen die beiden sich kaum noch. Erich Dustmann schrieb Schulamith Nadir nun, 1995, dass er sie einmal auf der Straße verflucht habe, „denn er war wohl in Begleitung seiner Kameraden von der Hitlerjugend“ und dass er dies heute zutiefst bedaure. Frau Nadir konnte sich daran gar nicht mehr erinnern. Sie hatte ihn in guter Erinnerung. Er „war ein feiner lieber Junge und sehr einfühlsam“, so schreibt sie. „Nachdem er von unserem Besuch in Bochum gelesen hatte, ging er ins Stadtarchiv und bat um meine Adresse. Von dort fragte man mich, ob ich damit einverstanden wäre. So schreiben wir uns jetzt.“

M 2

Shimon (früher Salomon) Kimelfeld

geb. am 29.5.1921 in Bochum; der Vater war Grubenarbeiter in Herne; 1926 Umzug nach Berlin, wo der Vater 1928 starb

„Meine Eltern waren nicht orthodox und auch nicht sehr religiös orientiert. 1926 zogen wir von Bochum nach Berlin um. Hier wohnten wir in einem echten proletarischen Viertel. Am Gewerkschaftshaus hing eine riesengroße Fahne der Arbeiterbewegung. Die war am 30. Januar 1933 am frühen Morgen noch da, aber am Abend war sie schon weg. Da stand dann eine Hakenkreuzfahne außen vor. Einige Nachbarn, Kommunisten, Sozialdemokraten, Gewerkschafter, verschwanden plötzlich. Einige kamen überhaupt nicht mehr zurück, und andere haben totgeschwiegen, was ihnen passiert war. Dass jemand sprach, darüber redete, daran kann ich mich nicht erinnern. An die Schule in Berlin habe ich gute Erinnerungen. Da war ein liberaler Lehrer, Herr Dr. Scheunemann, den ich sehr gern hatte. Aber der war auf einmal weg, und es kam jemand anders, der nicht so nett war. Dann wurde ich rausgeschmissen aus der Schule. Ich nehme an, das war vor den Rassegesetzen, also 1935 oder 1934, eher 1935. Ich musste dann eine andere Schule besuchen, die weit entfernt war. Meine Mutter und noch mehr meine Tante, bei der ich einige Jahre lebte, weil mein Vater gestorben war, machten sich Sorgen um mich: Was kann aus ihm schon werden im Nazi-Deutschland? Die Familie hat keine Perspektive in Deutschland gesehen. Sie betrieben deshalb meine Auswanderung und das bereits seit 1933. Als ich schließlich ausgewandert bin, war ich erst 16 Jahre alt. Ich ging ganz allein – im Rahmen der Jugend-Alijah-Bewegung,[39] also der Jugend-Einwanderung – nach Palästina. Alijah ist ein hebräisches Wort und heißt ‚heraufgehen'. Nach Palästina (oder Israel) fährt man nicht einfach, man steigt auf! Meine Familie blieb in Deutschland. Meine Mutter wurde später nach Auschwitz geschickt; ich habe das Dokument von der Gestapo bei mir zu Hause. Und mein Bruder ist unter mysteriösen Umständen in Berlin irgendwie umgekommen. Einige sagen, er war in einer Untergrundbewegung. Er war noch ein kleiner Junge. 1941/42 war er 14 Jahre alt. Vor meiner Auswanderung musste ich ein Vorbereitungsjahr ableisten. Ich habe in dieser Zeit in zwei landwirtschaftlichen Betrieben in der Nähe von Berlin gearbeitet. Nach Israel bzw. Palästina zu gehen, war eigentlich keine richtige Wahl. Für viele Juden gab es gar keine Alternative zu Israel. Aber auch das war nicht einfach. Schwierigkeiten bei der Einwanderung nach Palästina lagen in den ersten Jahren der Nazi-Herrschaft mehr bei den Engländern als bei den Deutschen. Man konnte raus, wenn man Geld hatte. Es gab die sogenannten 1000-Pfund-Alijahs, also die 1000-Pfund-Einwanderung. Wer 1000 Pfund vorweisen konnte, durfte einreisen. Ich selbst bin also mit der Jugend-Alijah eingewandert. Ohne die Jugend-Alijah wäre ich gar nicht aus Deutschland rausgekommen. Und später hat sie mir einen Rahmen gegeben, so wie vielen Jugendlichen. Die meisten kamen nämlich allein, vollkommen allein. Es gab nur ganz wenige in meiner Gruppe, wo die Eltern mitkamen bzw. vorher oder nachher einwanderten. Wer zionistisch geprägt war, hatte schon die Hoffnung, dass die Eltern nachkommen. Aber die meisten von uns waren nicht zionistisch. Denn wenn es irgendeine Assimilation oder Integration der Juden gegeben hat, dann war das in Deutschland! Nach Palästina bin ich zusammen mit einer Gruppe anderer Jugendlicher gelangt, die ich mehr oder weniger kannte. Einige kannte ich, andere nicht. Bis zur jugoslawischen Grenze wurden wir von einem Gestapo-Mann begleitet. Wir fuhren dann weiter nach Bari und von Bari mit dem Schiff nach Haifa. Das war 1937. Damals gab's noch kein Flugzeug. Vom Schiff aus bin ich dann sofort in einen Kibbuz gekommen. Die meisten von uns wurden in Kibbuzim geschickt, das sind Kollektivsiedlungen. Und dort setzten sie dann ihre Lehre oder Schulausbildung fort. Zur Begleitung bis Palästina hatten wir unsere Jugendführer. Die gingen aber zurück nach Deutschland und begleiteten andere Gruppen bei der Ausreise. Im Kibbuz hatten wir dann wieder andere Jugendführer. Ich ging gleich weiter zur Schule. Der Unterricht war in Hebräisch. Am Anfang hatte ich gewaltige Sprachprobleme. Aber für Jugendliche ist das immer noch leichter als für ältere Menschen. Es gibt heute noch deutsche Juden in Israel, die seit Jahrzehnten hier leben und kein Hebräisch können. Wenn sie beispielsweise in Tel Aviv lebten und sich in deutscher Umgebung befanden, lernten sie die Sprache nicht richtig. Ansonsten

---

39 Die Jugend-Alijah-Bewegung wurde bereits 1932 von der deutschen Jüdin Recha Freier begründet, und noch im selben Jahr traf eine erste kleine Gruppe von Jugendlichen aus Deutschland in Palästina ein. Auf dem Weltkongress der „Jugend-Alijah" am 25.8.1937 in Zürich wurde festgestellt, dass mittlerweile 1.700 Jugendliche in Palästina untergebracht worden seien und dass noch „Entwicklungsmöglichkeit für Tausende von Kindern vorhanden sei." Vgl. „Jüdische Rundschau" vom 27.8.1937

erfolgte die Umstellung sehr schnell und radikal. So wurden zum Beispiel Rechtsanwälte oder Ärzte Arbeiter oder Landwirte. Selbstverständlich war das eine schwere Umstellung. Vor allem, weil die deutschen Juden so ihrer Kultur verbunden waren, der deutschen Kultur.
Für sie war es schwer, unsere Schriftsteller oder unsere Poeten zu lesen. Das war für sie viel schwerer als für einen Jungen wie mich, der so-
wieso noch weiter zur Schule ging. Meine ganze Persönlichkeit verdan-
ke ich nur Palästina und Israel. In Deutschland wäre nicht viel aus mir
geworden, nehme ich an. Der Kibbuz, der mich aufnahm, wurde von der
Jewish Agency unterstützt, mit amerikanischem Geld also. Der Kibbuz
hat sich um meine Erziehung und meine Ausbildung gekümmert – bis
zum Universitätsstudium. Ich habe zwei Universitätsabschlüsse gemacht, und der Kibbuz hat mir dabei geholfen. Ich war viele Jahre im
Kibbuz, bis 1946. Persönliches Geld brauchte man zu meiner Zeit hier
nicht. Aber die Kibbuzim sind heute nicht mehr, was sie früher waren.
Nach Kriegsende nach Deutschland zurückzukehren, das war für mich
keine Frage. Aber ich würde nicht die Wahrheit sagen, wenn ich be-
haupte, dass ich nicht Menschen kenne, die sich mit diesem Gedanken
getragen haben. Ich habe sogar Freunde, die zurückgingen. Auch ein
Nachbar von mir ging zurück. Ich persönlich aber niemals! Nein, ich
dachte niemals daran, nach Deutschland zurückzukehren. Ich habe
auch gar keinen deutschen Pass. Aber ich bin zu Besuch in Deutschland
gewesen. Zunächst konnte ich das nicht. Ich war in Frankreich und Belgien direkt nach dem Krieg. Nach Deutschland aber konnte ich nicht
rein, das heißt, ich wollte nicht. 1966/67 dann, vor dem 6-Tage-Krieg,
wollte ich dann doch. Ich weiß auch nicht, warum. Auf jeden Fall wollte
ich noch einmal die Gräber sehen, das Grab von meinem Vater – von
meinem Bruder wusste ich ja überhaupt nichts. Aber dann kam ich
durch einen Zufall auch an das Grab von meinem Bruder in Berlin. Und
ich traf eine Freundin von meiner Mutter. Ich wusste, dass Juden auch
in Berlin versteckt worden waren, und ich habe erfahren, dass darunter
auch meine Mutter war – bis 1943. Meine Mutter wurde niemals zu
Hause gefunden. Sie wurde zwar abgeholt, aber nicht von zu Hause! …"

Interview mit Shimon Kimelfeld am 6.9.1995 in Bochum

M 3

Klaus Samson

*geb. 1921 in Bochum, Bahnhofstraße, dann Kortumstraße, Weiherstraße
und Horst-Wessel-Straße (jetzt wieder Kanalstraße). Eltern: Moritz Samson, Lehrer und später Kaufmann und Anna Maria Charlotte Chara Samson, geb. Baake, Modeverkäuferin und Geschäftsfrau. Nach der jüdischen Schule Besuch der Goethe-Oberrealschule 1932–1935, einer privaten Schule 1935–1936 und zuletzt einer Fachwerkschule*

„Meine Freizeit habe ich am liebsten mit Freunden verbracht und mit
Wanderungen auf dem Lande, und ich habe alle Bände von Karl May gelesen. Ich war damals Mitglied der ‚Kameraden', einer jüdischen Pfad-
findergruppe, die die gleichen Grundsätze und Prinzipien hatte wie die
deutsche Pfadfinderbewegung. Ich trat den ‚Kameraden' im Alter von
ungefähr acht oder neun Jahren bei, also 1929/30. Wir trugen Uniformen, die denen der Hitlerjugend ähnlich waren, nur dass unsere Hals-

tücher blau waren und ihre schwarz. Und wir waren früher da als sie! Wir trafen uns wöchentlich, diskutierten über alte deutsche Geschichte, spielten Gitarre und sangen ‚Landsknechtslieder‘. Jedes Wochenende waren wir ‚auf Fahrt‘. Einmal jährlich hatten wir Camps in einem Wald, zusammen mit Gruppen aus anderen Städten aus ganz Deutschland. Wir waren eher deutsch als jüdisch orientiert. Bis heute kenne ich noch alle ‚Landsknechtslieder‘, deutsche Helden und Krieger wie Wallenstein, Götz von Berlichingen und viele andere, ebenso wie die Geschichten von den alten Wikingern und ‚Nordmännern‘. Wir lernten

auch Freiheitslieder von Schiller und erfuhren etwas über Männer wie Andreas Hofer und andere ‚Freiheitskämpfer‘. Ich weiß nicht, wer die Bewegung gründete und wann oder warum sie aufgelöst wurde. Ich erinnere mich aber daran, dass ihre Tradition von der Jugendgruppe des Reichsbundes jüdischer Frontsoldaten (RjF) fortgeführt wurde. Darüber könnte Fred Mishow, heute USA, mehr erzählen, der etwas älter ist als ich und sich vielleicht besser erinnert.

Abb. 75: Goethe-Schule, eine Aufnahme aus dem Jahre 1939

Mit meinen Lehrern und Mitschülern an der Goethe-Oberrealschule hatte ich, soweit ich mich erinnern kann, keine Probleme. Bis auf eine Ausnahme: Ein Junge machte geringschätzige Bemerkungen über die Juden. Er war aber einer der unbeliebtesten Jungen in der Klasse und außerdem ein fanatischer Antisemit. Jemand aus der Klasse meldete ihn unserem Direktor, Dr. Bergmann, einem Veteranen des Ersten Weltkrieges. Eine seiner Hände war verkrüppelt und er trug einen Handschuh darüber. Er rief den Jungen, der mich beleidigt hatte, nach vorn, verwarnte ihn, zog seine Hosen herunter und schlug ihn mit dem Rohrstock – ungeachtet der Tatsache, dass wir bereits einige Hitlerjungen in Uniform in der Klasse hatten. Dies war für mich das wahre Deutschland. Mag er für immer in Frieden ruhen in ‚Walhalla‘. Wann immer ich an die ‚wirklichen Deutschen‘ denke (und ich bin ein halber), denke ich an das Lied: ‚Der Gott, der Eisen wachsen ließ, der wollte keine Knechte ...'. Ein anderer Lehrer war ein Herr Wangemann. Niemand in unserer Klasse nahm ihn ernst, weil er das war, was in Deutschland ‚ein Arschloch' genannt wird. Gewöhnlich riss er die Tür auf, wenn er den Klassenraum betrat, kam mit wenigen, sehr langen Schritten, ausgestrecktem Arm und ‚Heil Hitler' rufend herein und sprang auf den Sockel, auf dem sein Schreibtisch stand. Eines Tages legten wir alle zusammen einige Rollen unter den Sockel. Als er wieder seinen großen Auftritt hatte, begann der Sockel sich zu bewegen und er fiel voll auf die Nase. Nichts passierte. Von meinen Mitschülern wurde ich voll akzeptiert, war Teil der Bande, obwohl einige schon die Nazi-Uniform trugen. Ich kann das nur darauf zurück führen, dass Bochum in den frühen 30er Jahren noch kommunistisch und SPD-orientiert war, besonders die Arbeiterklasse um den Moltkemarkt herum.

Dennoch hat sich durch die Machtübernahme durch die Nationalsozialisten unser ganzes Leben verändert. Wir lebten in der täglichen Furcht, körperlich attackiert oder verhaftet zu werden. Wir gingen nicht mehr ins Theater oder ins Kino und zogen uns aus dem öffentlichen Leben zurück. Das Geschäft meiner Eltern, das sich in der Hattinger Straße befand, wurde von den Nazis gestohlen. Wir hatten auch noch ein kleines Zweiggeschäft auf der gegenüberliegenden Straßenseite. (Ich erinnere mich daran, dass meine Eltern 1951/52 Bochum besuchten und später erzählten, dass das Geschäft noch da gewesen sei. Als meine Eltern in den Laden hinein kamen, fiel ihre ehemalige Verkäuferin fast in Ohnmacht, dachte wohl, sie sähe Geister und fürchtete, sie würden das Geschäft zurückfordern). 1935 musste ich die Goethe-Oberrealschule verlassen, angeblich wegen zu schlechter Noten. Ich konnte meine Ausbildung nicht fortsetzen und auch keine qualifizierte Arbeit finden. Mein Vater musste Zwangsarbeit auf dem Friedhof leisten. Meine Mutter, die zum Judentum übergetreten war, wurde wegen ‚Devisenschmuggels' an der holländischen Grenze verhaftet, als sie meine Schwester aus einem Feriencamp in Holland abholen wollte. Sie wurde in Duisburg für zwei Wochen ins Gefängnis gesteckt. Wir wussten nicht, was mit ihr geschehen war. Sie hätte früher draußen sein können. Aber als die Wächter sie aufforderten, die Fußböden zu schrubben, erzählte sie ihnen in gutem Deutsch, sie sollten zur Hölle fahren. Meine Mutter war sehr stark. Sie kam aus einer aristokratischen Familie und hatte ein Familienwappen. Als Freunde und Verwandte verhaftet und nach Dachau geschickt wurden, zwang meine Mutter meinen Vater regelrecht, Deutschland zu verlassen. Das war im Oktober 1936. Er verließ Deutschland mit dem Emigrationsschiff ‚Stuttgart' und ging nach Südafrika. Meine Mutter, meine Schwester und ich folgten im Februar 1937. Wir reisten über Genua mit dem italienischen Fährschiff ‚Julio' aus. Eines werde ich niemals vergessen: Als der Zug in die Schweiz einfuhr, öffnete meine Mutter das Zugfenster und warf den Wohnungsschlüssel hinaus. Wir verließen Deutschland wegen der Gefahren, die uns drohten, wegen der Hoffnungslosigkeit, ein normales Leben führen zu können und der Gleichgültigkeit der sogenannten ‚demokratischen Welt'. Mit einer Ausnahme: Dänemark. Als den Juden befohlen wurde, den Gelben Stern zu tragen, war der dänische König Frederik der erste, der dies tat und damit die Eroberer herausforderte, so wie viele andere nichtjüdische Dänen auch. Nicht ein einziger Jude wurde in Dänemark verhaftet oder getötet. Eines Nachts sammelten die Dänen die noch verbliebenen Juden ein und schmuggelten sie nach Schweden.

In Südafrika lebten wir zunächst in nur einem Raum in einem Miets-
haus. Wir hatten kaum Geschirr und kochten auf einem Paraffin-Ko-
cher. Nach nur einer Woche begann meine Mutter, sich nach Arbeit um-
zuschauen. Nach einigen Tagen fand sie einen Job als Verkäuferin in einer Boutique. Sie blieb dort fast 20 Jahre lang und wurde Managerin.
Mein Vater arbeitete in verschiedenen Geschäften als Verkäufer. Nach
einigen Jahren erwarb er einen Alteisen-Handel. Meine Schwester
musste noch zwei Jahre lang zur Schule gehen. Ich selbst begann nach
sechs Monaten eine Lehre als Dreher in einer Maschinenbaufabrik. Als
der Krieg ausbrach, wollte ich der Armee beitreten, wurde aber abgelehnt, weil ich in der Rüstungsproduktion gebraucht wurde. Das war
eine harte Zeit für mich, weil alle meine jüdischen und nichtjüdischen
Freunde in den Krieg zogen. Nach dem Krieg bauten wir ein Haus. Ich
heiratete und bekam einen Sohn und eine Tochter. Aber das ist ein anderes Kapitel meines Lebens."

Briefe Klaus Samson, Kapstadt, Südafrika, vom 15.9.1997, 4.12.1998 und 25.12.1998

M 4

geb. am 17. März 1920 in Bochum, Rechener Straße, später Umzug in den Hellweg Nr. 9; Vater: Max Mischkowski, Kaufmann, Inhaber der Firma Herbst & Co.; Mutter: Hannah Mischkowski, geb. Seidemann; Besuch der jüdischen Schule von 1926–1930, der Goethe-Oberrealschule von 1930–1936 und der Oberhandelsschule für ca. drei Wochen

Fred Mishow (früher: Fredi Mischkowski)

„Ab 1930 besuchte ich die Goethe-Schule. Ich war ein sehr guter Fuß-
ballspieler, der ‚Star‘ unseres Fußballteams, und mit allen befreundet.
Die Klasse blieb bis 1936 zusammen, und sogar die Jungen, die zur Hitler-Jugend gingen, blieben meine Freunde. Unser Lehrer war Dr. Bergmann, und wir hatten noch einen jüdischen Jungen in der Klasse, Paul
Heinz Wasserman, der in England lebt und mit dem ich noch in Kontakt
bin. Ich erinnere mich, dass so um 1935 herum, als unsere Fußballmannschaft ein Spiel gewann, ich derjenige war, der das Siegtor
schoss. Nach dem Spiel versuchte die andere Mannschaft, mich zu

Abb. 76: 1936 entstand das Klassenfoto der damaligen Untersekun-da der Goethe-Oberreal-schule. Fredi Mischowski war noch dabei.

*Abb. 77: Fredi Misch-
kowski (ganz rechts)
während eines Ausflugs
nach Boppard am Rhein.
Der Junge ganz links
war sein bester Freund
Helmut Thomas. Dieser
war während des Zwei-
ten Weltkrieges an der
Ostfront und wird seit
Juli 1944 vermisst.*

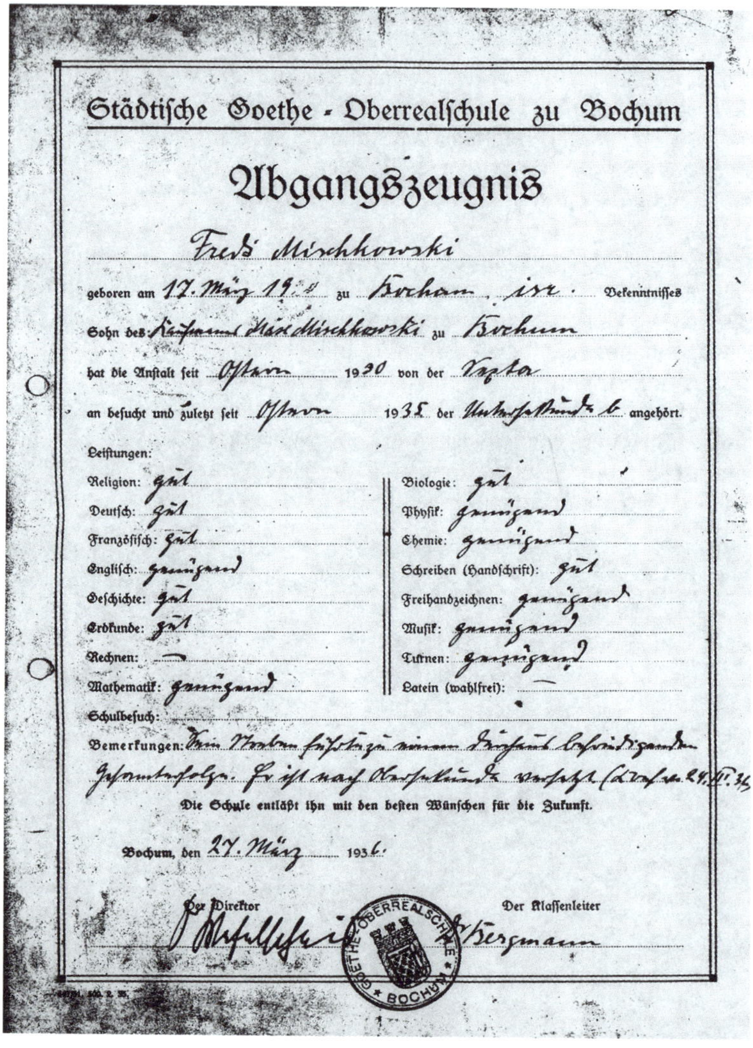

*Abb. 78: 1936 musste
Fredi Mischkowski die
Goetheschule verlassen.
Er bekam ein Abgangs-
zeugnis „mit den besten
Wünschen für die Zu-
kunft".*

schlagen, weil ich jüdisch war. Alle meine Klassenkameraden haben
mich verteidigt. Ich werde das niemals vergessen.

Als ich so etwa 9 oder 10 Jahre alt war, wurde ich Mitglied der ‚Kameraden‘, einer jüdischen Pfadfinder-Organisation. Zu der Zeit schaute ich
zu einigen älteren jüdischen Jungen auf, die ungefähr vier Jahre älter
waren als ich. Ihre Namen waren Erich (Eta) Speier, Horst (Hottie) Herz
und die Herzberg Brüder. Als diese Jungen mich baten, mich den ‚Kameraden‘ anzuschließen, fühlte ich mich sehr geehrt. Sie wurden unse-

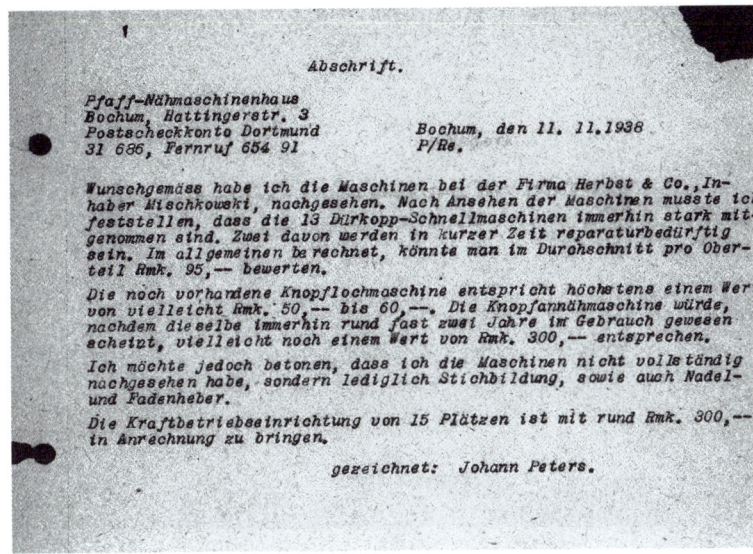

*Abb. 79: Die Firma
Herbst & Co., Inh.: Max
Mischkowski, wurde
1938 „arisiert". Die
Familie konnte in die
USA emigrieren..*

re ‚Führer‘. Als Hitler 1933 an die Macht kam, änderte sich die Richtung
der ‚Kameraden‘.[40] Sie waren nun zuerst Juden und erst in zweiter Linie
Deutsche, und ihr Ziel war es, nach Israel zu emigrieren. Meine Eltern
und die meisten anderen, die im Ersten Weltkrieg für Deutschland gekämpft hatten, mochten diese Ideen nicht, und sie gründeten eine Jugendgruppe im Rahmen des Reichsbundes jüdischer Frontsoldaten.
(Ich lege ein Gruppenfoto bei). Unsere polnischen jüdischen Mitbürger
wurden meist Zionisten, und ihre Kinder gingen nach Israel. Bis auf einige Ausnahmen wurden die meisten deutschen jüdischen Kinder keine Zionisten.

1936 begann es richtig übel zu werden für die jüdische Bevölkerung in
Deutschland. Meine Eltern beschlossen, mich zur Oberhandelsschule
zu schicken, weil es Juden nicht länger erlaubt war, Doktoren oder Juristen zu werden. Es war eine schreckliche Erfahrung. Ich war der einzige Jude in der Klasse, und die Lehrer sprachen offen davon, wie
schlecht die Juden für das Land seien. Ich wurde einige Male verprü-
gelt, und meine Eltern nahmen mich nach ungefähr drei Wochen wie-

---

40 Die „Kameraden" wurden bereits 1932 in Kassel aufgelöst. Vgl. Anm. 18 in diesem Kapitel. Mögli-
cherweise irrt sich Fred Mishow bei der zeitlichen Einordnung. Allerdings wurden nach der Auflösung der „Kameraden" Folgeorganisationen mit unterschiedlicher ideologischer Ausrichtung gegründet, und so kann es immerhin sein, dass eine solche Folgeorganisation auch in Bochum aktiv war.
Auch wurde die Jugend- und Sportgruppe des RjF in Bochum wohl nicht erst nach der Auflösung der
„Kameraden" gegründet.

der herunter. Danach arbeitete ich im Geschäft meines Vaters, Herbst & Co., einer Hosenfabrik. Da ich eine Menge deutscher Mädchen kannte und es unter Hitler und aufgrund der ‚Nürnberger Gesetze' verboten war, mit diesen zusammen zu sein, hatten meine Eltern Angst, ich würde im Gefängnis enden. Deshalb schrieb meine Mutter an ihre Cousine in Newark, New Jersey, und bat sie, mich aufzunehmen. Diese stimmte zu, und ich verließ Bochum im Oktober 1937. Das Schiff, die ‚Präsident

Abb. 80: Fred Mishow mit Hilary Clinton während eines Parteitages der Demokratischen Partei der USA

Roosevelt', verließ Hamburg am 13. Oktober, und ich kam in New York am 23. Oktober 1937 an. 1942 ging ich in die Armee der Vereinigten Staaten, wurde US-Bürger und kämpfte in Neu Guinea gegen die Japaner. Nach dem Krieg heiratete ich, gründete eine Familie und wurde aktiv in der Demokratischen Partei. Ich fühle mich noch immer als ein deutsch-jüdischer Amerikaner, der aus dem Land, in dem er geboren wurde, fliehen musste.
Wie kann ein zivilisiertes Land wie Deutschland einen Hitler und einen Holocaust produzieren, der 6 Millionen unschuldige Menschen tötete? Was wird heute den deutschen Kindern in der Schule beigebracht?"

Briefe Fred Mishow 1997–1999, v.a. die Briefe vom 19.3.1998 und 27.7.1999

Fred Mishow gehörte zu der Gruppe der emigrierten jüdischen Bochumer, die im Herbst 1995 auf Einladung der Stadt Bochum ihre Geburtsstadt besuchten. Über einen Zeitungsartikel und ein hier abgebildetes Foto seiner Klasse an der damaligen Goethe-Oberrealschule (Stadtspiegel vom 13.12.1997) versuchte er, Kontakt zu ehemaligen Mitschülern zu bekommen. Wie er später erfuhr, waren die meisten seiner damaligen Klassenkameraden nicht mehr am Leben. „90 % of the boys in that picture gave their lives for their Fatherland at a very young age. What a shame!" (Fred Mishow, 27.7.1999) Fred Mishow ist im Jahr 2000 in St. Louis verstorben.

M 5

geb. am 18. Januar 1922 in Bochum; der Vater (gest. 1928) war Versiche-rungsdirektor, die Mutter Fotografin; Frau Urban lebt heute in Sinn (Hessen)

Charlotte Urban, geb. Starke

„Im Jahre 1932 begegnete ich zum ersten Mal Senta Mischkowski durch unseren Wechsel von der Grundschule zum Freiherr-vom-Stein-Lyzeum. Dieser Zufall legte den Grundstein für eine unbeschreiblich schöne, harmonische Freundschaft. Senta und ich waren von der Sexta an in der selben Klasse, saßen nebeneinander in einer Bank und waren unzertrennlich. Senta war in ihrer Freizeit fast täglich bei mir, ebenso gern war ich in ihrem Elternhaus gesehen, und keine Seite nahm Anstoß am jeweils anderen Glauben. In unserer Klasse waren außer Senta noch die Jüdinnen Ilse Meyer, Margret Fromm und Ellen Simons.[41] Durch Senta verband mich auch mit diesen Mädchen eine lose Freundschaft. 1933, als Hitler an die ‚Macht' kam und seine Haltung gegenüber den Juden unverkennbar war, nahm das Lyzeum eine bemerkenswert loyale Haltung gegenüber den jüdischen Schülerinnen ein. Das war zur damaligen Zeit keineswegs selbstverständlich. Meine Mutter fand es dennoch angebracht, bei der Klassenlehrerin, Frau Dr. Cramer, nachzufragen, wie die Einstellung der Schule zu den Jüdinnen und speziell zu meiner Freundschaft mit Senta sei. Die Hasstiraden Hitlers auf die Juden ergossen sich täglich über uns alle, und bald war allen klar, damit war auch ein Umgangsverbot gemeint. Zum Beispiel klebten an den Schaufenstern der jüdischen Geschäfte Riesenaufschriften: ‚Deutsche, kauft nicht bei Juden'. Aber Frau Dr. Cramer versicherte, sie würde es niemals zulassen, eine so schöne Freundschaft zu zerstören. Außerdem wäre Senta ein angesehenes Mädchen in der Klasse, das durch Fleiß, Begabung und Wohlerzogenheit eine beliebte Schülerin aller Lehrer geworden sei. Außerdem habe Herr Direktor Lotz entschieden, dass alle Jüdinnen auf der Schule bleiben durften. So fühlte ich mich ‚abgesichert'. Beim Klassenlehrerwechsel, das war so um 1935/1936, nahm meine Mutter sogleich Kontakt zu Herrn Dr. Fernholz auf, damals noch Studienassessor, der uns nun betreute. Aber auch von seiner Seite bestand keinerlei Grund zu einer anderen Haltung. Im Laufe des Jahres aber rief mich Herr Dr. Fernholz ganz unerwartet zu sich mit der Bitte, meine Mutter möge ihn am nächsten Tag aufsuchen. Daheim überlegten wir beide, was ich wohl ‚angestellt' haben könnte, und ich war am nächsten Mittag auf dem Heimweg von der Schule doch ganz beunruhigt. Aber was dann kam, hatte ich niemals erwartet. Mutti machte ein unbeschreiblich trauriges Gesicht, nahm mich in die Arme und ich höre noch heute die Worte: ‚Du musst Dich von Senta trennen, schon morgen. Du musst ihr das wohl selbst sagen.' Ich weiß noch, dass ich geschrien habe: ‚Nein, nein, das kann ich nicht'. Und dann habe ich stundenlang geheult und wollte nicht mehr in diese Schule. Dann erzählte mir Mutti, Herr Dr. Fernholz sei von der Lehrerin für Französisch unter Druck gesetzt worden. Sie verlangte, Herr Dr. Fernholz müsse dafür

---

41 Auf Nachfrage konnte Frau Urban sich auch an Hannelore Kronheim erinnern, die dieselbe Klasse besuchte und ebenfalls zum Freundeskreis um Senta Mischkowski gehörte. Vgl. auch die Darstellung von Hannah Deutsch geb. Kronheim in diesem Kapitel.

sorgen, dass ich mich sofort von Senta trenne und alle Jüdinnen gemeinsam auf der linken Bankreihe zu sitzen hätten. Jetzt kam am nächsten Morgen diese schreckliche Aufgabe auf mich zu. Senta kam wie immer fröhlich auf mich zu, hakte sich bei mir ein, und mir blieben die Worte im Hals stecken. Ich sagte gar nichts, und wir saßen in der ersten Stunde also wieder friedlich nebeneinander. Aber in der ersten Pause, wir gingen beide eingehakt in den Schulhof, stand plötzlich die Französischlehrerin mit einem bösen, fordernden Blick vor mir. Und in dem Augenblick dachte ich: ‚Wenn Du jetzt nichts sagst, fliegst Du von der Schule.' Dann spielte sich alles ganz schnell ab. ‚Senta, komm zum Ausgang, ich muss Dir etwas sagen.' Sie schaute mich entsetzt an. Und als dann endlich die schlimmen Worte heraus waren, drehte Senta ganz langsam den Kopf zur Seite, ließ mich los und sagte ganz, ganz leise: ‚Ja'. Dann ging sie langsam von mir fort und wurde von den anderen jüdischen Schülerinnen in die Mitte genommen. Ich stand dann allein, verloren vor dem Schultor und habe fürchterlich geweint. Für mich war das nach dem führen Tod meines Vaters der zweite große Kummer in meinem jungen Leben. Ich wurde lange Zeit nicht damit fertig. Dass Senta sich nicht gewehrt hat, aufbegehrte oder schrie, zeigt, wie unterdrückt, hilflos, rechtlos sich die Juden fühlten und sich nur noch fürchteten. Während ich also Senta verlor, ging Mutti zu Frau Mischkowski, um ihr die genaueren Umstände unserer Trennung zu erklären. Sentas Mutter nahm Mutti in den Arm und beruhigte sie. Sie hätten das alle schon lange erwartet und meinen Mut, mich noch zu Senta zu bekennen, sehr bewundert. Senta und ihre Familie zogen sich ganz von uns zurück, auch privat. Sie wollten weder sich noch uns gefährden. Sich gegen die Grundsätze der Nazis zu stellen, bedeutete für jeden Bürger eine Gefahr für sein Leben. Es gab überall Verräter und Spitzel. Es sickerte doch langsam durch, es gäbe Arbeitslager, Menschen würden verschwinden. Eines Tages dann, es war noch im selben Jahr, kamen alle vier jüdischen Mädchen nicht mehr in die Schule, und niemand traute sich, nach ihnen zu fragen."

Briefe Charlotte Urban 1998 und 1999, v.a. die Briefe vom 10. und 22.1.1998

Senta Mischkowski (verheiratete Cann) konnte mit ihrer Familie in die USA emigrieren. Im Mai 1999 ist es Frau Urban gelungen, den abgerissenen Kontakt zu ihr wiederherzustellen. Auch für Senta Mischkowski war die Trennung von ihrer Freundin Charlotte ein tiefer Einschnitt in ihr bisheriges Leben.
„Ich habe das niemals vergessen", sagt sie noch heute, „und ich habe meinen Kindern häufig davon erzählt. Das war das erste Mal, dass ich die Macht der Nazi-Partei spürte." (Brief Senta Cann an Ingrid Wölk vom 2.11.2001.)

M 6

Ernestine Silbermann, geb. Berg *geb. am 10.10.1924 in Bochum (in der Klinik im Stadtpark); wohnhaft gewesen in der Brückstraße, in der Alleestraße und in der Kortumstraße; Eltern: Moritz Berg und Adele Berg, geb. Cohen; Beruf des Vaters: Kaufmann (Möbelgeschäft)*

„Ich ging in einen katholischen Privatkindergarten. Daran habe ich
sehr schöne Erinnerungen. Ich war ganz integriert. Es existierte kein
Unterschied zwischen jüdischen und anders gläubigen Kindern. Das
ging so weit, dass ich nicht einmal weiß, ob ich das einzige jüdische
Kind war oder nicht. Danach war ich in der jüdischen Schule und von
1935–1938 am Freiherr-vom-Stein-Oberlyzeum. Meine Klassenlehrerin am Lyzeum war sehr befreundet mit Hitler, aber uns gegenüber war
sie immer respektvoll. Wir waren vier jüdische Schülerinnen in der
Klasse, in der ganzen Schule aber sehr wenig jüdische Kinder. Mein
Geographie-Professor war sehr interessiert am Problem der Auslands-
deutschen und sehr national eingestellt. Dagegen waren mein Mathe-
matik- und mein Französisch-Professor sowie der Direktor der Schule
noch sehr demokratisch eingestellt. Die Professoren legten großen
Wert darauf, dass nur deutsche Wörter verwendet wurden. In der Sexta
wurden wir mit Fremdwörtern bekanntgemacht, wie Substantiv, addie-
ren usw. und dann durften sie nicht mehr benutzt werden. Ich glaube,
von 1935 an oder vielleicht auch schon früher wurden wir immer mehr
isoliert. Wir gingen in den jüdischen Klub beim RjF (Reichsbund jüdischer Frontsoldaten). Unsere Mitschülerinnen am Lyzeum haben sich
von uns abgewendet und wir hatten nicht viel Kontakt mit ihnen. An
eine traurige Begebenheit erinnere ich mich noch: In der Pause kamen
einige Mädels mit dem ‚Stürmer' auf uns zu und hielten uns die Bilder
unter die Nase. Mit der Bemerkung: Das seid ihr! Mit Schrecken sehe
ich noch die Aufmärsche von der SA und SS mit Fackeln und Standarte

Abb. 81: Ernestine Berg (heute Slibermann) mit ihren Freundinnen (von links nach rechts): Lisbeth Meyer; Ilse Sternberg, Gertrud Ferse, Ernestine Berg

und den Liedern gegen die Juden, und alles war beflaggt. Wir saßen im Dunkeln und sahen mit Angst auf die Straße. Mein Vater hatte ein Möbelgeschäft (in der Augustastraße und Alleestraße) und hatte es damals schon aufgegeben. Ich hatte das Glück, soviel ich weiß, Bochum noch in normaler Weise verlassen zu können. Im März 1938 fuhren wir nach Hamburg und von dort mit dem Schiff nach Buenos Aires/Argentinien. Hier lebte ein Bruder meiner Mutter, der 1936 von Halle an der Saale nach Buenos Aires ausgewandert war und uns eine Einreiseerlaubnis besorgt hatte.

Ich war erst 13 Jahre alt und habe die Tragödie der Auswanderung noch nicht begriffen. Ich weiß noch, dass wir nur wenig Möbel mitnahmen und viel Wäsche und Kleidungsstücke. Das musste für viele Jahre halten. Für meine Eltern bedeutete die Auswanderung einen großen Wechsel in ihrem täglichen Leben. Wir bezogen eine kleine Wohnung, 2 Zimmer mit Bad und einer kleinen Küche. Ich schlief im Wohnzimmer. Mit der Zeit lernten wir spanisch. Aber meine Eltern haben die Sprache nie beherrscht. Wir bewegten uns nur im Kreis von Emigranten. Ich habe

Abb. 82: Im Juni 1936 entstand dieses Foto mit Ernestine Berg und ihrer Mutter gemeinsam mit Bochumer Freunden.

am 1.8.1938 angefangen zu arbeiten, sollte Nähen lernen. Ich war noch keine 14 Jahre alt. Die Schule konnte ich nicht abschließen und leider auch kein Studium beginnen. Ob meine Eltern vor der Ausreise Hilfe von Bochumer Nachbarn oder nichtjüdischen Bekannten erhalten haben, weiß ich nicht. Ich sende Ihnen ein Bild von einer nichtjüdischen Familie, die noch den Mut hatte, sich mit uns fotografieren zu lassen, bevor wir ausreisten."

Brief Ernestine Silbermann vom 24. März 1999

Frau Silbermann blieb in Buenos Aires und fand Arbeit im kaufmännischen Bereich – v.a. als Kassiererin und im Büro. Nach der Heirat arbeitete sie mit ihrem Mann zusammen „in der Fabrikation von Schürzen".

M 7

geb. am 22.12.1920 in Bochum; Eltern: Else Baer, geb. Marx (Hausfrau), und Leo Baer (Geschäftsmann, Handel mit Altwaren); Bruder Werner Baer, geboren 1922; Wohnung und Geschäft in der Gerberstraße

Karla Goldberg, geb. Baer

„Wir führten ein gutes Leben, hatten verschiedene Hilfen, auch einen Koch. Mein Vater fuhr nicht selbst, er hatte einen Chauffeur. Dieser war sehr nett, spielte mit uns Kindern. Ich ging vier Jahre zur jüdischen Schule in Bochum und anschließend aufs Lyzeum. Ende Quarta habe ich das Lyzeum verlassen und eine Gewerbeschule besucht. Über die Behandlung dort und auch zuvor am Lyzeum konnte ich mich nicht beklagen. Wir hatten nichtjüdische Freunde, auch noch im frühesten Stadium der Nazi-Zeit. Ich habe noch viel mit ihnen unternommen, einige waren sogar in der Hitlerjugend, haben die Freundschaft zu mir zunächst aber trotzdem noch aufrecht erhalten. Im Sommer fuhren wir

Abb. 83: Das Wohn- und Geschäftshaus der Familie Baer in der Gerberstraße

Abb. 85: Karla Goldberg, geb. Baer, auf dem jüdischen Friedhof im Mai 2000. Das zeigt sie am Grab ihrer Tante Rosa Hirschberg, geb. Baer, gest. 1935, und ihres Onkels Hugo Hirschberg, der 1941 nach Riga deportiert und später für tot erklärt wurde.

Abb. 84: Karla Baer auf dem jüdischen Friedhof (um 1930)

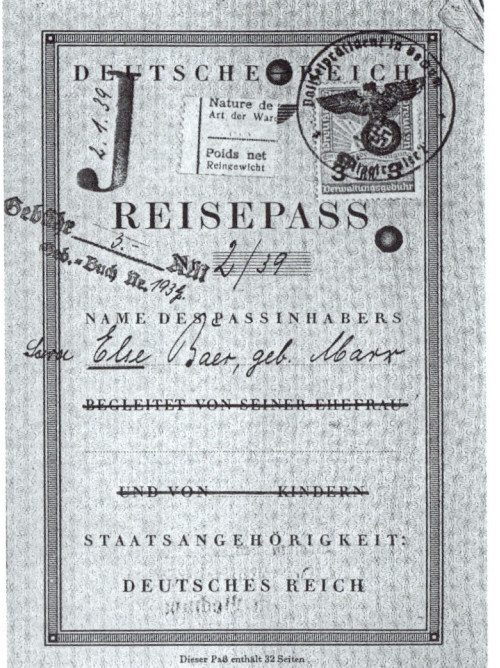

Abb. 86: Der Reisepass von Elsa Baer. Er berechtigte zur Ausreise und verlor seine Gültigkeit am 2. Januar 1940. Um Else Baer jederzeit als Jüdin identifizieren zu können, war ihr Pass mit einem „J" versehen und wurde ihrem Vornamen der Name „Sara" hinzugefügt.

immer in Urlaub – in den Schwarzwald, an die Nordsee, nach Bad
Schwalbach. Dann aber veränderte sich einiges. Es tauchten dunkle
Wolken am Himmel auf, und wir wussten wirklich nicht, was auf uns
zukommen würde. Einmal zum Beispiel spielte ich Tennis mit anderen
jüdischen Jugendlichen und wir wurden von der Hitlerjugend vom
Platz vertrieben. Danach habe ich nie wieder einen Tennisschläger angefasst. In den Räumen des Reichsbundes jüdischer Frontsoldaten
konnten jüdische Kinder und Jugendliche sich unbesorgt treffen. Wir
feierten jüdische Festlichkeiten, veranstalteten Theaterspiele und kleine Konzerte, spielten Karten oder trieben Sport. Wir hatten eine Fußballmannschaft, Gymnastikgruppe, Tischtennis und je nach Alter auch
Tanzabende. Hier hat man uns nicht gestört. Die Zeiten wurden schlimmer und schlimmer und es stellte sich die Frage, ob es nicht besser sei
zu emigrieren. 1937 hat unsere ganze Familie einen Trip nach England
gemacht. Mein Bruder und ich schlugen vor: ‚Lasst uns hierbleiben!‘ Zu
dieser Zeit emigrierten schon viele. Mama sagte keinen Ton, Papa aber
wollte nicht. Er sagte, er wolle nicht in England begraben sein und wir
gingen zurück nach Deutschland. Mein Vater war ein Frontkämpfer
und hat im Regiment der ‚154er‘ gekämpft. Das war für ihn bis zu seinem Tode sehr wichtig. Er war immer optimistisch, hatte das eiserne
Kreuz 1. und 2. Klasse und das Fliegerkreuz. Als mein Bruder Werner
sich einmal über einen antisemitischen Geographielehrer beschwerte,
nahm mein Vater das nicht ernst und warf Werner vor: ‚Ich weiß, warum er ein Antisemit ist. Weil Du dumm bist!‘ Bis zuletzt glaubte Papa,
dass ihm, als ehemaligem Frontkämpfer, nichts passieren würde. Vielleicht war er ein Träumer?
Während der Reichspogromnacht war ich nicht in Bochum. Ich war seit
zwei Wochen als Hauslehrerin bei der jüdischen Familie Schuster in Hof-
heim bei Würzburg. Familie Schuster wollte auswandern. Herr Schuster
war blind, und Frau Schuster wollte ein ‚Handwerk‘ erlernen, das ihr im
Ausland helfen konnte: Leder- und Filzblumen und allerlei anderes. Am
9. November hat man auch dort alles zerschlagen. Herr Schuster sollte
ins Konzentrationslager Dachau. Soweit ich weiß, starb er auf dem Weg
dorthin. Am Morgen nach der Pogromnacht bin ich auf Anraten von Frau
Schuster nach Bochum zurückgefahren. Als ich ankam, konnte ich nicht
glauben, was ich sah. In der Nähe des Bahnhofs war ein zerstörtes jüdisches Gebäude. Überall lag zersplittertes Glas auf der Straße. Alles mögliche war aus den Häusern herausgeworfen worden. Die Kortumstraße
war verwüstet, die Geschäfte waren leer, geplündert. Dann bin ich nach
Hause. Mama begrüßte mich mit Tränen und sagte: ‚Dein Vater ist weg!‘
‚Was heißt das, er ist weg?‘ ‚Sie haben ihn mitgenommen. Sie sagten, er
sei Jude, deshalb habe er mitzukommen.‘ ‚Und wo ist Werner?‘ ‚Sie haben ihn auch mitgenommen.‘ Meine Mutter war hysterisch. Ich habe
dann noch erfahren, dass mein Vater und Bruder auf der Polizeistation
seien. Ich bin hingegangen, um zu fragen, wo sie sind. Ich erfuhr, dass
mein Vater weg sei und dass mein Bruder im Gefängnis sei. Als ich zu
unserem Haus zurückging, sah ich, dass die Synagoge zerstört war. Es
war auch noch Rauch zu sehen. Zu Hause musste ich Mama berichten,
was ich erfahren hatte. ‚Was?‘ sagte sie. ‚Über Nacht? Die haben keine
Zahnbürste!‘ Ich wollte Werner eine Zahnbürste bringen. Mama sagte:
‚Sei keine Närrin! Die halten dich auch fest.‘ Trotzdem ging ich mit Zahnbürste und Waschzeug zum Gefängnis. Dort sah ich die Jungen herumge-
hen, sah auch meinen Bruder und rief ihm zu: ‚Werner, Werner, ich habe

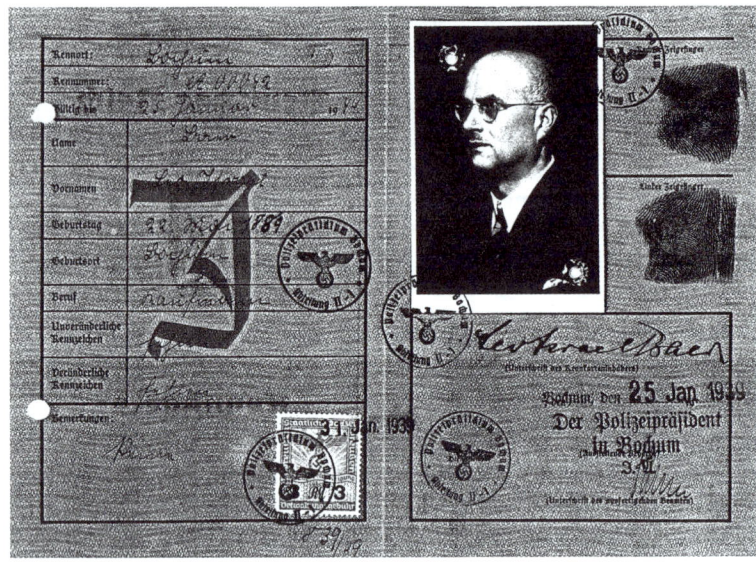

Abb. 87: Der Reisepass von Leo „Israel" Baer

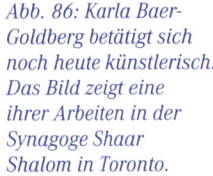

Abb. 86: Karla Baer-Goldberg betätigt sich noch heute künstlerisch. Das Bild zeigt eine ihrer Arbeiten in der Synagoge Shaar Shalom in Toronto.

Deine Zahnbürste!' Ich wurde zurückgehalten. Mir sei nicht erlaubt, hier zu sprechen. Ein Wächter versprach mir, Werner die Zahnbürste auszuhändigen. Ich fragte: ,Warum ist er hier?' Die Antwort war: ,Warum sollte er nicht hier sein? Er ist Jude!' Ich gab die Zahnbürste heraus. Aber Werner wusste, ich war da.

Nach einer Weile erfuhren wir, dass Papa im Konzentrationslager Oranienburg-Sachsenhausen war. Mama begann zu fragen: ,Was werden wir jetzt tun?' Viele Leute kamen – vor allem nachts – und fragten Mama, ob sie helfen könnten. Auch die anderen jüdischen Frauen, deren Männer weg waren, kamen und fragten nach Neuigkeiten. Mama hat es geschafft, Visa für uns vier für Frankreich zu bekommen. Werner kam nach einigen Tagen nach Hause. Papa kam erst Ende Dezember

aus dem Konzentrationslager heraus. Es war schrecklich, als er nach Hause kam. Ich habe ihn nicht wiedererkannt. Er war nicht mehr mein Vater, er war ein gebrochener Mann. Er hatte Angst vor seinem eigenen Schatten. Mama hatte es arrangiert, dass er zurückkommen konnte. Sie hatte Papiere besorgt, mit denen er beweisen konnte, dass er Deutschland sofort verlassen würde. Im Januar 1939 schließlich gingen wir zum Bahnhof und brachen in unsere ungewisse Zukunft auf – mit 10 Reichsmark pro Person. Mehr durften wir nicht mitnehmen! Wir nahmen den Zug Richtung Straßburg und gelangten schließlich nach Paris."

Briefe Karla Goldberg an Ingrid Wölk, v.a. die Briefe vom 23.9. 1999 und 31.1.2000 sowie Interview Starr/Frau Goldberg am 19.3.1996 im Auftrag der Steven Spielberg-Foundation

Familie Baer hat die Zeit des Zweiten Weltkrieges in Frankreich überlebt: Else, Karla und Werner Baer in Lagern und im Untergrund, Leo Baer schloss sich der Fremdenlegion an. Nach seiner Entlassung traf er wieder mit seiner Familie zusammen. Karla Baer heiratete in den Nachkriegsjahren und zog mit ihrem Mann David Goldberg nach Kanada. Hier, in Toronto, lebt sie noch heute. Im Mai 2000 hat ein Teil der Familie Baer-Goldberg auf Einladung des Oberbürgermeisters die Stadt Bochum besucht. Ende 2000 traf ein ganz besonderes Geschenk der Familie Goldberg in Bochum ein: die Kopie einer Bronzeplakette mit dem Löwen von Juda. Diese Plakette war als Schmuck neben der Gedenktafel für die gefallenen jüdischen Soldaten des Ersten Weltkrieges angebracht gewesen und hing bis zur Reichspogromnacht am 9.11.1938 in der Bochumer Synagoge. Nach der Zerstörung der Synagoge wurde sie der Familie Baer von einem SA-Mann übergeben.

M 8

geb. am 3. Juli 1922 in Düsseldorf; 1924 nach Bochum umgezogen; Eltern: Alfred Kronheim und Ella Kronheim, geb. Wittgenstein; Beruf der Mutter: Putzmachermeisterin; Beruf des Vaters: Geschäftsführer in einem Einheitspreisgeschäft (EHAPE); wohnhaft gewesen in der Freiligrathstraße (mit den Eltern), in der Bongardstraße (mit der Großmutter) und in der Luisenstraße (mit Mutter und Großmutter)

Hannah Deutch, geb. Kronheim (früherer Vorname: Hannelore)

„Mein Vater Alfred Kronheim war auch im Ersten Weltkrieg und bekam das Eiserne Kreuz 1. Klasse ('Der Dank des Vaterlandes ist Dir gewiss!'). Er starb 1929, das war zu traurig für mich. Gott sei Dank hatte ich eine wunderbare Großmutter, die mich großgezogen hat. Meine Mutter ist weggezogen, hat auswärts gearbeitet. Ich habe den Fröbelschen Kindergarten besucht und anschließend die jüdische Schule. Ich bin häufig im Stadtpark gewesen. Da waren Musikanten, das war so schön. Auf dem Teich sind wir immer Schlittschuh gelaufen. Und auf dem Rathausplatz bin ich Rollschuh gelaufen und mit dem Paternoster gefahren. Wir haben in der Bongardstraße gewohnt. Der Hauswirt meiner Großmutter hatte eine Tochter und wir spielten jeden Tag zusammen bei denen im Haus. Die haben einen Balkon gehabt, wir nicht. Dann kamen die Hitlerjahre, und er – der Hauswirt – hat die Oma gleich rausgeschmissen, wir mussten gleich ausziehen! Er war einer der ers-

Abb. 89: Hannelores Vater Alfred Kronheim, gest. 1929

Abb. 90: Hannelore Kronheim mit ihrer Oma Berta Wittgenstein. Berta Wittgenstein wurde nach Riga deportiert und kam im Konzentrationslager ums Leben.

ten SA-Männer in Bochum. (Nach dem Krieg bekam ich einen Brief von ihm mit Bildern von seiner Frau und Tochter und mit der Bitte um ein Lebenszeichen. Er freue sich, dass ich überlebt habe und wusste genau, die Oma war weg. Natürlich habe ich nicht geantwortet, denn damals war die Sache mit der ‚Entnazifizierung‘ und man brauchte einen Beweis, dass man ‚judenfreundlich‘ war.)

Wir sind dann in die Luisenstraße gezogen. Da lebte auch meine Mutter wieder bei uns. Sie konnte nicht mehr arbeiten und ist nach Bochum zurück gezogen. Kurz darauf hat sie zum zweiten Mal geheiratet, und zwar den Otto Mayer. Nach der jüdischen Schule ging ich ins Lyzeum 1, sechs Jahre lang, bis 1937, bis ich nicht mehr durfte. Ich habe heute noch ein Poesie-Album und sehe Namen, aber ich erinnere mich nicht mehr an die Gesichter der Mitschülerinnen im Lyzeum. Natürlich erinnere ich mich noch an die jüdischen Mitschüler, bin heute mit vielen in Verbindung. Meine nichtjüdischen Freunde haben mich links liegenlassen. Eine Freundin sagte mir, dass es ihr Leid tue, aber dass es für mich schlimm werden würde und dass sie nicht mehr mit mir zusammenkommen könne. Sie war älter als ich. Sie trat in den BDM ein und soviel ich weiß, ist sie später im Bombenangriff umgekommen. Sehr befreundet war ich mit Senta Mischkowski und Ellen Simons. Wir waren das ‚dreiblättrige Kleeblatt‘ und jeden Tag zusammen, entweder bei denen oder bei denen oder bei uns. Die Ellen ist leider umgekommen. Sie war sehr fromm. Ihre Schwester lebt heute in Israel. Sie ist durchgekommen. Als Kind habe ich einem Sportverein angehört, der vom Reichsbund jüdischer Frontsoldaten (RjF) betrieben wurde. Ich war 8 Jahre alt, als ich reingegangen bin. Ich war lange drin. Wir haben dort Sport getrieben und Gymnastik. Wir hatten eine große Halle an der Castroper Straße und einen Fußballplatz. Es gab nicht nur den Kindersportverein für uns, sondern auch eine Fußballmannschaft beim RjF. Die hat jeden Sonntag gespielt. Die hat gegen alle großen Fußballmannschaften gespielt und hat gegen Schalke gewonnen. Ich habe häufig mit Karten verkauft auf dem Fußballplatz.

Nach der Machtübernahme war alles anders. Ich erinnere mich, dass der ‚Stürmer‘ bei uns an der Ecke aushing und mich sehr aus der Fassung gebracht hat. Der hing an dem Zaun, der den Schulhof eingrenzte und den Synagogenhof. Da waren Karikaturen von Juden drin, mit solchen Nasen und was weiß ich. Heute finde ich es lächerlich, dass erwachsene Menschen, selbst Doktoren oder Anwälte, das geglaubt haben. Sie haben mit den Juden zusammengearbeitet, aber auf einmal war alles vergessen. Damals ging ich immer mit Angst auf die Straße. Überall waren Schilder ‚Juden unerwünscht‘. Man durfte nicht mehr ins Theater oder Kino gehen. An den Boykott 1933 kann ich mich nicht erinnern, aber den 9. November 1938 habe ich noch heute vor

Abb. 91: Hannelore Kronheim

Abb. 92: Es existiert sogar noch ein Foto aus dem Fröbelschen Kindergarten. Hannelore Kronheim ist die 3. von rechts in der 1. Reihe.

Abb. 93: Drei Freundin-
nen im Stadtpark (von
links): Ulla Cohn, Han-
nelore Kronheim, und
Lotte Cohn, um 1934

Abb. 94: Hannelore mit ihrer Mutter Ella Kronheim,
geb. Wittgenstein

Abb. 95: Hannelores Stiefvater Otto Mayer

Augen. Wir wohnten in der Luisenstraße, an dem Platz hinter der Synagoge und zwar genau dort, wo heute das Café Zürich ist. In der Nacht vom 9. auf den 10. November 1938 war ich im Bett und habe geschlafen, als meine Mutter in mein Zimmer kam, sich auf mein Bett setzte und mich aufweckte. Das Zimmer war hell wie Sonnenschein. Ich sagte: ‚Was ist denn los?‘ Das Zimmer ist so hell. Da sagte sie: ‚Die Synagoge brennt.‘ Ich wollte aus dem Bett springen und schauen, aber sie ließ mich nicht. ‚Nicht ans Fenster gehen‘, sagte sie. Morgens haben wir dann erfahren, dass der zukünftige Schwiegervater meiner Mutter sich das Leben genommen hatte. Wir mussten ihn in aller Herrgottsfrühe im Dunkeln beerdigen. In der selben Nacht und am nächsten Tag wurden alle jüdischen Männer verhaftet. Ich erinnere mich noch heute daran, dass ich einen langen Polizeiwagen sah, der an den Seiten offen war. Alle jüdischen Männer, die ich kannte, saßen darin. Die wurden dann nach Oranienburg gebracht. Auch mein zukünftiger Stiefvater, der Otto Mayer, kam nach Oranienburg. Sein Geschäft wurde vollkommen kaputt geschlagen und seine Häuser wurden ihm fortgenommen. Er kam aus Oranienburg zurück und dann haben sie geheiratet. Aber dann kam er wieder ins Konzentrationslager. Zum Glück hat meine Mutter durch Freunde Visa für Chile erhalten. Deshalb hat sie ihn aus dem Konzentrationslager herausbekommen.

Ich war da schon weg. Ich bin am 3. Februar 1939 mit einem Kindertransport nach England gegangen. Meine Großtante in Köln hatte eine Kusine in London, die die ganzen Kindertransporte betreut hat. Die hat mich einfach auf eine Liste gesetzt. Ich war damals schon 16, also kein kleines Kind mehr. Ich habe noch Kinder mitgenommen aus Gelsenkirchen, ein 8-jähriges und ein 5-jähriges. Meine Gefühle auf dem Bochumer Bahnhof waren furchtbar. Ich durfte nur einen Koffer mitnehmen und 10 Reichsmark. Und ich wusste nicht, was mir bevorstand. Ich erinnerte mich daran, wie vor ein paar Monaten die polnischen Juden aus Bochum abgeschoben worden waren. Ich hatte damals bei den Blumenthals in ihrem Kurzwarengeschäft gearbeitet. Und da hatten wir auch polnische Kunden. Ich habe nachts beim Packen geholfen und bin mit ihnen zum Bahnhof. Es waren keine Verwandten, aber doch Leute, die ich kannte. Dann habe ich nie wieder von ihnen gehört. Man hat nur gehört, dass die Polen sie nicht reingelassen haben und dass sie im Niemandsland gelegen haben. Daran habe ich gedacht, als ich selbst auf dem Bahnhof stand. Ich habe gedacht: Was wird mir passieren? Aber

Abb. 96: Hannah Deutch, geb. Kronheim, 1999 zum Interview im Stadtarchiv

ich bin gerne von Bochum weg, war froh, dass ich wegkonnte. Ich wusste genau, dass ich wohl niemanden wiedersehen würde. An der Oma habe ich sehr gehangen. Sie hat mich erzogen. Die Oma war sehr herzlich. Sie wurde später nach Riga abtransportiert und ist dort umgekommen. Auch meine Tanten, Onkel, Cousins etc. sind nach Riga abtransportiert worden und alle sind umgekommen. Ein Teil meiner Familie ging nach Frankreich, wo sie dann von Klaus Barbie ins Konzentrationslager geschleppt wurden. Nur meine Mutter und mein Stiefvater überlebten, da sie nach Chile heraus konnten.

Und ich bin als Backfisch nach England gekommen, ohne die Sprache zu kennen. Ich war ganz allein dort. Wir sind 150 Kinder gewesen. Die meisten sind zu Verwandten oder zu Pflegeeltern gegangen. Um mich hat sich das jüdische Komitee gekümmert. Das Komitee ist 6 Jahre lang für mich aufgekommen und hat mir eine Ausbildung als Krankenschwester in einem englischen Krankenhaus ermöglicht. Danach habe ich überlegt, was ich tun soll. Da kam mir der Gedanke, dass England mich aufgenommen hat und zu meinem Zuhause geworden war. Und so bin ich als Krankenschwester zum englischen Militär gegangen und habe gegen das Land gekämpft, in dem ich geboren worden bin."

Brief Hannah Deutsch von November 1998 und Interview mit Hannah Deutsch am 18.6.1999 in Bochum

Hannah Deutsch lebt heute in New York. Sie hat zwei Söhne und vier Enkelkinder. Ihren mittlerweile verstorbenen Ehemann lernte sie als kanadischen Soldaten in England kennen

Aufgabenvorschläge zu M 1 bis M 8:

Bearbeitet in Arbeitsgruppen einen oder zwei der Texte M 1 bis M 8 und versucht dabei, die folgenden Fragen zu beantworten. Dabei versteht es sich, dass nicht jeder Text geeignet ist, Antworten auf alle aufgeführten Fragen zu liefern. Tragt die Ergebnisse im Klassenplenum zusammen und wertet sie aus.

1. Wie werden die Veränderungen nach 1933 beschrieben? Wie wurden sie erlebt? Welche Reaktionen haben sie ausgelöst?
   - In der Schule?
   - In der Freizeit?
   - Im Umgang mit Bekannten und Freunden?
   - In der eigenen Familie?
2. Welche Unterschiede und welche Gemeinsamkeiten im Umgang mit der neuen Situation lassen sich aus den Texten ablesen?
3. Wie hat Charlotte Urban, geb. Starke, als Nichtjüdin die NS-Zeit damals in der Schule erlebt (M 5)? Welche Gründe könnten ihre Mutter dazu bewogen haben, Kontakt mit den Lehrern aufzunehmen?
4. Welche Wege in die Emigration gab es?
5. Wie wird die Entscheidung für Palästina als Emigrationsziel begründet (M 1 und M 2)?
6. Wie war der Neuanfang in der Emigration?

Aus Hannelore Kronheims Poesiealbum, 1933–1935

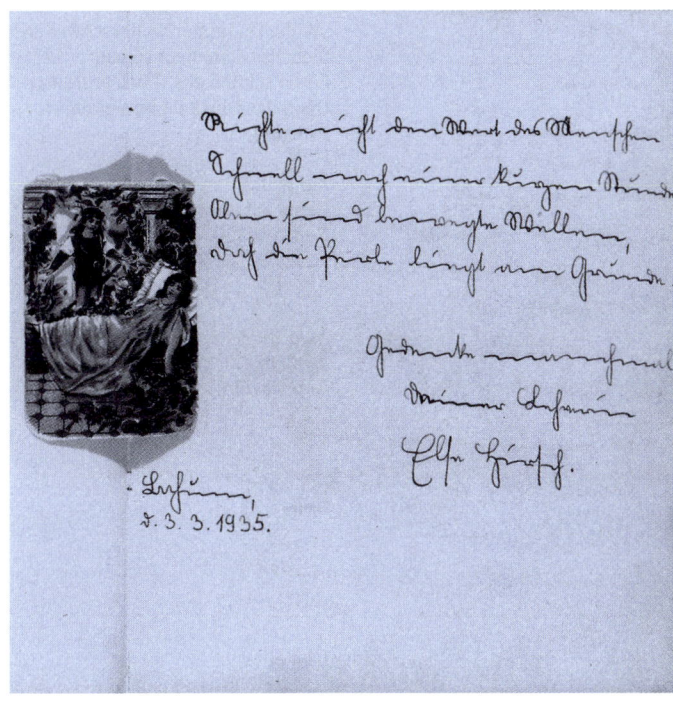

Abb. 97:
Else Hirsch, Bochum, 3. März 1935:

„Richte nicht den Wert des Menschen
schnell nach einer kurzen Stunde.
Oben sind bewegte Wellen,
doch die Probe liegt im Grunde.

Gedenke manchmal Deiner
Lehrerin Else Hirsch.“

Else Hirsch wurde nach
Theresienstadt deportiert
und starb in Auschwitz.

Abb. 98:
Erich Mendel, Bochum, Februar 1935:

„Laß Deinen Mund
den Spruch zur Regel prägen:
‚Was Gott mir tut,
tut er mir zum Segen.‘
(Aus dem Talmud)

Zur Erinnerung an Deinen Lehrer
E. Mendel.“

Erich Mendel, Hauptlehrer an der
jüdischen Schule, konnte nach
England emigrieren.

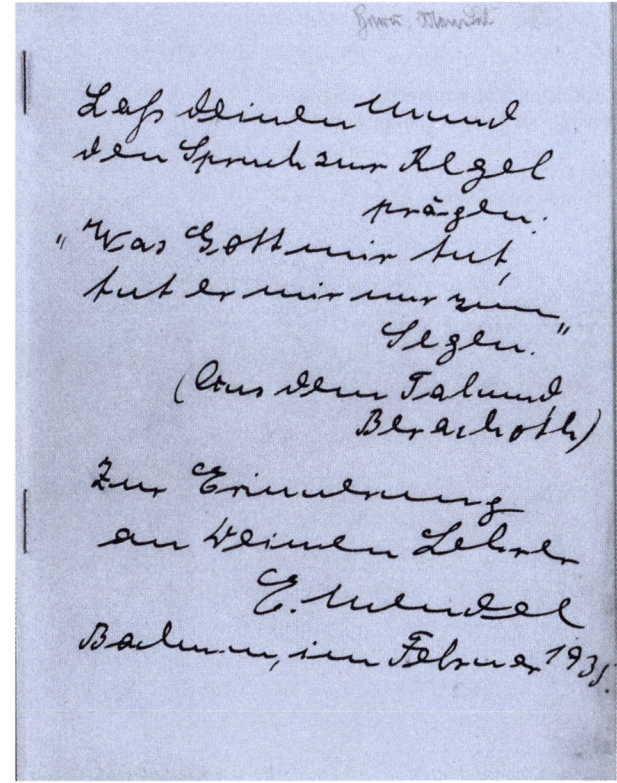

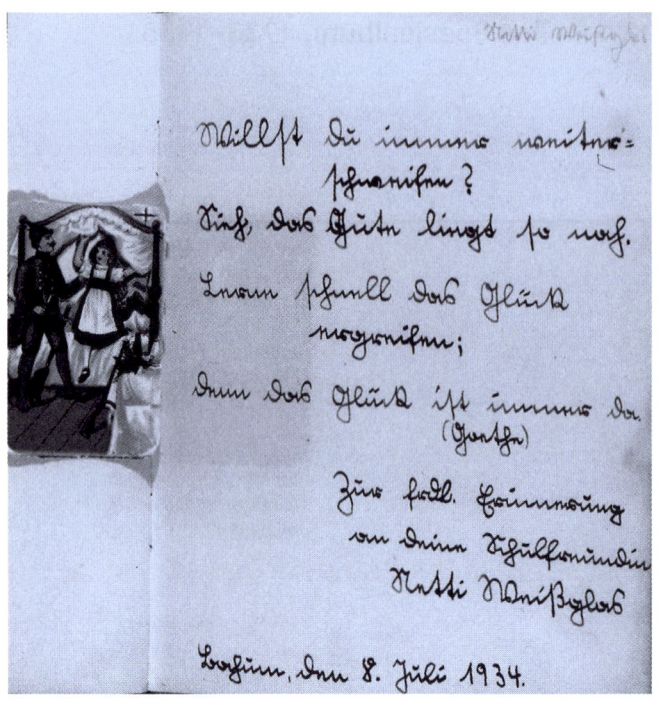

Abb. 99:
Netti Weißglas, Bochum, 8. Juli 1934:

„Willst Du immer weiterschweifen?
Sieh, das Gute liegt so nah.
Lerne schnell das Glück ergreifen;
Denn das Glück ist immer da.
(Goethe)

Zur frdl. Erinnerung an
Deine Schulfreundin
Netti Weißglas."

Netti Weißglas wurde ein Opfer
der Shoa. Ihr genaues Schicksal
ist ungeklärt.

Abb. 100:
Ellen Simons, Bochum, 8. Mai 1933:

„Gott kann Dich wunderbar erhalten
vertrau auf ihn und laß ihn walten

Zur Erinnerung an Deine
Freundin Ellen Simons."

Ellen Simons wurde deportiert
und starb in Zamosc, in Polen.

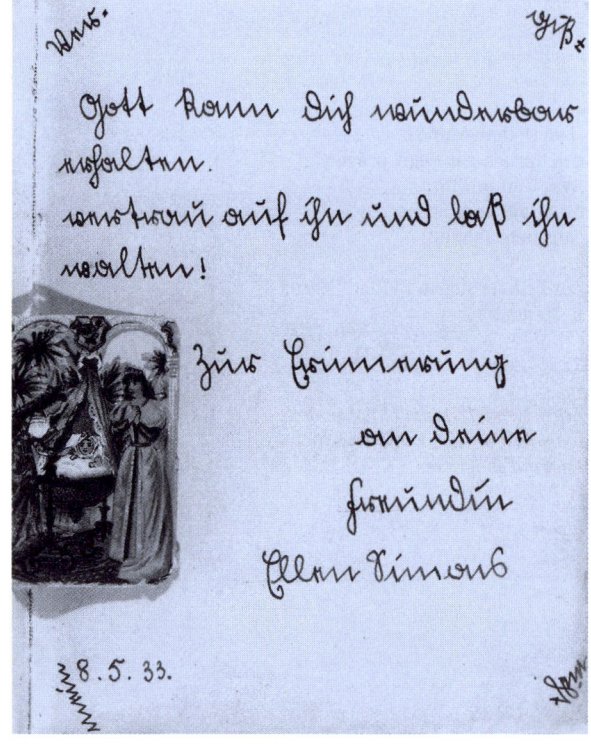

Abb. 101:
Inge Salomon, Bochum,
2. Juli 1934:

„Liebe Hannelore
Wenn Du einst als
Großmama im Lehnstuhl
sitzt beim Großpapa,
so denke auch im stillen
Glück ein Weilchen noch
an mich zurück.“

Inge Salomon kam mit einem
Kindertransport nach England.
Sie lebt heute in Israel.

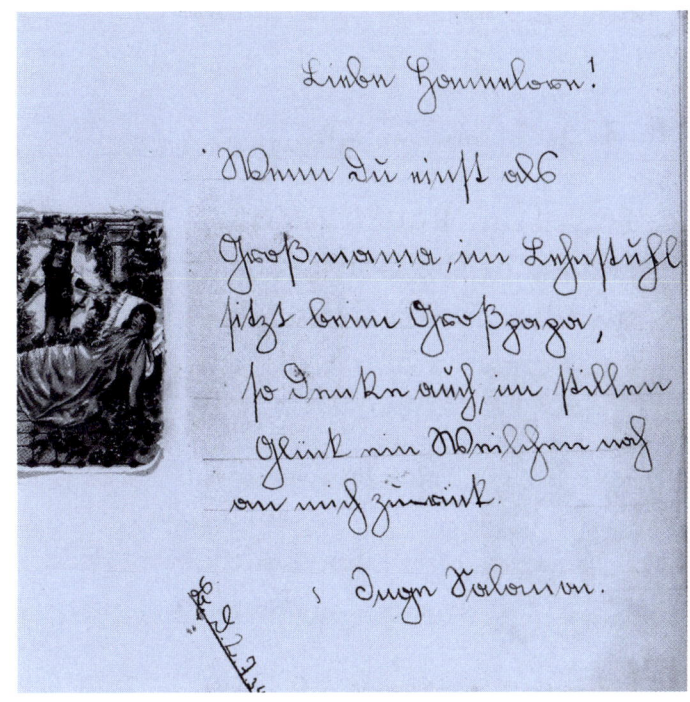

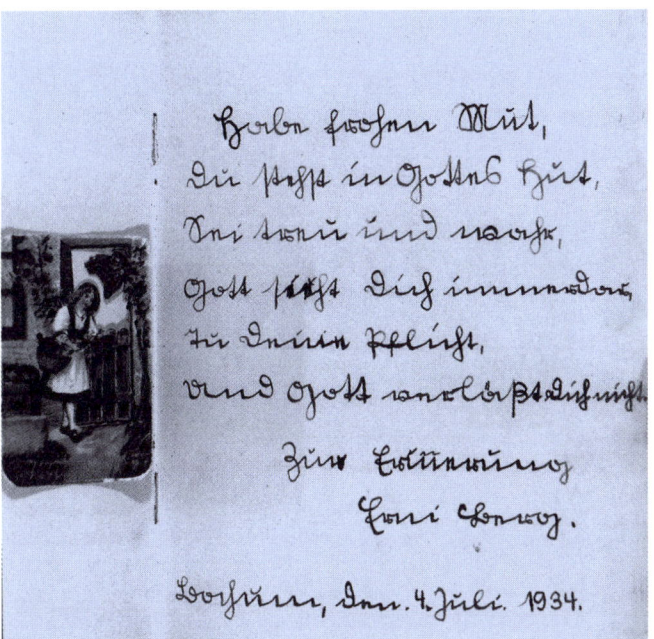

Abb. 102:
Erni Berg, Bochum, 4. Juli 1934:

„Habe frohen Mut,
Du stehst in Gottes Hut,
Sei treu und wahr,
Gott sieht Dich immerdar,
Tu Deine Pflicht,
Und Gott verläßt Dich nicht.

Zur Erinnerung Erni Berg.“

Ernestine Silbermann, geb. Berg,
emigrierte mit ihrer Familie
nach Südamerika.

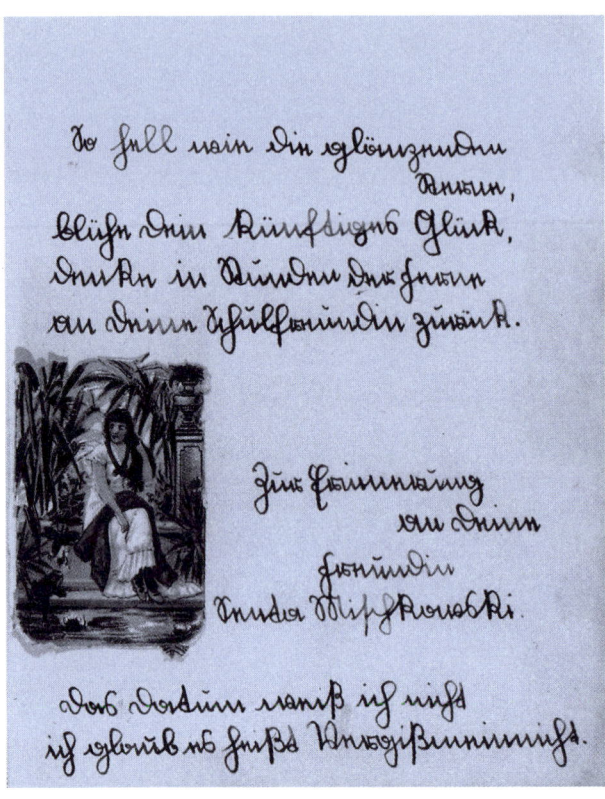

Abb. 103:
Senta Mischkowski, Bochum, ohne Da-
tum:

„So hell wie die glänzenden Kerzen
blühe Dein künftiges Glück,
denke in Stunden der Ferne
an Deine Schulfreundin zurück.

Zur Erinnerung an Deine Freundin
Senta Mischkowski.“

Senta Cann, geb. Mischkowski,
konnte mit ihrer Familie emigrieren.

Abb. 104:
Charlotte Starke, Bochum, ohne Datum:

„Eine Kunst
Von ferne steh'n, wenn die andern sich
freu'n
u. doch zufrieden und fröhlich sein –.
Selbst mühsam wandern auf dornigem Pfad
dem Nächsten dienen mit selbstloser Tat.
Im Schatten leben, der Sonne fern –
und doch dem andern leuchten als Stern,
voll Treue erfüllen die heiligsten Pflichten
und gern auf eigene Wünsche verzichten.
Das ist eine Kunst, die nur der versteht,
der täglich die Kraft von oben anfleht.

Deine Charlotte Starke.“

Charlotte Urban, geb. Starke, war eine
nichtjüdische Mitschülerin am Freiherr-
vom-Stein-Lyzeum. Sie lebt heute
in Sinn, Hessen.

10. KAPITEL

Eberhard Heupel

Die Reichspogromnacht in Bochum und Wattenscheid

Die Vertreibung der Ostjuden und die Reaktion auf das Attentat in Paris

Das Jahr 1938 leitete eine neue Stufe nationalsozialistischer Judenverfolgung ein. Die erste Phase 1933 diente der Einschüchterung und wirtschaftlichen Schädigung der jüdischen Bevölkerung. 1936 wurden die antijüdischen Maßnahmen abgemildert. Sie passten nicht in die politische Landschaft, denn die nationalsozialistische Führung wollte die Olympischen Spiele in Deutschland propagandistisch für sich nutzen. Diese Rücksichten konnte das Regime 1938 fallen lassen.

Deshalb war das Jahr 1938 von einer Reihe antijüdischer Maßnahmen gekennzeichnet. Eine Verordnung vom 26.4. schrieb den Juden vor, ihr gesamtes Vermögen über RM 5.000 anzumelden, am 6.7. wurde den Juden u. a. die Ausübung der Berufe des Maklers und des Finanzmaklers verboten und am 23.7. ein Kennkartenzwang eingeführt. Jüdische Ärzte verloren mit dem Ablauf des 30.9. ihre Approbationen und jüdische Rechtsanwälte zum 30.11. ihr Gerichtspatent. Beide Berufsgruppen durften nur noch Juden behandeln bzw. vertreten. Ab dem 1.1.1939 mussten Juden mit „nichtjüdischen Vornamen" ihrem Namen „Sara" und „Israel" hinzufügen. Ihre Reisepässe wurden bereits seit dem 5.10.1938 mit einem „J" gekennzeichnet.

Den Gipfel nationalsozialistischer Judenverfolgung im Jahre 1938 bildeten zweifellos die Aktionen während und nach der Reichspogromnacht vom 9. auf den 10. November. Als Vorwand nahmen die Nationalsozialisten das Attentat Herschel Grynszpans auf den deutschen Botschaftsangehörigen vom Rath am 7.11.1938. Grynszpan hatte aus Verzweiflung über die Ausweisung seiner Eltern aus Deutschland gehandelt. Auf Veranlassung des Reichsführers SS und Chefs der Deutschen Polizei, Heinrich Himmler, hatten die polnischen Juden bis zum 29.10. das Reichsgebiet verlassen müssen, weil die polnische Regierung angeblich beabsichtigte, die Wiedereinreise von Juden polnischer Staatsangehörigkeit nach Polen nicht mehr zuzulassen. Viele dieser so genannten Ostjuden waren während des Ersten Weltkrieges – nicht immer freiwillig – nach Deutschland gekommen. Sie hatten sich nach 1918 entschieden, in Deutschland zu bleiben. Nun drohte ihnen mit der Abschiebung nach Polen das Schicksal, zwischen Deutschland und Polen hin- und hergeschoben oder in Polen als Deserteure bestraft zu werden.

M 1

Bericht über die Abschiebung von „Ostjuden" aus Bochum

„Warum nur habe ich Angst, von diesem Ereignis auch nur zu schreiben, warum klopft mir das Herz so atemberaubend, noch heute, wenn ich daran denke? Ereignisse, die mein eigenes Schicksal und Leben unmittelbar bedrohten, sind vorausgegangen und gefolgt, aber dieser Tag lebt in meiner Erinnerung wie ein Abgrund, ein Riss, der sich nie schliessen, eine Wunde, die nie heilen wird. Und es ging doch alles so ruhig, so ‚geregelt' vor sich, kein Mord, kein Totschlag, keine Folter, hätte ich beinahe geschrieben. [...]

Ich weiss nur noch: Es war ein bitterkalter Oktobertag 1938. [...]

Unausgesetzt klingelte die Haustürschelle, in unserem großen Wohnzimmer (Bibliothek) saß bald ein ganzer Kreis jüdischer Menschen, bekannte und unbekannte, ein Querschnitt durch die ganze Gemeinde. Das Stimmengewirr machte mich aufmerksam, dass wieder etwas ‚los'

Abb. 105: Bahnhof Bochum-Nord. Von hier gingen die Deportationszüge aus Bochum ab.

war, aber zuerst war es schwierig, aus den widersprechenden Gerüchten die Tatsachen [herauszuschälen]. ‚Alle Ostjuden sind verhaftet', – ‚Nein, nur die Polen', – ‚Im Gegenteil, die sind noch frei, nur die Staatenlosen!' Die Gemeindesekretärin kam zu ihrem Parnes[1] (das war mein Mann) und berichtete endlich einigermaßen authentisch: Niemand war bisher verhaftet, aber die staatenlosen Ostjuden waren ausgewiesen worden und mußten am frühen Morgen des nächsten Tages die Stadt (Bochum) verlassen, mit ihren Familien. [...]

Nachdem ich dann noch die Geschäftsstelle des Jüdischen Frauenbundes in Berlin angerufen und in meiner Eigenschaft als Vorsitzende des Bundes in langer Rücksprache mit Hannah Karminski Mittel und Wege gesucht hatte, von dort aus einen Pflegedienst an den Eisenbahnknotenpunkten zu organisieren, begannen wir mit den naheliegenden örtlichen Aufgaben. Zuerst hieß es, die Hilfe der wenigen jüdischen Autobesitzer zu werben, was nicht schwierig war, da sie fast alle bei uns ver-

---

1   „Parnes" ist die Bezeichnung für den Vorsteher einer jüdischen Gemeinde.

sammelt waren. Sie begannen sofort ein Sammelwerk von tragbaren Handkoffern, damit die Ausgewiesenen soviel wie möglich von ihren Habseligkeiten mitnehmen konnten.

Bei jedem Klingeln der Haustürglocke traf eine neue, aufregende Botschaft ein: Alle betroffenen Männer sind ins Gefängnis gebracht worden! Früh um 8 Uhr müssen die Frauen und Kinder am Bahnhof sein, aber sie sind ganz rat- und haltlos. [...]

Am Bahnhof war schon eine wimmelnde Masse aufgeregter, weinender, schreiender Frauen und Kinder versammelt, und immer neue Lastautos fuhren an und ‚schütteten‘ förmlich ihre Elendslast auf den Vorplatz. Bochum war Sammelstelle für die umliegenden kleinen und auch größeren Ortschaften mit vorwiegend Arbeiterbevölkerung. [...]

Weitere Einzelheiten? Es gäbe Dutzende aufzuzeichnen. Da war z.B. der 14jährige Junge, den man als Lehrling aus einem Geschäft geholt hatte. Die Eltern lebten in Essen und ich bat, ihn dorthin zu schaffen. Ein Anruf des Wachhabenden ergab aber, daß der Essener Transport schon fort war, und so war nur zu hoffen, daß das Kind die Eltern an der ‚Grenze‘ irgendwie treffen würde. [...] Man sagte uns, die Transporte würden an einem Punkt vereint, was ja auch geschehen ist, indem man die hilflosen Menschen im ‚Niemandsland‘ zwischen der deutschen und der polnischen Grenze auf freiem Feld ausgesetzt hat. Den Jungen ließen wir warm ankleiden und mit einer kleinen Reisetasche und Nachtzeug versehen. Nie vor- oder nachher habe ich ein solch strahlendes, stolzes Gesicht gesehen. Mein kleiner Freund wich den ganzen Tag nicht von meiner Seite, und schrieb mir späterhin treulich die schon adressierte Postkarte, die auch in der Reisetasche war, daß er seine Eltern nicht getroffen habe! Weiteres habe ich nicht mehr erfahren, der 9. November schob sich dazwischen. [...]

Die Erregung stieg zu einem Höhepunkt, als ein Signal das Nahen des Zuges ankündigte. Es stieg wie ein Stöhnen und Schluchzen eines einzigen großen Wesens auf, und im gleichen Augenblick klammerten sich die Hände der umstehenden Frauen und Kinder an uns, die wir ihnen wie eine feststehende Stütze vorkamen. Ich entsinne mich genau, daß ich ihnen sagte:

‚Es mag nicht mehr lange dauern, dann werden sie draußen im Ausland vielleicht sagen: ‚Nebbich, die Armen, die jetzt noch in Deutschland sind! Die haben keinen, der ihnen beisteht, wenn ihr Abtransport erfolgt!‘ [...] Ein Händedruck – und der Sturm auf die Sitzplätze im Zuge begann. [...]"

Bericht von Ottilie Schoenewald, Wiener Library, Doc P III e, 02/178

M 2

Reichspropaganda- minister Goebbels ruft zum Pogrom auf

„Am Abend des 9. November 1938 teilte der Reichspropagandaleiter Pg. Dr. Goebbels den zu einem Kameradschaftsabend im Alten Rathaus zu München versammelten Parteiführern mit, daß es in den Gauen Kurhessen und Magdeburg-Anhalt zu judenfeindlichen Kundgebungen gekommen sei, dabei seien jüdische Geschäfte zertrümmert und Synagogen in Brand gesteckt worden. Der Führer habe auf seinen [Goebbels] Vortrag entschieden, daß derartige Demonstrationen von der Partei weder vorzubereiten noch zu organisieren seien; soweit sie spontan entstünden, sei ihnen aber auch nicht entgegenzutreten. Im übrigen führte Pg. Dr. Goebbels sinngemäß das aus, was in dem Fernschreiben der Reichspropagandaleitung vom 10. November 1938, 12.30 Uhr bzw. 1.40 Uhr, niedergelegt ist.
Die mündlich gegebenen Weisungen des Reichspropagandaleiters sind wohl von sämtlichen anwesenden Parteiführern so verstanden worden, daß die Partei nach außen nicht als Urheber der Demonstrationen in Erscheinung treten, sie in Wirklichkeit aber organisieren und durchführen sollte. Sie wurden in diesem Sinne sofort […] von einem großen Teil der anwesenden Parteigenossen fernmündlich an die Dienststellen ihrer Gaue weitergegeben. […]“

Geheimbericht des Obersten Parteigerichts der NSDAP über „die Vorgänge und parteigerichtlichen Verfahren, die im Zusammenhang mit den antisemitischen Kundgebungen vom 9. November 1938 stehen." Staatsarchiv Münster (StAMs), Staatsanwaltschaft Bochum, Nr. 7002

M 3

Fernschreiben des SS-Gruppenführers und Chefs der Sicherheitspolizei, Reinhard Heydrich, an alle Staatspolizei(leit)stellen und alle SD-Oberabschnitte und SD-Unterabschnitte vom 10. November 1938, 1.20 Uhr

„Geheim! Dringend! Sofort dem Leiter oder seinem Stellvertreter vorlegen! Betr.: Maßnahmen gegen Juden in der heutigen Nacht

Aufgrund des Attentats gegen den Legations-Sekretär vom Rath in Paris sind im Laufe der heutigen Nacht – 9. auf 10. November 1938 – im ganzen Reich Demonstrationen gegen die Juden zu erwarten. Für die Behandlung dieser Vorgänge ergehen die folgenden Anordnungen:
1. Die Leiter der Staatspolizeistellen oder ihre Stellvertreter haben sofort […] mit den für ihren Bezirk zuständigen politischen Leitungen – Gauleitung oder Kreisleitung – fernmündlich Verbindung aufzunehmen und eine Besprechung über die Durchführung der Demonstrationen zu vereinbaren, zu der der zuständige Inspekteur oder Kommandeur der Ordnungspolizei zuzuziehen ist. […]
a) Es dürfen nur solche Maßnahmen getroffen werden, die keine Gefährdung deutschen Lebens oder Eigentums mit sich bringen (z. B. Synagogenbrände nur, wenn keine Brandgefahr für die Umgebung vorhanden ist).
b) Geschäfte und Wohnungen von Juden dürfen nur zerstört, nicht geplündert werden. Die Polizei ist angewiesen, die Durchführung dieser Anordnung zu überwachen und Plünderer festzunehmen.
c) In Geschäftsstraßen ist besonders darauf zu achten, daß nichtjüdische Geschäfte unbedingt gegen Schäden gesichert werden.
d) Ausländische Staatsangehörige dürfen – auch wenn sie Juden sind – nicht belästigt werden.

2. Unter der Voraussetzung, daß die unter 1. angegebenen Richtlinien eingehalten werden, sind die stattfindenden Demonstrationen von der Polizei nicht zu verhindern, sondern nur auf die Einhaltung der Richtlinien zu überwachen.

3. Sofort nach Eingang dieses Fernschreibens ist in allen Synagogen und Geschäftsräumen der Jüdischen Kultusgemeinden das vorhandene Archivmaterial polizeilich zu beschlagnahmen, damit es nicht im Zuge der Demonstrationen zerstört wird. Es kommt dabei auf das historisch wertvolle Material an, nicht auf neuere Steuerlisten usw. Das Archivmaterial ist an die zuständigen SD-Dienststellen abzugeben. […]

5. Sobald der Ablauf der Ereignisse dieser Nacht die Verwendung der eingesetzten Beamten hierfür zuläßt, sind in allen Bezirken so viele Juden – insbesondere wohlhabende – festzunehmen, als in den vorhandenen Hafträumen untergebracht werden können.[2] Es sind zunächst nur gesunde männliche Juden nicht zu hohen Alters festzunehmen. Nach Durchführung der Festnahme ist unverzüglich mit den zuständigen Konzentrationslagern wegen schnellster Unterbringung der Juden in den Lagern Verbindung aufzunehmen. Es ist besonders darauf zu achten, daß die aufgrund dieser Weisung festgenommenen Juden nicht mißhandelt werden.[…]"

Zit. n. Wolf Arno Kropat, Kristallnacht in Hessen. Der Judenpogrom vom November 1938, Wiesbaden 1988, S. 75 f.

Die Ereignisse am 9. und 10. November 1938 in Bochum und Wattenscheid

Die Ereignisse des 9. und 10. November in Bochum sind vor allem aus Gerichtsakten bekannt, die in den Verfahren gegen prominente Nationalsozialisten oder angeklagte Mittäter nach dem Zweiten Weltkrieg angelegt wurden. Dabei hatten insbesondere die Angeklagten ein Interesse daran, ihren Anteil an dem Pogrom möglichst klein erscheinen zu lassen. Ansonsten bleiben nur die offiziellen, d.h. verzerrenden Darstellungen der nationalsozialistischen Presse auf der einen und die – oft sehr viel später verfassten – Berichte der Opfer auf der anderen Seite.

M 4

„Vom Zorn des Volkes hinweggefegt. Synagoge und Judenkasino in Bochum niedergebrannt – Die jüdischen Geschäfte zerstört

Nationalsozialisten über die Pogromnacht

Der Meuchelmord des siebzehnjährigen Juden Grünspan an dem jungen deutschen Diplomaten Gesandtschaftsrat erster Klasse Ernst vom Rath, die furchtbare Pariser Bluttat, hinter der symbolisch die Fratze des Weltjudentums grinst, hat in der ganzen Welt Abscheu und in den deutschen Gauen verbitterte Empörung ausgelöst, die sich am Abend des 9. November in lodernden Zorn verwandelte, als trotz aller ärztli-

in Bochum …

2 In dem Schreiben des Chefs der Geheimen Staatspolizei, Heinrich Müller, an alle Staatspolizeistellen vom 9.11.1938 wird eine Zahl von 20.000 bis 30.000 Juden genannt.

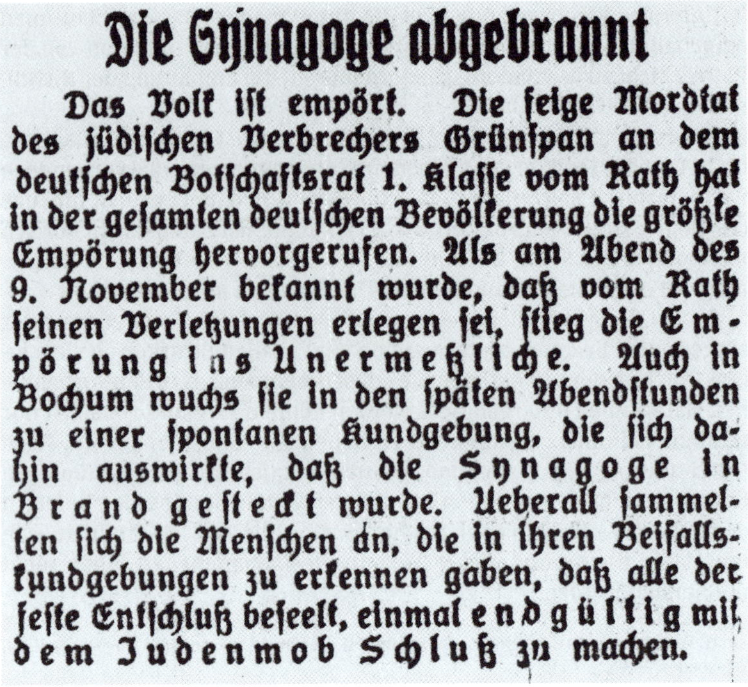

Abb. 106: Artikel in der NSDAP-Zeitung Rote Erde, 10.11.1938

Die Synagoge abgebrannt

Das Volk ist empört. Die feige Mordtat des jüdischen Verbrechers Grünspan an dem deutschen Botschaftsrat 1. Klasse vom Rath hat in der gesamten deutschen Bevölkerung die größte Empörung hervorgerufen. Als am Abend des 9. November bekannt wurde, daß vom Rath seinen Verletzungen erlegen sei, stieg die Empörung ins Unermeßliche. Auch in Bochum wuchs sie in den späten Abendstunden zu einer spontanen Kundgebung, die sich dahin auswirkte, daß die Synagoge in Brand gesteckt wurde. Ueberall sammelten sich die Menschen an, die in ihren Beifallskundgebungen zu erkennen gaben, daß alle der feste Entschluß beseelt, einmal endgültig mit dem Judenmob Schluß zu machen.

chen Bemühungen der Tod des von jüdischen Mordkugeln Getroffenen eintrat und im Reiche bekannt wurde. Es entspricht nur den Drangsalierungen, die das deutsche Volk in seinen Unglückszeiten von dem Judentum erleiden mußte, und den durch Jahrzehnte verübten Schädigungen, die dem deutschen Volksvermögen und ungezählten einzelnen Volksgenossen durch jüdische Gauner und Verbrecher zugefügt wurden, dass nunmehr nach dem furchtbaren Ausgang dieser neuen jüdischen Mordtat, der aufgespeicherte, aber immer wieder zurückgedämmte Volkszorn zur Entladung drängte und sich am Mittwoch abend entlud.

Die natürlichsten und ersten Ziele, gegen die sich dieser gerechte und immer wieder heraufbeschworene Zorn in der Gauhauptstadt Bochum richtete, waren in der dicht belebten Stadt die Synagoge an der Wilhelmstraße, die mit ihren Zwiebeltürmen schon immer als ein Stein des Anstoßes galt, und das Judenkasino auf der Wittener Straße, gegenüber dem Alten Friedhof. Empörte Volksgenossen legten an beide Gebäude zu mitternächtlicher Stunde Feuer und bald schlugen die Flammen hoch empor, die jüdischen Burgen vernichtend, die weiter unter seinen Augen zu dulden das deutsche Volk jetzt und niemals mehr zu dulden gewillt ist. Das Vernichtungswerk des Feuers hielt an der Synagoge bis in die Morgenstunden an, in denen die Hauptkuppel zusammenstürzend den Decken und der Inneneinrichtung folgte.

Ebenfalls schon vor Mitternacht wurden die jüdischen Läden, die sich in der Innenstadt und in den verschiedenen Stadtteilen Bochums befanden, zerstört. Die noch vorhandenen jüdischen Stoff-, Konfektions-, Schuh-, Juwelier-, Althändler- und andere Läden fielen der Vernichtung anheim. Auch in den Wohnungen bekannter und berüchtigter Juden entlud sich der Zorn über die neue und feige Mordtat durch Demonstrationen, die den Juden endgültig zeigten, daß das deutsche Volk ihre Anwesenheit leid ist und ihnen kein Gastrecht mehr im Reiche gewähren will.

Die spontanen antijüdischen Aktionen in Bochum hielten sich selbst bei diesem von dem Judentum selbst einzig und allein verschuldeten Ausbruch der Empörung und des Zornes frei von Angriffen auf Personen. Sie werden auch so den noch in Deutschland lebenden Juden und dem ständig hetzenden Judentum gezeigt haben, daß das Maß übergelaufen ist, daß jedes jüdische Verbrechen gegen Deutsche und Deutschland auf die jüdische Rasse selbst zurückfällt und nicht mehr mit unangebrachter Geduld ertragen wird.

Wenn die Trümmer der Synagoge und des Judenkasinos beseitigt sind, wenn die letzten unerwünschten Juden den Boden unserer Heimat verlassen haben werden, wird auch Bochum für sich erleichtert aufatmen, weil dann ein Kapitel seiner Geschichte beendet sein wird, das von den Leiden und Nöten deutscher Volksgenossen durch eine fremde Rasse berichtet."

Bochumer Anzeiger, 11.11.1938

„Die Folgen der jüdischen Mordtat in Paris wurden gestern in den Morgenstunden auch in Wattenscheid in derselben Weise bemerkbar wie in vielen anderen Orten. Gegen 7 Uhr schoß aus dem Dachstuhl der Synagoge eine hohe Flamme empor, der große Rauchwolken folgten. Als der 1. Löschzug der Freiwilligen Feuerwehr wenige Minuten nach seiner Alarmierung eintraf, war alles, was brennbar war an und in dem schmucklosen kleinen Bau, ein Raub der Flammen. Bald stand nur noch die verrußte Brandruine da. Die Feuerwehr schützte die umliegenden Häuser vor dem Uebergreifen des Feuers. Unterdessen gingen die Schaufenster jüdischer Geschäfte in Trümmer. Im Laufe des Tages wurden sie durch Bretterverschläge gesichert. Wie wenig bekannt die mit einer Rasenfläche das Ende einer Sackgasse an der Oststraße bildende Synagoge in Wattenscheid war, geht daraus hervor, daß die meisten, die von dem Brande hörten, fragten: ‚Wo ist denn hier eine Synagoge?'"

... und Wattenscheid

AWZ, 11.11.1938

Hinweis: In der AWZ vom 31.12.1938 ist in dem Artikel „Wattenscheider Erleben im Jahre 1938" u.a. vermerkt: „Am 10. November brannte die Synagoge nieder."

M 5

„8 Tage später erlebten wir die Kristallnacht. Wir wohnten mit der Familie meines Schwagers in ein- und demselben Haus, doch durch eine eiserne Wand getrennt. […] Von unserem Fenster aus hörten wir das Geklirr der zerschlagenen Scheiben und das Gebrüll der herumziehenden Nazihorden. Zweimal hatte sich eine Horde vor unserem Hause angesammelt und gegen die Türen geschlagen. Gegen 5 Uhr morgens erbrachen sie die Haustür und Fenster und wir hörten, wie sie im Parterre die Büroeinrichtung zerschlugen. Dann stiegen die Horden die Treppe herauf und riefen meinen Namen.

Bedrohung und Einschüchterung

Abb. 107: Else Baer,
geb. Marx, und Leo Baer

‚Volksverräter, komm mit herunter‘, sagte der erste S.A. Mann mit rot gedunsenem Kopf und glühenden Augen. Als ich ihm ruhig erwiderte, daß ich kein Volksverräter sei und die Hand auf seine Schulter legte, brüllte er: ‚Verdammter Jude, fass mich nicht an.‘ Er spuckte dann auf die Stelle, wo ich ihn an der Schulter berührt hatte. Dann ging er mit einer Brechstange auf mich los. Wie ein Wunder ließ er durch die beruhigenden Worte meiner Frau die Eisenstange sinken und sagte: ‚Komm mit uns herunter.‘ Ich musste ihnen ins Büro folgen, das sich in einem unbeschreiblichen Zustand der Verwüstung befand. Türen, Fenster, Bilder, Schreibmaschinen, Akten, alles lag durcheinander. Nachdem ich über die am Boden liegende Standuhr stieg, wurde ich von zwei Herren in Zivilkleidung empfangen, die mich ruhig fragten: ‚Sind Sie der Inhaber der Firma?‘ worauf ich antwortete: ‚Das ist mein Schwager Hugo Hirschberg seit dem 1. November.‘ ‚Wie heißen Sie?‘ – ‚Leo Baer‘. ‚Also gut, Sie können sich davon überzeugen, daß nichts beschädigt worden ist und wir den Geldschrank nicht geöffnet haben. Haben Sie sich davon überzeugt? Unterschreiben Sie!‘ Ich unterschrieb. Darauf sagte der andere: ‚Von Morgen ab geht die Firma Isaac Baer auf die Deutsche Arbeitsfront über. Nehmen Sie die Lohnbücher der Angestellten an sich und übergeben Sie diese morgen dem Vertreter der Deutschen Arbeitsfront. Sie können wieder gehen!‘"

Baer, Erinnerungssplitter …, Bl. 121 f.

M 6

„Mir ist bekannt, daß E. S. an der Judenaktion in der Nacht vom 9. zum 10.11.1938 großen Anteil hatte. Die jüdische Familie Goldschmidt, Geschwister Gustav, Nora und Selma Goldschmidt, früher hier, Friedhofstr. wohnhaft gewesen und die während des Krieges in einem KZ-Lager umgebracht wurden, haben mir unmittelbar nach der Aktion im Nov. 1938 erzählt, daß E. S. in der betr. Nacht in der Wohnung der Geschwister Goldschmidt, mit noch mehreren Nazis furchtbar gehaust hätte. Die ganze Wohnungseinrichtung wurde von den Banditen demoliert und die drei Geschwister Goldschmidt haben mir eindeutig erklärt, daß sie alle von den Naziverbrechern geschlagen und mißhandelt worden sind."

Verwüstung und Misshandlung

Zeugenaussage vom 19.1.1948, StAMs, Staatsanwaltschaft Bochum, Nr. 7002-2

Hinweis: E. S. war mit den Geschwistern Goldschmidt aufgewachsen. Er wurde nach dem Krieg wegen seiner Beteiligung am Pogrom verurteilt.

M 7

„In der Nacht vom 9. zum 10. November 1938 (wurde) in Bochum-Gerthe das jüdische Kaufhaus Fröhlich (an der Lothringerstraße) in Brand gesetzt. Gegen Mitternacht kam eine Gruppe von 5-6 SA-Männern mit Brandfackeln auf das Haus zu, zertrümmerte die Schaufensterscheiben, gaben zwei Schüsse ab und warfen die brennenden Fackeln ins Innere des Kaufhauses. Nach dieser Tat entfernten sich die SA-Männer eilig in Richtung Hegelstraße in Bochum-Gerthe, in der sich auch ein SA-Heim befand. Die Geschäftsräume brannten nach kurzer Zeit lichterloh. Die Einwohner des mehrstöckigen, bewohnten Hauses flohen ins Freie. Nach kurzer Zeit traf auch die Feuerwehr am Brandort ein und konnte den Brand soweit eindämmen, daß nur die Geschäftsräume im wesentlichen ausbrannten. Die Familie des jüdischen Geschäftsinhabers Rosenthal, die ebenfalls in dem Hause wohnte, verließ noch in der Nacht Bochum-Gerthe."

Brandstiftung

StAMs, Staatsanwaltschaft Bochum, Nr. 7002-2

M 8

„An die Polizei Verwaltung Bochum i. W.
In der Nacht des 9. November 1938 drangen c. 15 mir unbekannte Nazis gewaltsam in meine Wohnung ein. Zwei dieser Männer holten uns unter Drohungen aus der Wohnung heraus und befahlen uns, mit dem Gesicht zur Wand im Treppenhaus stehen zu bleiben.
Es erging ein kurzer Befehl und darauf drang die ganze Horde mit Beilen, Hämmern und Äxten in meine Wohnung ein und innerhalb weniger Minuten waren sämtliche neun Räume völlig zertrümmert und die Wohnung sämtlicher Wertgegenstände und Bargeld beraubt. Wäsche, Porzellan und Silbergegenstände wurden aus den Fenstern auf die Strasse geworfen.
Wie bereits vorher gesagt, waren mir sämtliche Männer, welche Zivilkleidung trugen, unbekannt. Lediglich der Leiter und Anführer der

Persönliche Rache?

Horde war ein gewisser S.A.-Mann S. […] S. war ein früherer Angestellter meiner Firma Ferdinand Koppel. […]"

Eidesstattliche Erklärung vom 28.10.1948, StAMs, Staatsanwaltschaft Bochum, Nr. 7002-2

M 9

„Benzin zum Löschen"

„[…] Als ich mit meinem Zug an der Brandstelle erschien, bekam ich sofort den Eindruck, daß eine Brandstiftung seitens der SA vorlag. Die Umgebung der Brandstelle wimmelte von SA.-Männern und anderen Nazianhängern. Als meine Leute den Wasserschlauch an den Hydranten an der Wilhelmsstr. anschliessen wollten, wurde ihnen dies von dem SA.-Mann M. B. erschwert. B. stellte sich auf den Hydranten und sagte zu meinen Leuten ‚Habt Ihr zum Löschen Benzin mitgebracht? Wasser gibt es hier nicht!' Nur durch mein energisches Auftreten war es uns möglich, Wasser aus dem Hydranten zu entnehmen. Bei den Löscharbeiten wurden wir dann ständig von SA.-Leuten behindert. […]"

Zeugenaussage eines Brandmeisters am 24.5.1946, StAMs, Staatsanwaltschaft Bochum, Nr. 7002-2

M 10

„Ich fühlte mich abgestossen"

„[…] An der Veranstaltung der NSDAP am 9. November 1938 im Schützenhof in Bochum habe ich auf Einladung hin teilgenommen, ohne hierbei eine besondere Funktion auszuüben. An Einzelheiten dieser Veranstaltung kann ich mich nicht mehr genau erinnern. Ich weiss wohl noch, dass mein Freund S. und ich uns weiter nach hinten gesetzt hatten und die Veranstaltung vorzeitig verliessen, um in den Schlegel-Bräu zu gehen und ein Glas Bier zu trinken. […] Nachdem wir gezahlt und uns angezogen hatten, gingen wir ebenfalls aus dem Lokal und trafen draussen an der Ecke der Viktoriastrasse den Brust[3] wieder. Während wir das Lokal verliessen, fragte ich S., was nun eigentlich los sei. Er erklärte mir,

Abb. 108: Der Schützenhof war ein wichtiger Treffpunkt für die Bochumer Nationalsozialisten.

3   Brust war Gaupropagandaleiter der NSDAP.

Brust habe ihm gesagt, dass vom Rath tot sei, und es sollten Kundgebungen stattfinden. Wir gingen nun langsam hinter Brust und seinen Leuten her in Richtung Wilhelmsplatz. […] Als wir nun zur Synagoge kamen, berührte es mich schon eigenartig, dass das eiserne Tor der Umzäunung umgestürzt war. S. und ich gingen hinter den anderen als letzte in den Synagogenraum hinein und blieben in der Nähe der Flügeltür, an die ich mich noch genau erinnere, weil sie mir fast vor den Kopf geschlagen wäre, stehen. Ich sah mich zunächst um und nahm den Synagogenraum, den ich bis dahin noch nicht gesehen hatte, in mich auf. Im Innern der Synagoge liefen mehrere Personen (vielleicht 12 oder auch mehr) mit Fackeln herum. Bei meinem Blick in die Synagoge sah ich Säulen und Bankreihen, vorn eine Empore, vor der man irgendwelche Gegenstände aufgehäuft hatte. Ich erinnere mich, dass auf diesem Haufen Teppiche oder Läufer gelegen haben. Nach meinen Beobachtungen war bis dahin noch kein Feuer angelegt. Ich hatte aber den Eindruck, als ob der aufgestapelte Haufen angezündet werden sollte. Durch diese gesamten Vorgänge war ich sehr beeindruckt. Ich hatte vorher geglaubt, dass es sich bei den von Brust erwähnten Kundgebungen gegen die Ermordung des vom Rath um Versammlungen und ähnliche Protestkundgebungen handeln sollte. Als ich nun merkte, wo die Sache hinauslief, fühlte ich mich abgestossen und wusste nicht recht, was ich von der ganzen Sache halten sollte. S. mochte es ähnlich wie mir ergangen sein. Wir verliessen nämlich nach ganz kurzer Anwesenheit im Innern der Synagoge zusammen den Raum und gingen in Richtung Schwanenmarkt.

[…] S. und ich gingen wieder zur Wilhelmstrasse zurück und sahen, dass die Synagoge lichterloh brannte. Wir blieben dann zusammen auf der Westfalenbankseite innerhalb der inzwischen zusammengelaufenen Volksmenge stehen. Um welche Uhrzeit dies war, kann ich nicht mehr genau angeben. Bis zum Eintreffen der Feuerwehr mögen wir ungefähr noch 10 bis 15 Minuten dort gestanden haben. […] Ausser Piclum, Riemenschneider und Brust habe ich auch noch den damaligen Polizeipräsidenten Oberheidacher an der Brandstelle gesehen.

Als die Feuerwehr eintraf, wusste ich, dass sie mit dem mir bekannten Berufseifer an die Löschung des Synagogenbrandes herangehen würden. Da ich inzwischen aber gemerkt hatte, was es mit dem Synagogenbrand auf sich hatte und dass die Synagoge bewusst in Brand gesetzt war, ging ich auf meine Kameraden zu und machte sie darauf aufmerksam, dass sie sich durch das Löschen des Brandes unter Umständen Unannehmlichkeiten seitens der Partei oder anderer Stellen zuziehen könnten. Die Feuerwehr war in ihrer Gesamtheit wegen ihrer damaligen politischen Einstellung bei den Parteidienststellen nicht bestens angeschrieben.

Ich wollte meine Kameraden von der Feuerwehr durch dieses Verhalten nur aufklären und vor evtl. Unannehmlichkeiten bewahren. Aktiv gegen das Eingreifen meiner Kameraden von der Feuerwehr eingeschritten bin ich nicht. Wenn ich tatsächlich bei der Unterhaltung mit ihnen auf dem Hydranten gestanden habe, so kann das nur Zufall gewesen sein. Ich habe auch wohl nicht gesagt, es gäbe hier kein Wasser, man solle mit Benzin löschen. Es mag sein, dass aus der Menge heraus derartige Zurufe gekommen sind und dass die Kameraden von der Feuerwehr heute glauben, ich habe das gesagt. Es kann auch sein, dass die früheren Kameraden von der Feuerwehr aus Gehässigkeit gegen mich derartige Aussagen machen, weil sie verhindern wollen, dass ich wieder in die Feuerwehr herein komme, worauf ich übrigens keinen Wert lege. […]"

Aussage vom 20.4.1949, StAMs, Staatsanwaltschaft Bochum, Nr. 7002-2

M 11

Das Schicksal des „Judenkasinos"

„[…] Am 9.11.1938 führte ich den SA.-Sturm I/17 geschlossen zur Kundgebung der NSDAP. zum Schützenhof in Bochum. Nach der Kundgebung etwa gegen 11 Uhr marschierte ich mit dem Sturm zum Sturmlokal Schulz in der hiesigen Ferdinandstrasse. Dort habe ich meinen Leuten gesagt, daß sie noch im Sturmlokal verweilen sollen. […] Etwa nach einer Std. erschien dann der Sturmbannführer L. im Sturmlokal und hat dem Sturm den Befehl gegeben herauszutreten. Er ging dann mit dem Sturm zur Wittenerstrasse. In der Wittenerstrasse vor dem Judenkasino angekommen, war das Tor verschlossen, das Gebäude brannte noch nicht. L. gab den Männern den Befehl, in das Lokal einzudringen. Das Eingangstor wurde daraufhin von meinen Männern gewaltsam aufgebrochen. Ich selbst blieb mit einigen Männern auf der Strasse stehen. Mit dem anderen Teil der Männer drang L. in das Gebäude hinein. Soviel mir in Erinnerung ist, waren dabei die SA.-Leute H. K., E. L. und H. S. Nach etwa 20 Minuten nach diesem Eindringen der Männer in dieses Gebäude, fing das Haus an zu brennen. Ich nehme mit Bestimmtheit an, daß dieser Brand von den eingedrungenen Männern angelegt worden ist. Die Einwohner des Hauses flüchteten auf die Strasse, ein junges Mädchen befand sich auf dem Balkon dieses Hauses und schrie um Hilfe, der SA.-Mann R. R., holte dieses Mädchen aus dem brennenden Hause. Daraufhin wurden sämtliche Bewohner dieses Hauses auf einen Lastkraftwagen, der wahrscheinlich von der Kreisleitung gestellt worden ist, weggefahren. Wohin sie gebracht worden sind, ist mir nicht bekannt.
Während des Brandes drang dann der größte Teil meiner Männer in das brennende Gebäude ein und demolierte dort das Inventar. Ich hatte auf meine Männer jeglichen Einfluß verloren und konnte sie davon nicht zurückhalten. Nach einiger Zeit erschien dann auf der Brandstelle der Branddirektor E. mit dem Kreisleiter Riemenschneider. Von diesen habe ich den Befehl bekommen, dafür zu sorgen, daß der Brand nicht auf die Nachbargebäude übergreift. Ich verblieb an der Brandstelle bis gegen 3 Uhr und ging dann mit etwa 10 Männern meines Sturmes zum Sturmlokal zurück. […]"

Aussage des damaligen SA-Sturmführers R. H. im Mai 1946, StAMs, Staatsanwaltschaft Bochum, Nr. 7002-2

M 12

Die Feuerwehr als Brandstifter?

a)

„Um Mitternacht wurden wir alarmiert und rückten zur Synagoge aus. Wir wußten bis dahin noch nicht, daß es sich um eine Brandstiftung handelte, sondern glaubten an einen ganz normalen Brand. Als wir in die Wilhelmstraße einbogen, stand dort schon eine große Menschenmenge. In unmittelbarer Nähe der Synagoge waren in der Hauptsache

Abb. 109: Die Reste der Bochumer Synagoge

SA und SS oder sonstige Parteiformationen, welche die Stra(ß)e vollständig verstopften [...]

Von den uniformierten Angehörigen der SA-, SS- oder sonstigen Gliederungen wurden wir anfangs am Löschen stark gehindert, da diese Leute uns die Schläuche wegnahmen, das Standrohr abschraubten oder sonstwie hindernd in unsere Tätigkeit eingriffen. [...]

Als wir an der Brandstelle eintrafen, brannte die Synagoge schon lichterloh und mußte nach meiner Meinung von der Vollentwicklung des Brandes an gerechnet, schon ungefähr 1/2 bis 1 Stunde gebrannt haben. Trotz unserer bald einsetzenden Löscharbeiten konnten wir von der Synagoge nicht mehr viel retten. Die Kuppel der Synagoge blieb stehen und es bestand auch keine Gefahr, daß diese Kuppel von sich aus einstürzen und Schaden verursachen würde. Als das Feuer schon fast abgelöscht war und die Kuppel aus den Trümmern herausragte, sah ich den SS-Brigadeführer M. den ich vorher auch nicht kannte. Er veranlaßte, daß der Feuerwehrmann T., der ebenfalls der SS angehörte, eine Kanne Benzin holte und zwar mit dem Wagen von M. Er war bald wieder da und sollte dann dieses Benzin über die Kuppel schütten und anzünden. Dazu mußte die Feuerwehrleiter ausgefahren werden.

M. hatte deshalb eine Auseinandersetzung mit E., die sehr lebhaft ablief, weil E. sich weigerte, das Vorhaben M's zu unterstützen. [...] Er hat sich schließlich den Drohungen M's gefügt und ließ die Leiter ausfahren, um zu verhindern, daß andere Leute die Feuerwehrgeräte beschädigten. T. bemühte sich dann oben eine Zeit lang auf der Leiter bis dann endlich die Kuppel brannte. [...] In diesem Zusammenhang will ich auch noch hinzufügen, daß E. im Verlaufe des Abends auch noch erklärte, daß unser Eingreifen bei diesem Brand uns Feuerwehrführern Kopf und Kragen kosten könne."

StAMs, Staatsanwaltschaft Bochum, Nr. 7002-2

b)

„Ich verbleibe bei meiner Aussage, daß ich den Befehl zum Abbrennen der noch stehenden Kuppel von meinem Chef [...] bekommen habe. Die-

כאן עמד ביהכנ"ס דק"ק וואטענשייד נחרב
1938 ע"י הקלגסים הנאצים ב – 9 בנובמבר
לזכר קדושי השואה דק"ק וואטענשייד אשר
נספו בידי המרצחים הנאצים ועזריהם ימ"ש
הי"ד ת.נ.צ.ב.ה.
זכור ד' מה היה לנו (א-כה ה"י)
(GEDENKE EWIGER WAS AN UNS GESCHAH...)
(KLAGELIED 5.1)

AN DIESER STELLE BEFAND SICH DIE IN DEN JAHREN 1827-29 ERBAUTE
SYNAGOGE DER JÜDISCHEN GEMEINDE WATTENSCHEID.
IN DER POGROMNACHT DES 9./10. NOVEMBER 1938 WURDE
SIE DURCH BRANDSTIFTUNG DER NATIONALSOZIALISTEN ZERSTÖRT.

Abb. 110: Gedenktafel für die ehemalige Synagoge in Wattenscheid. Die Tafel ist im mittleren Teil der Passage auf dem ehemaligen Nassgelände gegenüber der Propstei St. Gertrudis angebracht.

ser wiederum bekam den Befehl von dem damaligen SS-Brigadeführer M. Ich als Feuerwehrmann hatte nur Befehle auszuführen. Wenn ich nun gefragt werde, ob ich weitere Personen angeben kann, die sich an dem Synagogenbrand beteiligt haben, dann muß ich dieses verneinen. Im Übrigen verbleibe ich bei meinen Aussagen, die ich bereits gemacht habe. Wo sich der SS-Brigadeführer M. aufhält, kann ich nicht sagen."

Aussage vom 5.4.1947, StAMs, Staatsanwaltschaft Bochum, Nr. 7002-2

M 13

Der damalige NSDAP-Kreisleiter Riemenschneider zum Synagogenbrand

„[…] Er [Gaupropagandaleiter Brust] habe einen Anruf vom Minister bekommen, daß die jüdischen Geschäfte zu zertrümmern und die Synagogen in Brand zu setzen seien. ‚Die Synagoge wird wohl schon brennen.‘ Ich war darüber entrüstet und gab Brust zu verstehen, daß ich dieses Vergehen unglaublich und wahnsinnig fand […] Vom Wilhelmsplatz aus, wo ich mit Brust und den anderen zusammengetroffen war, begab ich mich zur Synagoge. Auf dem Wege zur Synagoge habe ich Brust noch einigemale zum Ausdruck gebracht, daß das Ganze ein Unsinniges Unternehmen sei. Brust entgegnete: ‚Sie mit Ihren Bedenken und Einwendungen, das ist ja unsinnig.‘ Er sagte nach dem Sinne, wenn der Minister mir einen Befehl erteile, so müsse er ausgeführt werden."

StAMs, Staatsanwaltschaft Bochum, Nr. 7002-2

M 14

Riemenschneider zur nationalsozialistischen Judenpolitik

„[…] Die antijüdische Einstellung der NSDAP war mir aus dem Parteiprogramm bekannt. M. E. sollte der zu weit gehende Einfluss der in Deutschland lebenden Juden aus Staat und Wirtschaft beseitigt und auf ein Maß zurückgebracht werden, das dem Anteil der Juden an der Gesamtbevölkerung entsprach. Ich glaubte an Lösung dieser Fragen auf völlig legalem Wege. Wenn in der Propaganda führender Männer der NSDAP und in der Presse z.B. im ‚Stürmer' der Haß gegen das Judentum gepredigt wurde, so kann ich nur sagen, dass ich dies nicht gebilligt habe. Parteigenossen war verboten, beim Juden zu kaufen. Im übrigen habe ich die Boykottierung jüdischer Waren und Geschäfte als Angelegenheit einzelner Heißsporne betrachtet. Es war das Ziel der NSDAP, die Volksgemeinschaft herzustellen und es entspricht durchaus meiner Auffassung, dass die NSDAP bereit war, dem Teil der Juden, der entsprechend der Gesamtbevölkerung weiter am öffentlichen und wirtschaftlichen Leben Anteil hatte, auch Aufnahme in diese Volksgemeinschaft zu gewähren. Als 1935 die Reichsbürgergesetze erlassen wurden, ergab sich allerdings ein anderes Bild. Von jetzt ab wurden die Juden als Ausländer bezeichnet. Die Bestimmungen der Nürnberger Gesetze sind mir im einzelnen nicht gegenwärtig. Ich erinnere aber die Vorschriften über Rassenschande und weiss, dass noch eine Reihe weiterer entrechtender Bestimmungen gegen die Juden darin enthalten waren. Durch die Politik des Staates und ihre Ausschaltung als Staatsbürger sahen sich viele Juden ihrer Existenzmöglichkeit beraubt und wanderten aus Deutschland ab. Ich bin der Überzeugung, daß sie grösstenteils freiwillig abgezogen sind. Wenn im Nov. 1938 schlagartig ernste Ausschreitungen gegen jüdische Synagogen und jüdisches Eigentum ausgelöst wurden, so führe ich das auf eine spontane Auswirkung des durch die Ermordung des Gesandschaftsrates vom Rath erregten Volksempfindens zurück. Ich weiss nicht, ob der Wille der Partei und eine entsprechende zentrale Lenkung oder Planung dahinterstand. Ich habe s. Zt. in Bochum selbst erlebt, daß die Synagoge in Brand gesteckt und zwei jüdische Geschäfte demoliert wurden. Ich kam darüber hinzu und habe unmißverständlich meine Ablehnung dieser Ausschreitungen zum Ausdruck gebracht. Wer die Täter waren, habe ich nicht festgestellt. Am nächsten Tage hatte ich ein Ferngespräch mit dem in Berlin weilenden Gauleiter Wagner. Auch ihm gegenüber habe ich diese Lösung der Judenfrage bemängelt. Der Gauleiter hat meine Auffassung bestätigt. Mir ist nichts davon bekannt, dass die Aktion vom Reichssicherungshauptamt oder von führenden Parteidienststellen bzw. dem Reichspropagandaminister ins Rollen gebracht war. Wenn s. Zt. die Täter nicht ermittelt und ihrer gerechten Strafe zugeführt wurden, so erkläre ich mir das so, dass man die von der obersten Führung offenbar mißbilligte Aktion so schnell wie möglich totschweigen wollte. Im Zuge der Aktion sind Plünderungen, auch Tötungen von Juden vorgekommen. Soweit ich weiss, sind diesetwegen im Kreise Arnsberg und in Lünen Parteiangehörige zur Rechenschaft gezogen und aus der Partei ausgeschlossen worden. Ob Juden in Schutzhaft genommen oder in Konzentrationslager gekommen sind, weiss ich nicht. Mir ist nicht bekannt, dass Juden zur Zwangsarbeit herangezogen wurden, nachdem sie die Betätigung in ihren alten Berufen hatten aufgeben müssen. Mir ist gelegentlich im Jahre 1941 oder 1942 bekannt geworden, dass eine jüdische Familie aus ihrem Heimatgebiet abtransportiert wurde. Über den Verbleib habe ich nichts erfahren. Ebenso habe ich niemals etwas von einem Abtransport der Juden während des Krieges weder aus Bochum, noch aus anderen Orten der Umgebung und Deutschlands überhaupt gehört. Ich muss bei dieser Aussage bleiben, auch wenn mir vorgehalten wird, dass gerade aus Bochum und anderen Städten des Indu-

Abb. 111: NSDAP-Kreis-leiter Riemenschneider (links) inmitten der übrigen Bochumer NS-Promi-nenz bei einer Parteiver-anstaltung im Schützen-hof. Gauleiter Josef Wagner (Mitte), Oberbürgermeister Dr. Leopold Piclum (rechts)

striegebietes während des Krieges viele Juden zwangsweise evakuiert worden sind. Von einer Verbringung von Juden in Konzentrationslager habe ich vor meiner Internierung nie etwas erfahren."

Protokoll der Vernehmung vom 14.10.1947, StAMs, Staatsanwaltschaft Bochum, Nr. 7002-2

Maßnahmen gegen die jüdische Bevölkerung nach dem Pogrom

Unmittelbar nach dem Pogrom wurden am 11.11.1938 den Juden Erwerb, Besitz und das Führen von Schusswaffen und Munition sowie von Hieb- und Stichwaffen verboten. Einen Tag später bestimmte die Reichsregierung, dass Juden ab dem 1.1.1939 keine Einzelhandelsverkaufsstellen, Versandgeschäfte oder selbständige Handelsbetriebe mehr führen durften. Außerdem mussten die Juden die von den Nazis angerichteten Schäden auf eigene Kosten beseitigen und eine „Buße" in Höhe von einer Milliarde RM zahlen.

M 15

Die Verschleppung der jüdischen Männer ins KZ Sachsenhausen

„Deutschland, den 13. November 1938
Nachts gegen 3 Uhr wurden die Häftlinge im Gefängnis des Polizeipräsidiums zu Bochum geweckt und aufgefordert, auf den Hof zu gehen, wo durch Scheinwerfer beleuchtet verschiedene Personen-Autobusse auf uns warteten. Also geht's doch in's Konzentrationslager! bemerkten einige unter uns.
Alle uns bei unserer Ankunft abgenommenen Sachen, sowie auch Geld, wurden wieder an die Besitzer ausgeteilt.

Der Transport der Bochumer Juden endete vor dem Dortmunder Gefängnisplatz, wo die übrigen Juden aus anderen Städten gesammelt und für den Eisenbahntransport in ein Lager zusammengestellt wurden. Schupobeamte in großer Zahl unter Aufsicht eines Schupo-Hauptmannes übernahmen von Bochum aus die Überwachung. Wir standen seit Morgengrauen stundenlang und warteten auf das, was noch alles kommen wird. Mit einem Mal erschienen die Schupobeamten mit Körben und verteilten eine gefüllte Papiertüte an Jedermann, mit der Bemerkung, daß dieses unsere Ration für die Dauer des Transports sei. Noch wusste keiner, wohin es ging und aus Neugier musste jeder den Inhalt der Tüte kontrollieren, der aus 2 Doppelschnitten mit dünn bestrichener Margarine bestand. Plötzlich kam Bewegung in die Reihen. Ein Schupo hatte einem Häftling mit der Faust ins Gesicht geschlagen und mit einem Fußtritt traktiert. Die Ursache hierzu ist mir unbekannt. Sofort ertönte die Stimme des Schupo-Hauptmannes: ‚Die Wachtmeister alle antreten!‘ Etwa 20 Mann stellten sich in strammer Haltung auf und die Stimme des Schupo-Hauptmannes fuhr fort: ‚Ich habe soeben festgestellt, wie ein Wachtmeister einen Häftling tätlich angefasst, ihn in's Gesicht geschlagen und getreten hat. Ich verwarne Sie. Sollte ich noch einmal Derartiges feststellen, werde ich jeden, ohne Ausnahme, zur Verantwortung ziehen. Rührt Euch!‘ Er schaute dann auf seine Uhr und gab den Befehl: ‚Laden und sichern!‘ Für alte Soldaten bedeutete dieser Befehl nichts Gutes. Waren wir denn so schwere Verbrecher?
Es war gegen Mittag, als wir über die Strassen zum nahe gelegenen Bahnhof gebracht wurden. Da stand der Sonderzug, aus modernen Waggons bestehend, bereit. Nachdem wir noch eine Zeitlang von den Passanten des Bahnsteiges mit verwunderten, mitleidigen und leider auch schadenfrohen Blicken gestreift wurden, setzte sich der Zug in östlicher Richtung in Bewegung. Jede Tür war mit Schupo besetzt. Befehl: Fenster dürfen nicht geöffnet werden! Unterhaltung mit den Wachmannschaften streng verboten! Wir kommen nicht nach Dachau, ging das Gerücht. Nur nicht nach dem berüchtigten Dachau. […] Wir haben alle von Konzentrationslagern erzählen gehört, von Entbehrungen, von auf der Flucht Erschossenen und Mißhandlungen, doch glaubte jeder, daß ihm bei guter Führung kein großes Leid zugefügt würde und letzten Endes sind wir ja keine Verbrecher, nur leider die Opfer des Attentates auf den Gesandtschaftsrat von Rath in Paris, verübt durch unseren Glaubensgenossen Grünspan. Mit diesem Fanatiker haben wir doch nichts gemein. Die zig-tausend Juden, die man in ganz Deutschland zusammenzieht, kann man als Geisel doch nicht alle umbringen und die Freiheitsberaubung bei einigermassen menschlicher Behandlung ist Sühne genug. […] (D)er Zug hielt auf der Station Oranienburg und von hier soll er auf ein totes Anschlußgleis transportiert werden. Der Zug hielt noch nicht ganz, als auch schon von allen Seiten das blendende Licht von Scheinwerfern in unsere Waggons drangen. Türen wurden aufgerissen und in einem ohrenbetäubenden Gebrüll hörte man: ‚Raus Ihr verdammten Judenschweine! Seid Ihr noch nicht heraus?‘ Kolbenschläge sausten auf uns nieder. ‚Seid ihr noch nicht heraus, verfluchte Schweinebande?‘
Ich hatte das seltene Glück, in dem langen Durchgangswagen nicht unweit von der Tür zu sitzen und weiss nur, daß ich nach einem heftigen Tritt nach draussen flog und auf dem Boden liegend mit Stiefeln der SS

traktiert wurde. ‚Auf, auf, alles antreten!' Es entstand ein unentwirrbares Menschenknäuel. Einige Meter abseits standen schwere Maschinengewehre, die von der Bedienungsmannschaft wie in offener Feldschlacht bedient wurden. Das Geräusch, das das Einführen von Patronengurten in die Zuführer der M.G.'s machte durch Aufschlagen der Stahlteile, tappte auf unsere Nerven. All das muss sich in wenigen Sekunden abgespielt haben, denn plötzlich hörten wir die, alles Hoellengeschrei übertönende Stimme des begleitenden Schupo-Hauptmannes: ‚Ich bin der verantwortliche Transportleiter. Raus aus den Waggons! Lassen Sie die Häftlinge in Ruhe. Ich bin der Transportleiter! Unverschämtheit!' Doch nach und nach ging die Stimme des Schupo-Hauptmannes in dem Geschrei der Verwundeten und dem Gebrüll von verdammten Judenschweinen, schnell antreten, wollt Ihr wohl usw. klagend unter, so wie die Stimme des Predigers in der Wüste.

Was sich hierauf auf dem Wege bis ins KZ abgespielt hatte, ist schwer wiederzugeben. Im Lager wurden die Häftlinge auf einem Platz vor dem elektr. Draht in Reihen aufgestellt. Hierauf stellten SS Plakate mit der Aufschrift:

Wir sind die Mörder des Gesandtschaftsrat von Rath. Wir sind die Schänder der deutschen Kultur.

Wir sind schuld an Deutschlands Unglück.

Wir sind Volksbetrüger.

Ein SS-Mann vor der Front forderte die Häftlinge auf, die Aufschrift auf den Plakaten genau anzusehen und nach einer Weile sagte er: ‚Das Gelesene werdet Ihr im Chor laut und deutlich sprechen.' Nachdem er das erste Plakat zeigte, gab er ein Zeichen zum Einsetzen. Der erste Versuch war schwach. ‚Ich werde es Euch schon beibringen.' Der Chor wurde genau 24 Stunden gedrillt. 24 Stunden in aufrechter Haltung, ohne Essen, Trinken und ohne ein Bedürfnis verrichten zu dürfen, kommen einer Ewigkeit gleich."

Baer, Erinnerungssplitter …, Bl. 97 ff.

Die Vorstellung der NSDAP von Recht und Ordnung

M 16

Stellungnahme des Obersten Parteigerichts der NSDAP zu den Morden und Sittlichkeitsverbrechen während des Novemberpogroms 1938

„Ende November 1938 erhielt das Oberste Parteigericht durch Meldungen mehrerer Gaugerichte davon Kenntnis, dass es bei Durchführung der Demonstrationen vom 9.11.38 in erheblichem Umfang u.a. zu Plünderungen und Tötungen von Juden gekommen sei, die bereits Gegenstand polizeilicher und staatsanwaltschaftlicher Untersuchungen waren. Der Stellvertreter des Führers teilte die Auffassung des Obersten Parteigerichts, dass die bekanntgewordenen Ausschreitungen jedenfalls zunächst von der Gerichtsbarkeit der Partei zu untersuchen sei: 1.) Wegen des offenbaren Zusammenhangs der zu beurteilenden Vorgänge mit den Weisungen, die der Reichspropagandaleiter Pg. Dr. Göbbels während des Kameradschaftsabends im Rathaussaal gegeben hatte. Ohne Nachprüfung und Würdigung dieser Zusammenhänge schien eine gerechte Beurteilung der Täter nicht möglich. Diese Prüfung konnte aber nicht unsachlichen staatlichen Gerichten überlassen werden, zumal die Kundgebungen inzwischen in der Öffentlichkeit als spontan aus der Volksstimmung heraus entstanden dargestellt waren;

2.) muss es nach Auffassung des Obersten Parteigerichts grundsätzlich unmöglich sein, dass politische Straftaten, die Primär das Interesse der Partei berühren, […] von den staatlichen Gerichten festgestellt und abgeurteilt werden, ohne dass die Partei die Möglichkeit hat, sich vorher durch ihre eigenen Gerichte Klarheit über die Vorgänge und Zusammenhänge zu verschaffen, um ggfls. rechtzeitig den Führer um Niederschlagung der Verfahren vor den staatlichen Gerichten bitten zu können. Aus solchen Erwägungen hat der Generalfeldmarschall Pg. Göring als Beauftragter des Führers Geheime Staatspolizei und Parteigerichtsbarkeit mit der Untersuchung der Ausschreitungen betraut.

Das Oberste Parteigericht hat sich die Untersuchung der Tötungen, schweren Mißhandlungen und Sittlichkeitsverbrechen vorbehalten. […]

1. der Pg. F., H., Parteimitglied seit 1932, […] wurde aus der Partei ausgestoßen wegen Sittlichkeitsverbrechens und Rassenschande, begangen an der 13jährigen jüdischen Schülerin R. K.. F. ist in Haft und dem Strafgericht überstellt.

2. Der Pg. G., G., […] wurde aus der NSDAP und SA ausgeschlossen wegen Diebstahls. G. ist in Haft und dem staatlichen Gericht überstellt wegen Verdachts der Rassenschande.

3. Die Pg. S., F., SA-Sturmführer, […] und H. H., […] SA-Sturmhauptführer, […] wurden wegen Sittlichkeitsverbrechens an der Jüdin U. aus der NSDAP ausgeschlossen und sind in Schutzhaft.

4. Der Pg. N., F., […] wurde mit Verwarnung und dreijähriger Aberkennung der Ämterfähigkeit bestraft wegen Disziplinwidrigkeit, Tötung der jüdischen Eheleute S. in Heilsberg, entgegen gegebenem Befehl.

5. Der Pg. R., R., […] wurde mit Verwarnung und Aberkennung der Ämterfähigkeit auf die Dauer von 3 Jahren bestraft wegen Erschießung des 16jährigen Juden H. S. nach beendeter Aktion entgegen gegebenem Befehl.

In den folgenden Fällen der Tötung von Juden wurden die Verfahren eingestellt oder geringfügige Strafen ausgesprochen:

6. der Pg. F., A., […] der Pg. M., B., SA-Rottenführer, […] wegen Erschießung des jüdischen Ehepaares G. und wegen Erschießung des Juden S.[4] […]

In den Fällen 3 bis 16 bittet das Oberste Parteigericht den Führer, die Verfahren vor den staatlichen Strafgerichten niederzuschlagen. Der Herr Reichsminister der Justiz ist von dieser Bitte und den ihr zugrunde liegenden Entscheidungen des Obersten Parteigerichts in Kenntnis gesetzt.

In den Fällen 4-16 handelt es sich um Tötungen auf Befehl, aufgrund unklaren oder vermeintlichen Befehls, ohne Befehl aus Haß gegen die Juden und aus der Auffassung heraus, daß nach dem Willen der Führung Rache genommen werden sollte für den Tod des Pg. vom Rath, oder um Tötungen aufgrund plötzlichen, aus der Situation heraus in der Erregung gefaßten Entschlusses […].

Soweit ein klarer Befehl vorliegt, bedarf die Bitte um Niederschlagung des Verfahrens gegen die unmittelbaren Täter keiner weiteren Begrün-

---

4   Es folgen die Fälle 7-16, in denen es ebenfalls um die Tötung von Juden geht.

dung. Der Befehl muß die Verantwortung verlagern vom Handelnden auf den Befehlsgeber. Die Männer haben zudem vielfach schwerste innere Hemmungen niederkämpfen müssen, um den Befehl durchzuführen. Es ist – wie auch verschiedentlich von Seiten der Täter zum Ausdruck gebracht wurde – eben nicht Sache unserer SA- und SS-Männer nachts in Räuberzivil in Schlafzimmer einzudringen, um selbst den verhaßten politischen Gegner neben oder mit seiner Frau zu erledigen. [...]"

StAMs, Staatsanwaltschaft Bochum, Nr. 7002

Aufgabenvorschläge zu M 1 bis M 16:

1. Beschreibe das Verhalten der jüdischen Bochumer während der Abschiebung der „Ostjuden" (M 1).
2. Welche Rolle spielte wohl die nichtjüdische Bevölkerung?
3. Interpretiere den ersten und den letzten Absatz im Bericht von Frau Schoenewald. Beachte dabei, dass der Bericht nach dem Zweiten Weltkrieg verfasst wurde (M 1).
4. Erarbeite aus den Quellen eine Zeitleiste über den Ablauf der Ereignisse am 9. und 10. November in München, Bochum und Wattenscheid (M 2 – M 4).
5. Vergleiche die offizielle Darstellung (M 3 und M 4) mit den Berichten der Opfer (M 4 – M 8) und den Aussagen der Täter (M 9 – M 13).
6. Welche Probleme ergeben sich bei dem Versuch herauszufinden, was wirklich geschah?
7. Schlage den Begriff „Pogrom" in einem Lexikon nach und diskutiere darüber in der Klasse, warum die Nationalsozialisten von der „Reichskristallnacht" sprachen.
8. Versuche dich in die Lage eines verfolgten Juden, eines Zuschauers und eines SA-Mannes zu versetzen und die Ereignisse dieser Nacht aus der jeweiligen Sicht zu schildern.
9. Frage deine Eltern und Großeltern, was sie über die Ereignisse erfahren haben. Berichte in der Klasse.
10. Führt eine Diskussion zu dem Verhalten der Täter durch.
11. Wie sieht Riemenschneider die nationalsozialistische Judenpolitik (M 14). Nimm dazu Stellung. Berücksichtige dabei, wann die Aussage formuliert wurde und welche Position Riemenschneider vor dem Kriege inne hatte.
12. Welche Ziele verfolgten die Nationalsozialisten mit ihren antijüdischen Maßnahmen nach dem 9. November?
13. Versuche Gründe für das Verhalten der Schutzpolizei und der SS bei dem Transport in das KZ Sachsenhausen zu finden (M 15).
14. Nimm Stellung zu den Urteilen des Obersten Parteigerichts der NSDAP (M 16). Beachte dabei die Bewertung der verschiedenen Straftaten und die Frage der persönlichen Verantwortung der Täter.

ii. Kapitel

Andreas Halwer

Die Bochumer und Wattenscheider Opfer der Shoa

Nach der Reichspogromnacht wurden die judenfeindlichen Maßnahmen weiter gesteigert, die Situation der Juden in Deutschland verschlechterte sich seit Ende 1938 fortwährend. Unter anderem erschien am 28.11.1938 die Polizeiverordnung über „das Auftreten der Juden in der Öffentlichkeit", die ihren räumlichen und zeitlichen Aufenthalt im öffentlichen Raum drastisch reduzierte. Zahlreiche weitere Gesetze und Verordnungen reglementierten ihr Leben und schränkten sie mehr und mehr ein.

Die deutschen Behörden gingen gemeinsam gegen die jüdische Bevölkerung vor. Dabei machten die städtischen Behörden keine Ausnahme. Alle Juden, die Deutschland nicht verlassen wollten oder konnten, sollten aus der Öffentlichkeit ‚verschwinden‘. Das „Gesetz über die Mietverhältnisse mit Juden" vom 30. April 1939 sah vor, dass Juden und „Arier" in verschiedenen Häusern wohnen mussten. Auch wenn ein Jude Eigentümer eines Hauses war, musste er ausziehen, wenn „Arier" in dem Haus wohnten. Unter Mithilfe der städtischen Verwaltung wurde die jüdische Bevölkerung erfasst und in „Judenhäuser" eingewiesen.

In Bochum gab es mehrere „Judenhäuser". Diese lagen an der Peripherie der Bochumer Innenstadt, aber auch in der Innenstadt selbst. Sie lassen sich in den Bochumer Adressbüchern nachweisen, da die jüdischen Vornamen „Sara" und „Israel", die alle Juden zwangsweise seit dem 1. Januar 1939 führen mussten,[1] einfach zu entdecken sind. Die „Judenhäuser" waren unter anderem in der Horst-Wessel-Straße 56 (heute Nordring), der Rheinischen Straße 28 (am Nordbahnhof), der Goethestraße 9 und in der jüdischen Schule an der Wilhelmstraße (heute Huestraße).

In Wattenscheid gab es nur ein „Judenhaus", die ehemalige jüdische Schule in der Voedestraße. Hier war aber die Stadtverwaltung konsequenter in ihrem Vorhaben, die Juden aus der Öffentlichkeit zu entfernen: Für das 1939 erschienene Wattenscheider Adressbuch wurden die Anschriften der Wattenscheider Juden nicht mehr an den herausgebenden Verlag weitergegeben. So wird kein Jude mehr im Adressbuch genannt. Das „Judenhaus" lässt sich dennoch nachweisen, weil die Akte erhalten blieb, mit deren Hilfe die Stadtverwaltung die Erfassung der Juden und ihre Konzentration in der jüdischen Schule organisierte.[2] Am 27. Mai 1939 ließ ein städtischer Beamter eine Liste der Wattenscheider Juden anfertigen. Handschriftlich fertigte er Zusätze: „können wohnen bleiben", „müssen untergebracht werden", „haben Ausreisegenehmigung" oder „polnische Juden". Eine zweite Aufstellung erfasste die Grundstücke der Juden. Die jüdischen Hauseigentümer mussten anschließend Auskunft geben, wer außer ih-

---

1 Zweite Verordnung zur Durchführung des Gesetzes über die Änderung von Familiennamen und Vornamen vom 17.8.1938, vgl. Walk, Das Sonderrecht …, S. 237.
2 StadtA Bochum-Wattenscheid, WAT 20/1.

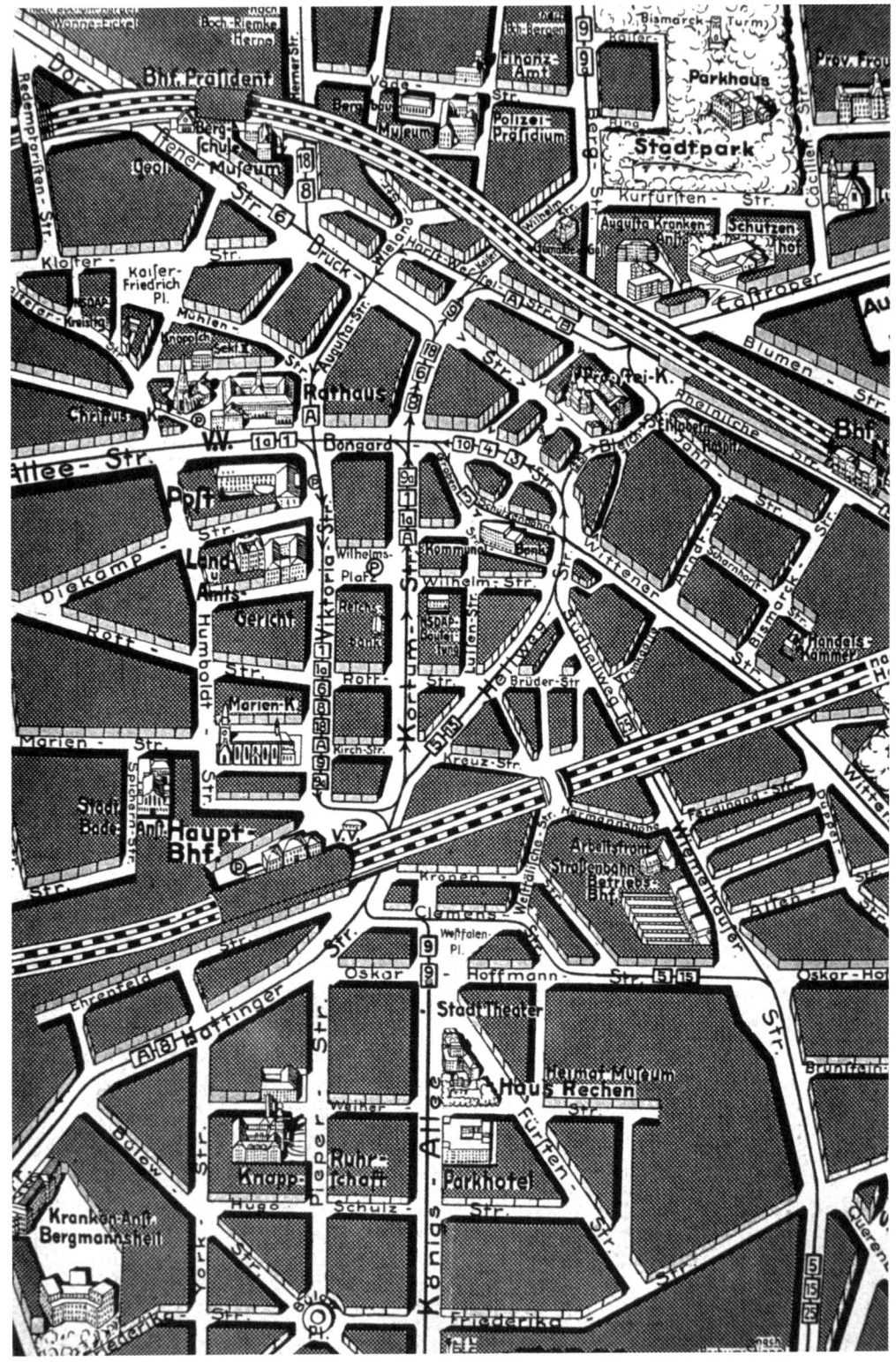

Abb. 112: Die Bochumer Innenstadt mit NSDAP-Gebäuden, 1938. Die Synagoge ist nicht mehr eingezeichnet.

Abb. 113: Die ehemalige jüdische Schule in Wattenscheid um 1960. Das Haus wurde für den Bau der Friedrich-Ebert-Straße abgerissen.

nen selbst im Haus wohnte. Bis zum November 1939 war die Trennung der jüdischen Einwohner von ihren „arischen" Nachbarn abgeschlossen: Alle Wattenscheider Juden wohnten fortan in der Voedestraße 19. Damit war die Vorstufe zur Deportation erreicht. Die 34 Menschen, die im November 1939 noch in der Voedestraße wohnten, kamen in Konzentrationslagern um oder blieben verschollen. Einige starben, bevor sie deportiert werden konnten.

Aber auch die Juden, denen vor Kriegsausbruch die Flucht gelang, wurden teilweise nach den deutschen Eroberungen von ihren Verfolgern eingeholt und von ihren neuen Wohnorten aus deportiert. Den meisten der in die Nachbarländer Geflüchteten gelang keine zweite Flucht.

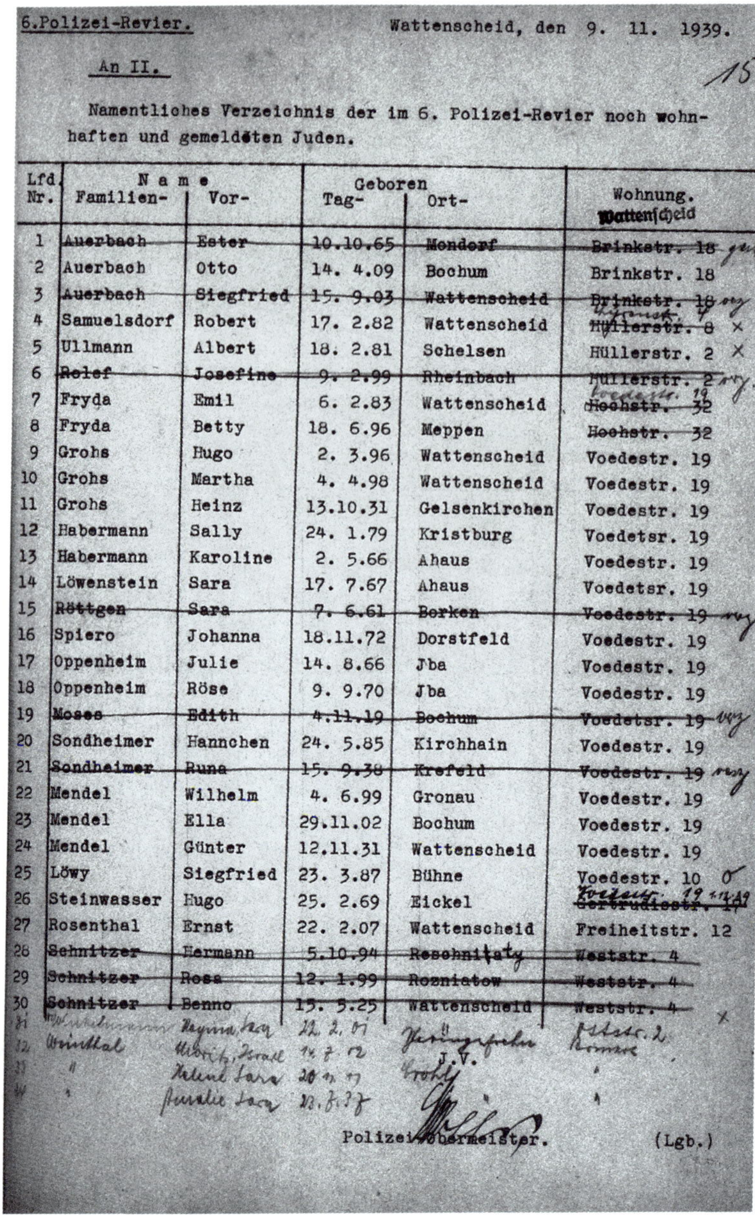

Abb. 114: Aus einer Verwaltungsakte: Die am 9. November in Wattenscheid „noch wohnhaften und gemeldeten Juden".

6.Polizei-Revier. Wattenscheid, den 9. 11. 1939.

An II. 15

Namentliches Verzeichnis der im 6. Polizei-Revier noch wohnhaften und gemeldeten Juden.

Lfd. Nr.	Name Familien-	Vor-	Geboren Tag-	Ort-	Wohnung. Wattenscheid
1	Auerbach	Ester	10.10.65	Mondorf	Brinkstr. 18
2	Auerbach	Otto	14. 4.09	Bochum	Brinkstr. 18
3	Auerbach	Siegfried	15. 9.03	Wattenscheid	Brinkstr. 18
4	Samuelsdorf	Robert	17. 2.82	Wattenscheid	Hüllerstr. 8
5	Ullmann	Albert	18. 2.81	Schelsen	Hüllerstr. 2
6	Rolef	Josefine	9. 2.99	Rheinbach	Hüllerstr. 2
7	Fryda	Emil	6. 2.83	Wattenscheid	Hochstr. 32
8	Fryda	Betty	18. 6.96	Meppen	Hochstr. 32
9	Grohs	Hugo	2. 3.96	Wattenscheid	Voedestr. 19
10	Grohs	Martha	4. 4.98	Wattenscheid	Voedestr. 19
11	Grohs	Heinz	13.10.31	Gelsenkirchen	Voedestr. 19
12	Habermann	Sally	24. 1.79	Kristburg	Voedetsr. 19
13	Habermann	Karoline	2. 5.66	Ahaus	Voedestr. 19
14	Löwenstein	Sara	17. 7.67	Ahaus	Voedetsr. 19
15	Röttgen	Sara	7. 6.61	Borken	Voedestr. 19
16	Spiero	Johanna	18.11.72	Dorstfeld	Voedestr. 19
17	Oppenheim	Julie	14. 8.66	Jba	Voedestr. 19
18	Oppenheim	Röse	9. 9.70	Jba	Voedestr. 19
19	Moses	Edith	4.11.19	Bochum	Voedetsr. 19
20	Sondheimer	Hannchen	24. 5.85	Kirchhain	Voedestr. 19
21	Sondheimer	Runa	15. 9.38	Krefeld	Voedestr. 19
22	Mendel	Wilhelm	4. 6.99	Gronau	Voedestr. 19
23	Mendel	Ella	29.11.02	Bochum	Voedestr. 19
24	Mendel	Günter	12.11.31	Wattenscheid	Voedestr. 19
25	Löwy	Siegfried	23. 3.87	Bühne	Voedestr. 10
26	Steinwasser	Hugo	25. 2.69	Eickel	Gertrudisstr. 14
27	Rosenthal	Ernst	22. 2.07	Wattenscheid	Freiheitstr. 12
28	Schnitzer	Hermann	5.10.94	Rosnitaty	Weststr. 4
29	Schnitzer	Rosa	12. 1.99	Rozniatow	Weststr. 4
30	Schnitzer	Benno	15. 5.25	Wattenscheid	Weststr. 4

Polizeiobermeister. (Lgb.)

Die Juden waren seit 1941 in der Öffentlichkeit erkennbar. Sie mussten den so genannten „Judenstern" tragen.[3] „Der Judenstern besteht aus einem handtellergroßen, schwarz ausgezogenen Sechseckstern aus gelbem Stoff mit der schwarzen Aufschrift ‚Jude'", schrieb die Verordnung vor. Der „Judenstern" musste von über sechs Jahre alten Menschen auf der linken Brustseite getragen werden. Gleichzeitig war mit dieser Polizeiverordnung das Verbot des Tragens von Ordens- und Ehrenzeichen verbunden. Auch mussten die Betroffenen eine schriftliche Reisegenehmigung vorlegen können,

---

3 Polizeiverordnung über die Kennzeichnung der Juden vom 1.9.1941, vgl. Walk, Das Sonderrecht …, S. 347.

Abb. 115: „Judenstern"

wenn sie ihren Wohnort verlassen wollten. Damit waren sie von jedermann als Juden erkennbar und in ihrer Bewegungsfreiheit extrem eingeschränkt.

Die systematische Vernichtung der Juden begann nach der so genannten „Wannsee-Konferenz". Auf ihr besprachen im Januar 1942 Ministerialbeamte, Parteifunktionäre und Vertreter der SS unter der Leitung des Chefs der Sicherheitspolizei und des Sicherheitsdienstes, Reinhard Heydrich, die zentral gesteuerte „Endlösung der Judenfrage". Im Protokoll wurde festgehalten: „[…] Unter entsprechender Leitung sollen im Zuge der Endlösung die Juden in geeigneter Weise im Osten zum Arbeitseinsatz kommen. In großen Arbeitskolonnen, unter Trennung der Geschlechter, werden die arbeitsfähigen Juden straßenbauend in diese Gebiete geführt, wobei zweifellos ein Großteil durch natürliche Verminderung ausfallen wird. Der allfällig endlich verbleibende Restbestand wird, da es sich bei diesem zweifellos um den widerstandsfähigsten Teil handelt, entsprechend behandelt werden müssen, da dieser, eine natürliche Auslese darstellend, bei Freilassung als Keimzelle eines neuen jüdischen Aufbaues anzusprechen ist. (Siehe die Erfahrung der Geschichte.) Im Zuge der praktischen Durchführung der Endlösung wird Europa vom Westen nach Osten durchgekämmt. [...]"[4]

Die aus Bochum und Wattenscheid deportierten Juden wurden in zahlreiche Konzentrationslager gebracht und kamen dort um. Der Abtransport der Menschen erfolgte mit der Bahn seit dem Frühjahr 1942. In den Meldeunterlagen der Stadt Wattenscheid wurde dies als „amtlich nach unbekannt evakuiert" bezeichnet.

In insgesamt sieben Transporten wurden die Bochumer und Wattenscheider Juden in die Konzentrationslager deportiert. Die Transporte erfolgten gesammelt für mehrere Orte im Ruhrgebiet und dem Siegerland, dem so genannten „Gau Westfalen-Süd": Am 27. Januar 1942 wurden mindestens 1.000 Menschen nach Riga deportiert. Ihnen folgten am 27. April 1942 etwa gleich viele Menschen nach Zamosc (in der Nähe von Lublin/Polen). Am 29. Juli 1942 wurden etwa 100 Menschen nach Theresienstadt deportiert. Im folgenden Jahr, am 1. März 1943, erfolgte ein Transport nach Auschwitz.

---

4   Herbert Michaelis, Ernst Schraepler (Hg.), Ursachen und Folgen, Bd. 19, S. 422-430. Das vollständige Protokoll ist unter dem Stichwort „Wannsee-Konferenz" auch im Internet zu finden.

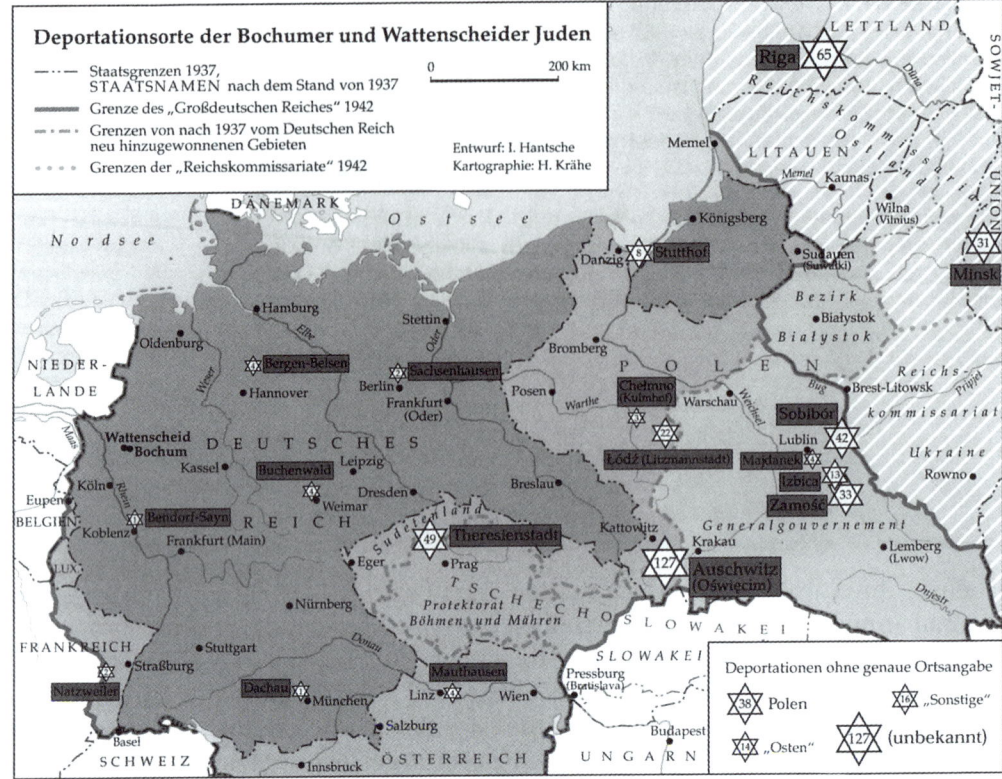

Abb. 116: Deportationsorte der Bochumer und Wattenscheider Juden

Etwa 1.000 Juden, die bisher als Zwangsarbeiter eingesetzt waren, sowie deren Angehörige wurden nach Auschwitz-Birkenau deportiert. Am 5. Mai 1943 fand ein weiterer Transport nach Theresienstadt statt. Die genaue Anzahl der Deportierten ist leider nicht bekannt. Schließlich wurden am 29. September 1944 etwa 150 jüdische Frauen nach Kassel-Bettenhausen gebracht. Eine unbekannte Anzahl von Männern wurde am 29. September 1944 nach Weißenfels in ein Arbeitslager deportiert. Zuletzt gelangten am 10. Dezember 1944 Häftlinge nach Halle/Saale (in ein Arbeitslager der Leuna-Werke) und von dort am 10. Februar 1945 weiter nach Theresienstadt.[5]

Nach dem Zweiten Weltkrieg versuchten die Verwandten der deportierten und getöteten Menschen sich Gewissheit zu verschaffen. Sie erbaten Deportationsbescheinigungen für ihre Angehörigen. Dies war oft sehr schwierig, denn die deutschen Unterlagen waren häufig nicht vollständig, und so mussten Bescheinigungen von Zeugen ausreichen. Die jüdische Kultusgemeinde konnte hier durch Informationen Überlebender und durch Recherchen manchen Nachkommen weiterhelfen.

Bisher sind die Namen von 500 Bochumer und 77 Wattenscheider Juden bekannt, die Opfer der Shoa wurden, sowie von 93 jüdischen Zwangsarbeitern, die Häftlinge eines Außenlagers des KZ Buchenwald und in der Bochumer Rüstungsindustrie tätig waren.

---

5   Nach: Gleising, Kunold, Wehenkel, Willems und Wojak, Die Verfolgung der Juden in Bochum und
     Wattenscheid, S. 45 f.

Zweiter Abschnitt
Opfer der Shoa aus Wattenscheid

Abb. 117: Aus dem Gedenkbuch: „Opfer der Shoa aus Bochum und Wattenscheid".[6]

Name	Geburtsdatum	Deportationsziel(e)/Todesdatum
Arensberg, Erich	11.06.1900	Lodz, verschollen
Auerbach, Siegfried	15.09.1903	unbekannt, verschollen
Basch, Martin	01.09.1901	Auschwitz, verschollen
Brandt, Emilie, geb. Fryda	29.05.1885	Auschwitz, verschollen
Elkus, Hermine, geb. Rüttgen	26.06.1888	Auschwitz, für tot erklärt
Emer, Markiel	16.03.1891	Schicksal ungeklärt
Flatow, Bertha	07.03.1869	Schicksal ungeklärt
Frankenhaus, Hedwig, geb. Rosenhoff	10.08.1875	Sobibor, für tot erklärt
Fryda, Betty, geb. Silbermann	18.06.1896	Polen, verschollen
Fryda, Emil	06.02.1883	Polen, verschollen
Fryda, Hans	01.09.1927	unbekannt, für tot erklärt
Gerson, Johanna, geb. Kaufmann	18.01.1883	Riga, verschollen
Goldblum, Lina, geb. Blum	18.07.1884	Freitod in Berlin, 13.10.1937
Groß, Heinz	13.10.1931	unbekannt, verschollen
Groß, Hugo	02.03.1896	unbekannt, verschollen
Groß, Inge	22.04.1929	unbekannt, verschollen
Groß, Martha, geb. Spiero	04.04.1898	unbekannt, verschollen
Guttenberg, Ella, geb. Rosenberg	11.02.1880	Auschwitz, für tot erklärt
Hanauer, Else	03.12.1889	Stutthof, 21.12.1944
Hartmann, Betty	19.02.1927	Auschwitz, 31.08.1942
Hess, Alfred	17.05.1908	Izbica, verschollen
Heymann, Alfred	24.08.1888	Riga, für tot erklärt
Hochfeld, Paula, geb. Salomon	13.02.1880	Osten, verschollen
Katzenstein, Albert	09.01.1872	Theresienstadt, 01.11.1942
Kaufmann, Albert	15.12.1887	Riga, verschollen
Kaufmann, Elfriede	24.09.1925	Riga, verschollen
Kaufmann, Gerd	17.07.1928	Natzweiler, verschollen
Kaufmann, Günther	26.10.1922	Riga, verschollen

In den vergangenen Jahren versuchten verschiedene Autoren, dem Schicksal der jüdischen Bevölkerung von Bochum und Wattenscheid nachzugehen. Eines der Ergebnisse dieser Recherchen ist das Ende 2000 erschienene Gedenkbuch „Opfer der Shoa aus Bochum und Wattenscheid". In diesem Buch sind die Opfer namentlich genannt. Sie werden dadurch nicht körperlich wieder lebendig, man kann sich ihrer aber erinnern, ihre Schicksale erahnen.

6   Keller, Schneider, Wagner (Hg.), Gedenkbuch Opfer der Shoa aus Bochum und Wattenscheid, S. 45 f.

M 1

Bericht über eine Versammlung der Haus- und Grundbesitzervereine

„Der Verband der Haus- und Grundbesitzervereine im Ruhrkohlenbezirk veranstaltete unter Leitung seines Verbandsleiters J. Püßstük, Essen, eine aus dem ganzen Ruhrgebiet gut besuchte Ausschußsitzung. Die Versammlung gab ihrer Freude und Genugtuung darüber Ausdruck, daß nunmehr die Entjudung des Grundeigentums energisch in Angriff genommen worden ist. Es wäre zu erwarten, daß auf Grund der Verordnung vom 3.12.1938 alsbald die Ueberführung des noch im Eigentum von Juden befindlichen Haus- und Grundbesitzes in deutsche Hände in die Wege geleitet würde. Die Bereinigung des Problems ‚Juden und Wohnwirtschaft‘ mache weiter die Aufhebung des Mieterschutzes für Juden erforderlich. Es wurde daran erinnert, daß der Reichsbund der Haus- und Grundbesitzer im Sommer dieses Jahres in einer an die zuständigen Reichsministerien gerichteten Eingabe diese Maßnahme beantragt habe. Inzwischen sei im ganzen Volke der Wille zum Durchbruch gekommen, ein weiteres Zusammenwohnen mit jüdischen Mietern unter einem Dache abzulehnen. Nach neueren Mitteilungen sei in Kürze mit einer Verordnung über die Möglichkeit der Kündigung jüdischer Mieter zu rechnen.“

Wattenscheider Zeitung, 22.12.1938

M 2

Die Bewohner des „Judenhauses“ an der Wilhelmstr. 16

„Wilhelmstraße
Stadtbezirk Altstadt 5
Stadtplan H 7
[…]
16 (E Städt. Sparkasse)
Daniel Leopold Israel
Alexander Leo Israel
Davids Sally Israel
Goldberg Ida Sara Wwe.
Hamburger Stefan Israel
Jacob David Israel
Kaufmann Erich Israel
Löwenstein Max Israel
Lewkonja Alfred Israel
Marcus Hugo Israel
Neuhaus Irma Sara
Stern Jakob Israel
Wolff Jakob Israel […]“

Adressbuch der Stadt Bochum von 1942

Abb. 118: Deportation am 29. Juli 1942 ab Dortmund. Die Menschen marschieren gerade Richtung Bahnhof. Auch die Bochumer Juden wurden von Dortmund aus deportiert.

M 3

„12. Februar 1953 – Deportations-Bescheinigung
Die Eheleute Arthur Cletsoway und Selma geb. Broch wohnten zuletzt in Bochum, Kl. Beckstrasse Nr. 1 und waren Mitglied der damaligen Israelitischen Kultusgemeinde in Bochum.
Ihre Deportation erfolgte im Januar 1942 nach Riga. Wir erfuhren, dass Arthur Cletsoway am 18.4.1945 im Konzentrationslager in Stolp in Pommern verstorben ist. Seine Ehefrau ist einige Monate vorher im KZ. Stutthof bei Danzig tötlich verunglückt. Die Ehe war kinderlos.
Siegbert Vollmann, I. Vorsitzender".

Akten jüdische Kultusgemeinde Bochum-Herne-Recklinghausen, Depositum im Stadtarchiv, StadtA Bochum, NAP 23/3

**Deportations-
bescheinigung
Familie Cletsoway**

M 4

**Deportations-
bescheinigung
Sternberg**

„Bochum 15.8.1952 – Bescheinigung

Wir bescheinigen Fräulein Ilse Sternberg, […], London […], daß ihre Eltern im Januar 1942 nach Riga deportiert wurden. Sie wohnten zu dieser Zeit Bochum, Kortumstr. 112.

Alle Juden, die zur Deportation kamen, mußten am Tage ihrer Verschickung ihre Wohnung abschließen und den Schlüssel abgeben. Sofort nach dem Aufbruch versiegelte ein Beamter des Finanzamtes oder der Gestapo die Türen, so daß kein Fremder mehr Zutritt zur Wohnung hatte. Später wurden dann vom Finanzamt alle Möbel, Kleidungsstücke etc., die sich in der Wohnung befanden, verwertet – entweder verkauft oder der Stadt Bochum übergeben. Dieser Vorgang wiederholte sich bei allen Juden, die im Laufe des Jahres 1942 deportiert wurden."

StadtA Bochum, NAP 23/3

Aufgabenvorschläge zu M 1 bis M 4:

1. Schaue dir das Gedenkbuch der Opfer der Shoa in Bochum und Wattenscheid an und versuche, im Stadtarchiv, z.B. in einem alten Adressbuch, Informationen über Wohnung und Beruf der Opfer zu bekommen.
2. Der „Verband der Haus- und Grundbesitzervereine im Ruhrkohlenbezirk" fordert die Aufhebung des Mieterschutzes für Juden. Welche Gründe mögen ihn dazu bewogen haben?
3. Die Deportationsbescheinigungen der Familien Cletsoway und Sternberg geben Aufschluss über die Bedingungen, unter denen die Menschen deportiert wurden. Warum legten die deutschen Behörden Wert darauf, die Wohnungen zu versiegeln und deren Inhalt zu katalogisieren?

12. KAPITEL

Ingrid Wölk

Alfred Salomon –
ein Auschwitz-Überlebender berichtet

Auschwitz gilt als Sinnbild für die Verfolgung und Ermordung der Juden in Europa. Es war das größte Konzentrations- und Vernichtungslager. Zunächst (1940) war im polnischen Auschwitz nur ein Lager für politische Häftlinge aus Polen errichtet worden. 1941 entstand in dem wenige Kilometer entfernt liegenden Weiler Birkenau ein Erweiterungslager für sowjetische Kriegsgefangene. Nach der „Wannseekonferenz" vom 20. Januar 1942[1] entwickelte sich Auschwitz zum Zentrum der so genannten „Endlösung der Judenfrage". Hier wurde der Massenmord an den europäischen Juden perfekt organisiert und – im Nebenlager Birkenau – „fabrikmäßig" durchgeführt.[2]

Nach Auschwitz wurden Häftlinge aus dem deutschen Reich und aus ganz Europa deportiert: politische Häftlinge, Straftäter, Kriegsgefangene und Menschen, die aus rassischen Gründen verfolgt wurden. Juden bildeten die zahlenmäßig größte Gruppe unter den Auschwitz-Häftlingen. Ab Januar 1942 kamen regelmäßig Transporte mit jüdischen Häftlingen aus Deutschland und den von Deutschland im Zweiten Weltkrieg besetzten und kontrollierten Gebieten in Auschwitz an. Auschwitz hatte vielfältige Funktionen: Es war Konzentrations-, Arbeits- und Vernichtungslager in einem. Der Gesamtkomplex der zum Hauptort Auschwitz gehörenden Lager wuchs permanent. Ab Ende 1943 gliederte er sich in die Bereiche Auschwitz I (das Stammlager), Auschwitz II oder Auschwitz-Birkenau (das Vernichtungslager) und Auschwitz III oder Auschwitz-Monowitz (das Lager der IG Farbenindustrie AG). Wie viele Häftlinge insgesamt in Auschwitz waren, ist nicht bekannt. Etwa 405.000 Menschen bekamen eine Häftlingsnummer und ihre Namen wurden in Zugangslisten festgehalten. Die meisten der nach Auschwitz Deportierten aber wurden gar nicht erst registriert. Sie wurden nach ihrer Ankunft von der Rampe weg direkt in die Gaskammern im Nebenlager Birkenau geschickt und unter Verwendung des Gases „Zyklon B" ermordet. „Zyklon B" wurde von der Firma Degesch, einer Tochterfirma der IG Farben AG, vertrieben und war ursprünglich als Schädlingsbekämpfungsmittel entwickelt worden. Die Gesamt-

---

1   Vgl. Kapitel 11: „Bochumer und Wattenscheider Opfer der Shoa".
2   Zum Konzentrations- und Vernichtungslager Auschwitz vgl. z.B. Auschwitz das Verbrechen gegen die Menschheit. Katalog einer Ausstellung des Polnischen Nationalmuseums Auschwitz, hrsg. von der Evangelischen Stadtakademie und dem Stadtarchiv Bochum, Bochum 1992; Hermann Langbein, Menschen in Auschwitz, Wien 1987 und v.a. die im Auftrag des Instituts für Zeitgeschichte herausgegebenen Darstellungen und Quellen zur Geschichte von Auschwitz. Band 1: Standort- und Kommandanturbefehle des Konzentrationslagers Auschwitz 1940–1945. Hrsg. von Norbert Frei, Thomas Grotum, Jan Parcer, Sybille Steinbacher und Bernd C. Wagner. Band 2: Sybille Steinbacher, „Musterstadt" Auschwitz. Germanisierungspolitik und Judenmord in Oberschlesien. Band 3: Bernd C. Wagner, IG Auschwitz. Zwangsarbeit und Vernichtung von Häftlingen des Lagers Monowitz 1941–1945. Band 4: Ausbeutung, Vernichtung, Öffentlichkeit. Neue Studien zur nationalsozialistischen Lagerpolitik. Alle vier Bände sind erschienen im K G Saur-Verlag, München 2000.

Abb. 119: Ende Januar 1945: Auschwitz-Häftlinge kurz nach der Befreiung

zahl der Menschen, die in Auschwitz ums Leben kamen, kann nur geschätzt werden. Nach neueren Forschungen beträgt sie weit über eine Million. Darunter 960.000 bis 1.000.000 Juden, 70.000 bis 75.000 Polen christlicher Konfession, 21.000 so genannte „Zigeuner" und 15.000 sowjetische Kriegsgefangene.[3] Am 27. Januar 1945 wurde Auschwitz von sowjetischen Truppen befreit.

Auch der am 1. April 1919 geborene Alfred Salomon aus Bochum verbrachte etwa zwei Jahre seines Lebens in Auschwitz. Er gehörte zu den Häftlingen, die registriert wurden und eine Häftlingsnummer bekamen. Im Frühjahr 1943 war er von Berlin aus nach Auschwitz deportiert und dem Nebenlager Monowitz zugewiesen worden. Hier, in Monowitz, ließ die IG Farben AG ab April 1941 ihr reichsweit viertes Werk zur Er-

---

3   Zu den Zahlenangaben vgl. z.B. Hubert Schneider, Übersicht über die Deportationsorte, in: Keller, Schneider, Wagner (Hg), Gedenkbuch Opfer der Shoa aus Bochum und Wattenscheid, S. 49.

zeugung von synthetischem Kautschuk (Buna) und synthetischem Treibstoff errichten. Es entstand ein erheblicher Bedarf an Arbeitskräften, der aus dem Reservoir der Auschwitz-Häftlinge gedeckt werden sollte. Zur Realisierung ihrer Pläne ließ die Leitung der IG Farben sich auf eine enge Kooperation mit der SS ein und profitierte somit ganz unmittelbar von der nationalsozialistischen Verfolgungs- und Vernichtungspolitik.[4] Die zur Zwangsarbeit für die IG Farben herangezogenen Auschwitz-Häftlinge mussten zunächst unter schwersten Bedingungen täglich etwa sieben Kilometer vom Stammlager bis zur Baustelle und zurück marschieren – und waren schon vor Arbeitsbeginn völlig entkräftet. Im Interesse eines effektiveren und flexibleren Einsatzes der Häftlinge wurde deshalb ab Ende Dezember 1942 direkt neben dem Baugelände der IG Farben ein eigenes Lager betrieben. Dieses Lager, in dem auch Alfred Salomon inhaftiert war, hatte zunächst die Bezeichnung „Lager Buna" und später dann „Auschwitz III" oder „Auschwitz-Monowitz". Mitte 1944 erreichte die Belegung des Lagers Monowitz mit 11.000 Mann ihren Höchststand. Zu dieser Zeit waren bis zu 110 Häftlingskommandos auf der Baustelle der IG Farben parallel im Einsatz.

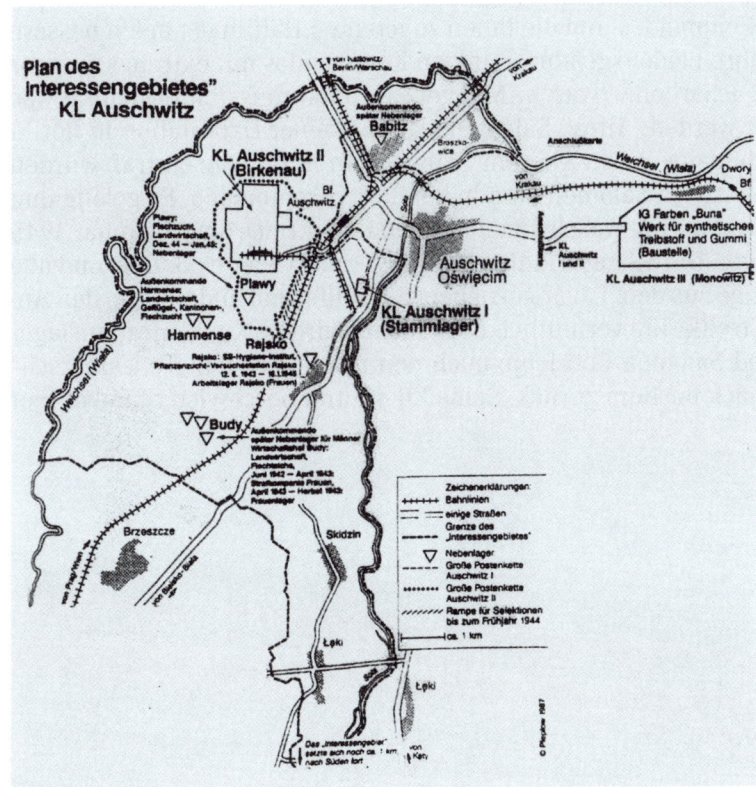

Abb. 120: Plan des Interessengebietes des Konzentrationslagers Auschwitz

---

4   Den Führungskräften der IG Farben wurde 1968 in Frankfurt der Prozess gemacht. Der so genannte „Auschwitz-Prozeß" fand international große Beachtung. Dokumente und Darstellungen zum Auschwitz-Prozess sind u.a. enthalten in: Buna 4. Fabrik für synthetischen Gummi der I.G. Auschwitz und Arbeitslager Monowitz/Auschwitz III (1940–1945). Materialien zu einem Projekt von Olaf Arndt, Rob Moonen, Nils Peters, Dresden 1995 und I.G. Farben. Auschwitz. Massenmord. Über die Blutschuld der I.G. Farben. Dokumente zum Auschwitz-Prozeß. Hrsg. von der Arbeitsgruppe der ehemaligen Häftlinge des Konzentrationslagers Auschwitz beim Komitee der Antifaschistischen Widerstandskämpfer in der Deutschen Demokratischen Republik o.O. o.J. (1968).

Für die Häftlinge war es von lebenswichtiger Bedeutung, welchem Kommando sie zugeteilt wurden. Im Zement-, Beton-, Ziegel-, Stein- und anderen besonders arbeitsintensiven Kommandos hatten die Häftlinge extrem schwere und kräftezehrende Arbeiten zu verrichten. Der Einsatz von Muskelkraft sollte die fehlenden technischen Geräte und den knappen Treibstoff ersetzen. Die tägliche Schwerstarbeit, die unzureichende und oft ungenießbare Nahrung, verseuchtes Wasser, Misshandlungen und die menschenunwürdigen Lebensumstände insgesamt führten innerhalb kürzester Zeit zur völligen Erschöpfung. Diese Kommandos galten deshalb als „Todeskommandos". Die hier eingesetzten Häftlinge waren meist innerhalb weniger Wochen ‚verbraucht', für die IG Farben wertlos geworden und wurden – sofern sie ihren Arbeitseinsatz überhaupt überlebt hatten – der SS überlassen. In regelmäßig stattfindenden „Selektionen" durch die SS wurden „arbeitsunfähige" Häftlinge aussortiert und auf Lastwagen nach Birkenau transportiert, wo sie den Tod in den Gaskammern fanden.[5]

Alfred Salomon hatte relativ viel ‚Glück'. Als er im Frühjahr 1943 nach Auschwitz kam, wurden Arbeitskräfte zur Montage technischer Apparaturen benötigt und in immer stärkerem Maße wurden nun auch Facharbeiter-Kommandos eingesetzt. Diese galten als ‚leichtere' Kommandos und die ihnen zugeteilten Häftlinge fanden bessere Bedingungen vor als ihre Leidensgefährten in den Kommandos mit extrem schwerer körperlicher Arbeit. Facharbeiter waren ‚Mangelware' und mussten deshalb etwas schonender behandelt werden. Alfred Salomon war vor seiner Deportation in Berlin zum Elektriker ausgebildet worden. Als sein Transport in Auschwitz eintraf, wurden Elektriker gesucht und Alfred Salomon kam in ein Elektrokommando. Es gelang ihm zu überleben. Die Befreiung von Auschwitz durch die Rote Armee am 27. Januar 1945 erlebte er nicht im Lager. Die SS hatte einige Tage zuvor das Lager evakuiert und alle marschfähigen Häftlinge aus dem Lager getrieben. Sie sollten auf andere, von den Angriffen der alliierten Streitkräfte vermutlich noch nicht bedrohte Konzentrationslager verteilt werden. Alfred Salomon überlebte auch den nun folgenden „Todesmarsch" und kam Mitte 1945 nach Bochum zurück. Seine Eltern und Geschwister fand er hier nicht mehr vor.

---

5   Zum Lager Monowitz und dem Häftlingseinsatz für die IG Farben AG vgl. die ausführliche Darstellung von Bernd C. Wagner, IG Auschwitz. Zwangsarbeit und Vernichtung von Häftlingen des Lagers Monowitz 1941–1945, München 2000 sowie Bernd C. Wagner, Gerüchte, Wissen, Verdrängung: Die IG Auschwitz und das Vernichtungslager Birkenau, in: Norbert Frei u.a. (Hg.), Ausbeutung, Vernichtung, Öffentlichkeit, S. 231–248.

„Ich, Alfred Salomon, bin am 1. April 1919 in Bochum, in der Königstraße 21 – das ist die heutige Annastraße –, am Moltkemarkt, geboren. Meine Eltern waren Georg Salomon und Elfriede Salomon geb. Watermann und verwitwete Bonn. Ich hatte drei Geschwister: meine beiden Halbbrüder Erwin und Lutz, geboren 1907 und 1909 und meine jüngere Schwester Inge. Wir sind Deutsche jüdischen Glaubens. Ich hatte eine sehr gute Jugend. Meine Eltern waren gut gestellt. Wir hatten eine Gastwirtschaft mit Metzgerei in der Königstraße. Das war ein reines Arbeiterviertel, und unsere Kunden waren überwiegend Arbeiter, die beim Bochumer Verein gearbeitet haben. Bei uns gab es Gulasch, das weiß ich noch, für 80 Pfennig eine große Portion Gulasch. Die Metzgerei hat-

Alfred Salomon:

„In der ganzen Zeit in Auschwitz habe ich an nichts mehr gedacht und nichts mehr gefühlt …"[6]

ten wir schon sehr lange, seit vielen Generationen. Wir waren sehr liberal. In unserer Metzgerei gab es auch Schweinefleisch. Den Leuten, die zu uns kamen, war bekannt, dass wir Juden waren. Meine Eltern hatten immer einen sehr guten Kontakt mit denen. 1925 sind wir umgezogen in die Brückstraße 9, wo ich bis 1933 lebte. Mein Onkel hatte die Gaststätte in der Königstraße übernommen, und wir übernahmen die Gaststätte und Metzgerei Julius Benjamin in der Brückstraße. Das war schon mehr Innenstadt.

Abb. 121: Königstraße Bochum (heutige Annastraße): Hier wuchs Alfred Salomon auf.

6   Die autobiographische Darstellung von Alfred Salomon beruht auf verschiedenen Interviews und Gesprächen: Johannes Volker Wagner/Alfred Salomon am 4.1.1993; Elleahe Engel-Yamini /Alfred Salomon am 19.9.1995 (im Auftrag der Steven-Spielberg-Foundation); Ingrid Wölk/Alfred Salomon am 8.2.2000 und Ingrid Wölk/Alfred Salomon am 16.3.2000. Die Niederschriften wurden von der Verfasserin bearbeitet, um eine in sich geschlossene Darstellung zu erhalten.

Abb. 122: Anzeige der Roßschlachterei und Gaststätte Watermann (Inh. Georg Salomon), August 1926

Wie das so in einem Geschäftshaushalt üblich ist, konnten meine Eltern nie mit uns zusammen in Urlaub fahren. Es wurde immer getrennt Urlaub gemacht. Meine Mutter fuhr mit uns Kindern jedes Jahr nach Bad Rothenfelde und mein Vater, ein geborener Hamburger, fuhr einmal im

Abb. 123: Anzeige der Roßschlachterei und Gaststätte Georg Salomon, Brückstraße 9, Februar 1927

Jahr zum deutschen Derby nach Hamburg. Ich hatte mein eigenes Reitpferd und mein Bruder hatte auch ein Reitpferd. Wir fuhren oft mit einem kleinen Wagen aus, wie Jockeys. Insgesamt hatten wir 10 Pferde
im Stall. Ein Auto hatten wir nicht. Wenn wir mit dem Auto fahren wollten, so gingen wir zu Meier, der eine Autovermietung hatte, und damit
fuhren meine Eltern und ich, wenn wir irgendwo hin wollten.

Unsere Gastwirtschaft in der Brückstraße wurde überwiegend von Vereinen belegt: Brieftaubenverein, Gesangverein, Knappenverein, verschiedene Sportvereine usw. Es waren fast 30 Vereine, deren Mitglieder sich bei uns in der Wirtschaft trafen. Wir haben in unserer Familie
Weihnachten und Chanukka gefeiert. Am Heiligabend wurden immer
alle Junggesellen zum Essen eingeladen. Ich war als Kind immer mit-
tendrin, habe auf diese Weise auch Kontakt zu verschiedenen Sportvereinen gefunden, in denen ich aktiv sein konnte: zum Arbeitersport- und
-schwimmverein und zum Radsportverein Westfalia 1895. Durch meine
Mitgliedschaft in den Sportvereinen hatte ich als Kind und Jugendlicher mehr mit christlichen Gleichaltrigen zu tun als mit jüdischen.
Dem Radsportverein bin ich als 6-jähriger Junge beigetreten. An diesem Sport hatte ich auch deshalb ein besonderes Interesse, weil ein Onkel von mir, Moritz Lindau, 1927 zusammen mit drei anderen, darunter
einem Bauunternehmer, die Radrennbahn in Bochum erbaut hat. Meine Vereinskameraden von Westfalia 1895 haben auch nach 1933 sehr
zu mir gehalten. Ich habe noch Fotos mit Freunden aus der Radrennsze-
ne wie Molenda, Hoffmann, Lohmann und wie sie alle hießen. Walter
Lohmann war ja sehr bekannt, wurde 1937 Steher-Weltmeister in Ko-

*Abb. 124: Wanderfahrt
des RV Westfalia 1895
e.V. nach Niederweni-
gern am 9. August 1931.
Rechts oben (mit Mütze):
Philipp Knieb, der Vorsitzende des Vereins; sit-
zend (2. von links):
Alfred Salomon im
Alter von elf Jahren*

penhagen und war 10 mal deutscher Meister. Er war im Sturmvogel,
dem anderen Radrennverein. Es gab zwei Radrennvereine in Bochum:
Westfalia 1895 und den RV Sturmvogel. Wir sind viele Rennen gefahren. Als Gewinn kriegten wir dann einen Pokal oder mal Wertsachen,
Schlauchreifen oder mal eine Hose. Da meine Eltern gut situiert waren,
konnte ich auch andere mit ‚durchziehen‘, Ersatzreifen verleihen und
ähnliches. Aber ich kann mich auch daran erinnern, dass meine Eltern
gesagt haben: ‚Wenn du eine Bahnmaschine haben willst, dann musst
du dir das selbst verdienen!‘ Für die Rennbahn brauchte man nämlich

Abb. 125: Wanderfahrt nach Niederwenigern; 2. von rechts: Alfred Salomon

einen anderen Rahmen als für die Straße. Und da habe ich für den Bäcker Ernst morgens Brötchen ausgefahren und mir den Rahmen verdient. Der kostete damals 85 Mark, und somit habe ich auch ein Bahnrad gehabt.

Ab 1926 bin ich – zunächst noch von der Königstraße aus – in die Schule gegangen. Ich ging in die jüdische Schule, die neben der Synagoge in der Wilhelmstraße 16 lag. Das war eine 8-klassige Volksschule, die den gleichen Auftrag hatte wie die christlichen Schulen. Der Unterschied bestand darin, dass samstags kein Unterricht stattfand. Dafür mussten die jüdischen Schüler nachmittags von 3 bis 5 Uhr in die Schule kommen. Mein erster Lehrer war Herr Mendel, der damals gerade anfing als Lehrer. Ich habe auch noch den Herrn Ostermann persönlich gekannt, seinen Vorgänger. Und dann kam auch Fräulein Hirsch und Herr Grünauer und wie sie alle hießen. Unser Rabbiner war Dr. Moritz David, der seit 1901 in Bochum wirkte. Unter ihm wurde ich Barmizwah. Das bedeutet: Ich wurde als vollzähliges Mitglied der jüdischen Gemeinde anerkannt. Meine beiden Brüder waren auf dem Goethe-Gymnasium. Ich war nur ein mittelmäßiger Schüler und nach 1933 konnte ich nicht mehr aufs Gymnasium. Ich wollte die Metzgerei meiner Eltern übernehmen und bin dann am 1. April 1933 in die Lehre gekommen, und zwar bei Martin Wagner in Herne, in der Bahnhofstraße. Allerdings stellte sich bald heraus, dass ich die Gastwirtschaft meiner Eltern doch nicht übernehmen konnte. Den Vereinen, die sich regelmäßig bei uns trafen, wurde nämlich untersagt, ihre Tagungen weiter bei einem Juden abzuhalten, und meine Eltern mussten die Gastwirtschaft aufgeben. Da mein Vater sehr angesehen war, konnte er die Vertretung von einer Darmgroßhandlung in Wuppertal-Elberfeld und von einer Gewürzmühle aus Osnabrück übernehmen und die Artikel dieser rein ‚arischen‘ Firmen an die Bochumer Metzger verkaufen. So konnte er sein Leben weiter fristen.

Abb. 126: Wanderfahrt des RV Westfalia nach Wetter am 4. September 1931. 2. von links: Alfred Salomon; rechts außen: Philipp Knieb, davor: Herbert Knieb und Wolfsspitz „Prinz"

Abb. 127: Vereinsmeisterschaft des RV Westfalia 1895 e.V. am 18. September 1931

Solange ich in Herne in der Lehre war – bis etwa 1935 – habe ich noch Aschenbahnrennen gefahren, das weiß ich noch wie heute. In Castrop-Rauxel-Ickern zum Beispiel gab es eine Aschenrennbahn, und da habe ich gefahren. Aber ich bin nicht mehr unter meinem Namen gefahren, sondern unter dem Namen Bonn, weil der nicht jüdisch klang. Bonn war der Nachname meines Bruders Lutz, der früher auch mit im Verein war. Max Peuler, der Fachwart bei uns im Verein, hat mich umbenannt, in Absprache mit dem Vorsitzenden Knieb, damit wir keine Schwierigkeiten hatten. Ich war auch noch im Bund deutscher Radfahrer. Da war ich drin unter dem Namen Bonn. Ich musste ja meine Lizenz vorzeigen. Meine Klubkameraden wussten Bescheid. Ich habe denen gesagt: ‚Mein Bruder heißt Bonn, ich heiße jetzt auch Bonn!' Unter diesem Na-

Abb. 128: Radrennbahn Bochum an der Hattinger Straße, 1939

men bin ich dann überall gefahren, vor allem hier in Bochum – auf der Radrennbahn oder bei Straßenrennen. Und ich war der ewige Zweite. Gewonnen hat immer Willi Tenthoff. Der wohnte im Ehrenfeld, war in einer Drogerie als Lehrling. Immer wenn ich den vor mir gesehen habe, habe ich rückwärts getreten am Ziel. Ich konnte an dem nicht vorbeikommen. Wenn der mal nicht mitgefahren ist, dann habe ich gewonnen.
Bis etwa 1935 konnte ich Radrennen fahren. Danach war's dann aus. Gegenüber der Metzgerei meines Lehrherrn in Herne, in der Bahnhofstraße, war nämlich das Stammlokal der SA. Und irgendwie haben die erfahren, dass der Martin Wagner einen jüdischen Lehrling beschäftigt und ihn gezwungen, mich zu entlassen. Ich bin dann weiter bei einem jüdischen Fleischermeister, dem Franz Seligmann in Rosenberg bei Hannover, in die Lehre gegangen und habe meine Lehre dort auch abgeschlossen. Nach 3 1/2 Jahren habe ich in Hannover ordnungsgemäß

meine Gesellenprüfung gemacht und mit gut bestanden. Meine Lehrzeit in Herne wurde anerkannt. In Bochum war ich kaum noch. Höchstens mal zu Weihnachten. Und zwar mit der Arbeiterrückfahrkarte, die war so billig, da bin ich mit dem Zug gefahren. Und damals ging es uns ja nicht mehr so gut. Woran ich mich noch gut erinnern kann, ist, dass ich so einen Wäschekorb hatte mit einem Schloss dran, und damit habe ich meinen Eltern immer per Express die Wäsche zum Waschen geschickt. Die hatten einen Schlüssel und ich hatte einen Schlüssel. Nachdem ich meine Gesellenprüfung gemacht hatte – so 1937 –, habe ich mich mit verschiedenen Tätigkeiten durchgeschlagen. So war ich als Geselle bei einem Metzgermeister in Allenstein in Ostpreußen, aber auch der wurde 1937 aufgefordert, seine Metzgerei aufzugeben. Ich habe dann kurz in einer israelitischen Gartenbauschule in Ahlen in der Küche gearbeitet, dann in Gütersloh als Chauffeur und Hausdiener. Einige Wochen vor der so genannten ‚Kristallnacht' bin ich nach Bochum zurückgekehrt und habe im Teerstraßenbau gearbeitet. Gewohnt habe ich bei meinen Eltern, die mittlerweile umgezogen waren. Sie wohnten jetzt in der Weiherstraße. Während der Reichspogromnacht war ich also in Bochum, habe aber nicht viel davon mitbekommen. Auf der Straße bin ich von Rektor Lux aufgefischt worden, der Rektor der Volksschule in der Alleestraße war. Der hat mir gesagt, ich könne nicht mehr nach Hause. Ich habe mich gleich aus dem Staub gemacht und bin noch in derselben Nacht mit dem damaligen E-Zug um Punkt Null Uhr ab Bochum-Hauptbahnhof nach Berlin gefahren. Das war nur möglich durch die Hilfe von Hildegard Lux, der Tochter von Rektor Lux. Mit dem Mädel bin ich früher zusammen Schlittschuh gelaufen. Sie hat mir die Fahrkarte besorgt, weil wir als Juden keine Fahrkarten mehr bekamen und hat mich nachts zum Bahnhof gebracht. Mit der Fahrkarte ist sie durch die Sperre gegangen und ich habe eine Bahnsteigkarte genommen. Es war damals noch üblich, dass man auf Bahnsteigen eine Bahnsteigkarte haben musste. Oben haben wir dann die Karten getauscht. Sie ist mit der Bahnsteigkarte zurück gegangen und ich bin mit der Fahrkarte in der Nacht nach Berlin gefahren. Vor Kontrolleuren im Zug habe ich mich versteckt. Dass ich gut rausgekommen bin, habe ich Hildegard Lux zu verdanken. Sie lebt heute in Neustadt an der Weinstraße und wir telefonieren manchmal miteinander.

Später habe ich erfahren, dass mein Vater und einer meiner Brüder verhaftet worden waren und ins Konzentrationslager Sachsenhausen gekommen sind. Mein anderer Bruder war in Dänemark, in einem Kibbuz und wurde dort ausgebildet, um nach Palästina emigrieren zu können. Meine Eltern haben nie überlegt zu emigrieren. Und zwar aus folgendem Grund nicht: Mein Vater war im 1. Weltkrieg und sein Feldwebel lebte in der Gustavstraße. Und der hat gesagt: ‚Schorsch', mein Vater war allgemein unter dem Namen Schorsch bekannt. ‚Schorsch', hat er also gesagt, ‚du brauchst nicht wegzugehen. Du warst im Weltkrieg, dir tut keiner was. Die sollen zu mir kommen. Du warst bei mir in der Kompanie.' Weil mein Vater als deutscher Soldat im Weltkrieg war, haben meine Eltern nie daran gedacht auszuwandern.

In Berlin hat mich dann die Familie Bonn aufgenommen, Verwandte meiner Brüder. Die hatten einen Elektroladen, ein Lampengeschäft, in der Arnsbacher Str. 9, wo ich zunächst gearbeitet habe. Hinter dem Laden war ein kleines Zimmerchen und da habe ich gewohnt. Als die Familie Bonn ihr Geschäft nicht mehr halten konnte, hat mich eine Lam-

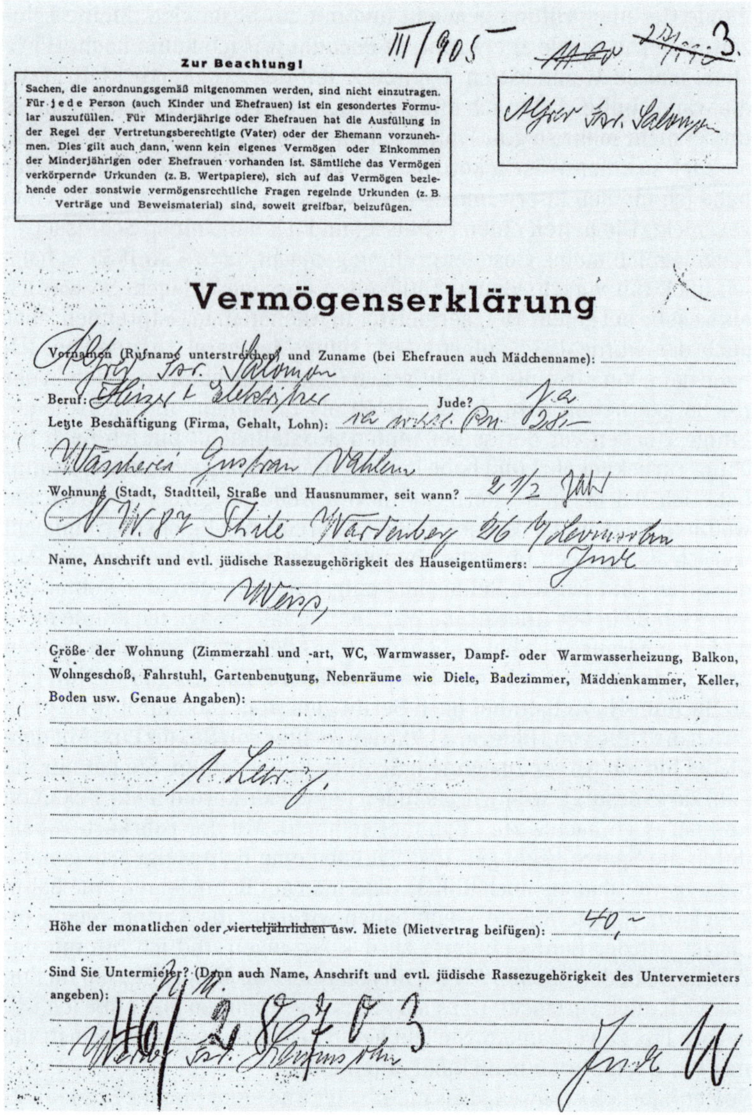

III/905

Zur Beachtung!

Sachen, die anordnungsgemäß mitgenommen werden, sind nicht einzutragen. Für jede Person (auch Kinder und Ehefrauen) ist ein gesondertes Formular auszufüllen. Für Minderjährige oder Ehefrauen hat die Ausfüllung in der Regel der Vertretungsberechtigte (Vater) oder der Ehemann vorzunehmen. Dies gilt auch dann, wenn kein eigenes Vermögen oder Einkommen der Minderjährigen oder Ehefrauen vorhanden ist. Sämtliche das Vermögen verkörpernde Urkunden (z. B. Wertpapiere), sich auf das Vermögen beziehende oder sonstwie vermögensrechtliche Fragen regelnde Urkunden (z. B. Verträge und Beweismaterial) sind, soweit greifbar, beizufügen.

Alfred Isr. Salomon

Vermögenserklärung

Vornamen (Rufname unterstreichen) und Zuname (bei Ehefrauen auch Mädchenname): Alfred Isr. Salomon

Beruf: Heizer u. Elektriker Jude? ja

Letzte Beschäftigung (Firma, Gehalt, Lohn): 1/2 wöchtl. Rm 28.–
Wäscherei Gustav Wahlen

Wohnung (Stadt, Stadtteil, Straße und Hausnummer, seit wann? 2 1/2 Jahr
N.W. 87 Thile Wardenberg 26 b/Levinsohn

Name, Anschrift und evtl. jüdische Rassezugehörigkeit des Hauseigentümers: Jude
Weiss

Größe der Wohnung (Zimmerzahl und -art, WC, Warmwasser, Dampf- oder Warmwasserheizung, Balkon, Wohngeschoß, Fahrstuhl, Gartenbenutzung, Nebenräume wie Diele, Badezimmer, Mädchenkammer, Keller, Boden usw. Genaue Angaben):
1 Leer Z.

Höhe der monatlichen oder ~~vierteljährlichen~~ usw. Miete (Mietvertrag beifügen): 40,–

Sind Sie Untermieter? (Dann auch Name, Anschrift und evtl. jüdische Rassezugehörigkeit des Untervermieters angeben): N.W.
46/28703
Werner Isr. Levinsohn Jude W

Abb. 129: Am 14. Dezember 1942 mussten Alfred Salomon und seine Frau Edith eine „Vermögenserklärung" abgeben. (Vgl. Anm. 7)

penschirmfabrik in der Prinzenstraße in Berlin als Elektroschweißer eingestellt, die die Firma Bonn beliefert hatte und zu der ich deshalb Kontakt hatte. Es war ein rein ‚arisches' Unternehmen und der Inhaber, Johann Schritt, war SA-Obersturmbannführer. Das wusste ich und er wusste, dass ich Jude war. Ich habe noch einen Bekannten mit hinein geschleust. Und wir beide haben dann als Elektroschweißer gearbeitet, das heißt wir haben Lampenschirme geschweißt. Das war ein Anlernberuf. Die Firma Schritt hatte außerdem noch eine Fabrik, eine Konservendosenfabrik, im gleichen Haus. Von den Berliner Kasernen holten wir mit einem Fahrzeug leere Konservendosen ab, obwohl zu der Zeit Juden keinen Führerschein mehr haben durften. Herr Schritt, der SA-Obersturmbannführer, gab mir aber eine Bescheinigung auf einem Kopfbogen der Nationalsozialisten, dass ich berechtigt sei, das Fahrzeug in Berlin zu fahren. Die in den Kasernen abgeholten Konservendosen wurden in einer großen Waschmaschine gereinigt und konnten dann wieder gebraucht werden. Mit der Firma Schritt hatte ich ein richtiges Arbeitsverhältnis. Das heißt, ich wurde richtig bezahlt. Den Betrag weiß ich nicht mehr. Ich kann nur sagen, wir beiden Juden sind sehr nett behandelt worden. Sogar die Chefin, Frau Schritt, kam jeden Morgen zur Frühstückszeit mit einem Körbchen unter dem Arm und brachte uns Malzkaffee oder Tee und Butterbrote. Insgesamt waren wir so 10 bis 15 Leute, davon zwei Juden.

Eines Morgens – es muss Ende Februar oder Anfang März 1943 gewesen sein – wurde ich verhaftet. Ich war zu dieser Zeit 23 Jahre alt und wohnte zusammen mit meiner Frau in der Tile-Wardenberg-Straße 26. Dort hatten wir ein kleines Zimmerchen, ein früheres Ladenlokal, das als Zimmer umgebaut worden war.[7] Wie es dazu kam, dass ich verheiratet war, muss ich noch erzählen: Meine Frau, die Edith Salomon geborene Glückmann, war in dem Café Dorin in Berlin als Servierdame angestellt. Das war ein jüdisches Café, wo auch Juden hingehen konnten. Und da hieß es dann auf einmal, man kann nach Paraguay auswandern zum Siedeln, aber man muss verheiratet sein. Da haben wir beiden uns gemeldet. Wir haben ganz schnell standesamtlich geheiratet, ohne jegliche Formalitäten. So ist sie meine Frau geworden. Aber das mit Paraguay hat dann doch nicht geklappt. Wir hatten zwar ein Visum, für das wir viel Geld bezahlt hatten. Mit dem Visum ging ich zum Konsulat in Berlin, aber die sagten mir prompt: ‚Das ist gefälscht.‘ Ich frage: ‚Wieso gefälscht?‘ Da weiß ich noch, dass er mir sagte: ‚Das macht man mit gekochten Eiern.‘ Er sprach sehr gut deutsch.

So kam es, dass wir noch in Berlin waren, als die Berliner Juden verhaftet wurden. Es war Polizei, die uns verhaftete, keine SA oder SS. Wir kamen auf einen offenen Lieferwagen. Wir durften nur das Notwendigste mitnehmen und sind dann zu einer Synagoge gebracht worden, die als Sammelplatz diente. Dort haben wir drei bis vier Tage verbracht und wurden dann auf Viehwagen verladen. Es ging das Gerücht um, es würde ein Palästina-Staat errichtet. Ein anderes Gerücht war, es würden in Polen so eine Art Ghettos für Juden errichtet. Also, wo wir hin sollten, war uns vollkommen unklar. Die Fahrt ist dann, wie wir nachher feststellten, nach Auschwitz gegangen. Auf dem berüchtigten Bahnhof sind wir angekommen. Wir hatten überhaupt keine Kenntnis davon, was Auschwitz war. Natürlich kamen dann Gerüchte auf, dass es ein Vernichtungslager mit Gaskammer sei. Aber Genaues wussten wir nicht. Nach der Ankunft in Auschwitz standen wir auf einer Rampe. Da hieß es: Raus, raus, angetreten! Frauen rechts, Männer links oder umgekehrt. ‚Wer ist Elektriker?‘ wurde gefragt. Da habe ich mich gemeldet. Das Elektro-Handwerk hatte ich mir ja in Berlin angelernt. Für das

---

7   Am 14.12.1942 – einige Wochen vor der Deportation nach Auschwitz – mussten Alfred und Edith Salomon eine so genannte „Vermögenserklärung" abgeben. In einem Formular waren dazu nicht nur Erklärungen über die persönlichen Verhältnisse, die Größe der Wohnung, die Höhe der Miete, über Liegenschaften, Beteiligungen, Barvermögen, Guthaben und Wertpapiere, über Wert- und Kunstgegenstände usw. abzugeben, sondern auch genaue Angaben zum Wohnungsinventar, zu Kleidungsstücken usw. zu machen. Alfred und Edith Salomon gaben drei Stühle, eine Couch, zwei Sessel, eine Nachttischlampe, eine Stehlampe, 3 Tische und diverse Wäschestücke an. Auf der Grundlage verschiedener Gesetze und Verfügungen (u.a. des Gesetzes über die Einziehung volks- und staatsfeindlichen Vermögens vom 14.7.1933 und des Erlasses des „Führers und Reichskanzlers über die Verwertung des eingezogenen Vermögens von Reichsfeinden") wurde ihr gesamtes „Vermögen" „zugunsten des deutschen Reiches eingezogen".

Abb. 130: Alfred Salomons gesamtes „Vermögen" wurde vor seiner Deportation nach Auschwitz „zugunsten des Deutschen Reiches eingezogen".

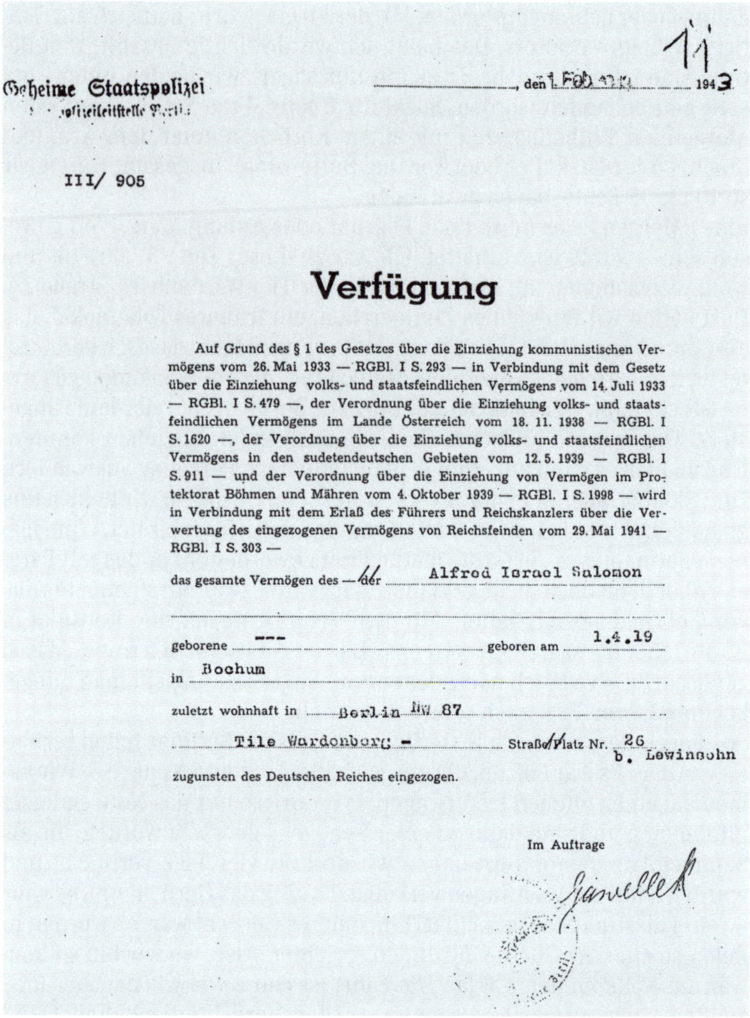

Geheime Staatspolizei   den 1 Feb 19..   1943
: ..oliseileitstelle Berlin

III/ 905

Verfügung

Auf Grund des § 1 des Gesetzes über die Einziehung kommunistischen Vermögens vom 26. Mai 1933 — RGBl. I S. 293 — in Verbindung mit dem Gesetz über die Einziehung volks- und staatsfeindlichen Vermögens vom 14. Juli 1933 — RGBl. I S. 479 —, der Verordnung über die Einziehung volks- und staatsfeindlichen Vermögens im Lande Österreich vom 18. 11. 1938 — RGBl. I S. 1620 —, der Verordnung über die Einziehung volks- und staatsfeindlichen Vermögens in den sudetendeutschen Gebieten vom 12. 5. 1939 — RGBl. I S. 911 — und der Verordnung über die Einziehung von Vermögen im Protektorat Böhmen und Mähren vom 4. Oktober 1939 — RGBl. I S. 1998 — wird in Verbindung mit dem Erlaß des Führers und Reichskanzlers über die Verwertung des eingezogenen Vermögens von Reichsfeinden vom 29. Mai 1941 — RGBl. I S. 303 —

das gesamte Vermögen des —/der   Alfred Israel Salomon

geborene ———   geboren am   1.4.19

in   Bochum

zuletzt wohnhaft in   Berlin NW 87

    Tile Wardenberg —   Straße/Platz Nr. 26
                                                                    b. Lewinsohn

zugunsten des Deutschen Reiches eingezogen.

Im Auftrage

Buna-Werk in Auschwitz wurden ungefähr 20 männliche Arbeiter gebraucht. Ich musste dann vortreten, zusammen mit den anderen. Die, die nicht für Buna gebraucht wurden, mussten wegtreten. Meine Frau habe ich danach nie wieder gesehen. Edith Salomon ist gar nicht im Lager aufgenommen worden, wie ich viel später Dokumenten aus dem Lager Auschwitz entnommen habe. Mein Name steht drauf auf einer Einlieferungsliste ins Lager Auschwitz, ihr Name nicht. Ich weiß nicht, was aus ihr geworden ist, nehme aber an, dass sie gleich nach der Ankunft vergast wurde.

Wir 20, die für Buna ausgesucht worden waren, wurden auf LKW geladen und direkt ins Lager Auschwitz-Monowitz gebracht. Auschwitz bestand aus drei Lagern: Auschwitz 1 war das Stammlager, Auschwitz 2 war Birkenau, das Vernichtungslager. Hier standen die Gaskammern. Und Auschwitz 3 oder Auschwitz-Monowitz war das Arbeitslager der IG-Farben, die hier ihr Buna-Werk aufbauen wollten. Dafür brauchten sie ungefähr 10.000 Arbeitskräfte. Es waren ja sonst keine Arbeitskräfte da, die waren als Soldaten im Krieg. Wir kamen nicht in Quarantäne, mussten uns aber entkleiden und wurden geschoren. Wir kriegten so

Abb. 131: Selektion an der Rampe von Auschwitz-Birkenau

ein Desinfektionsmittel und wurden dann tätowiert. Von dem Moment an war ich nicht mehr Alfred Salomon, sondern ich hatte die Nummer 105.382.[8] Im Lager Monowitz wurden wir dann auf einen Block verlegt. Mein Block war Block 9. Wir hatten einen Blockführer. Das war ein SS-Mann in Uniform. Und wir hatten einen Blockältesten. Das war ein Häftling. Hierfür wurden überwiegend ,Rote' genommen, also politische Häftlinge oder die mit dem grünen Winkel, d.h. Schwerverbrecher, die aus dem Zuchthaus gekommen waren. Außerdem gab es noch den ,Kapo', den Vorarbeiter für einen Häftlingstrupp, der dem SS-Kommando melden musste: soundso viel Mann zur Arbeit erschienen. Bei uns im Lager gab es die verschiedensten Kommandos: das Kabelkommando, das Zementkommando usw. Diese Kommandos wurden als Todeskommandos angesehen, weil sie wirklich Schwerstarbeit leisten mussten und die meisten das nicht lange überlebten. Die schweren Kabel mussten ja verlegt werden, die Erdarbeiten wurden von Hand ausgeführt. Unser Kommando war das Elektrokommando 9. Nachher wurde es aufgeteilt und ich kam ins Kommando 129. Es war ein privilegiertes Kommando und ich war damit ein so genannter ,privilegierter' Häftling. Das hieß zum Beispiel, dass ich ein Bett für mich allein hatte. In unserer Baracke standen 3 Betten übereinander; es gab 6 Reihen und 20 Betten pro Reihe. Insgesamt waren also ca. 360 Häftlinge in der Baracke. Weil ich als Elektriker eingesetzt wurde, hatte ich auch bessere Arbeitskleidung als die anderen. Wenn ich Außenarbeiten machte, bekam ich einen so genannten Feuerwehrgurt, um mich ans Geländer ranzuhängen. Wir trugen auch normale Lederschuhe, weil wir klettern mussten. Alle anderen hatten Holzschuhe. Da setzte sich immer der ganze Matsch und Schnee und so weiter dran fest und man konnte kaum damit laufen.

---

8 Die Ankunft der Häftlingstransporte an der Rampe von Auschwitz, die Selektion nach Arbeitsfähigkeit und die erniedrigende Aufnahmeprozedur im Lager sind genau beschrieben bei Bernd C. Wagner, IG Auschwitz, S. 103 ff. Dass die Prozedur bei Alfred Salomon und der mit ihm in Monowitz eintreffenden Arbeitergruppe relativ schnell verlief – unter Verzicht auf die sonst übliche Quarantäne – spricht dafür, dass ein dringender Bedarf an der Nutzung der Arbeitskraft der Neuankömmlinge bestand.

Unser Barackenlager war nicht weit vom IG Farben-Werk entfernt. Wir mussten immer einen Marsch machen vom Lager zum Arbeitsplatz mit der SS. Das war der so genannte ‚Ausmarsch' zur Arbeit und ging folgendermaßen vor sich: Morgens antreten, dann wurden wir abgezählt und sind dann ausmarschiert mit Gesang, am Gebäude der Lagerverwaltung vorbei ins Buna-Werk. Im Werk wurden wir dann deutschen Arbeitern übergeben. Bei mir war das ein Meister Müller und ein Vorarbeiter, dessen Namen ich nicht mehr weiß. Beide kamen aus dem Leuna-Werk in Merseburg von der IG Farben. Sobald wir im Werk waren, hatte die SS nichts mehr zu sagen. Sie war da, um das Werk zu bewachen und aufzupassen, dass wir nicht abhauten, aber außerhalb, am Rande des Werkes. Für uns war es eine Wohltat, auf diese Weise der SS zu entkommen und während des Arbeitstages unter der Aufsicht des Meisters zu stehen.

Meine Arbeit bestand darin, einen Hochbau zu elektrifizieren, der etwa aussah wie ein Gasometer und 15 bis 20 m hoch war. In der Mitte stand ein dicker Behälter, so eine Art Kessel. Ich habe dort große Aluminiumplatten verlegt, und die gaben den Strom über einen großen Transformator rauf. In den Kessel kamen so grüne Würfelchen oder Kügelchen hinein. Was das war, weiß ich nicht. Ich weiß nur noch, dass wir die Kügelchen mit einem Aufzug hoch gehoben haben. Oben mussten wir dann einen dicken Deckel, der mit 25 bis 30 Schrauben verschraubt war, öffnen und alles rein kippen, danach den Deckel wieder veschrauben. Das dauerte den ganzen Tag. Dann wurde alles angestellt. An einem Schild draußen stand: 15.000 Volt – als Zeichen, dass man da nicht rangehen durfte. Die Bedienung erfolgte von einer Halle aus. Hier standen Armaturen. Unten an dem Behälter war ein kleiner Hahn, aus dem eine Flüssigkeit herauskam und Proben entnommen wurden. Was für eine Flüssigkeit das war, wussten wir nicht – bis mir der Meister sagte, das sei Methylalkohol und wer davon trinkt, wird blind. Da haben tatsächlich Arbeiter dran geleckt und sind innerhalb weniger Tage blind geworden. Die kamen dann in den Krankenbau und sind von dort aus meistenteils direkt nach Birkenau gebracht worden.

Was später mit dem Methylalkohol geschah, weiß ich nicht so genau. Ich weiß nur, dass in Monowitz Rohgummi produziert werden sollte und später auch Benzin, Kautschuk also und synthetischer Treibstoff. Die Produktion ist aber nur ganz minimal angelaufen, es hat also nicht viel gebracht. Das Werk ist ab und zu besichtigt worden. Einmal konnten wir beobachten, wie die hohen Herren beim Kraftwerk erschienen. Ich glaube, es war sogar Himmler dabei. Große Reden wurden geschwungen. Dann ging einer der Techniker an den großen Schaltkasten, an dem der Hebel nach unten gerissen wurde. Aber anstatt den Probelauf der Turbine zu demonstrieren, gab es einen lauten Knall. Wir konnten eine große Stichflamme sehen und den Qualmgeruch verbrannter Kabel riechen. Danach wurden Häftlinge wegen Sabotage gehängt, aber es ist nie herausgekommen, wer wirklich verantwortlich war. Ich weiß heute nicht mehr – und will es auch nicht wissen –, ob der Kabelsalat aus Versehen entstand oder mit Absicht.[9]

---

9 Alfred Salomon bezieht sich hier auf die Darstellung des ehemaligen Auschwitz-Häftlings Hans Frankenthal, der ebenfalls als Zwangsarbeiter auf dem Gelände der IG Farben in Auschwitz-Monowitz eingesetzt war: „Eines Tages erreichte uns die Nachricht, es sei eine Besichtigung des Kraftwerks mit

Einen Lohn für meine Arbeit habe ich nicht bekommen. Aber ich hatte großes Glück mit dem Essen. Ich habe morgens im Lager meinen Kanten Brot genommen und meine Kanne, ob da Muckefuck drin war, weiß ich nicht mehr. Aber mittags habe ich im letzten Jahr Auschwitz kein Lageressen mehr gegessen, sondern ich habe IG-Farben-Essen gegessen, das von den deutschen Meistern noch übrig war. Der Vorarbeiter oder Meister sagte uns dann: ‚Da steht der Kübel, geh hin!' Und da blieb immer noch etwas übrig. Die anderen, die vom Lager versorgt wurden, bekamen immer nur dünne Suppen oder mussten Kartoffelschalen essen. Die davon und von der schweren Arbeit völlig abgemagerten Häftlinge wurden ‚Muselmänner' genannt.[10] Wenn ich mich allein vom Lageressen hätte ernähren müssen, wäre ich – glaube ich – auch nicht am Leben geblieben. Geholfen hat mir außerdem, dass ich früher Sportler gewesen war und dass ich etwas kräftiger war. Gut war auch, dass wir mit Zivilisten zusammenkamen. Unbeobachtet von der SS, die ja nicht ins Werk rein durfte. Wir hatten polnische Zivilisten, die so etwa 50 bis 60 Kilometer weit weg wohnten, vielleicht ein Zimmer hatten und von dort jeden Tag zur Arbeit kamen. Von denen wurde ich oft gefragt, ob ich ihnen nicht mal so einen kleinen Motor besorgen könnte oder Kabel oder so etwas. Das habe ich gemacht. Am Abend, wenn der Rapport kam, habe ich meinen Meister Müller geholt und habe gesagt: ‚Hier Meister, nehmen Sie das alles ab!' Dann hat er die Lampen angemacht und die Motoren und wenn er dann weg war, hab ich die wieder ausgebaut, rausgeschmuggelt und an Polen abgegeben. Genauso habe ich es mit dem Kabel gemacht. Nicht jeden Tag natürlich. Wenn der Meister

einem Probelauf der Turbine Vier geplant. Ich leitete die Information an Fred Salomon weiter, einen Bochumer Häftling aus dem Elektrikerkommando [...]. Er versicherte mir: ‚Geht in Ordnung, ich weiß Bescheid. Verlaß dich nur auf mich.' [...] Die hohen Herren erschienen wie angekündigt beim Kraftwerk, und große Reden wurden geschwungen, bevor einer der Techniker zu dem großen Schaltkasten ging, an dem ein Hebel nach unten gerissen wurde, um die Turbine zu starten [...] Statt zu demonstrieren, wieviel Kilowatt-Stunden sie auf vollen Touren liefern konnte, gab es [...] einen lauten Knall [...] – Fred Salomon hatte für Kabelsalat gesorgt." Hans Frankenthal, Verweigerte Rückkehr. Erfahrungen nach dem Judenmord, Frankfurt/Main 1999, S. 74 f. Fred Salomon widerspricht heute dieser Darstellung von Hans Frankenthal. Er kann sich nicht mehr erinnern, was damals tatsächlich passierte und welche Rolle er selbst bei dem beschriebenen Sabotageakt spielte. Hans Frankenthal, ein Jude aus dem Sauerland, der zusammen mit seinem Bruder als Jugendlicher von Dortmund aus nach Auschwitz deportiert worden war, hatte in Monowitz Kontakt zu politischen Häftlingen und damit zum Widerstand bekommen. Für die politischen Häftlinge war Sabotage ein wichtiges und wirksames Mittel der Gegenwehr: „Sabotieren, wo ihr nur sabotieren könnt! Jedes Teilchen, das wir ihnen kaputtmachen können, verkürzt den Krieg und bringt uns unserer Befreiung näher.'" Frankenthal, Verweigerte Rückkehr, S. 74.

10 „Muselmänner" war in Auschwitz die Bezeichnung für die durch Hunger und die anderen Entbehrungen des Lagerlebens an Körper und Geist völlig zerstörten Häftlinge. Ausführliche Beschreibungen des traurigen Erscheinungsbildes dieser Menschen finden sich in verschiedenen Darstellungen zu Auschwitz. Vgl. z.B. Hermann Langbein, Menschen in Auschwitz, S. 111 ff. In seiner autobiographischen Darstellung geht auch Primo Levi, ein promovierter jüdischer italienischer Chemiker, der ebenfalls in Auschwitz-Monowitz inhaftiert war, auf die dem Tod geweihten Häftlinge ein: Der Kampf ums Überleben werde erbarmungslos geführt, „denn jeder ist verzweifelt und grausam allein. Wenn irgendein Null Achtzehn strauchelt, findet er keinen, der ihm die Hand reicht; wohl aber findet er einen, der ihn aus dem Weg schafft, weil niemand daran interessiert ist, daß sich noch ein Muselmann mehr jeden Tag zur Arbeit schleppt." „Muselmann" sei die Bezeichnung der Lagerveteranen für die „schwachen, untauglichen und selektionsreifen Häftlinge". Primo Levi, Ist das ein Mensch? Ein autobiographischer Bericht, München 1992, S. 105.

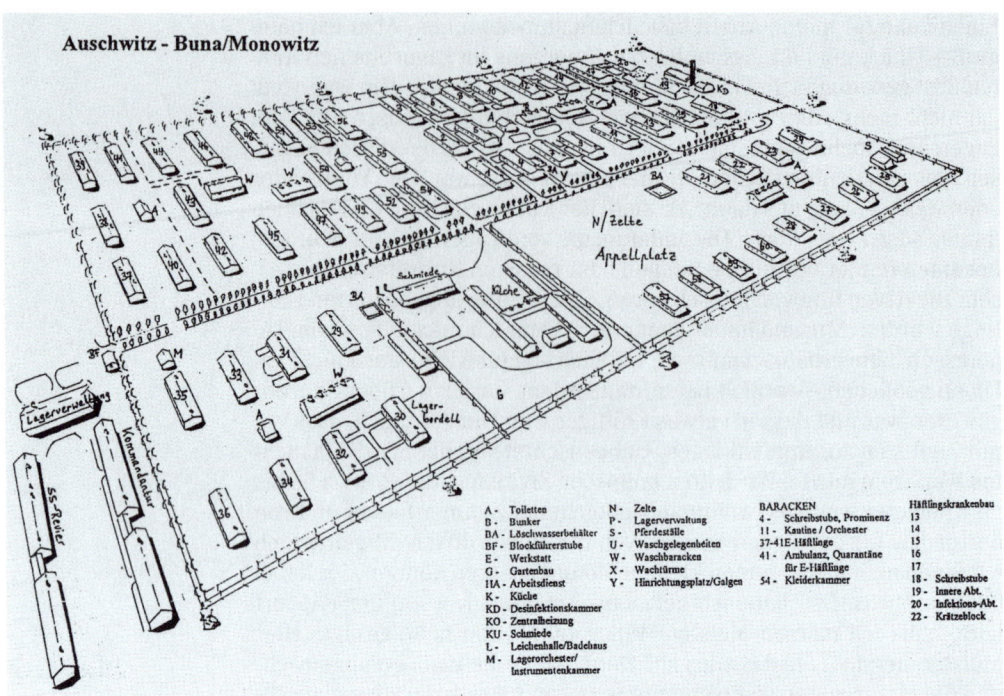

Auschwitz - Buna/Monowitz

		BARACKEN	Häftlingskrankenbau
A - Toiletten	N - Zelte	4 - Schreibstube, Prominenz	13
B - Bunker	P - Lagerverwaltung	11 - Kantine / Orchester	14
BA - Löschwasserbehälter	S - Pferdeställe	37-41 E-Häftlinge	15
BF - Blockführerstube	U - Waschgelegenheiten	41 - Ambulanz, Quarantäne	16
E - Werkstatt	W - Waschbaracken	für E-Häftlinge	17
G - Gartenbau	X - Wachtürme	54 - Kleiderkammer	18 - Schreibstube
HA - Arbeitsdienst	Y - Hinrichtungsplatz/Galgen		19 - Innere Abt.
K - Küche			20 - Infektions-Abt.
KD - Desinfektionskammer			22 - Krätzblock
KO - Zentralheizung			
KU - Schmiede			
L - Leichenhalle/Badehaus			
M - Lagerorchester/			
Instrumentenkammer			

Abb. 132: Lagerplan des Konzentrationslagers Auschwitz-Monowitz

oder Vorarbeiter sich umgedreht hat, habe ich die Kabel wieder rausgezogen und verkauft. Von den Polen habe ich dafür dann Wurst und Brot bekommen oder Eier. Das habe ich in meiner Werkzeugkiste versteckt, die einen doppelten Boden hatte.[11] Davon und von den Essensresten am Mittag habe ich mich ernährt und auch meinen Mithäftlingen etwas abgegeben. Einmal bin ich einem SS-Mann aufgefallen, der uns draußen bewachen musste. Der kommt auf mich zu und sagt: ‚Ich komme in einer halben Stunde wieder und möchte dann fünf Spiegeleier haben.' Die konnte ich machen, weil ich einen kleinen Kanonenofen gebaut hatte, dessen Platte im Winter immer heiß war. Dem SS-Mann aber habe ich gesagt: ‚Ich habe keine.' Und da hat er nur ein Wort gesagt, das weiß ich noch wie heute: ‚Muss ich filzen.' Er wusste, dass ich alles in der Werkzeugkiste drin hatte. Also, das sind so Sachen, die man wirklich in Erinnerung behält. Ich hatte noch ein Erlebnis, an das ich mich gut erinnere: Das Lager hatte einen Stall, wo Schweine gezüchtet wurden und Pferde drin waren: zwei Wagenpferde, die vor den Wagen gespannt wurden und das Essen zu den Häftlingen raus fuhren und auch Reitpferde. Die gehörten dem SS-Obersturmbannführer. Er ritt dann mal übers Lager usw. Diese Ställe mussten dringend installiert werden, d.h. sie sollten beleuchtet werden. Und eines Tages kam der Arbeitsdienstführer und sagte mir, ich sollte mir das mal ansehen und wenn ich sonntags nicht arbeiten ginge, das installieren. Ich habe gefragt: ‚Das Material wird doch besorgt?' Da sagte er: ‚Das ist ihre Sache, wo Sie das

11 Hans Frankenthal berichtet ebenfalls von geschäftlichen Transaktionen mit polnischen Zivilisten: „Das Kommando Kraftwerk hat einen ganz schlechten Ruf in gewissen Büchern. Da wird gesagt, daß wir alles verschoben hätten und das ist nicht gelogen. Wir haben alles, was zu verschieben war, an die Polen verschoben, damit wir was zu fressen kriegten." Interview Olaf Arndt, Nils Peters und Rob Moonen mit Hans Frankenthal, in: Buna 4, S. 51.

Material herkriegen.' Und was dann geschah, kann man sich ja vorstellen. Wir hatten ein Magazin mit Lampen und Kabelrollen usw. Ob ich es meinem Meister gesagt habe oder nicht, weiß ich nicht mehr. Jedenfalls habe ich die Leuchten, Kabel und alles im Werk besorgt und in einen leeren Essenskübel aus dem Lager reingetan. Der Essenswagen nahm sie mittags mit und so wurden sie ins Lager geschafft. Ich bin dazu nicht direkt von der SS gezwungen worden, sondern es wurde mir in den Mund gelegt. ‚Sorgen Sie dafür, dass der Stall installiert wird!' Damit war alles gesagt.[12] Ich habe dann den ganzen Stall elektrifiziert. Da waren – wie gesagt – ja auch Schweine drin, sieben oder acht Schweine. Und mittags kamen fünf Kübel Essen in den Stall – für die Schweine. Ich mache den Topf auf und sehe, da ist eine richtige Milchsuppe drin, eine Haferflockensuppe! Die Häftlinge, die da saubermachen mussten, sind mit dem Kopf in die Milchsuppe reingegangen. Ich habe es auch probiert. Es war eine richtige Haferflockensuppe, um die Schweine zu mästen! Ich habe drei Sonntage dort gearbeitet und immer einen Kübel verschwinden lassen. Den habe ich dann an die Häftlinge in der Nähe weiter gegeben, die die Latrinenarbeit machen mussten. Die kriegten sonst nur Steckrübensuppe und die Schweine kriegten eine richtige Milchsuppe mit Haferflocken drin und wurden damit gemästet. Die Pferde wurden auch sehr gut gefüttert.

Einmal wurde der elektrische Draht ausgeschaltet, der das Lager umgab. Das war an einem Samstag, als ich im Lager war. Da waren welche durchgebrochen und hatten ihn beschädigt. Es kam häufiger vor, dass Häftlinge fliehen wollten oder aber am Elektrozaun Selbstmord begingen. Ich kriegte den Auftrag, den Zaun zu reparieren. Mir wurde gesagt, der ist ausgeschaltet, der wird nicht eher eingeschaltet, bis Sie wieder raus sind. Trotzdem war es mir dabei sehr mulmig. Der Gang war einen Meter breit. Außerhalb war kein Strom drauf, aber innen war Strom drauf. Da habe ich natürlich gebibbert, das weiß ich noch. Ich habe mich sehr beeilt, die Verbindungen wieder herzustellen. Dann wurde zur Probe eingeschaltet, ob der Strom auch durchging. Das sind so Sachen, die man noch weiß.

Ich habe auch manche Stunde auf dem Appellplatz gestanden. Einmal ist ein kleiner Junge erhängt worden, 9 oder 10 Jahre alt. Der hatte Brot gestohlen. Alle Häftlinge mussten 4 bis 5 Stunden zum Appell antreten und das mit ansehen. Auch wenn einer versucht hat zu flüchten, mussten wir antreten. Das ist aber kaum jemandem gelungen. Einer hat es geschafft, in einer Kiste zu flüchten, die vorher zugehämmert worden war. Der Spediteur hat die Kiste mit rausgenommen. Er wusste Bescheid. Dazu musste man aber gut polnisch sprechen können.

Samstags und sonntags habe ich häufig im Buna-Werk gearbeitet. Ich habe mich freiwillig zur Arbeit gemeldet, weil ich lieber im Werk war

---

12 Tauschgeschäfte von Häftlingen untereinander, von Häftlingen mit der SS – obwohl es strengstens verboten war – und mit zivilen Arbeitskräften beschreibt auch Primo Levi als einzige Möglichkeit, sich das Überleben zu sichern. Grundlage dieser Tauschgeschäfte war Diebstahl, Schmuggel von Lagereigentum und von Buna-Artikeln. Levi, Ist das ein Mensch?, S. 92 ff. „Alles in allem: Der Diebstahl in Buna wird von der zivilen Direktion geahndet, aber von der SS autorisiert und begünstigt; der Diebstahl im Lager wird von der SS strengstens bestraft, aber von den Zivilisten als gewöhnlicher Tauschakt betrachtet; das Bestehlen der Häftlinge untereinander wird im allgemeinen bestraft, aber die Strafe trifft den Dieb ebenso hart wie den Bestohlenen." Ebd., S. 103.

als im Lager. Im Lager hätte ich Arbeiten verrichten müssen wie Latrinen reinigen, die Baracke schrubben, waschen, aufräumen usw. Das musste man übrigens auch tun, wenn man krank war und in der Baracke bleiben konnte. Es war sehr gefährlich krank zu werden. Im Lager gab es einen Krankenbau und wer dorthin kam und länger als 10 Tage krank war, wurde nach Birkenau geschickt, wo er dann vergast wurde. Deswegen bin ich nicht krank geworden, sondern bin immer rausgegangen zur Arbeit. Was in Birkenau genau geschah, wusste ich damals nicht. Dass da vergast wurde, ja, darüber kursierten Gerüchte. Aber ich habe nie gesehen, wie die Öfen aussahen. Ich bin ja über das Buna-Werk nicht hinausgekommen – lediglich über die Straße vom Lager zum Werk und zurück. Wir wussten aber, wenn ein Lastzug kam und da wurden welche aufgeladen, die im Krankenbau waren, was das zu bedeuten hatte. Mein Meister Müller hatte mir auch gesagt: ‚Hör mal, wenn du mal krank bist, melde dich krank und versuch für ein, zwei Tage in der Baracke zu bleiben. Aber geh nicht in den Krankenbau! Wenn du länger als 10 Tage da bist, wirst du selektiert.‘ Das hat der mir gesagt. Was er genau davon wusste, weiß ich nicht. Ich weiß nur, dass immer neue Leute kamen. Wenn einer fehlte, mussten neue Leute her.[13] Wir hatten viele ausländische Häftlinge im Lager: Franzosen, Italiener, Polen, Dänen, ungarische Juden usw. Verständigt haben wir uns auf jiddisch. Ich konnte es. Man lernt es ja mit der Zeit. Es wurde oft jiddisch gesprochen. Wir, die deutsch sprachen, wussten, was die SS im Lager oder im Werk vorhatte. Das war für die anderen natürlich sehr schwierig. Die haben ja nichts verstanden und wurden auch dementsprechend drangsaliert. Die ausländischen Häftlinge hatten ein Schimpfwort für uns Deutsche: ‚Ihr seid die Jekepots‘, so sagten sie. Was das richtig übersetzt heißt, weiß ich gar nicht. Ich selbst war viel mit zwei österreichischen Häftlingen zusammen, Vater und Sohn und mit den Gebrüdern Frankenthal aus dem Sauerland. Einer der beiden hat sich mal für ein paar Tage in einer Kabelgrube versteckt und geschlafen, um durchzuhalten. Die haben wir mit Holz zugedeckt und ein Luftloch gelassen. Und wenn dann einer von der SS kam, haben wir ihn geweckt und da rausgeholt.

In der ganzen Zeit in Auschwitz habe ich an nichts mehr gedacht und nichts mehr gefühlt. Ich bin morgens meiner Arbeit nachgegangen, bin abends wieder reingegangen ins Lager, bin samstags, sonntags rausgegangen.

Im Januar 1945 wurde das Lager geräumt. Es ging morgens um 6 Uhr los, mitten im Winter, im dicken Schnee. Es war ein Donnerstag, der 18. Januar 1945, wenn ich das Datum richtig in Erinnerung habe. Wir mussten uns zum Appell aufstellen. Wir wussten nicht, was los war. Zur Arbeit ausmarschieren durften wir nicht. Es hieß nur, Wolldecken mitnehmen! Da kamen dann gleich Gerüchte auf: Was wird mit uns? Erschießen die uns? Schicken sie uns weg? Ganz weit weg hörten wir Artilleriefeuer oder so etwas. Da wurde die Parole ausgegeben: Die Rus-

---

13 Im Museum Auschwitz verwahrte Unterlagen weisen darauf hin, dass auch Alfred Salomon einige Tage im Häftlingskrankenbau verbrachte und ganz offenbar in großer Gefahr schwebte. Er wurde am 6.1. 1944 eingewiesen und am 15.1. wieder entlassen. Alfred Salomon kennt diese Unterlagen, kann sich aber nicht daran erinnern, tatsächlich im Krankenbau gewesen zu sein. Über „Häftlingskrankenbau und Selektion" in Auschwitz-Monowitz vgl. auch die Darstellung von Wagner, IG Auschwitz, S. 163 ff.

sen stehen ein paar Kilometer von uns weg. Aber etwas Genaues wussten wird nicht. Wir haben dann den ganzen Tag von morgens früh bis nachmittags in dem Schnee gestanden, haben auch an dem Tag nichts zu essen gehabt außer dem Laib Brot, den wir morgens zugeteilt bekamen. Das war so ein ca. 10 cm langer Laib Brot. Mehr hatten wir nicht. Und dann hieß es auf einmal, wir marschieren jetzt weg. Auch aus dem Krankenbau sahen wir viele zu uns kommen, die mitmarschieren wollten. Aber die, die nicht konnten, blieben natürlich da. Sie sind wahrscheinlich erschossen worden, wir wussten es nicht. Viele haben den dann folgenden Gewaltmarsch nicht überlebt. Er wurde deshalb später Todesmarsch genannt. Wir sind in Richtung Gleiwitz marschiert, in der Nacht zum 18. Januar. Aus allen Hauptstraßen kamen Häftlinge auf uns zu. Das heißt, von anderen Nebenlagern schlossen sich Häftlinge unserem Zug an. Wir wurden begleitet von der SS. Es fuhren auch zwei Rot-Kreuz-Wagen mit, aber nicht für uns, sondern für die Soldaten. Die konnten den Marsch nämlich auch nicht aushalten. Wir marschierten in Schnee und Eis. Und sobald einer nur aus der Reihe ging, wurde er sofort erschossen. Wir mussten in Reih und Glied gehen, nicht richtig marschieren, aber in Reih und Glied gehen. Man kann sich vorstellen, wie schwer das ist, wenn man auf Eis gehen muss. Vor allem für die, die Holzschuhe anhatten. Die wurden immer größer, weil der Schnee sich unter ihren Holzschuhen festsetzte. Wir sind zwei Tage marschiert. Wie viele Kilometer Fußweg das waren von Monowitz nach Gleiwitz, das weiß ich nicht. Vielleicht 70 bis 80. Am ersten Tag sind wir so lange marschiert, bis wir an ein ziegeleiähnliches Gebäude kamen. Hier haben wir übernachtet. Das Gebäude war noch ganz warm. Am anderen Tag sind wir bis nach Gleiwitz weiter marschiert. Hier haben wir dann wieder in einem Raum übernachtet und sind dann – es war Sonntag – auf Eisenbahnzüge verfrachtet worden. Der Zug hatte vorn zwei normale Personenwagen, wo die SS reinging und wir kamen nach hinten in geschlossene Viehwagen. Wir wurden zu 30, 40 und 50 Personen in so einen Viehwagen reingepackt und dann ging der Zug los. Wir hatten eine kleine Luke im Waggon, eine Luftluke, da haben wir immer rausgeguckt, wo wir waren, aber wir konnten es nicht feststellen. Wir wussten noch nicht mal, ob wir in Polen oder in der Tschechei waren. Am anderen Tag wurde der Zug gestoppt. Über uns waren 8 bis 10 russische MiG-Jäger, ganz niedrig. Die beschossen die Lokomotive, nicht uns, so dass das Wasser rausschoss. Es war ja eine Dampflok und wir konnten nicht weiterfahren. Vorn hinter der Lokomotive in den Personenwagen war die SS drin, wir hinten in den Viehwagen. Und dann wurde von der SS befohlen: Raus, alles raus! Und wir standen auf einem großen freien Feld. Jetzt haben Einzelne, darunter auch ich, überlegt, wir hauen ab! Wir wussten aber nicht, wo wir waren. Wir wussten nicht, ob wir nach links oder rechts laufen sollten. Die hätten uns sofort wieder gekriegt. Ich hab mir auch überlegt, dass ich kein polnisch spreche. Wie sollte ich weiterkommen? Also bin ich dageblieben. Es sind natürlich auch welche geflüchtet, aber die mussten schon perfekt polnisch sprechen. Die russischen Flieger, die laufend hin und her flogen, haben uns nicht beschossen, sondern nur die Lokomotive. Sie kamen immer im Sturzflug runter und flogen so niedrig, dass ich an die Räder hätte fassen können. Sie hätten sicher gern auf die SS-Leute geschossen, aber die konnten sie nicht treffen, weil die zwischen uns standen. So konnten sie nicht schießen. Dann wurde eine neue Lokomotive geschickt und wir sind weiter gefahren.

Eines Tages – wir hatten zwischendurch festgestellt, dass wir durch die Tschechei fuhren – sind wir in Buchenwald gelandet. Und Buchenwald war so überfüllt, dass wir mit mehreren Leuten auf einer Pritsche lagen. In jeder Ecke einer, in der Mitte noch zwei oder sogar übereinander! Wir waren vielleicht acht Tage in Buchenwald. Dann hieß es: Block soundso zum Abtransport nach Magdeburg! Wir wurden wieder in Waggons verfrachtet und zu Aufräumarbeiten nach Magdeburg geschickt. Da war eine Maschinenfabrik, die auch ein Konzentrationslager unterhielt. In der Maschinenfabrik haben wir nicht mehr zu arbeiten brauchen, weil die zerschossen war. Es war schon Februar 1945. Hier war es mir schon wirklich besser, denn ich sah überhaupt keine Soldaten mehr. Bewacht wurden wir von alten Männern, Volkssturmleuten, wie ich später gehört habe. Die hatten zusammengewürfelte Uniformen an und haben sich uns gegenüber sehr anständig benommen. In Magdeburg waren wir ungefähr vier bis sechs Wochen, da habe ich keine Zeitrechnung mehr. Eines Tages sagte einer dieser Volkssturmleute zu uns: ‚Die Kleiderkammer ist offen.‘ Wir waren zu sechsen in einer Baracke. Wir nahmen an, da sei frische Häftlingskleidung drin, aber da waren nur Uniformen. Und was haben wir gemacht? Wir haben uns über unsere Häftlingskleidung die Uniform angezogen und sind dann zu sechsen, ohne gestört zu werden, aus dem Lager rausmarschiert zur Innenstadt Magdeburg. Hier war eine Deutsche Bank, die war oben zerschossen, aber der Keller war noch intakt. In den sind wir eingestiegen. Interessant war dann, dass die Keller der Häuser miteinander verbunden waren. Und in den Kellern waren Lebensmittel drin. Davon haben wir uns ernährt. Ich hab mich mit Sauerkraut- oder Gurkenwasser rasiert, das weiß ich noch. Und nebenan war eine Bäckerei. Einen von den Häftlingen, die mit mir waren – das waren keine Juden – haben wir raus geschickt. Er hatte ja eine Uniform an und darunter die Häftlingskleidung. Den haben wir mit Verbandszeug, das wir alles im Luftschutzkeller gefunden hatten, verbunden als schwer Kriegsbeschädigten. Er sollte uns Brot holen. Der Bäcker muss was gemerkt haben. Er sagte: ‚Komm morgen wieder. Wenn Brot übrig bleibt, kannst du morgen wieder was holen.‘ So hat der uns jeden Tag Brot geholt. Natürlich musste er aufpassen, dass er nicht von der Wehrmacht eingezogen wurde. Eines Tages stand ich am Kellerfenster und einer meiner Kameraden rief: ‚Guck mal, da fährt ein Panzer, der hat einen Stern!‘ Das waren Amerikaner. Ich sag: ‚Das gibt's doch gar nicht!‘ In dem Moment sind wir rausgegangen. Wir haben die Uniformen ausgezogen und den Amerikanern unsere Nummern gezeigt. Nachdem die uns vernommen und geglaubt hatten, haben sie uns sofort mitgenommen zur Kaserne von denen. Da wurden wir dann verpflegt und alles. Das muss schon im April gewesen sein. Als ich nach einem Wunsch gefragt wurde, sagte ich: ‚Ich möchte nur nach Bochum zurück. Ich möchte wissen, ob meine Eltern noch leben.‘ Da war ein amerikanischer Soldat, der perfekt deutsch sprach. Ich vermute, dass es ein deutscher Jude war, weiß es aber nicht genau. Der ging ans Feldtelefon und telefonierte. Und dann sagte er zu mir: ‚In Bochum-Stiepel wird noch geschossen.‘ Ich könne nicht zurück, im ganzen Ruhrgebiet fänden noch Kämpfe statt. Ich wäre dort nicht sicher, könne wieder von den Nazis genommen werden.

Wir haben dann in der Kaserne gewohnt bis es eines Tages hieß: ‚Da Ihr noch nicht zurück könnt, fliegen wir Euch nach Brüssel.' Dann haben sie uns in ein Transportflugzeug gepackt. Wir haben auf dem Boden gesessen, da waren Decken. In Brüssel wurden wir der jüdischen Organisation übergeben, die uns in einer Pension unterbrachte. Von denen wurden wir auch eingekleidet. Das heißt, wir kriegten einen Warengutschein für ein Warenhaus. Ich habe mich von oben bis unten eingekleidet: mit einem Anzug, zwei Unterhemden, zwei Sporthemden, zwei Unterhosen, Strümpfen, Schuhen. Unsere Häftlingskleidung hatten wir noch bei uns. Uns wurde weiterhin abgeraten, nach Deutschland zu gehen. Wir hatten aber ein gutes Auskommen, kriegten Taschengeld und sind noch in Belgien geblieben. Am 8. Mai wurden wir gebeten, unser Häftlingszeug anzuziehen. Da kam ein offener Wagen an, eine amerikanische Limousine und wir wurden dann am 8. Mai, am Befreiungstag, vor der Straßenbahn her durch Brüssel gefahren.

Ich habe das alles relativ gut überstanden. Ich hatte nicht so wie heute 97 kg, sondern vielleicht 60, ich weiß es nicht genau. Da ich früher Sportler war, muss ich wohl sehr starke Knochen gehabt haben. Später bin ich untersucht worden. Es sind da ein paar Sachen festgestellt worden, aber die waren nicht so von Bedeutung.

Eines Tages erfuhr ich von der Kommandantur in Brüssel, dass ein Konvoi nach Dortmund geht, ein Lastwagenkonvoi. Ich sagte: ‚Dortmund nützt mir nichts, ich will nach Bochum.' Aber weiter ging der Konvoi nicht. Es waren acht Fahrzeuge, LKW, die leer fuhren und von Dortmund Material holen sollten. Da bin ich dann mitgefahren. In Dortmund haben die uns ausgeladen und ich weiß bis heute nicht, wie ich von Dortmund nach Bochum gekommen bin. Vielleicht auf einem Kohlentender, ich weiß es nicht mehr. In Bochum führte mich mein erster Weg zur Wittener Straße. Da hatte ein langjähriger Geselle von uns, der Wilhelm Völkering, eine Metzgerei. Als ich hinkam, hatte er zwar seine Metzgerei noch und dahinter ein kleines Zimmer, aber alles andere war zerbombt. Bei ihm konnte ich also nicht wohnen, aber er besorgte mir gegenüber in einer Gaststätte ein Zimmer mit einer Couch. Auf der habe ich meine ersten Nächte in Bochum verbracht.

Meine Eltern habe ich in Bochum nicht mehr angetroffen. Ich habe Untersuchungen angestellt, wo sie sein könnten und habe Bescheid bekommen, dass meine Eltern nach Riga deportiert worden sind. Das habe ich von Günter Preger erfahren, der auch in Riga war und dort mit ihnen im Ghetto gelebt hat. Meine Eltern sind in Riga umgekommen. Sie sind erschossen worden, wie ich heute weiß. Meine Geschwister haben überlebt. Mein ältester Halbbruder gelangte nach Argentinien. Wie er dorthin kam, weiß ich nicht. Mein zweitältester Halbbruder kam mit dem Kibbuz über Dänemark nach Israel und auch meine Schwester lebt heute in Israel. Sie ist mit einem Kindertransport von der jüdischen Lehrerin Else Hirsch als 8- oder 9-Jährige nach England gebracht worden. Später hat sie dann dort geheiratet und ist mit ihrem Mann nach Israel gegangen. Meinen ältesten Bruder und meine Schwester habe ich noch mal wiedergesehen. Meinen zweiten Bruder nicht, der ist früh verstorben.

Ich habe 1945 in Bochum kaum jemanden wiedergetroffen. Nach und nach kamen von der jüdischen Gemeinde einige wenige zurück wie Herr Vollmann und Karl-Heinz Menzel. Herr Vollmann ist heute tot,

Abb. 133: Die Familie Salomon um 1930: Elfriede und Georg Salomon mit den Kindern Erwin, Lutz, Alfred und Inge

Karl-Heinz Menzel lebt noch. Ich habe mir in Bochum ein neues Leben aufgebaut. Zunächst habe ich bei der Stadtverwaltung gearbeitet. Vom englischen Kommandanten wurde ich gefragt, ob ich an einer Tätigkeit im Wohnungsamt interessiert sei. Sie suchten jemanden, der Wohnungen für die Flüchtlinge und politisch Verfolgten beschaffte. Das habe ich dann gemacht bis etwa 1952. Später bin ich in die freie Wirtschaft gewechselt – in die Getränkeindustrie. Ich habe in der Nachkriegszeit auch die Radrennbahn wieder aufgebaut – unter dem Vorwand, für die englischen Soldaten eine Freizeitbeschäftigung zu schaffen. In der Rennbahn war ein großes Bombenloch. Es ist mir gelungen, Zement zu bekommen, um sie wieder instand zu setzen. Walter Lohmann, der Weltmeister und mehrfache deutsche Meister, war der eigentliche ‚spiritus rector‘. Er sagte: ‚Du hast die Möglichkeit, bau die Radrennbahn wieder auf!‘ Durch Lohmann habe ich auch meine jetzige Frau kennen gelernt. 1947 haben wir geheiratet.

Abb 134: Das Bochumer Radsport-Idol Walter „Luft“ Lohmann während eines Rennens im April 1952. Die Radrennbahn an der Hattinger Straße wurde auf Initiative Alfred Salomons in den Nachkriegsjahren wieder aufgebaut. Später musste sie einer Wohnbebauung weichen.

Abb. 135: Alfred Salomon beim Interview im Stadtarchiv Bochum im März 2000

Von Auschwitz habe ich nie erzählt. In der Familie habe ich es wohl mal erzählt – mein Schwiegervater war ein uralter Sozialdemokrat. Und wenn mal irgendwas im Freundes- oder Bekanntenkreis darüber gesprochen wurde, habe ich ihnen wohl mal meine Nummer gezeigt. Das habe ich gemacht, aber ich habe nicht weiter darüber gesprochen. Ich hatte ja sofort eine Stellung und dadurch habe ich es verdrängt. Ich bin hier in der VVN gewesen, der Vereinigung der Verfolgten des Naziregimes, da hat man sich dazu bekannt. Und ich war anfangs zweiter Vorsitzender der jüdischen Gemeinde. Das konnte ich später aber nicht mehr machen, weil ich nicht mehr ständig in Bochum war, sondern auswärts arbeitete, in Gerolstein. Dort hatte ich auch eine Zweitwohnung. Richtig ‚geoutet‘ habe ich mich erst 1995! Damals hatte mein Enkel Geschichtsunterricht zum Thema Auschwitz. Der Geschichtslehrer sagte, dass er sein Wissen nur aus Büchern habe. Da stand mein Enkel auf und sagte: ‚Ich habe einen Opa, der in Auschwitz war.‘ Der Lehrer rief mich an und fragte, ob ich bereit wäre, einen kleinen Vortrag über Auschwitz zu halten. Ich habe diesen Vortrag gehalten – und später noch andere und bin so bekannt geworden. Viele sind an mich herangetreten, weil eben ein Zeitzeuge da war. Das Schweigen zu brechen, war gut für mich, denn jetzt ist es runter vom Herzen.

Eines weiß ich heute: Sollte es nochmal so kommen wie damals, ich glaube, ich würde mich nicht mehr so einfach abführen lassen. Auch in meinem Alter nicht! Wir waren ein williges Wild, das einfach auf den Lastwagen gestoßen wurde. Berlin war ja voll von Polizei damals. Ich glaube aber, ich würde mich heute nicht mehr so einfach abholen lassen. Ich würde mich wehren."

Aufgabenvorschläge:

1. Wie beschreibt Alfred Salomon seine Jugend bis 1935?
2. Warum nahm Alfred Salomon nach 1933 unter einem anderen Namen an Rad-renn-Veranstaltungen teil? (Vgl. dazu die Ausführungen zur jüdischen Sportbewegung in Kapitel 9: „Jüdische Jugend in Bochum".)
3. Welche Gründe könnte er dafür gehabt haben, sich nach der Reichspogromnacht in Berlin zu verstecken?
4. Mit welchen Erwartungen traten die mit Alfred Salomon und seiner Frau Edith zusammen deportierten Berliner Juden die ‚Reise' nach Auschwitz an?
5. Was bedeutete es, wenn man – wie Edith Salomon – bei der Ankunft in Auschwitz nicht registriert wurde?
6. Was bedeutete es für Alfred Salomon, dass er in Auschwitz als Beruf „Elektriker" angeben konnte? Was meinte er damit, ein „privilegierter" Häftling gewesen zu sein? Wie unterschied sich sein Lageralltag von dem anderer, nicht „privilegierter" Häftlinge?
7. Wie wurde seine Arbeitsleistung für die IG Farbenindustrie AG entlohnt?
8. Gab es Möglichkeiten und Gelegenheiten zum Widerstand in Auschwitz? Wenn ja, für wen und unter welchen Bedingungen?
9. Wie hat Alfred Salomon sich in Auschwitz ‚durchgeschlagen'? Wie konnte er überleben?
10. Was meinst du, warum die SS am 18. Januar 1945 das Lager evakuierte und die marschfähigen Häftlinge in andere Konzentrationslager bringen wollte?
11. Warum wurde der Marsch von Auschwitz nach Gleiwitz später als „Todesmarsch" bezeichnet?
12. Hast du eine Erklärung dafür, warum Alfred Salomon direkt nach der Befreiung vom Nationalsozialismus nicht über seine Leidensgeschichte sprechen wollte, warum er erst so spät – 1995 – sein Schweigen brach?
13. Diskutiert in der Klasse über den letzten Absatz seines Berichtes: „… ich würde mich nicht mehr so einfach abführen lassen …"

13. KAPITEL

Eberhard Heupel

Zur Geschichte des Nationalsozialismus in Schulfestschriften

Dieses Kapitel geht der Frage nach, wie die Epoche des Nationalsozialismus in Schulfestschriften Bochumer Gymnasien behandelt worden ist. Damit überschreitet es in zweifacher Hinsicht den Rahmen der bisherigen Arbeit: Zum einen bildet der Nationalsozialismus insgesamt den historischen Bezugspunkt, zum anderen beschäftigen sich die Quellenauszüge mit der historischen Deutung der nationalsozialistischen Diktatur nach dem Zweiten Weltkrieg. Die ursprüngliche Absicht, die Auseinandersetzung mit der Judenverfolgung im „Dritten Reich" zum Thema zu machen, ließ sich mit dem vorliegenden Material nicht verwirklichen: Die Judenverfolgung spielt in den Schulfestschriften zunächst fast keine Rolle.

Das wirft andererseits zwangsläufig die Frage nach der Aussagekraft der Quellengattung „Schulfestschriften" auf. Festschriften bieten den einzelnen Schulen Gelegenheit, sich einer kleineren, interessierten Öffentlichkeit zu präsentieren und dabei auch ein selbst entworfenes Bild ihrer Vergangenheit zu zeigen. Sicher ist dieses Bild nicht repräsentativ in dem Sinne, dass hier ein demokratisches, durch Diskussion entstandenes, von allen Mitgliedern der Schulgemeinde gebilligtes Geschichtsbild entworfen wird. Es kann aber wohl von einer Selbstdarstellung der Schule gesprochen werden, die zumindest von den entscheidenden Schulgremien stillschweigend gebilligt, wenn nicht sogar ausdrücklich gutgeheißen wurde. In diesen Schriften steht zwar die Geschichte der eigenen Schule im Vordergrund, doch müsste eine Beschäftigung mit der Schulgeschichte in den Jahren 1933–1945 auch auf die allgemeine Rolle von Schule im nationalsozialistischen Herrschaftsgefüge, das Verhalten von Schulleitung und Kollegium und das Schicksal jüdischer Mitschülerinnen und Mitschüler eingehen. Insofern spiegelt die jeweilige Darstellung in Inhalt und Sprache auch wider, inwieweit die Schule bereit war, sich mit dem Nationalsozialismus und ihrer eigenen pädagogischen Verantwortung auseinander zu setzen. Diese Form schulischer Erinnerung ist abzugrenzen vom Unterricht im Fach Geschichte selbst, der durch – wie auch immer eingehaltene – Richtlinienvorgaben eher allgemeinen politischen und gesellschaftlichen Normen folgt und der auch weitgehend undokumentiert bleibt.

Die präsentierten Quellen erheben keinen Anspruch auf Vollständigkeit. Es wurden nur die Festschriften von Gymnasien ausgewertet, soweit diese im Stadtarchiv Bochum vorhanden und für die Fragestellung aussagefähig sind. Das bedeutet zwangsläufig, dass keine vollständige Darstellung des Themas angestrebt werden kann. Trotzdem liefern die in den Quellen angeführten Positionen zumindest Hinweise auf allgemeine Tendenzen in der Auseinandersetzung mit dem Nationalsozialismus. Biographische Beiträge über einzelne Direktoren bleiben ausgeklammert.

Das Kapitel ist methodisch nach dem chronologischen Prinzip gegliedert, um so historische Interpretation in ihrer Entwicklung besser aufzeigen zu können. Es ist eher zufällig, wenn eine Schulfestschrift ausführlicher zitiert wird. Die jeweiligen Beiträge sind in ihren Umfängen recht unterschiedlich. Thematisch setzen sie sich vor allem mit dem Schulleben im "Dritten Reich" auseinander, fragen nach dem Einfluss nationalsozialistischen Gedankengutes in der Schule und behandeln – zumindest in den fünfziger Jahren – besonders das Schicksal der Schule und der Schüler im Rahmen der Kinderlandverschickung.

Die fünfziger Jahre

M 1

Aus der Festschrift der Graf-Engelbert-Schule 1950

Ein Lehrer beschreibt in der Rückschau Absichten und Ziele Adolf Hitlers.

„Gewaltige Veränderungen politischer, wirtschaftlicher und sozialer Art vollzogen sich in Deutschland [gemeint ist das Jahr 1933]. Beseelt von einem leidenschaftlichen Fanatismus ging Hitler zielbewusst und tatkräftig an die Verwirklichung seiner Ideen, von denen er voll und ganz durchdrungen war. Er verstand es, durch seine flammenden Reden die Volksmassen zu begeistern und hinzureißen. Er wollte Deutschland aus der Knechtschaft befreien und glücklich machen, wollte ihm wieder die Weltmachtstellung verschaffen, den Platz an der Sonne erringen, der ihm gebührte, wollte das Alte und Morsche niederreißen und auf der Grundlage nationaler Zusammengehörigkeit und sozialer Gerechtigkeit ein neues Gebäude errichten, das tausendjährige Reich, das Reich aller Deutschen, groß und mächtig, innerlich und äußerlich gesichert und gefestigt, um allen Stürmen standzuhalten, allen Feinden Trotz zu bieten. Der uralte Sehnsuchtstraum aller Deutschen sollte endlich in Erfüllung gehen. Eine großzügige und umfassende Propaganda wurde entfaltet, deren Leitung Josef Göbbels übertragen war. […] Die Umwälzung erstreckte sich auf alle Gebiete des Lebens und brachte tief greifende Veränderungen mit sich, die nicht nur die Gesamtheit, sondern jeden einzelnen betrafen. Der Parlamentarismus war beseitigt. Die Verwaltung wurde zentralistisch nach dem ‚Führerprinzip' aufgebaut. Der Führer war maßgebend, sein Wille war Befehl. Er übernahm damit auch zugleich die volle Verantwortung. Gleichschaltung hieß die Losung. Alle sollten im gleichen Schritt und Tritt marschieren, sollten sich einordnen in die große Volksgemeinschaft. […]"

Chronik der Graf-Engelbert-Schule, zusammengestellt von Dr. Hans Paschen, Bochum 1950, S. 68

Übersicht über wichtige politische Ereignisse: 1938/39

„5.-12.9. Reichsparteitag in Nürnberg – Hitler fordert das Selbstbestimmungsrecht der Sudetendeutschen

29.9.   Hitler, Mussolini, Chamberlain und Daladier treffen das Münchener Abkommen.

9.11.   ‚Kristallnacht'. Racheaktion gegen die Juden zur Vergeltung für den Mordanschlag gegen den Legationssekretär vom Rath in Paris am 7.11. Misshandlung der Juden, Zerstörung ihrer Wohnungen und Geschäfte; Schändung und Einäscherung ihrer Synagoge,

15.3.39   Truppeneinmarsch in Böhmen und Mähren.
               Eingliederung beider Länder in das Reich"

Chronik Graf-Engelbert-Schule 1950, S.92

Eine Bewertung des Nationalsozialismus

„Der Krieg war verloren, die Naziherrschaft zerschlagen. Nie ist ein System kläglicher und jammervoller zusammengebrochen. Wo waren sie alle, die Führer, die Helden, die braunen Bonzen, die ‚Goldfasanen', geblieben? Bis zuletzt haben sie unter Aufbietung aller nur denkbaren Kräfte versucht, ihr kümmerliches Leben zu retten, und sich dann, als alles verloren war, feige aus dem Staube gemacht. Wenn man bedenkt, mit welcher Leichtfertigkeit dieser Krieg heraufbeschworen wurde und welche maßlosen Verbrechen begangen worden sind, so ist man erschüttert.
Die Hauptschuld aber trug der Führer Adolf Hitler selber. Er hat in seinem Größenwahn die Welt herausgefordert, hat von Anfang an den Krieg gewollt und zielbewusst darauf hingewirkt. Ohne die Rüstungsindustrie wäre es ihm ja auch niemals gelungen, die Arbeitslosigkeit in so kurzer Zeit zu beseitigen. In seinem blinden Fanatismus scheute er sich nicht, alles seinen irrsinnigen Ideen zu opfern, selbst das eigene Volk, dessen Schicksal ihm im Grunde genommen recht gleichgültig war. Obwohl er als ‚der große Feldherr' wissen musste, dass der Krieg nach der Katastrophe von Stalingrad und der Landung der amerikanischen Truppen in Nordafrika im Winter 42/43 nicht mehr zu gewinnen war, hat er ihn bis zum äußersten weiter geführt. Unsägliches Unheil, ja der ganze Schrecken des Bombenkrieges wäre uns erspart geblieben, wenn er damals ein Ende gemacht hätte, wie es für jeden einsichtigen und verantwortungsbewussten Feldherrn eine Selbstverständlichkeit gewesen wäre. Er spielte mit Völkerschicksalen und setzte wie ein Hasardeur alles auf eine Karte, riss nicht nur Deutschland in den Abgrund, sondern brachte die ganze Welt an den Rand des Verderbens.
Das ‚Tausendjährige Reich' wollte er gründen, und nach 12 Jahren war der Traum zu Ende, war zerplatzt wie eine schillernde Seifenblase.
Nie ist ein Volk schmählicher belogen und betrogen worden. Wie war es aber möglich, dass ein solches System sich überhaupt solange halten konnte, dass man 6 Jahre lang dafür Krieg geführt, gekämpft und geblutet hat, dass nicht nur die breiten Schichten des Volkes, sondern auch die gebildeten Kreise an diesen Schwindel glaubten. Es war wie eine Massenpsychose […], wie eine verheerende Seuche."

Chronik Graf-Engelbert-Schule 1950, S. 122

Zur Rolle des 1936 ernannten Schulleiters der Graf-Engelbert-Schule

„Mit O.St-D. Garnerus war ein neuer Geist in unsere Anstalt eingezogen. Tatkräftig und arbeitsfreudig ging er an die Durchführung seiner Pläne, die Umgestaltung der Schule und ihre Ausrichtung auf den Nationalsozialismus. Sein Hauptinteresse galt der Jugend, die er immer wieder für die Ideale der Bewegung zu begeistern suchte, er feierte den

Abb. 136: Oberstudienrat Gamerus war von 1936 bis zum Ausbruch des Zweiten Weltkriegs Leiter der Graf-Engelbert-Schule, die 1937 in Bismarckschule umbenannt wurde.

Führer als das große Vorbild, dem alle nacheifern und treue Gefolgschaft leisten sollten. Er besaß ein hervorragendes Organisationstalent und sorgte für einen glatten und reibungslosen Ablauf des Schulbetriebes. Großen Wert legte er auf stramme Haltung, Zucht, Ordnung und Pünktlichkeit, ja er verlangte militärische Disziplin, nicht nur von den Schülern, sondern auch von den Lehrern. Seine Anweisungen gab er in klarer und bestimmter, aber höflicher Form. Dabei suchte er allen gerecht zu werden und nahm auf die älteren Herren des Kollegiums stets die gebührende Rücksicht. Er war ein gewandter Redner und verstand es, glänzende und würdige Schulfeste zu veranstalten. Neben der ernsten Arbeit kamen auch Erholung und Frohsinn zu ihrem Recht; Kameradschaft und Geselligkeit wurden gepflegt. Der Direktor war ein überzeugter Nationalsozialist, aber kein blinder Fanatiker und hat seine Stellung niemals dazu benutzt, um einen politischen Druck auf die Kollegen auszuüben oder sie gar zum Eintritt in die Partei zu zwingen, wie es leider vielfach an anderen Schulen geschehen ist."

Chronik Graf-Engelbert-Schule 1950, S. 90

M 2

Aus der Festschrift der Heinrich-von-Kleist-Schule 1952

„Die erste Welle nationalsozialistischer Schulpolitik [blieb] jedoch nicht wirkungslos. Die Schule war auch dem unmittelbaren Druck der Ansprüche der Partei um so schutzloser ausgeliefert, als der Ortsgruppenleiter der NSDAP in Bochum-Gerthe, Dr. Heinrich Hüper, Mitglied des Lehrerkollegiums war. So hatte er die beste Gelegenheit, die Gesinnung von Lehrern und Schülern zu überwachen. Dem ‚Unzuverlässigen' drohten aber bei der unbeschränkten Macht des Ortsgruppenleiters nicht nur berufliche Nachteile, sondern unter Umständen auch eine unmittelbare Gefährdung der persönlichen Freiheit und Sicherheit. So brachte diese Zeit manchem Lehrer und Schüler eine schwere seelische Belastung. Dazu kamen bald auch immer ausgedehntere Ansprüche der Hitler-Jugend, die den Schulbetrieb erschwerten. Und die schon im Juni 1933 einsetzende intensive Aufklärungstätigkeit des Reichsluftschutzbundes in der Schule ließ in manchem eine erste Ahnung von dem aufsteigen, was von der Zukunft zu erwarten war. Trotz vieler Störungen durch angeordnete nationale Feiern aber wurde das Schuljahr 1932/33 planmäßig durchgeführt. […] Mit dem Abschluss dieses Schuljahres [1933/34] und dem Beginn des neuen wurde auch hier das ‚Führerprinzip' durchgeführt. […] Der Elternbeirat wurde aufgelöst. Er wurde durch drei Jugendwalter ersetzt, die vom Direktor im Einvernehmen mit dem Ortsgruppenleiter berufen wurden. Ihnen wurde ein Vertreter der Hitlerjugend beigegeben. Eine Versammlung der Eltern oder, wie man jetzt sagte, der Schulgemeinde wurde auf den 3. März 1935 einberufen. Ihr wurde ein Schulungsvortrag über die Richtlinien nationalsozialistischer Erziehungspolitik gehalten. Die Reifeprüfung am 8. und 9. März bestanden unter 15 Prüflingen auch zwei Mädchen.

Im Schuljahr 1934/35 […] wurde unter Kürzung je einer Unterrichtsstunde ab 1. Dezember 1935 eine dritte Turnstunde eingeführt. […] Der bisher nur stundenweise beschäftigte Studienassessor Wilhelm Hildebrand […] gab auch den nationalpolitischen Unterricht, der aber von Oktober ab wegen 100%iger Zugehörigkeit der Sextaner zum Jungvolk oder zum BdM eingestellt wurde. […] Klassenweise wurden die Schüler der Oberstufe und der Untersekunda zu nationalpolitischen Lehrgängen abkommandiert. […]

Die Einführung von Reichsarbeitsdienst und allgemeiner Wehrpflicht brachten auch der höheren Schule einschneidende Veränderungen. Der Erlass des Reichsministers für Wissenschaft, Erziehung und Volksbildung vom 30.11.1936 […] verkürzte die Schulzeit mit Rücksicht auf die Beanspruchung der Jungen durch Arbeits- und Wehrdienst von neun auf acht Jahre. […]

Das Schuljahr 1937/38 brachte unserer Schule wieder einen neuen Leiter. […] Mit der Leitung der Heinrich-von-Kleist-Schule wurde zunächst kommissarisch Studienrat Dr. Hüper beauftragt. Damit war der Ortsgruppenleiter der Partei auch Leiter der Oberschule geworden. Er beschloss, um den Grundsätzen nationalsozialistischer Schulpolitik konsequent zum Siege zu verhelfen, in Zukunft keine Mädchen mehr aufzunehmen. […] Alle Voraussetzungen für eine lange, ungestörte und gleichmäßige Erziehungsarbeit schienen gegeben. Aber diese Er-

Abb. 137: Dr. Heinrich Hüper (obere Reihe rechts), Ortsgruppenleiter der NSDAP in Gerthe, leitete von 1937 bis 1945 die Heinrich-von-Kleist-Schule.

ziehung stand im Zeichen der nationalsozialistischen Politik, die gerade zu jener Zeit ihre größten Erfolge feierte, die natürlich alle in der Schule ihren Niederschlag fanden. Diese Politik sollte aber bereits im folgenden Jahre Deutschland in das gefährlichste Abenteuer seiner Geschichte verwickeln, an dessen Ende die Katastrophe stand."

Karl Brinkmann, Heinrich-von-Kleist-Schule. 25 Jahre höhere Schule in Gerthe, Bochum o.J. (1952), S. 22-24

M 3

Aus der Festschrift der Lessing-Schule 1953

„Direktor Müller ist es nicht zuletzt zu verdanken, daß auf dem gefährlichen Parkett ‚Schule und NS-Jugend' nach anfänglichen großen Schwierigkeiten ein Verhältnis geschaffen wurde, bei dem die schulischen Belange nicht gar zu kurz kamen. In diesen Bestrebungen fand er Hilfe bei den örtlichen Vertrauenslehrern für HJ und JV, Studienassessor Holtheuer (Mai 1933 bis Ostern 1935) und dessen Nachfolger Studienrat Dr. Schneider.
Daß der NS-Geist sich nach und nach in allen Bezirken des Schulwesens – sowohl der höheren Lehranstalten als auch der Volksschulen – auswirkte, braucht hier nicht besonders hervorgehoben zu werden. Für den aufmerksamen Beobachter war es z. B. bedrückend, zu erleben, wie die stimmungsvollen Weihnachtsfeiern unserer Schule Schritt für Schritt ihren christlichen Charakter verloren. – Auch die montäglichen Morgenandachten fielen dem neuen Geiste im Laufe der Jahre zum Opfer und gingen ein. […] Dagegen hielt sich die Schülervereinigung für Literatur und Kunst auf beachtlicher Höhe, wenn in den Vorträgen und Diskussionen auch dem neuen Geiste Zugeständnisse zu machen waren.
Die von Dr. Weßling ins Leben gerufene und vorbildlich geleitete Schülergruppe des VDA gewann über den Rahmen der Schule hinaus immer mehr an Bedeutung.
Um Anlässe zu Feiern, Gemeinschaftsempfängen, Aufklärungsvorträgen und Werbeabenden war man im Dritten Reich nie verlegen. Bei solchen Veranstaltungen trat neben dem Schulorchester häufig ein 1933 neu gegründetes Trommler- und Pfeiferkorps sowie ein Blockflötenorchester in Tätigkeit; alle drei standen unter der Leitung Dr. Schneiders. […] Am 30. Juni 1937 traf ihn [Dr.Müller] wegen gewisser weltanschaulicher Flecken der Vergangenheit der Bannstrahl der Partei. Er wurde seines Langendreerer Postens enthoben und unter Belassung seines Titels als Lehrer an das Gymnasium in Bielefeld versetzt."

Fünfzig Jahre höhere Schule Bochum-Langendreer 1903-1953, Festschrift, bearb. u. hg. von Dr. Georg Frohbog, S. 52 und S. 54

Die sechziger Jahre

M 4

„[…] inzwischen hatte aber der nationalsozialistische Staat dafür ge- **Aus der Festschrift**
sorgt, dass neue Unruhe in das Schulleben hineingetragen wurde. **der Graf-Engelbert-**
Nachdem von 1920 bis 1936 Jahr für Jahr planmäßig das Abitur abge- **Schule 1960**
nommen worden war, begann mit dem Jahr 1937 die Welle der vorzeitigen Entlassungen und Abiturientenprüfungen, die nun nicht mehr ab-
reißen sollte bis zum bitteren Ende des deutschen Reiches. Unter dem
Druck der Verhältnisse musste Prof. Scheidt Ostern 1937 sein Amt aufgeben und die Schule, die er aufgebaut und 27 Jahre lang mit Liebe geleitet hatte, mit der vorzeitigen Pensionierung verlassen. Sein Nachfolger, Oberstudiendirektor Karl Garnerus, konnte das Geschick der Schule nur wenige Jahre bestimmen. Mit Kriegsausbruch trat er in die Wehrmacht ein und schied nach dem Zusammenbruch des Reiches aus
politischen Gründen aus seinem Amt aus. […]
Natürlich ging die nationalsozialistische Zeit nicht spurlos an der Graf-
Engelbert-Schule vorüber, aber was zu nennen ist, sind im Grunde
doch nur einige Äußerlichkeiten, die sich in jener Zeit im gesamten
Schulleben Deutschlands zeigten, etwa die vielen so genannten nationalen Feiern und das geforderte Herausstellen der NS-Ideologie möglichst in jedem Unterrichtsfach. Am stärksten betroffen waren in diesem Fall natürlich die deutschkundlichen Fächer und die Biologie. Ein
Blick auf die Aufsatz- bzw. Abiturthemen der Zeit zeigt jedoch, dass
auch hier die Grenzen des Gebotenen nicht überschritten wurden.
Ebenso wird jeder ehemalige Schüler, der einmal Biologieunterricht
bei dem verehrten Studienrat Dr. August Hillmann hatte, bestätigen,
dass es in diesem Unterricht stets um die Sache ging und nicht um eine
Ideologie."

Dr. Herbert Dierks, Geschichte der Graf-Engelbert-Schule, in: Graf-Engelbert-Schule
1910–1960. Festschrift zum 50-jährigen Bestehen der Schule, S. 36–37

M 5

„Doch scheint das Eindringen nationalsozialistischen Gedankengutes **Aus der Festschrift**
in den Unterricht nur sehr zögernd stattgefunden zu haben. […] In den **der Freiher-vom-**
Jahren 1936 und 1937 werden die nationalsozialistischen Einflüsse **Stein-Schule 1965**
stärker."

Dr. Urich Blanke, Aus der Geschichte der Schule, in: Freiherr-vom-Stein-Schule 1865-
1965. Festschrift zur Hundertjahrfeier, S. 17-39, hier S. 32-34

Die siebziger Jahre

M 6

Aus der Festschrift der Lessing-Schule 1978

„Ab 1935 werden sogenannte nationalpolitische Lehrgänge durchgeführt, die der sportlichen Ertüchtigung im Sinne einer vormilitärischen Ausbildung dienen. So wird etwa die Holzhandgranate gängiges Gerät des Sportunterrichts. Sogenannte Vertrauenslehrer sorgen für Kontakte zwischen der Schule und den Parteikadern HJ und JV. Christlich geprägte Veranstaltungen fallen diesem Trend zum Opfer. 1937 wird das pädagogische Seminar aufgelöst. Schulungslager und politische Tagungen der Partei bestimmten in einem erheblichen Maße den Schulalltag. 1938 übernimmt Oberstudiendirektor Dr. Friedrich Lammert die Leitung der Schule. Immer drängender beeinflussen die nahenden Kriegsereignisse das schulische Leben. Erste Luftschutzübungen werden in der Schule durchgeführt. 1939 erfolgt eine Luftschutzausbildung für alle Lehrer. Erste Kontakte zwischen Militär und Schule werden über eine Informationsveranstaltung eines Flak-Regiments in Essen hergestellt.

Welche Auswirkungen der nationalsozialistische Einfluß auf die Schule hatte, soll hier am Beispiel des Deutschunterrichts klargemacht werden. Bei der Betrachtung eines Lesebuchs jener Jahre fallen etwa folgende Verse ins Auge:

,Baldur von Schirach:
Hitler
Ihr seid viel tausend hinter mir, und ihr seid ich und ich bin ihr.
Ich habe keinen Gedanken gelebt, der nicht in euren Herzen gebebt.
Und forme ich Worte, so weiß ich keins, das nicht mit eurem Wollen eins.
Denn ich bin ihr und ihr seid ich, und wir alle glauben, Deutschland, an Dich!'

Der heutige Betrachter mag abmessen, in weiche Gewissensnöte der damalige Deutschlehrer kam, wenn er vor seinen Schülern solche Texte zu vertreten hatte. Kritisch sei aber auch erwähnt, daß mancher Deutschlehrer der damaligen Zeit solche Identifikationsformeln bedenkenlos übernahm und damit ein politisches System unterstützte, das Deutschland in das Chaos der 40er Jahre stürzte. Diese Texte wirkten als politische Exerzitien, die die Schüler zum Gehorsam erziehen und ihnen bestimmte politische Rollen vorschreiben sollten. Die Geschichte jener Jahre sollte alle verpflichten, ähnlichen Entwicklungen in unserer Zeit entgegenzuwirken."

Festschrift der Lessing-Schule, Bochum-Langendreer 1978, S. 17–20

Die achtziger Jahre

M 7

„Der Erlaß betreffend Schülerauslese an den höheren Schulen vom 27. März 1935 versuchte die weiter oben angedeuteten Grundsätze nationalsozialistischer Erziehung in die Wirklichkeit zu überführen: Nach einem Verdikt über liberalistische Grundhaltung, die zu einseitiger Bevorzugung verstandesmäßiger Anlagen geführt und zu einer Zurücksetzung rassenbiologisch wertvollerer und volksgebundenerer Teile der Jugend beigetragen habe, werden die Grundsätze für die körperliche, charakterliche, geistige und völkische Auslese mitgeteilt und anschließend Einzelbestimmungen, die die eigentliche Versetzungsordnung enthielten, gegeben. Jugendliche mit schweren Leiden, durch die die Lebenskraft stark herabgesetzt ist und deren Behebung nicht zu erwarten ist, werden nicht in die höhere Schule aufgenommen; Jugendliche, die eine dauernde Scheu vor Körperpflege zeigen oder in den Leibesübungen dauernd versagen, werden in der Regel von der höheren Schule verwiesen. Von der Schule zu verweisen sind Schüler, die durch ihr Verhaften in und außer der Schule grob gegen Sitte und Anstand verstoßen oder sich fortgesetzte Verstöße gegen Kameradschaftlichkeit oder Zucht und Ordnung zuschulden kommen lassen. Bei der Beurteilung der geistigen Leistungen ist mehr auf die geistige Gesamtreife als auf angelernten Wissensstoff zu achten. Arische Schüler dürfen hinter nichtarische nicht zurückgesetzt werden. Nichtarische Schüler dürfen schulische Vergünstigungen wie Beihilfen, freie Lehrmittel u. a. nicht erhalten. Bei der eigentlichen Versetzungsordnung fallen rigorose Bestimmungen auf: wer in der Sexta (Klasse 5) nicht versetzt wird, muß die Schule verlassen; wer zweimal die Versetzung in der gleichen Klasse nicht erreicht, muß die Schule verlassen, desgleichen wer in zwei aufeinander folgenden Klassen nicht versetzt wird oder in der U 3 oder 0 2 nicht versetzt wird. Ein sehr weitreichender Vorbehalt sorgt aber dafür, daß nicht zu viel völkisch wertvolle Kraft auf der Strecke bleibt: ‚Bei allen aussondernden Maßnahmen auf Grund mangelhafter geistiger Leistungen sind die körperlichen und charakterlichen Fähigkeiten voll mitzubewerten. Wenn der Schüler hervorragende Führereigenschaften besitzt und getätigt hat, ist besonders wohlwollend zu verfahren. Gute rein verstandesmäßige Leistungen können jedoch nicht als Ausgleich charakterlicher Mängel angesehen werden.‘
Wie diese Bestimmungen gehandhabt wurden und ob sie außerschulischen Instanzen viel Raum zu Ein- und übergriffen boten, hing entscheidend von der menschlichen Grundhaltung und dem Stehvermögen des Schulleiters und der Lehrkräfte ab.[…]
Der Schulleiter [Scheidt, E.H.] fand sich wegen seines Festhaltens an geistigen Erziehungszielen der alten Art immer heftigeren Angriffen ausgesetzt. Unter dem Druck der Verhältnisse trat er am 1. Oktober 1936 vorzeitig in den Ruhestand. Er hatte den Aufbau und die Entwicklung der Schule über 25 Jahre geleitet. Schon am 1. November 1936 wurde Oberstudiendirektor Garnerus als Nachfolger in sein Amt eingeführt. Wenn auch ein überzeugter Nationalsozialist fast der ersten Stunde, war der neue Schulleiter eine integre Persönlichkeit (auch das gab es), die politischen Druck auf Kollegen nicht ausübte. Wohl besaß

Aus der Festschrift der Graf-Engelbert-Schule 1985

er einen Hang zu militärischer Disziplin (er war Reserveoffizier). Der tägliche Frühsport mit Fahnenappell wurde eingeführt. Ein den Aufbruch symbolisierendes Reiterbild des bekannten und anerkannten Malers und Kunstpädagogen Franz Homoet [...] wich in der Aula einem großen Führerbild, flankiert von großen Hakenkreuzfahnen. Mit Verfügung vom 8. Dezember 1937 erhielt das vormalige Reformrealgymnasium die amtliche Bezeichnung: ,Bismarckschule. Städtische Oberschule für Jungen' verliehen."

Wolfgang Oeser, 75 Jahre Graf-Engelbert-Schule Bochum. Ein Abriß der Schulgeschichte, Bochum 1985, S.19 f.

M 8

Aus der Festschrift der Hildegardis-Schule 1985

„Für die Schule begann ein neuer Abschnitt, als am 30.1.1933 die Nationalsozialisten an die Macht kamen. Die von Hitler inaugurierte Weltanschauung sollte auch die Schulen erfassen. Die daraufhin erlassenen Vorschriften der Parteistellen wurden in der ,reaktionären' Hildegardis Schule abgelehnt und nur der Form halber befolgt, der alte Geist der Schule blieb erhalten. Im Zuge der Reinigung der Schulen von Direktoren, die der Partei unerwünscht waren, wurde Direktor Heite seines Amtes enthoben. Als Nachfolger wurde im November 1933 Walter Stratmann, bis dahin Studienrat an einem Recklinghäuser Gymnasium, bestimmt. Dieser setzte sehr schnell die Richtlinien und Erlasse der neuen Machthaber durch, im Sinne des nationalsozialistischen Führerprinzips hatte er die alleinige Befehlsgewalt über die Schule. Bei der 75-Jahr-Feier der Schule, bei der auch noch die Vertreter der Kirchen Gehör fanden, führte Direktor Stratmann zum neuen Frauenerziehungsideal aus: [...] Das Ziel der weiblichen Erziehung hat unverrückbar die kommende Mutter zu sein. [...] Heute geht es darum, einen Frauentyp heranzubilden, dessen politische Aufgaben sich im praktischen Einsatz und im Wissen um die Forderungen an das neue deutsche Frauentum erfüllen. Es gilt, gesunde, disziplinierte, seelisch saubere Frauen zu formen, deren Haltung und Auftreten so klar sind, daß die Volkwerdung, die die wichtigste Aufgabe beider Geschlechter darstellt, aus ihrem Sein heraus gezeichnet wird. Und uns als Schule fällt dabei die Aufgabe zu, dem Mädchen alle die Wege aufzuzeigen und zu ebnen, die sie als Erhalterin des Volkes zu gehen hat. [...] Deutschland wird niemals den Aufgaben an der deutschen Zukunft gewachsen sein, wenn bestem Mannestum nicht bestes Frauentum zur Seite steht.' (Bochumer Volkszeitung vom 5.10.1935)
Obwohl die Hildegardis-Schule zunächst nur äußerlich vom Nationalsozialismus berührt war und das neue Frauenideal nicht angestrebt wurde, wich die Zivilkleidung doch nach und nach den BDM-Uniformen, und die pädagogische Arbeit wurde zunehmend den Zwängen des NS-Erziehungssystems unterworfen. BDM-Führerinnen aus dem Schülerkreis versuchten, stärkeren Einfluß zu gewinnen. Die Schulbücher wurden im Sinne der NS-Ideologie umgeschrieben. Trotz großer Pressionen lehnte der überwiegende Teil des Lehrerkollegiums den Eintritt in den NS-Lehrerbund ab. Trotzdem war eine völlige Umstrukturierung des Unterrichts nicht zu umgehen, als ab dem 27.3.1935 die geistige und religiöse Bildung der körperlichen Ertüchtigung untergeordnet

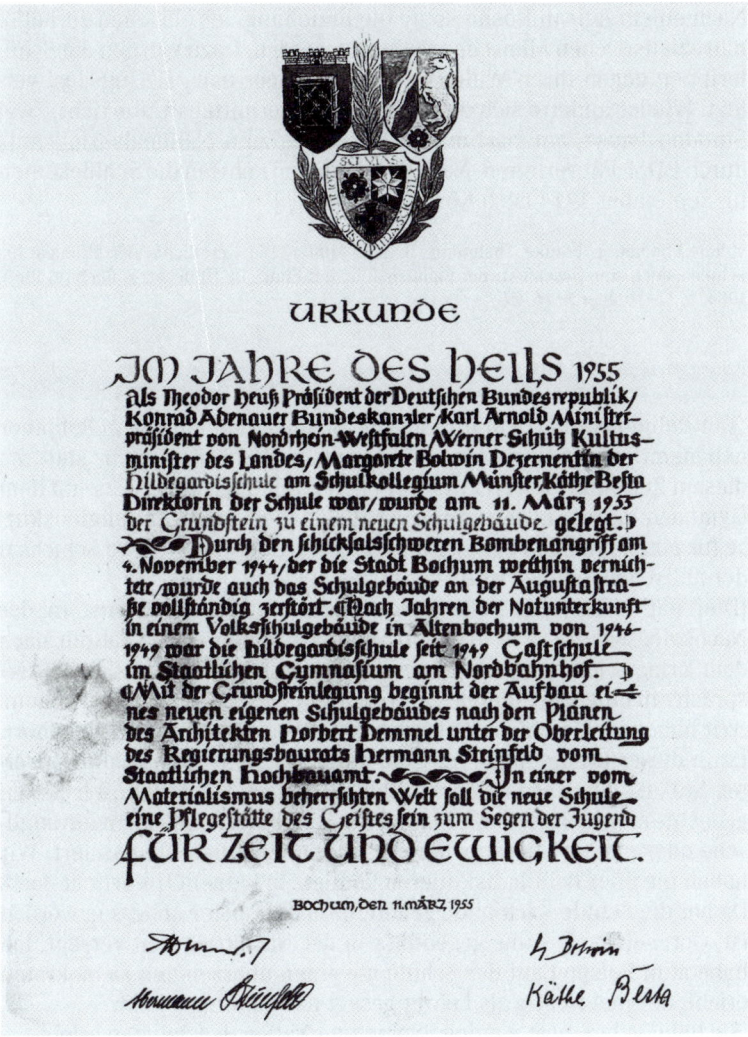

Abb. 138: Grundstein-
legungsurkunde zum
Neubau der Hildegardis-
Schule, 1955

wurde. Im Zuge der allgemeinen Gleichschaltung erhielt die Schule die Bezeichnung ‚Oberschule für Mädchen'.

Ein weiterer tiefer Einschnitt im Schulleben erfolgte am 1.9.1939, dem Beginn des zweiten Weltkrieges. Väter und Brüder der Schülerinnen wurden eingezogen, die folgende Unruhe übertrug sich auf den Unterricht: Luftangriffe und Übernachtungen im Luftschutzkeller hatten häufig einen verspäteten Unterrichtsbeginn zur Folge. Hinzu kamen die sich mehrenden Einsätze der Schülerinnen bei Sammelaktionen o.ä. Die 1940 beginnenden Landverschickungen der Kinder verminderten die Klassenfrequenzen. Nach den schweren Luftangriffen auf Bochum 1943 wurde beschlossen, die Schule zeitweilig nach Köslin/Pommern zu verlegen. Dort waren die Schülerinnen ganz auf sich gestellt, die Lehrer mußten die Aufgaben der Eltern mitübernehmen. Der Unterricht lief normal ab, allerdings wurde nach 14 Tagen der Religionsunterricht verboten, der Religionslehrer beurlaubt. Das einzige, was den Mädchen in dieser Hinsicht verblieb, war der sonntägliche Besuch des Gottesdienstes in der Kösliner Kirche.

Nach einem Jahr in Köslin sollte die Erziehung der Mädchen zu nationalsozialistischen Menschen vollendet werden. Dazu wurden die Schülerinnen gegen ihren Willen in ein KLV-Lager nach Heringsdorf verlegt. Wieder änderte sich der Tagesablauf: vormittags Unterricht, zwei Stunden Pause, am Nachmittag Erziehung zum Nationalsozialismus durch BDM-Führerinnen. Nach drei Monaten kehrten die Schülerinnen im September 1944 nach Köslin zurück. [...]"

Volker Effelsberg, Frauke Thalmann, Bettina Müller, Die Geschichte der Hildegardis-Schule – auch eine Geschichte der Emanzipation der Frau?, in: Hildegardis Bochum 1860–1985, S. 17–30, hier S. 26–27

M 9

Aus der Festschrift des Gymnasiums am Ostring 1985

„Der Religionsunterricht für jüdische Schüler, der von einem Rabbiner nebenamtlich erteilt wurde, fand bereits ab 1935 nicht mehr statt. Zu diesem Zeitpunkt waren zwar nur noch zwei jüdische Schüler auf dem Gymnasium, aber in den Jahren vor 1933 hatte man sogar Religionskurse für einen einzigen Schüler eingerichtet. Über das weitere Schicksal der jüdischen Schüler ist bisher nichts bekannt. [...]
[Die] nationalsozialistische Vergangenheit war kein Thema in der Nachkriegsschule. Wie dies von Schülern in den ersten Jahren nach dem Krieg erlebt wurde, soll abschließend ein Auszug aus einem Gespräch mit einem Schüler des Abiturjahrganges 1952 deutlich machen:
‚Wir haben im Geschichtsunterricht nie etwas über die NS-Zeit gehört. Dann dieser krampfhafte Versuch, humanistisches Gymnasium im alten Stil zu sein. Das fanden wir damals einfach lächerlich. Wir hatten gedacht, man müsste jetzt mal modernere amerikanische oder englische oder andere Literatur hören. Das ist eigentlich nie passiert. Wir haben nie über Politik diskutieren können, in keinem Unterrichtsfach. Da hat die Schule – ich habe gehört, dass das später anders geworden ist, Gott sei Dank – uns gegenüber in der Nachkriegszeit versagt. Ich habe zum Beispiel auf der Schule nie einen überzeugten Demokraten erlebt, der mal richtig als Lehrer gesagt hat: so, Jungs, jetzt.‘
‚Sie haben aber auch wenige überzeugte Nationalsozialisten erlebt.‘
‚Ja, die haben wir auch wenig gehabt. Das ist ja das Problem. Diese Schule hat ja immer eine unpolitische Unterschrift gehabt. Das hat sich in der NS-Zeit günstig ausgewirkt, hat sich aber in der Zeit nach dem Krieg, unserer Meinung nach, ganz schlecht ausgewirkt. Ich habe nie erlebt, dass einer sich mal wirklich hingestellt und für das demokratische Prinzip oder für eine Partei oder für irgendwas geworben hätte. Ich vermute, dass die meisten Lehrer einen nicht mehr haltbaren Bildungsbegriff gehabt haben, dass sie zu stark den Fächerkanon, Latein, Griechisch, vor Augen gehabt und uns doch viel vorenthalten haben. Ich habe auf dem Gymnasium erfahren, dass es Schiller und Goethe gibt, aber ich habe nicht erfahren, dass es zur Zeit Goethes auch schon Krupp gab und dass es wenig später Karl Marx gab. Wir haben das deshalb so empfunden, weil wir das ja in unserer Jugendarbeit versucht haben, und die Spannung bei vielen von uns zwischen Jugendarbeit und Schule wurde immer größer. Wir machten doch damals schon so genannte Jugendkonvente und große Diskussionen hier in Bochum. Am Anfang haben wir noch diskutiert, mit der FDJ (solange die noch existierte), katholische Jugend, evangelische Jugend, Falken, Natur

Abb. 139: Das Gymnasium am Ostring

freunde und was nicht alles. Das war aber alles außerhalb der Schule. Die eigentliche Prägung haben wir nicht mehr auf der Schule bekommen, sondern das ist nebenher gelaufen. Und das ist natürlich für eine Schule für diese Jahrgänge eine bittere Aussage. Es gibt bestimmt andere, die das viel positiver sehen, vielleicht war's auch später besser. Aber ich kann das nicht anders sagen.'"

Eine Schüler-AG unter Leitung von Detlef Hecking (0 I), Das Staatliche Gymnasium Bochum unter dem Nationalsozialismus. Versuch einer Aufarbeitung, in: 125 Jahre Gymnasium am Ostring 1985, S. 33 sowie S. 35-37

M 10

Aus der Festschrift der Heinrich-von-Kleist-Schule 1987

„Der nationalsozialistischen Erziehungsmaxime folgend, wonach die deutsche Schule ‚den politischen Menschen zu bilden habe, der in allem Denken und Handeln dienend und opfernd in seinem Volke wurzelt und […] dem Schicksal seines Staates zu innerst verbunden' ist, hatte die Schule ihre Bildungsziele zu überprüfen und neu zu formulieren. In immer stärkerem Maße beeinträchtigten die Einführung der allgemeinen Wehrpflicht und des Reichsarbeitsdienstes, ‚Landaufenthalte' zur Durchführung ‚nationalpolitischer Lehrgänge' und steigende Anforderungen durch die Hitler-Jugend den Unterrichtsbetrieb. Im Jahre 1936 verkürzte ein Erlaß die Schulzeit von neun auf acht Jahre. So fanden im Jahre 1937 zwei Abiturprüfungen – in Unter- und Oberprima statt. Der verkürzten Schulzeit mußte die Stundentafel angepaßt werden. Naturwissenschaften, Sport, v. a. Kampfsportarten als ‚Grundlage für Wehrtätigkeit', und der ideologischen Ausrichtung dienende Fächer wie Biologie, mit dem Schwerpunkt ‚Rasse und Vererbungslehre', standen im Vordergrund. Alle Arbeitsgemeinschaften außer den naturwissenschaftlichen und der ‚flugwissenschaftlichen' wurden aufgehoben. Mehr und mehr gerät die Schule in den Sog nationalsozialistischer Politik, die sie rücksichtslos ihren Zwecken unterwirft.

Zu Beginn des Schuljahres 1938/39 übernahm Dr. Hüper die Schulleitung. Allgemein wird die Auffassung vertreten, Dr. Hüper habe seine
Funktion als Ortsgruppenleiter und Schulleiter benutzt, um Druck auf
Schüler und Lehrer auszuüben und deren ‚Gesinnung […] zu überwachen'. Seine politische Aktivität steht außer Zweifel, doch der Vorwurf
eindeutiger politischer Indoktrination und ‚Gesinnungsschnüffelei' bei
Lehrern und Schülern scheint pauschal und undifferenziert. Die politische Ausrichtung der Schule – bereits im Herbst 1935 waren alle Schüler und Schülerinnen der Hitler-Jugend bzw. dem BDM beigetreten –
war wohl in erster Linie dem Einfluß des Schulleiters und überzeugten
Nationalsozialisten Rothe zuzuschreiben. […]"

K. Steimer, Die Entwicklung des Heinrich-von-Kleist-Gymnasiums. Von der Gründung bis
zum Ende des Zweiten Weltkriegs, in: 1927–1987. 60 Jahre Heinrich-von-Kleist-Schule,
Bochum 1987, S. 19 f.

Die neunziger Jahre

M 11

Aus der Festschrift der Freiherr-vom-Stein-Schule 1990

„Nach 1933 scheint das nationalsozialistische Gedankengut zunächst
nur zögernd in den Unterricht aufgenommen worden zu sein. Die ideologisch gefärbten Geschichtsbücher (‚Volk und Führer' und ‚Führer
und Völker') wurden vorerst nicht eingeführt.
[…] 1936 und 1937 stärkere Einflüsse des Nationalsozialismus. Jüdische Schülerinnen wurden vom Unterricht ausgeschlossen, für die Lehrer gab es ‚nationalpolitische Schulungen'. Statt Unterricht gab es nun
Dienst ‚bei den Jungmädel' oder beim ‚BDM'."

Freiherr-vom-Stein-Schule, Festschrift März 1990, S. 8–9

M 12

Aus der Festschrift der Goethe-Schule 1995

„Ian Kershaw: ‚[…] the road to Auschwitz was built by hate, but paved
by indifference'. Hier stehen nun nicht mehr die Täter im Vordergrund,
sondern das Verhalten und die Einstellungen der Bevölkerung – genau-
er: der deutschen nicht-jüdischen Bevölkerung – gegenüber den (deutschen) Juden. […] Ohne Zweifel vollzog sich der Mord in den Vernichtungslagern unter höchster Geheimhaltung. So wurden die SS-Männer
im KZ Auschwitz, die an der Judenvernichtung teilnahmen, darauf fest-
gelegt: ‚Über alle während der Judenevakuierung durchzuführenden
Maßnahmen habe ich unbedingte Verschwiegenheit zu bewahren,
auch gegenüber meinen Kameraden.' Doch fraglos wusste die deutsche
Bevölkerung, dass den Juden, die in der Regel in aller Öffentlichkeit zur
Deportation zusammen getrieben wurden, ein schlimmes Schicksal bevorstand. Auch ohne Kenntnis der Existenz von Vernichtungslagern
gab es ein verbreitetes, wenngleich unbestimmt bleibendes Gefühl der
Schuld. Neben der intendierten Geheimhaltung existierten weitere in-
formationstechnische Hemmnisse. So war das deutsche Volk unter dem
ideologischen Banner der Volksgemeinschaft extrem fragmentiert und
segmentiert. Dem entsprach auf der Ebene der Spitzenbehörden ein

auffälliger Mangel an institutionalisierter Kommunikation, was das Neben- und Gegeneinander der politischen, bürokratischen, wirtschaftlichen und militärischen Eliten im Rahmen des an Hierarchielosigkeit leidenden Ämterchaos getreulich widerspiegelt. Überdies wurden die menschenvernichtenden Maßnahmen, wenn sie sich in Aktenvorgängen niederschlugen, durch eine charakteristische Tarnsprache verschleiert, so dass mit Ausnahme des Reichssicherheitshauptamtes in den Behörden in aller Regel kein abgegrenztes Binnenwissen vorlag. Die gesetzliche Einengung des jüdischen Bewegungsspielraums und der rapide Verelendungsprozess bewirkten eine zunehmende Distanz zur Mehrheitsbevölkerung. So hat erst die Kennzeichnungspflicht mit dem Judenstern im September 1941 die seit Kriegsbeginn verdrängte Existenz der Juden offenbar wieder ins allgemeine Bewusstsein gerückt. Nicht zuletzt die Tatsache, dass sich die Massenvernichtungslager im besetzten Osten befanden sowie die spezifischen Bedingungen einer Kriegsgesellschaft begünstigten den Geheimhaltungscharakter. Bedeutsamer als die Verhinderung von Wissen scheint gleichwohl die systematische Verdrängung des Gewussten gewesen zu sein. Die Briefe des Generalmajors Hellmuth Stieff, des Chefs der Organisationsabteilung im Generalstab des Heeres, zeigen schon seit dem Überfall auf Polen, dass die Judenvernichtung und die barbarische Kriegführung im Osten schlechterdings nicht zu leugnen waren. So war Stieff angesichts der von Deutschen verursachten Greuel an der Ostfront ‚von einem abgrundtiefen Hass erfüllt‘, dies sei ‚eines angeblichen Kulturvolkes unwürdig.‘ Ein Oberfeldwebel, der in Weißrussland Juden aus seinem Arbeitskommando rettete, betonte, dass es für seine Generation keine Vergebung geben könne: ‚Wer sehen wollte, sah. Jeder wusste, dass man die Juden nicht ins Paradies abtransportierte.‘ Eine Ausnahme von der schweigenden Mehrheit bildete u.a. der Protest der 300 nichtjüdischen Ehefrauen in der Berliner Rosenstraße im März 1943 gegen die Deportation ihrer jüdischen Ehepartner. Ein Fall, in dem die SS nachgab. Der entrechtete, isolierte, namenlose Jude hatte aber kaum eine Chance auf Hilfe. Selbst Dietrich Bonhoeffer half lediglich Verwandten und Bekannten: ‚Namenlose Juden hatten in Deutschland keine Lobby.‘ Oskar Schindlers Liste, die Juden ohne Ansehen von Person, Stand und Beruf rettete, blieb eine der wenigen rühmlichen Ausnahmen. […]"

N. Blume und R. Tschirbs, „Mitläufer", in: Festschrift der Goethe-Schule 1995, S. 133–153

M 13

„Eine Schule wird braun
Der Bericht über das Schuljahr 1932/33, das am 4.4.33 zu Ende ging, enthält insgesamt nur wenige Elemente, die auf eine radikale Veränderung hindeuten. Als Konrektor wird Herr Oppenheimer aufgeführt, der das Fach ‚jüdische Religion‘ vertritt. In der Schülerliste erscheint unter der Rubrik ‚Jud‘ die Zahl 5 (Stand: 1. Februar 1933). […]
Ansonsten finden sich in den Schulakten allerdings nur wenige Hinweise auf diejenigen, die dem NS-Regime gegenüber Widerstand geleistet haben – in welcher Form auch immer – oder von demselben zu Feinden erklärt wurden. Ein Opfer dieses Unrecht-Systems war der Schulleiter Dr. phil. Minn selbst, der am 14.9.1933 ‚wegen politischer

Aus der Festschrift der Märkischen Schule in Wattenscheid 1998

Unzuverlässigkeit' mit sofortiger Wirkung vom Dienst suspendiert
wurde. [...] Im Jahresbericht der Schule lautet dies so: ‚Studiendirektor
Dr. Minn, der seit dem 1.4.1923 an der Anstalt tätig war, trat am
11.9.1933 in den Ruhestand.'
Bekanntlich ist das Gesetz zur Wiederherstellung des Berufsbeamtentums auch auf jüdische Lehrer angewandt worden; allerdings ist auffäl-
lig, daß der Name des Kollegen Oppenheimer überhaupt nicht mehr im
Jahresbericht 1933/34 auftaucht. Das Fach ‚Israelische Religionslehre'
ist zwar noch im Fächerkanon aufgeführt, wird jedoch nicht mehr erteilt. Eine Schülerliste (mit Angaben über die Religionszugehörigkeit)
fehlt in diesem und den folgenden Jahresberichten, so daß keine Aussagen über die jüdischen Mitschüler gemacht werden können. Statt dessen ist eine weitere Nazifizierung und Militarisierung der Schule zu erkennen: Ende 1935 wurde durchgehend die 3. Turnstunde eingeführt;
laut den Jahresberichten gehörten ab dem Schuljahr 1935/36 ff. 93 bis
98 % der Schüler der HJ, dem JV, der SA, SS und anderen nationalsozialistischen Organisationen an. Kaum anders war es bei der Lehrerschaft:
‚Der größte Teil der Lehrerschaft gehört der NSDAP, alle dem NSLB und
der NSV an. Fast alle Lehrer bekleiden ein Ehrenamt, einige sind sogar
in dieser Hinsicht überlastet' (Jahresbericht 1937/38). Aufgrund einer
ministeriellen Verfügung mußten Oberprimaner, die sich für die Offi-
zierslaufbahn gemeldet hatten, vor dem gewöhnlichen Termin (nämlich bereits im Dezember) die Reifeprüfung ablegen. ‚Seit Oktober 1935
findet sich an jedem Montag vor Beginn des Unterrichts die gesamte
Anstalt zu einer nationalsozialistischen Morgenfeier zusammen'. (Jahresbericht 1935/36). ‚Jeder Schüler der Oberstufe hält die Schulungs-
briefe der NSDAP', die in einer Arbeitsgemeinschaft durchgesprochen
wurden. In demselben Jahresbericht wird zum ersten Mal die Durchführung eines mehrwöchigen ‚nationalpolitischen Lehrgangs' für die
gesamte Oberstufe erwähnt. [...] Zusammenfassend läßt sich die Entwicklung im ‚Gymnasium Marcanum' während des Dritten Reiches
mithin folgendermaßen charakterisieren: die Schule wurde schon bald
nach der ‚Machtergreifung' Hitlers offiziell eine nationalsozialistische
Bildungsanstalt – mit Erziehungszielen, die den heutigen diametral
entgegengesetzt sind – und blieb es – bei einigen Auflösungserschei-
nungen im Verlaufe des Krieges – bis zum bitteren Ende.
Wie in der Einleitung zu diesem Beitrag schon angemerkt, müssen jedoch noch viele Fragen offen bleiben. Wie haben die beteiligten Personen gedacht? Wie haben sie außerhalb der Schule gehandelt? Welches
Schicksal haben sie erlitten? Welche Lehren haben sie aus den Ge-
schehnissen des ‚1000jährigen Reiches' gezogen? [...] In einem Punkt
sollten jedoch alle übereinstimmen: Eine solche Schulzeit darf sich niemals wiederholen."

Jürgen Bromberg, Das Gymnasium Marcanum in der Zeit des Dritten Reiches, in: Die Märkische Schule. Geschichte – Gegenwart – Zukunft 1873-1998, S. 65-79, hier S. 79

Aufgabenvorschläge zu M 1 bis M 13:

1. a) Vergleiche die Darstellung des Nationalsozialismus in den Quellen M 1, M 9 und M 12 in Bezug auf Hitler, die NSDAP und die übrige nichtjüdische Bevölkerung.
   b) Schreibe eventuelle Gemeinsamkeiten und Unterschiede heraus.
   c) Formuliere mögliche Gründe für unterschiedliche Wertungen.
2. Wie wird über das Schicksal der jüdischen Bevölkerung berichtet (M 1, M 9 und M 11)?
3. Wie stellen die Festschriften das Schulleben im Dritten Reich dar? (M 1–8, 11 und M 13)
4. Befrage deine Eltern und Lehrer, was sie in ihrer Schulzeit über den Nationalsozialismus erfahren haben.

Eberhard Heupel

Chronik der Verfolgung 1933–1945

1933	
30. Januar	Adolf Hitler wird vom Reichspräsidenten Hindenburg zum Reichskanzler ernannt.
28. Februar	Die „Verordnung zum Schutz von Volk und Staat" schränkt die demokratischen Grundrechte weitgehend ein.
5. März	Die NSDAP erhält trotz massiven Terrors bei den Reichstagswahlen nicht die absolute Mehrheit.
1. April	Die SA führt einen Boykott gegen die Geschäfte deutscher Staatsbürger jüdischen Glaubens durch.
7. April	Das „Gesetz zur Wiederherstellung des Berufsbeamtentums" schließt unter anderem jüdische Deutsche mit Ausnahme der Frontkämpfer des Ersten Weltkrieges vom öffentlichen Dienst aus.
22. September	Juden dürfen keine Medienberufe mehr ausüben, da ihnen die hierzu notwendige Mitgliedschaft in der „Reichskulturkammer" verwehrt ist.

1934	
5. Februar	„Nichtarier" werden zu Prüfungen für Ärzte und Zahnärzte nicht mehr zugelassen.
22. Juli	„Nichtarier" werden zu Prüfungen für Juristen nicht mehr zugelassen.
8. Dezember	„Nichtarier" werden zu Prüfungen für Apotheker nicht mehr zugelassen.

1935	
25. Juli	„Nichtarier" dürfen keinen Wehrdienst mehr leisten.
15. September	Die Nürnberger Rassegesetze nehmen den Juden ihre staatsbürgerlichen Rechte und verbieten die Eheschließung zwischen „Nichtariern" und „Ariern".

1938	
25. Juli	Jüdischen Ärzten wird die Zulassung entzogen.
17. August	Eine Verordnung bestimmt, dass ab dem 1.1.1939 männliche Juden den Vornamen „Israel", weibliche den Vornamen „Sara" zusätzlich annehmen müssen.
27. September	Jüdischen Rechtsanwälten wird die Zulassung entzogen.
5. Oktober	Die Reisepässe der Juden werden mit einem „J" gekennzeichnet.
27/28. Oktober	18.000 Juden, die früher in Polen lebten, werden aus dem deutschen Reich deportiert.

9./10. November	In der Reichspogromnacht werden fast alle Synagogen in Deutschland zerstört, Tausende Juden in Konzentrationslager verschleppt.
12. November	Juden deutscher Staatsangehörigkeit wird eine „Sühneleistung" von 1 Milliarde Reichsmark für die von Nationalsozialisten angerichteten Schäden in der Reichspogromnacht auferlegt.
3. Dezember	Juden dürfen keinen Führerschein mehr besitzen.
6. Dezember	Juden wird der Besuch von Theatern, Kinos, Museen und anderen öffentlichen Einrichtungen verboten.
8. Dezember	Jüdische Schülerinnen und Schüler dürfen nicht mehr studieren.

1939

30. Januar	Hitler droht in einer Reichstagsrede zum sechsten Jahrestag der Machtübernahme mit der „Vernichtung der jüdischen Rasse in Europa".
23. September	Juden müssen ihre Radiogeräte abliefern.

1940

10.–12. Februar	Erste Deportationen aus dem Reich nach Polen.

1941

1. September	Juden, die älter als sechs Jahre sind, müssen in der Öffentlichkeit dcn Judenstern tragen.
23. Oktober	Die legale Auswanderung aus Deutschland wird Juden verboten.

1942

20. Januar	Auf der Wannseekonferenz werden Einzelheiten zur „Endlösung der Judenfrage", d.h. der gezielten und systematischen Vernichtung der jüdischen Bevölkerung im nationalsozialistischen Machtbereich festgelegt.
Ende März	Massentransporte aus Deutschland und Westeuropa nach Auschwitz beginnen.

1945

27. Januar	Das Konzentrationslager Auschwitz wird durch die Rote Armee befreit.
7./8. Mai	Mit der Kapitulation der Wehrmacht endet das „Dritte Reich".

Anhang

Unveröffentlichte Quellen

Stadtarchiv Bochum (StadtA Bochum)
OB Pi 11; OB Pi 15; OB R 83/1-5; Bo 10/140; Bo 11/17 ; Bo 11/771;
Bo 11/772; Bo 11/775; Bo 23, Nr. 820214/81a; Bo 23, Nr. 820214/81b; Bo 40 Sch/49; Bo 40/33; Bo 50/35; Bo 50/53; Bo 71/17; NAP 23/3; ZGS – I A 3; Schulhefte einer Sextanerin, Bochum 1934/35 (Depositum)

Stadtarchiv Bochum – Zweigarchiv Wattenscheid
WAT 20/1; WAT 1173; A WAT 8; A WAT 395
Protokollbuch des Allgemeinen Bürger-Schützen-Vereins der Stadt Wattenscheid (AllBüSchü)

Staatsarchiv Münster (StAMs)
Gauleitung Westfalen-Süd, Gauwirtschaftsberater Nr. 682; Staatsanwaltschaft Bochum Nr. 7002

Hessisches Hauptstaatsarchiv Wiesbaden
Fotosammlung

Stadtarchiv Hattingen
Depositum III 7 Nr. 14

Briefe, Interviews, unveröffentlichte Erinnerungen
Leo Baer, Erinnerungssplitter eines deutschen Juden an zwei Weltkriege. Unveröffentlichtes Manuskript, Toronto 1979
Gespräch Andreas Halwer mit Bernard Lewis, ehemals Bernd Liebreich, 1998
Korrespondenz Andreas Halwer mit Gerry Newall 1997
Interview Johannes Volker Wagner und Ingrid Wölk mit Judith Broude am 6.9.1995
Briefe Schulamith Nadir an Ingrid Wölk vom 7.9.1997 und 5.12.1998
Interview Ingrid Wölk mit Shimon Kimelfeld am 6.9.1995
Briefe Klaus Samson, Kapstadt, an Ingrid Wölk vom 15.9.1997, 4.12.1998 und 25.12.1998
Briefe Fred Mishow an Ingrid Wölk, 1997–1999
Briefe Charlotte Urban an Ingrid Wölk, 1998 und 1999
Brief Senta Cann an Ingrid Wölk vom 2.11.2001
Brief Ernestine Silbermann an Ingrid Wölk vom 24.3.1999
Brief Hannah Deutch an Ingrid Wölk von November 1998 und Interview Ingrid Wölk mit Hannah Deutch am 18.6.1999
Briefe Karla Goldberg an Ingrid Wölk vom 23.9.1999 und 31.1.2000
Interview Starr (im Auftrag der Steven Spielberg-Foundation) mit Karla Goldberg am 19.3.1996
Bericht von Ottilie Schönewald, Wiener Library, Doc P III e, 02/178
Interview Johannes Volker Wagner mit Alfred Salomon am 4.1.1993
Interview Elleahe Engel-Yamini (im Auftrag der Steven-Spielberg-Foundation) mit Alfred Salomon am 19.9.1995
Interviews Ingrid Wölk mit Alfred Salomon am 8.2.2000 und 16.3.2000

Veröffentlichte Quellen

Amtsdruckschriften
Adressbücher der Stadt Bochum 1932, 1942
Amtsblatt Regierung Arnsberg 1846
Amtliches Schulblatt für den Regierungsbezirk Arnsberg, 16.10.1933
Reichsgesetzblatt, Jgg. 1933, 1935, 1938 T. I
Verwaltungsberichte der Stadt Bochum, Jgg. 1913–1924, 1925/26, 1929–1932, 1934, 1935
Verwaltungsberichte der Stadt Wattenscheid, verschiedene Jahrgänge
Festschriften
Hans Paschen, Chronik der Graf-Engelbert-Schule, Bochum 1950

Graf-Engelbert-Schule, Festschrift zum 50jährigen Bestehen der Schule, Bochum 1960

Karl Brinkmann, Heinrich-von-Kleist-Schule. 25 Jahre höhere Schule in Gerthe, Bochum o.J. (1952)

K. Steimer, 60 Jahre Heinrich-von-Kleist-Schule, Bochum 1987

Georg Frohberg, Fünfzig Jahre höhere Schule Bochum-Langendreer 1903–1953, Festschrift, Bochum 1953

Festschrift zum 75jährigen Bestehen der Lessing-Schule, Bochum-Langendreer 1978

Freiherr-vom-Stein-Schule 1865-1965, Festschrift zur Hundertjahrfeier 1865–1965, Bochum 1965

Freiherr-vom-Stein-Schule, Festschrift zum 125jährigen Bestehen der Schule, Bochum 1990

Graf-Engelbert-Schule Bochum, Festschrift zum 75jährigen Bestehen, Bochum 1985

Festschrift zum 125jährigen Bestehen der Hildegardis-Schule, Bochum 1985

125 Jahre Gymnasium am Ostring, Dortmund 1985

Gerhard Jost und Rudolf Tschirbs, Festschrift der Goetheschule, anlässlich der Verabschiedung ihres Schulleiters Dr. Wolfgang Elben, Bochum 1995

Heinz Senf (Hg.), Die Märkische Schule. Geschichte – Gegenwart – Zukunft 1873–1998, Festschrift zur 125-Jahr-Feier, Bochum 1998

Zeitgenössische Literatur

Friedrich Alfred Beck, Kampf und Sieg. Geschichte der Nationalsozialistischen Deutschen Arbeiterpartei im Gau Westfalen-Süd, Dortmund 1938

Der Giftpilz. Ein Stürmerbuch für Jung u. Alt. Erzählungen von Ernst Hiemer. Bilder von Fips, Verlag Der Stürmer, Nürnberg o.J.

Joseph Goebbels, Der Angriff. Aufsätze aus der Kampfzeit, München 1935

Arthur Gütt, Bevölkerungs- und Rassenpolitik, Berlin 1935

Arthur Gütt, Herbert Linden, Franz Maßfeller, Blutschutz- und Ehegesundheitsgesetz. Gesetze und Erläuterungen, München 1936

Hans F. K. Günther, Rassenkunde des deutschen Volkes, München 1933

Adolf Hitler, Mein Kampf, München 1923, 405. bis 409. Aufl. 1939

Emil Jörns, Julius Schwab, Rassenhygienische Fibel. Der deutschen Jugend zuliebe geschrieben, Berlin 1934

M. Staemmler, Volk und Rasse, Berlin o.J.

Wilhelm Stuckart, Hans Globke, Kommentare zur deutschen Reichsgesetzgebung Bd. 1, München und Berlin 1936

Reichsbund jüdischer Frontsoldaten (Hg.), Die jüdischen Gefallenen des deutschen Heeres, der deutschen Marine und der deutschen Schutztruppen 1914–1918. Ein Gedenkbuch, Hamburg 1932, S. 173

Reichsbund jüdischer Frontsoldaten (Hg.), Kriegsbriefe gefallener Deutscher Juden, Berlin 1935, Neuauflage Stuttgart 1961

Zeitgenössische Schulbücher

Heimat und Welt. Teubners Erdkundliches Unterrichtswerk für höhere Schulen, Band 7, Berlin und Leipzig 1941 (2. Aufl.)

Hirts Deutsches Lesebuch. Vierter Teil. Ausgabe A: Oberschulen für Jungen, Gymnasien und Oberschulen in Aufbauform für Jungen, Breslau 1939

Erich Meyer, Karl Zimmermann, Lebenskunde. Lesebuch der Biologie für Höhere Schulen, Band 3 (Klasse 5), Erfurt o.J.

Volk und Führer. Deutsche Geschichte für Schulen. Hrsg. von Dietrich Klagges. Ausgabe für Oberschulen und Gymnasien, Klasse 5: Nun wieder Volk, Frankfurt/Main (Verlag Moritz Diesterweg) 1939

Volk und Führer. Deutsche Geschichte für Schulen. Ausgabe für Oberschulen und Gymnasien. Klasse 8: Der Weg zum großdeutschen Reich, Frankfurt/Main (Verlag Moritz Diesterweg) 1941

Wege zum Deutschen Lesebuch 5. und 6. Schuljahr, Verlags- und Lehrmittelanstalt Ferdinand Kamp, Bochum o.J.

Zeitungen

Allgemeine Wattenscheider Zeitung (AWZ): 7.10.1876, 19.3.1888, 1894 und 1895, 1.10.1904, 24.9.1908, 8.10.1914, 3.5.1921, 29.4.1921, 4.3.1924, 1.6.1926, 11.11.1938

Bochumer Anzeiger: 10.6.1926; 27.2., 28.2., 30.3., 31.3.,1.4.1933; 11.11.1938; 14.3.1939

Central-Verein-Zeitung, Allgemeine Zeitung des Judentums, 8. Juli 1937

Der Gemeindebote. Beilage zur Allgemeinen Zeitung des Judentums, 27.5.1921

Märkischer Sprecher: 7.6.1889; 25.3.1921

Jüdische Rundschau: 24.1., 16.9.1930; 15.3.1932; 31.1., 10.3., 28.3., 31.3., 4.4., 30.5., 27.10.1933; 3.8., 27.8., 28.12.1937

Rote Erde. Bochumer Nationalzeitung. Beobachter für Hagen und das Sauerland. Dortmunder Nationalanzeiger. Herausgeber Josef Wagner: 27.3., 28.3., 30.3., 31.3., 3.4., 24.4., 29.4.1933; 16.11.1938
Der Schild. Zeitschrift des Reichsbundes jüdischer Frontsoldaten e.V.: 27.4., 6.7.1934
Die Kraft, Zeitschrift des „Schild", Sportbund des RjF, hrsg. vom Reichsbund jüdischer Frontsoldaten: 31.8.1933; 5.10.1934; 24.5., 16.8.1935; 4.2., 1.7.1938
Wattenscheider Zeitung: 22.12.1938

Darstellungen

Uwe Dietrich Adam, Judenpolitik im Dritten Reich, Düsseldorf 1972
Diethard Aschoff, Zum jüdischen Vereinswesen in Westfalen, in: Westfälische Forschungen 39/1989
Auschwitz das Verbrechen gegen die Menschheit. Katalog einer Ausstellung des Polnischen Nationalmuseums Auschwitz, hrsg. von der Evangelischen Stadtakademie und dem Stadtarchiv Bochum, Bochum 1992
Jan-Pieter Barbian u.a., Juden im Ruhrgebiet, Essen 1999
Avraham Barkai, Vom Boykott zur „Entjudung": Der wirtschaftliche Existenzkampf der Juden im Dritten Reich 1933–1943, Frankfurt/M. 1988
Avraham Barkai, Paul Mendes-Flohr und Steven M. Lowenstein, Deutsch-jüdische Geschichte in der Neuzeit, 4. Bd., München 1997
Esra Bennathan, Die demographische und wirtschaftliche Struktur der Juden, in: Werner Mosse (Hg.), Entscheidungsjahr 1932. Zur Judenfrage in der Endphase der Weimarer Republik, Tübingen ²1966
Wolfgang Benz (Hg.), Die Juden in Deutschland 1933–1945: Leben unter nationalsozialistischer Herrschaft, München 1988
Berliner Institut für Lehrerfort- und -weiterbildung und Schulentwicklung (Hg.): „… die vielen Morde …" Dem Gedenken an die Opfer des Nationalsozialismus, Berlin 1999
Heinz Boberach, Jugend unter Hitler, Düsseldorf 1982
Rolf Bornschein-Holtbrügger, Joachim Jachnow, Stas Rozin, Kortum ein „arisches" Unternehmen? Der Arisierungsprozess in Bochum, Bochum 1998 [Überarbeitete Fassung eines Beitrages für den Wettbewerb „Jüdisches Leben und Wirken im Ruhrgebiet von 1900 bis heute" der Geschichtsprojektgruppe des Heinrich-von-Kleist-Gymnasiums unter Leitung von Jörg Schürmann]
Jens Brockschmidt, Hoffnung und Resignation im Selbstzeugnis. Jüdisches Leben in Bochum unter den Bedingungen der nationalsozialistischen Politik, Ruhr-Universität Bochum, Oktober 2000 (unveröffentl. Manuskript)
Ursula Büttner (Hg.), Die Deutschen und die Judenverfolgung im Dritten Reich, Hamburg 1992
Buna 4. Fabrik für synthetischen Gummi der I.G. Auschwitz und Arbeitslager Monowitz/Auschwitz III (1940–1945). Materialien zu einem Projekt von Olaf Arndt, Rob Moonen, Nils Peters, Dresden 1995
Das Schwarzbuch – Tatsachen und Dokumente. Hrsg. vom Comité des Délégations Juives, Paris 1934. Wiederaufgelegt bei Ullstein, Frankfurt/M., Berlin, Wien 1983
Reinhard Dithmar, Schule und Unterricht im Dritten Reich, Neuwied 1989
Ulrich Dunker, Der Reichsbund jüdischer Frontsoldaten 1919–1938. Geschichte eines jüdischen Abwehrvereins, Düsseldorf 1977
Rudolf Fey, Ein Totgesagter kehrt zurück, Berlin 1989
Kurt-Ingo Flessau, Schule der Diktatur, München 1977
Hans Frankenthal, Verweigerte Rückkehr. Erfahrungen nach dem Judenmord, Frankfurt/Main 1999
Herbert Freeden, Die jüdische Presse im Dritten Reich, Frankfurt/Main 1987
Norbert Frei u.a. (Hg.), Standort- und Kommandanturbefehle des Konzentrationslagers Auschwitz 1940–1945, München 2000
Norbert Frei (Hg.), Ausbeutung, Vernichtung, Öffentlichkeit. Neue Studien zur nationalsozialistischen Lagerpolitik, München 2000
Saul Friedländer, Das Dritte Reich und die Juden, Bd. I: Die Jahre der Verfolgung 1933–1939, München 1998
Eric Friedler, Makkabi lebt. Die jüdische Sportbewegung in Deutschland 1898–1998, Wien-München o.J.
Hermann Froschauer, Renate Geyer, Quellen des Hasses – Aus dem Archiv des „Stürmer", 1931–1945. Eine Ausstellung des Stadtarchivs Nürnberg, Nürnberg 1988
Günter Gleising, Klaus Kunold, Sabine Wehenkel, Susanne Willems und Irmtrud Wojak, Die Verfolgung der Juden in Bochum und Wattenscheid, Altenberge 1993
Jutta Hetkamp, Jüdische Jugendbewegung in Deutschland 1913–33, Bd. 1, Münster und Hamburg 1994
Johannes Hohlfeld (Hg.), Dokumente der Deutschen Politik und Geschichte von 1848 bis zur Gegenwart, Bd. IV: Die Zeit der nationalsozialistischen Diktatur 1933–1945. Aufbau und Entwicklung 1933–1938, Berlin/München o. J.

I.G. Farben. Auschwitz. Massenmord. Über die Blutschuld der I.G. Farben. Dokumente zum Auschwitz-Prozeß. Hrsg. von der Arbeitsgruppe der ehemaligen Häftlinge des Konzentrationslagers Auschwitz beim Komitee der Antifaschistischen Widerstandskämpfer in der DDR, o.O. o.J. (1968)

Hilde Kammer, Elisabeth Bartsch, Jugendlexikon Nationalsozialismus. Begriffe aus der Zeit der Gewaltherrschaft 1933–1945, Reinbek b. Hamburg 1982

Marion Kaplan, Die jüdische Frauenbewegung in Deutschland. Organisation und Ziele des jüdischen Frauenbundes 1904–1938, Hamburg 1981

Manfred Keller, Hubert Schneider, Johannes Volker Wagner (Hg.), Gedenkbuch Opfer der Shoa aus Bochum und Wattenscheid, Bochum 2000

Manfred Keller, Gisela Wilbertz (Hg.), Spuren im Stein. Ein Bochumer Friedhof als Spiegel jüdischer Geschichte, Essen 1997

Martin Klaus, Mädchen in der Hitlerjugend: die Erziehung zur „deutschen Frau", Köln 1980

Arno Klönne, Jugend im Dritten Reich. Die Hitler-Jugend und ihre Gegner, München 1995

Werner Klose, Generation im Gleichschritt: die Hitlerjugend, Oldenburg 1982

Hannsjoachim Koch, Geschichte der Hitlerjugend, München 1981

Gerhard Kratzsch, Der Gauwirtschaftsapparat der NSDAP. Menschenführung – „Arisierung" – Wehrwirtschaft im Gau Westfalen-Süd, Münster 1989

Wolf Arno Kropat, Kristallnacht in Hessen. Der Judenpogrom vom November 1938, Wiesbaden 1988

Hermann Langbein, Menschen in Auschwitz, Wien 1987

Primo Levi, Ist das ein Mensch? Ein autobiographischer Bericht, München 1992

Martin Liepach, Das Wahlverhalten der jüdischen Bevölkerung. Zur politischen Orientierung der Juden in der Weimarer Republik, Tübingen 1996

Peter Longerich, Politik der Vernichtung. Eine Gesamtdarstellung der nationalsozialistischen Judenverfolgung, München 1998

Hans Ch. Meyer, Aus Geschichte und Leben der Juden in Westfalen. Eine Sammelschrift, Frankfurt/M. 1962

Herbert Michaelis, Ernst Schraepler (Hg.), Ursachen und Folgen, Berlin o.J., Bd. 19

Elke Nyssen, Schule im Nationalsozialismus, Heidelberg 1979

Arnold Paucker, Der jüdische Abwehrkampf gegen Antisemitismus und Nationalsozialismus in den letzten Jahren der Weimarer Republik, Hamburg 1969

Gerhard Paul, Aufstand der Bilder. Die NS-Propaganda vor 1933, Bonn 1990

W. Ripper (Hg.), Weltgeschichte im Aufriß, Bd. 3 Teil 1: Vom Ersten Weltkrieg bis 1945, Frankfurt/M. o.J.

Hermann Schnorbach (Hg.), Lehrer und Schule unterm Hakenkreuz: Dokumente des Widerstandes von 1930–1945, Königstein/Ts. 1983

Ottilie Schoenewald, Lebenserinnerungen, (Ms.) New York 1961, in: Monika Richarz (Hg.), Jüdisches Leben in Deutschland, Bd. 3: Selbstzeugnisse zur Sozialgeschichte 1918–1945, Stuttgart 1982

Harald Scholz, Erziehung und Unterricht unterm Hakenkreuz, Göttingen 1985

Hermann Schröter, Geschichte und Schicksal der Essener Juden: Gedenkbuch für die jüdischen Mitbürger der Stadt Essen, Essen 1980

Christoph Schubert-Weller, Hitlerjugend. Vom „Jungsturm Adolf Hitler" zur Staatsjugend des Dritten Reichs, Weinheim und München 1995

Sybille Steinbacher, „Musterstadt" Auschwitz. Germanisierungspolitik und Judenmord in Oberschlesien, München 2000

Bernd C. Wagner, IG Auschwitz. Zwangsarbeit und Vernichtung von Häftlingen des Lagers Monowitz 1941–1945, München 2000

Johannes Volker Wagner, Hakenkreuz über Bochum, Bochum 1983

Gisela Wilbertz, Synagogen und jüdische Volksschulen in Bochum und Wattenscheid. Ein Quellen- und Lesebuch, Bochum 1988

Gisela Wilbertz, Bochumer Frauen, Bochum 1991

„Wir Bochumer!", Veröffentlichung des Presse- und Informationsamtes der Stadt Bochum, 9/1987

Robert Wistrich, Wer war wer im Dritten Reich, München 1983

Irmtrud Wojak und Peter Hayes (Hg.), „Arisierung" im Nationalsozialismus – Volksgemeinschaft, Raub und Gedächtnis, Frankfurt/M. 2000

Bildnachweis

Presse- und Informationsamt der Stadt Bochum, Bildarchiv
Abb. 14, 105

Fotos aus Privatbesitz
Abb. 2, 3, 4, 5, 6, 7, 8, 25, 27, 28, 29, 39, 58, 68, 69, 71, 72, 73, 76, 77, 80, 81, 82, 83, 84, 85, 88, 89, 90, 91, 92, 93, 94, 95, 96, 113, 124, 125, 126, 127, 133, 137

Dokumente und Kopien von Dokumenten aus Privatbesitz
Abb. 59, 78, 79, 86, 87, 97, 98, 99, 100, 101, 102, 103, 104, 112, 129, 130, 132

Staatsarchiv Münster
Abb. 50 Gauleitung Westfalen-Süd, Gauwirtschaftsberater Nr. 358

Stadtarchiv Bochum, Aktenbestände
Abb. 24 Bo 40/435-437; **64** Bo 30/33; **114** WAT 20/1

Stadtarchiv Bochum, Fotosammlung
Abb. 1, 9, 10, 16, 17, 32, 33, 35, 36, 37, 42, 43, 49, 66, 67, 70, 75, 108, 109, 110, 111, 121, 128, 134, 135, 139

Stadtarchiv Bochum, Postkartensammlung
Abb. 46, 47

Stadtarchiv Bochum, Zeitungssammlung
Abb. 11 Bochumer Anzeiger, 10.6.1926; **12** Bochumer Anzeiger, 10.6.1926; **19**; **38** Bochumer Anzeiger, 20.1.1930; **40** Rote Erde, 31.3.1933; **52** Bochumer Anzeiger, 3.5., 6./7.5 und 10.5.1939; **106**; **122** Märkischer Sprecher, 12.8.1926; **123** Bochumer Anzeiger, 25.2.1927

Stadtarchiv Dortmund, Fotosammlung
Abb. 118

Veröffentlichungen
Abb. 13 Bankhaus Schüler (Hg.), Informationen für die Anlage in Bergwerks- und Hütten-Obligationen, Bochum 1911; **15** Hitler, Mein Kampf; **18** Froschauer, Geyer, Quellen des Hasses, S. 29; **20** Günther, Rassenkunde des deutschen Volkes, S. 26; **21** Günther, Rassenkunde, S. 385; **22** Eichenauer, Die Rasse als Lebensgesetz, S. 7; **23** Günther, Rassenkunde, S. 51; **26** RjF (Hg.), Kriegsbriefe gefallener Deutscher Juden; **30** RjF (Hg.), Die jüdischen Gefallenen des deutschen Heeres ..., S. 173; **31** Deutsche jüdische Soldaten 1914–1945. Katalog zur Wanderausstellung des Militärgeschichtlichen Forschungsamtes, Herford und Bonn 1984, S. 65; **34** Friedler, Makkabi lebt, S. 33; **41** Ginzel, Jüdischer Alltag in Deutschland 1933-1945, Düsseldorf 1984, S. 60; **44** Adressbuch der Stadt Bochum, 1920; **45** Reichsgesetzblatt, Jahrgang 1935; **48** Adressbuch der Stadt Bochum, 1928/29; **51** Adressbuch der Stadt Bochum, 1924/25; **53** Meyer, Zimmermann, Lebenskunde, S. 65; **54** Meyer, Zimmermann, Lebenskunde, S. 165; **55** Meyer, Zimmermann, Lebenskunde, S. 83; **56** Meyer, Zimmermann, Lebenskunde, S. 182; **57** Meyer, Zimmermann, Lebenskunde, S. 40; **60** Eichenauer, Die Rasse als Lebensgesetz, S. 88; **61** Succession Picasso / VG Bild-Kunst, Bonn 2001; **62** Meyer, Zimmermann, Lebenskunde, S. 161; **63** Der Giftpilz, S. 5; **64** Der Giftpilz, S. 9; **74** Die Kraft, Zeitschrift des „Schild", hrsg. vom RjF, 8.7.1938, **107** Wilbertz, Synagogen und jüdische Volksschulen; **115** Widerstand und Verfolgung in Dortmund 1933–1945. Ständige Ausstellung und Dokumentation im Auftrage des Rates der Stadt Dortmund erstellt vom Stadtarchiv, bearb. von Günther Högl u. Udo Steinmetz, Dortmund 1981, S. 291; **116** Keller, Schneider, Wagner (Hg.), Gedenkbuch Opfer der Shoa, S. 47; **117** Keller, Schneider, Wagner (Hg.), Gedenkbuch Opfer der Shoa, S. 32; **119** Meyer, Die Kinder von Auschwitz, S. 107; **120** Buna 4, Dresden 1995, **131** Zolling, Spiegel DOKUMENT „Auschwitz-Lüge", Wahrheit und Fälschung vor Gericht, Hamburg 1994, S. 3; **136** Dierkes, Graf-Engelbert-Schule Bochum, S. 33; **138** Festschrift zum 125jährigen Bestehen der Hildegardis-Schule, S. 29

Danksagung

Danksagungen haben die Funktion, diejenigen zu nennen, die wesentlich zum Gelingen einer Arbeit beigetragen haben. Das ist auch hier der Fall.

Gedankt sei deshalb allen Mitarbeiterinnen und Mitarbeitern der benutzten Archive und allen Privatpersonen, die für diese Veröffentlichung Material aus ihrem Besitz zur Verfügung gestellt haben.

Der Dank der Autoren gilt außerdem den Kolleginnen und Kollegen im Stadtarchiv Bochum, deren Unterstützung gerade in der letzten Arbeitsphase dringend erforderlich war. Bei der Literatur-, Material- und Fotorecherche halfen Monika Wiborni und Uwe Kriening, unterstützt von Oliver Müller; die Erstellung des druckfertigen Textes besorgte Angelika Karg; das Korrekturlesen des Manuskriptes und der Druckfahnen übernahmen Angelika Karg und Monika Wiborni, die außerdem die Nachweise im Anhang erstellten. Ohne ihre Hilfe hätte die Arbeit nicht rechtzeitig vorgelegt werden können. Für die sorgfältige Durchsicht des Manuskriptes und vor allem die begleitende Unterstützung danken wir dem Leiter des Stadtarchivs, Herrn Johannes Volker Wagner.

Ein ganz besonders herzliches Dankeschön gilt den Zeitzeugen, die im Buch zu Wort kommen, die uns Informationen gaben und zum Teil auch Material überließen: Judith Broude, Senta Cann, Hannah Deutch, Karla Goldberg, Shimon Kimelfeld, Bernard Lewis, Fred Mishow, Schulamith Nadir, Gerry Newall, Alfred Salomon, Klaus Samson, Ernestine Silbermann und Charlotte Urban. Mit der Bereitschaft, ihre Lebenserinnerungen mitzuteilen, haben sie nicht nur die aus den schriftlichen Quellen bekannten Erkenntnisse ergänzt und erweitert, sondern uns teilweise sogar einen neuen Blick auf die jüdische Geschichte Bochums eröffnet. Hannah Deutch soll noch einmal besonders erwähnt werden. Sie hat viele Fotografien zur Verfügung gestellt und die Namen der darauf Abgebildeten sorgfältig verzeichnet.

Für die kompetente Betreuung der Publikation danken wir den Mitarbeiterinnen und Mitarbeitern des Klartext Verlages.

Und wir danken Paul Spiegel, dem Präsidenten des Zentralrates der Juden in Deutschland, der sich bereit erklärte, einen Beitrag für dieses Buch zu schreiben.